Charles Messenger
Blitzkrieg

Charles Messenger

Blitzkrieg

Eine Strategie macht Geschichte

Titel der Originalausgabe:
The Art of Blitzkrieg
Originalverlag:
Ian Allan Ltd., Shepperton, Surrey

Lizenzausgabe 1989 für
Manfred Pawlak Verlagsgesellschaft mbH,
Herrsching

Aus dem Englischen von Hansheinz Werner
Umschlaggestaltung: Bine Cordes, Weyarn
Umschlagfoto: Süddeutscher Verlag, München

Printed in Yugoslavia
ISBN 3-88199-635-4

Inhalt

Vorwort

Im vorliegenden Buch soll die Entwicklung des Blitzkriegs als eine Technik des Krieges dargestellt werden. Im buchstäblichen Sinn bedeutet »Blitzkrieg« einen schnellen Sieg, also etwas, wonach die Menschen im ganzen Verlauf der Geschichte gestrebt haben. Der Sinn, in dem ich den Begriff jedoch angewandt habe, entspricht der Bedeutung, die er in den späten dreißiger Jahren erlangte. Danach handelt es sich um einen schnellen Sieg, bei dem Luftwaffe und motorisierte Landstreitkräfte zusammenwirken, um den Feind mehr durch *Dislozierung** (Verwirrung) als durch direkte *Vernichtung* seiner Streitkräfte zu schlagen.

Obwohl der Sieg durch Dislozierung schon immer möglich war, haben die Schnelligkeit, Reichweite und Beweglichkeit, die der Angreifer durch die Motorisierung erhielt, die Aussichten auf Erfolg erheblich erweitert. Der Verbrennungsmotor schuf nicht nur ein größeres Potential für Überraschungen und Schockaktionen, er ermöglichte es auch, daß der Krieg in einer völlig neuen Dimension geführt wurde – in der Luft. Im Ersten Weltkrieg steckte der Verbrennungsmotor noch in den Kinderschuhen. In den Schützengräben Flanderns erwies sich, daß die technologischen Entwicklungen des 19. Jahrhunderts die Verteidigung wesentlich stärker als den Angriff gemacht hatten. Dennoch führten die Bemühungen, die Ketten des Stellungskriegs zu zerbrechen, im November 1918 schon dazu, daß die Grundlagen des Blitzkriegs-Konzepts gelegt werden konnten.

Es wird häufig behauptet, daß die Briten die Theorie entwickelten und diese von den Deutschen übernommen wurde, als Hitler an die Macht kam. Wie so oft wird auch dabei unzulässig vereinfacht. Neben den Briten haben während der zwanziger Jahre auch andere in der gleichen Richtung

* *Dislozierung* wird nicht im üblichen Sinne gebraucht, sondern bedeutet hier und im weiteren Text so viel wie »verwirren«, »durcheinanderbringen«. Mit anderen Worten: Man zielt darauf ab, daß die Truppen des Gegners »zur falschen Zeit am falschen Ort« sind.

gedacht, und es war nicht nur militärischer Konservativismus, was zu Beginn des Zweiten Weltkriegs die Übernahme der Blitzkriegtechnik in anderen Ländern als in Deutschland verhinderte. Des weiteren haben auch die Nationalsozialisten das Konzept nicht augenblicklich im Jahre 1933 als Deutschlands Rettung übernommen. Die Argumente für und gegen dieses Konzept blieben nicht auf das schmale Gebiet des militärischen Denkens beschränkt, sondern erstreckten sich auch auf die Politik, die Wirtschaft und die kulturelle Einstellung.

Um diese Argumente und verschiedenen Ansätze besser darstellen zu können, habe ich die Jahre 1919 bis 1939, die Entwicklungsperiode des Blitzkriegs, in Fallstudien behandelt, welche die Entwicklung in Großbritannien, den Vereinigten Staaten, Deutschland, Frankreich und der UdSSR darstellen.

In jedem Land waren die Umstände und die Haltung so verschieden, daß es, wie ich hoffe, dem Leser möglich sein wird, den verschiedenen Stand der Vorbereitungen bei den Kriegführenden im Jahre 1939 leicht zu verstehen. Zusätzlich dazu habe ich einen weiteren Faden in das Gewebe geflochten, indem ich bei den Persönlichkeiten, die am engsten mit Theorie und Praxis des Blitzkriegs verbunden waren, die biographische Methode verwandt habe.

Ich habe meine Behandlung des Zweiten Weltkriegs auf die Feldzüge beschränkt, in denen die falsche und richtige Anwendung der Blitzkriegstechnik am deutlichsten illustriert wurde. Ich nahm dabei in Kauf, daß ich nicht alle Beispiele für seine Anwendung darstellen konnte; ich wollte aber vermeiden, daß hinter einer allumfassenden Schilderung des Kriegs die eigentliche Blitzkriegstrategie unsichtbar wurde. Desgleichen habe ich, als ich mich mit den Israelis – den einzigen wahren Vertretern dieser Technik seit 1945 – befaßte, meine Aufmerksamkeit auf die Sinaihalbinsel konzentriert.

Camberley-Surrey, 1976 Charles Messenger

1 Schützengräben und Sturmtruppen

Die Anfänge des Blitzkriegs lagen in der verfahrenen, statischen Lage begründet, die in den Jahren 1915 bis 1917 an der Westfront vorherrschte. Beide Parteien zogen 1914 mit der Überzeugung in den Krieg, daß die Kämpfe nur wenige Wochen dauern würden. Die Deutschen glaubten daran, daß der Schlieffenplan es ihnen ermöglichen würde, Frankreich so leicht aus dem Felde zu schlagen, wie das 1870/71 geschehen war und daß sie dann genügend Zeit hätten, sich gegen Rußland zu wenden, ehe dessen schwerfällige Mobilisierungsmaschinerie voll in Gang gekommen war. Die Alliierten waren genauso optimistisch.

Der französische Plan XVII sah einen Angriff auf die Mitte der deutschen Front vor, und wenn diese einmal durchbrochen war, glaubten die westlichen Alliierten in sechs Wochen in Berlin sein zu können. Auch die Russen waren zuversichtlich, daß es ihnen gelingen würde, den verwundbaren ostpreußischen Bogen zu überrennen und von Osten her nach Berlin zu marschieren. Beide Parteien sahen einen Krieg voraus, der in napoleonischen Begriffen ausgetragen wurde, wobei es der Schlüssel zum Erfolg war, sich an dem entscheidenden Punkt, dem *Schwerpunkt*, zu konzentrieren und die Überlegenheit der Zahl für den Sieg auszunützen.

Der Krieg aber war zu Weihnachten 1914 noch nicht zu Ende. Er sollte sich auf Kriegsschauplätzen, die über den ganzen Erdball verteilt waren, noch weitere erschöpfende vier Jahre hinschleppen. Es hatte sich gezeigt, daß sich die Fachleute von 1914 getäuscht hatten, die Gründe dafür wurden ihnen jedoch nicht sofort offenkundig. Es war leicht, auf die Fehler der Generäle hinzuweisen: z.B. darauf, daß Moltke gerade im kritischsten Augenblick Truppen an die Ostfront verlegte und seine Armeebefehlshaber nicht zu kontrollieren vermochte, was zur Aufgabe des Schlieffenplans führte; auf die Schlacht in Lothringen, in der die Franzosen in den ersten Kriegstagen Verluste in Höhe von 300000 Mann erlitten, und auf die Unfähigkeit des russischen Oberkommandos, die zu der Katastrophe von Tannenberg führte. Das alles waren aber kaum mehr als Kratzer an der Oberfläche. Die wirkliche Ursache lag tiefer.

Die Kriege des 18. und des frühen 19. Jahrhunderts wurden mit Musketen mit einer effektiven Reichweite von bestenfalls 100 Metern und mit Kanonen mit nicht gezogenen Rohren ausgetragen, die über 1000 Meter hinaus nicht mehr wirksam feuern konnten. Als Folge davon standen die Chancen gut, daß ein Angreifer Erfolg hatte, wenn er nur genügend überlegene Kräfte massieren konnte und diese mit hinreichender Entschlossenheit einsetzte.

Um die Mitte des 19. Jahrhunderts verursachten technologische Entwicklungen eine allmähliche Veränderung der Lage. Die Einführung gezogener Läufe in Geschützen und Handfeuerwaffen steigerte die Reichweite und ermöglichte es dem Verteidiger, den Angreifer schon früher unter Beschuß zu nehmen und ihm so größere Verluste zuzufügen. Hinterlader traten an die Stelle der Vorderlader, das führte zu einem schnelleren Feuertempo und gab zudem die Möglichkeit, hinter einer Deckung zu laden und zu feuern. Und schließlich verschafften das Maschinengewehr und das Gewehrmagazin der Verteidigung noch weitere Vorteile. Die späteren Phasen des amerikanischen Bürgerkriegs, der russisch-türkische Krieg von 1877–78, der Burenkrieg von 1899–1902 und der russisch-japanische Krieg von 1904–1905 zeigten, daß die Stärke der Defensive ständig zunahm. Und doch wurden die Lektionen dieser Kriege zum größten Teil ignoriert. Der lange Schatten Napoleons fiel immer noch auf das theoretische Schlachtfeld Europa. Der einzige Weg zum Sieg war der Angriff, und in den Jahren vor 1914 brachte jede der europäischen Großmächte Ideen darüber hervor, wie der Angriff am besten Erfolg haben würde.

Die Franzosen, die ihre Niederlage gegen die Preußen im Jahre 1870 noch nicht verschmerzt hatten, glaubten unter dem Einfluß der Schriften von Ardant Du Picq (der selbst zu den Opfern dieses Krieges gehört hatte), daß die treibende Kraft hinter dem französischen Soldaten sein unbesieglicher Geist, sein Elan, sei. Dieser Elan zeigte sich am besten im Angriff. Demzufolge griffen die Franzosen im August 1914 an und verwendeten dabei fast die gleichen Formationen und Uniformfarben wie ihre Vorfahren vor einhundert Jahren. Die Deutschen zogen den Schluß, daß das Geheimnis in der überlegenen Feuerkraft, besonders der der Artillerie lag. Ihre Studien über den Russisch-Japanischen Krieg überzeugten sie, daß diese Überlegenheit am besten dadurch erreicht wurde, daß man ein Übergewicht an mittlerer und schwerer Artillerie gewann. Die Briten, denen die Erinnerung an die Rückschläge, die sie zu Anfang des Burenkriegs erlebt hatten, noch frisch im Gedächtnis haftete, warfen die traditionellen Vorstellungen von Lineartaktiken über Bord und konzentrierten sich darauf, die Treffsicherheit des einzelnen Infanteristen zu verbessern, statt die Feuerkraft in ihrer Gesamtheit zu steigern. Die Russen mit ihrem riesigen Menschenreservoir, aber einer begrenzten industriellen Basis, hofften, daß ihnen die Überlegenheit der Zahl den Sieg einbringen würde. Alle kämpfenden Parteien hofften auf einen schnellen Erfolg, aber an die Stelle eines schnellen Sieges trat die quälende Agonie des Schützengrabenkriegs.

Während der Jahre 1915–17 kam man immer mehr zu der Ansicht, daß die verfahrene Lage an der Westfront nur gelöst werden könnte, wenn man an einem entscheidenden Punkt eine hinreichende Überlegenheit an Artillerie herstellte. 1915, während sich die Deutschen unter der Führung von Falkenhayn auf eine Verteidigung im Westen und die Offensive im Osten konzentrierten, bemühten sich die Briten und Franzosen, den Beweis dafür zu liefern. Zunächst wurden sie jedoch durch Munitionsknappheit behindert, da sich beide Länder nur auf einen kurzen Krieg vorbereitet hatten. Die Deutschen lernten es schnell, sich tiefer einzugraben, um sich gegen die zunehmenden Artillerieangriffe zu schützen. Bei Beginn des Trommelfeuers verkrochen sie sich in die tief ausgebauten Unterstände und kamen wieder heraus, wenn das Trommelfeuer abbrach – das Signal dafür, daß die Angreifer auf dem Weg durch das Niemandsland waren. Sie hatten dann noch reichlich Zeit, ihre Waffen in Stellung zu bringen. Das von Granaten zerpflügte Gelände und die Last der Ausrüstung, die die französischen und britischen Soldaten mitschleppen mußten, verlangsamten den Angriff bis zum Kriechen. Die deutschen Maschinengewehre erhielten dadurch reichlich Ziele. Diejenigen, denen es tatsächlich gelang, in das Grabensystem einzubrechen, blieben nur selten lange am Leben, und zwar vor allem wegen der Fähigkeit der Deutschen, rasch zu Gegenstößen anzutreten, aber auch wegen der Schwierigkeit, einen Erfolg auszubauen, weil die Nachrichtenverbindungen so unwirksam waren. Geländegewinne von wenigen hundert Metern mußten mit Tausenden von Verlusten bezahlt werden.

Das Jahr 1916 brachte keine Besserung. Die beiden »Blutpumpen«, die Schlacht von Verdun und die Somme, kosteten die Franzosen, Briten und Deutschen zusammen etwa 1700000 Mann, die konkreten Gewinne waren gering. Es hatte den Anschein, als ob nur die Abnützung in den Materialschlachten eine Entscheidung herbeiführen könnte. Je länger das Gemetzel andauerte, desto wahrscheinlicher war es, daß die eine oder die andere Seite durch reine Erschöpfung zusammenbrach. Keiner der Oberbefehlshaber hatte auch nur im Traum daran gedacht, daß sich der Krieg so entwickeln würde; als Folge davon war keiner theoretisch dafür gerüstet, Lösungen für die verfahrene Lage zu finden. Die vielleicht treffendste Beschreibung ihrer Bemühungen findet sich in C. S. Foresters Roman *General*:

»In mancher Beziehung war es wie die Debatte einer Gruppe Wilder über die Frage, wie man eine Schraube aus einem Stück Holz herausbringen könnte; nur an Nägel gewöhnt, hatten sie sich erst Mühe gegeben, die Schraube mit aller Gewalt herauszuziehen, und heckten jetzt, nachdem das mißlungen war, Methoden aus, wie sie noch mehr Kraft ansetzen, wie sie sich wirksamere Zangen beschaffen und Brechstangen und Hebel benützen könnten, damit mehr Leute ihre Kraft zur Wirkung bringen könnten. Man konnte sie kaum dafür tadeln, daß sie nicht errieten, wie die Schraube unter Anwendung von sehr viel weniger Kraft einfach durch ein paar Umdrehungen herauszubringen sei; denn diese Idee war so verschieden von allem, was ihnen bisher vorgekommen war, daß sie den Mann, der einen solchen Vorschlag machen würde, ausgelacht hätten.«[1]

Und doch wurden in den Jahren 1915–1916 mögliche neue Methoden erprobt. Die erste war eine strategische Lösung des Problems durch die französisch-britische Expedition zu den Dardanellen Anfang 1915. Der Gedanke stammte von Winston Churchill, dem Ersten Lord der Admiralität. Er hatte den Schluß gezogen, daß ein schneller Sieg an der Westfront nicht möglich war, weil dort die Kräfte zu gleichmäßig verteilt waren. Die Türkei war im Oktober 1914 in das Lager der Mittelmächte gekommen. Durch eine Invasion an den Dardanellen würde der türkische Druck von Rußland genommen werden; die Eroberung von Konstantinopel konnte zur Kapitulation der Türkei führen und eine Drohung für Deutschland und Österreich-Ungarn darstellen, die beide schwerlich ignorieren konnten. Tatsächlich schlug die Expedition fehl, obwohl es gelungen war, zu beiden Seiten der Meeresstraße Fuß zu fassen; das Ganze wurde nicht mehr als eine Erweiterung des Stellungskriegs an der Westfront. Wenn die militärische Führung in den Anfangsphasen besser gewesen wäre, hätten sehr wohl größere Resultate erzielt werden können. Es ist jedoch fraglich, ob selbst das die weitreichenden Ergebnisse gehabt hätte, die Winston Churchill erhoffte; denn um eventuelle Erfolge an den Dardanellen zu nutzen, hätte man die Westfront von Truppen entblößen müssen. Dadurch aber hätten die Deutschen eine bedrohliche Überlegenheit erlangt. Infolge der langen Verbindungslinien wäre es auch schwierig gewesen, eine starke Dardanellen-Streitmacht zu unterhalten.

Die beiden anderen Methoden waren technologischer Natur. Am 22. April 1915 überwältigte die deutsche Vierte Armee unter dem Herzog von Württemberg die französische 45. Algerische Division, die die Nordflanke des Ypernbogens hielt. Sie erreichten das durch ein Artilleriebombardement mit Xylil-Bromid-(T-Stoff)Gasgranaten, das die ungeschützten Algerier überrumpelte und zur hastigen Räumung ihrer Stellungen führte. Bei Einbruch der Nacht war eine acht Kilometer breite Lücke aufgesprungen, und die Lage wurde für die Alliierten nur dadurch gerettet, daß sich die Deutschen Zeit ließen, um zuerst ihre unmittelbaren Gewinne zu konsolidieren, statt sofort weiter vorzustoßen. Während der nächsten fünf Wochen wurde eine blutige Schlacht durchgekämpft. Die Deutschen versuchten, Ypern zu erobern, und die Alliierten versuchten, das zu verhindern. Den Deutschen gelang es nicht, ihr Ziel zu erreichen, obwohl sie den Ypernbogen verkleinern konnten. Die Alliierten schafften schnell behelfsmäßige Gasschutzmittel herbei, und das ermöglichte es ihnen, weitere Gasangriffe besser zu überstehen. Die Verwendung von Gas schlug fehl, weil das Element der Überraschung dadurch verspielt worden war, daß man es in zu kleinen Mengen einsetzte.* Im Herbst des gleichen Jahres setzten die Alliierten ebenfalls Gas ein und beide Seiten lernten es, mit dieser Waffe zu leben, die weiterhin bis zum Ende des Kriegs verwendet wurde.

Die andere neue Waffe, die zu dieser Zeit eingesetzt wurde, war der Tank. Die kriegsmäßige Verwendung von Motorfahrzeugen hatte man bereits vorausgesehen, noch ehe der Krieg 1914 ausbrach. Alle großen europäischen Nationen hatten schon in dem Jahrzehnt vor 1914 bewaffnete Automobile produziert, niemand hatte jedoch wirklich intensiv über eine Verwendung in einem europäischen Krieg nachgedacht; als Folge davon

* Es war nicht das erste Mal, daß die Deutschen diese neue Waffe ausprobiert hatten. Eine Art Reizgas war im Oktober 1914 in der Nähe von Neuve Chapelle gegen die Franzosen verwendet worden, es war aber so unwirksam, daß seine Anwendung erst nach dem Krieg entdeckt wurde. Xylil-Bromid war im Januar 1915 gegen die Russen eingesetzt worden, die extreme Kälte ließ es jedoch einfrieren statt verdunsten.

war ihre Zahl klein. Erst als der Krieg tatsächlich ausbrach, wurde man sich ihres Werts für Erkundungen und Überfälle bewußt. Sehr schnell wurden diese Automobile gepanzert, aber der Grabenkrieg schränkte ihren Einsatz stark ein. Andererseits hatten kreative Köpfe in Großbritannien schon seit Oktober 1914 daran gedacht, ein Kettenfahrzeug zu entwickeln, um die Hindernisse zu überwinden, die der Stellungskrieg auf das Schlachtfeld gebracht hatte.

Die Erfindung des Tanks kann keinem einzelnen Mann und keiner einzelnen Dienststelle zugeschrieben werden. Auf der einen Seite interessierte sich die Admiralität, angespornt durch Winston Churchill, für die Idee. Sie war an Operationen mit gepanzerten Wagen beteiligt gewesen, die während der ersten zwei Kriegsmonate durch den Royal Navy Air Service bei der Unterstützung ihrer Flieger in Flandern durchgeführt wurden. Auf der anderen Seite stand eine Gruppe unter der Führung von Colonel Swinton, dem offiziellen Kriegskorrespondenten in Frankreich, und Colonel Hankey, dem Sekretär des Imperial-Defence-Komitées. Beide Gruppen waren sich darüber klar, was sie wollten: eine Maschine, die in der Lage war, Gräben zu überqueren und Drahthindernisse zu zerstören, eine Maschine, die eigene Feuerkraft und Schutz vor feindlichem Beschuß kombinierte. Im Februar 1915 wurde das »Landships Committee« gebildet, und der erste Tank-Prototyp »Little Willie« wurde schon im Juni 1915 gebaut. Es ist interessant, daß die Franzosen ganz unabhängig von den Briten ähnliche Entwicklungen planten. Auch hier waren ursprünglich zwei verschiedene Gruppen am Werk. Die Rüstungsfabrik Schneider prüfte unter Führung des Ingenieurs Brillié in den ersten Monaten des Jahres 1915 die Möglichkeiten, ein gepanzertes Kettenfahrzeug zu bauen.

Daneben gab es den Parlamentsabgeordneten J. L. Breton, der sich seit November 1914 für Methoden interessiert hatte, Drähte zu durchschneiden – eine sehr wichtige Vorbereitung für den Angriff auf verdrahtete Schützengräben. Er entwickelte die Idee einer mechanischen Drahtschere, die auf einem landwirtschaftlichen Traktor montiert war; man brachte Breton mit Brillié zusammen. Der militärische Beauftragte für dieses Projekt war ein Artillerieoffizier, Colonel Estienne, der in den letzten Monaten des Jahres 1915 die Idee eines gepanzerten Kettenkampffahrzeugs entwickelt hatte, das das Vorgehen der Infanterie unterstützen sollte.

Die ersten, die den Tank auf das Schlachtfeld brachten, waren die Briten. Der Nachfolger von »Little Willie«, der im Gegensatz zu dem kastenförmigen »Little Willie« rhomboid war, schien den ursprünglichen Bedingungen zu entsprechen.* Im Herbst 1915 wurde ein erster Auftrag für 40 Stück erteilt. Die erste taktische Doktrin für ihren Einsatz stand in einem Memorandum, das Swinton im Februar 1916 geschrieben hatte. Swinton war der Ansicht,

»daß die Tanks in der Lage sind, aufeinanderfolgende, verhältnismäßig intakte Verteidigungslinien zu durchstoßen. Aber: . . . je schneller und ununterbrochener ihr Vormarsch sein wird, desto größer ist auch die Chance, daß sie lange genug überleben, um dieses Ziel zu erreichen. Es ist daher möglich, den Versuch, die feindliche Verteidigungszone an einem einzigen Tag zu durchbrechen, als durchführbar in Erwägung zu ziehen.«[2]

Swinton war der Ansicht, die Artillerie solle sich auf die Bekämpfung der feindlichen Artillerie konzentrieren, da die Geschütze des Gegners die Hauptdrohung für die Tanks darstellten. Mit Maschinengewehren, Drahthindernissen und Erdbefestigungen konnten die Tanks allein fertig werden. Swinton schlug außerdem vor, daß die Luftwaffe Bomben auf die feindlichen Artilleriestellungen abwerfen sollte. Dieser Gedanke wurde von Hankey aufgenommen, der sich damit an General Henderson, den Direktor des Militärflugwesens, wandte. Aus der Idee wurde nichts, es war aber vielleicht der erste Schimmer dessen, was sich in kommenden Jahren zu der Blitzkriegtechnik entwickeln sollte. Der Schlußsatz aus Swintons Studie sollte noch für viele Jahre den Zankapfel zwischen den Tankenthusiasten und den konservativeren militärischen Elementen abgeben – nicht nur in Großbritannien. Er hieß:

»Es scheint, daß die Tanks eine Hilfswaffe der Infanterie sind, deshalb müssen sie zur Infanterie gerechnet werden und im Einsatz unter dem gleichen Kommando stehen«.[2]

Feldmarschall Haig, der Oberbefehlshaber des britischen Expeditionskorps in Frankreich, war von der Studie beeindruckt und wünschte, zu Beginn seiner Somme-Offensive im Juli einige Tanks zur Verfügung zu haben.

Trotz der Versprechungen, daß bis August 75 Tanks für ihn bereitgestellt würden, wurden ihm bis zum Ende dieses Monats aber nur 60 geliefert,

---

* Der untere Teil seines Profils war wie der wirksame Teil eines sehr großen Rades geformt.

und die Besatzungen waren kaum ausgebildet worden. Swinton hatte in seinem Memorandum betont, daß die Tanks nicht eingesetzt werden sollten, ehe nicht eine hinreichende Zahl zur Verfügung stehe. Aber die Versuchung, die neue Waffe auf dem Schlachtfeld zu erproben, war wohl zu groß. Man hatte die Lektion des begrenzten Gaseinsatzes durch die Deutschen 1915 vor Ypern noch nicht gelernt.
Am 15. September 1916 kamen bei Flers an der Somme 49 Tanks zum Einsatz. Viele erlitten mechanische Schäden, noch ehe sie in Aktion treten konnten; die wenigen aber, die in die deutschen Linien einbrachen, schlugen sich gut. Die Deutschen wurden völlig überrascht und der Stabschef der Dritten deutschen Heeresgruppe sah sich veranlaßt zu schreiben:

»Der Feind . . . hat neue Kriegsmaschinen angewandt, die ebenso grausam wie wirksam sind. Zweifellos wird er diese riesigen Maschinen in großem Maßstab zum Einsatz bringen, und es ist dringend notwendig, alle nur möglichen Maßnahmen zu treffen, dies zu vereiteln.«[3]

Die Tanks wurden vor Jahresende 1916 nur noch einmal, zehn Tage später, eingesetzt, aber zu diesem Zeitpunkt waren nur noch wenige mechanisch tauglich. Die Tanks hatten sich als Mittel erwiesen, den gordischen Knoten des Stellungskriegs zu zerschlagen, man brauchte aber eine viel größere Zahl, ehe ihr Beitrag bedeutungsvoll wurde. Inzwischen aber war der wertvollste Vorteil jeder neuen Waffe, der Überraschungseffekt, verloren gegangen.
Als Ergebnis dieses ersten Einsatzes der Tanks mußten die Franzosen ihre Vorstellungen über die Verwendung ihrer eigenen Tanks revidieren. Ebenso wie Swinton hatte sich Estienne vorgestellt, daß die Tanks in einem überraschenden Massenangriff auf die deutschen Linien eingesetzt werden sollten, einem Angriff, dem die Infanterie auf dem Fuße folgte. Aber nachdem die Briten das Element der Überraschung verspielt hatten, mußte die Planung umgestellt werden. Während der Wintermonate wurde die Rolle der Tanks noch verschwommener, bis sie sich als bloße Ergänzung zur Artillerie wiederfanden: Sie sollten Ziele angreifen, die bei der vorausgehenden Beschießung nicht zerstört worden waren. Bezeichnend dafür ist, daß die ersten französischen Tankeinheiten *Artillerie d'Assault* (Angriffsartillerie) genannt wurden.
Infolge von Produktionsschwierigkeiten wurden die französischen Tanks erst im April 1917 während Nivelles verhängnisvoller Offensive am Che-

min des Dames eingesetzt. Bei diesem und bei folgenden Einsätzen waren die französischen Tanks (Schneider und später schwere St. Chamond-Tanks) jedoch wenig erfolgreich. Das lag weniger daran, wie sie eingesetzt wurden, als viel mehr daran, daß sie technisch unzuverlässig waren und im Vergleich zu den britischen Tanks Hindernisse nur schwer überwinden konnten. Als Folge davon schlug Estienne vor, daß sich die Briten weiterhin auf schwere Tanks konzentrieren sollten, während die Franzosen leichte produzierten. In der Tat hatte er schon im vergangenen Jahr die Konstruktion eines Modells durch die Firma Renault angeregt.
Um sich auf die Kämpfe des nächsten Jahres vorzubereiten, benutzte die britische Tank-Truppe den Winter 1916–17 zur Verstärkung und Ausbildung. Im November 1916 verfaßte einer ihrer Stabsoffiziere eine Studie mit dem Titel *A Tank Army*, deren Inhalt in der Zukunft zu einem weiteren Zankapfel werden sollte. Captain Martel, dessen Name noch öfter genannt werden wird, begann seine Studie folgendermaßen:

»Keine heutige Armee könnte gegen eine Armee von etwa 2000 Tanks kämpfen; daraus folgt, daß alle großen kontinentale Mächte in Zukunft von Tankarmeen Gebrauch machen müssen. Mit Ausnahme von sehr bewaldeten oder gebirgigen Gegenden wird in Zukunft wahrscheinlich eine Tankarmee die Rolle des heutigen ungeschützten Soldaten übernehmen. Auf jeden Fall werden die Tanks von so großer Bedeutung sein, daß zukünftige große Kriege fast bestimmt mit einem Duell der Tankarmeen der jeweiligen Gegner beginnen werden.«[4]

Er verglich die Tankarmeen mit Flotten, die zu Land kämpften, und glaubte, die Hauptaufgabe der Tanks sei es, die feindlichen Tanks abzuschießen. Er sah in den Tanks eine Waffengattung für sich und zog die Infanterie und die Artillerie überhaupt nicht in Betracht. Damit beeinflußte er die Überlegungen der Panzerstrategen in Richtung eines Seekriegskonzepts, stellte Liddell Hart später fest[4]. Martel zeigte seine Studie auch Major J. F. C. Fuller, einem Neuankömmling bei der Tank-Truppe in Frankreich. Fuller hielt die Gedanken für unrealistisch; denn er glaubte zu wissen, daß die Tanks immer nur Hilfswaffen der Infanterie sein würden. Innerhalb weniger Monate sollte er seine Einstellung ändern.
Wie bei den Franzosen erreichte das Tankkorps in der ersten Hälfte des Jahres 1917 auch in der britischen Armee einen Tiefpunkt. Obwohl die Tanks technisch zuverlässiger wurden, konnten sie während des Frühlings

und Sommers 1917 nicht den erhofften Eindruck machen. Das lag aber nur an der Art, wie sie eingesetzt wurden. In kleinen Gruppen verteilt, sollten sie Infanterieangriffe in einem Gelände unterstützen, das durch Artilleriefeuer aufgewühlt war und ihre Beweglichkeit weitgehend einschränkte. Außerdem hatten die Deutschen erkannt, daß die Tanks durch Granatfeuer außer Gefecht gesetzt werden konnten. Zu diesem Zeitpunkt beschritt Fuller den Weg, der ihm den Ruf des ersten Vorkämpfers der Tankwaffe in der ganzen Welt eintragen sollte.

Die dritte Schlacht um Ypern, die völlig vom »flandrischen Schlamm« bestimmt wurde, begann am 31. Juli 1917; bis zum dritten Schlachttag spielte die Tank-Truppe, so schien es Fuller, dabei überhaupt keine Rolle. Der Kommandeur des Tankkorps, General Elles, lehnte Fullers anfänglichen Vorschlag ab, die gegenwärtige Offensive zugunsten eines gemeinsamen englisch-französischen Angriffs auf St. Quentin anzuhalten. Dann entwickelte Fuller einen Alternativ-Plan, der eine Reihe von »Tank-Überfällen« vorsah. Die Tanks, regte er an, sollten in den nächsten sechs Monaten fünf oder sechs Mal gegen die feindlichen Linien vorstoßen. Jeder Angriff sollte von etwa 200 Tanks durchgeführt und von zwei Infanterie- oder Kavallerie-Divisionen, Fliegern, Artillerie und Pionieren unterstützt werden.

Die Kampfgruppen sollten die deutsche Front durchbrechen, so viel Schaden wie möglich anrichten und binnen weniger Stunden zurückkehren. Damit sollte vor allem die Kampfmoral des Gegners soweit zerstört werden, daß man im Frühjahr 1918 eine große Offensive durchführen konnte. Fullers Plan wanderte fast einen Monat lang über die Schreibtische des Großen Hauptquartiers. Dann griff Feldmarschall Byng, der Befehlshaber der Dritten Britischen Armee, den Gedanken auf und äußerte die Ansicht, die Kalkebenen östlich des alten Schlachtfelds an der Somme, die von seiner Armee gehalten wurden, seien für einen derartigen Angriff geeignet. Zu Fullers Entsetzen aber beschloß Byng, den Plan noch eine Stufe weiterzuführen. Statt eines bloßen Überfalls dachte er an eine Offensive großen Ausmaßes.

Das Ergebnis dieser Pläne war die Schlacht von Cambrai. Sie begann mit einem Angriff von etwa 400 Tanks, die von General Elles persönlich geführt wurden. Hinter den Tanks folgten sechs Divisionen Infanterie. Abgesehen davon, daß es sich um die größte bisher eingesetzte Zahl von Tanks handelte, wies die Schlacht noch weitere neue Züge auf. Das Element der Überraschung, das wegen der langen Artillerievorbereitungen in der Vergangenheit so oft gefehlt hatte, kehrte auf das Schlachtfeld zurück. Alle Tankbewegungen in den Bereitstellungsräumen hinter der Ausgangslinie fanden im Schutz der Dunkelheit statt. Alle Funk- und Fernsprechverbindungen der Infanterie wurden gestoppt. Unglücklicherweise galt dieses Verbot nicht auch für die Artillerie, und so bekamen die Deutschen 24 Stunden vor dem Angriff eine Ahnung davon, daß etwas im Gang war. Was jedoch am wichtigsten war: Das Hauptquartier des Tankkorps konnte General Byng überreden, auf das vorbereitende Feuer der Artillerie zu verzichten. Sogar das Wetter half: Als der Tag anbrach, war das Schlachtfeld in Nebel gehüllt.

Eine Neuerung war es auch, daß die Luftwaffe in enger Verbindung mit den Tanks in den Erdkampf eingreifen sollte. Die Operationen des Royal Navy Air Service in den ersten Kriegsmonaten in Frankreich und Belgien wurden bereits erwähnt. In diesem Fall wurden die Flugzeuge benutzt, um geeignete Ziele, wie etwa deutsche Kavallerieeinheiten, festzustellen, die dann von gepanzerten Autos vernichtet wurden. In diesem Stadium war es die Hauptaufgabe der Luftwaffe, die Erkundung zur Unterstützung der Landstreitkräfte durchzuführen, obwohl es damals schon erste Versuche gab, die Flugzeuge als Bomber zu verwenden. Die Deutschen hatten ihre Luftschiffe von Beginn des Krieges an zu diesem Zweck eingesetzt, und die Alliierten hatten versucht, die Zeppelinbasen durch Flugzeuge zu zerstören, die primitive Bomben abwerfen konnten. Im Jahre 1915 wurde der Aufgabenbereich der Luftwaffe entscheidend erweitert. Um eine erfolgreiche Luftaufklärung durchführen zu können und den Feind gleichzeitig daran zu hindern, das Gleiche zu tun, so stellte man fest, war es notwendig, die Luftherrschaft zu erringen. Deshalb entwickelte man Flugzeuge zu dem besonderen Zweck, gegnerische Maschinen abzuschießen. Neben der Aufgabe, die feindlichen Artilleriestellungen zu entdecken, wurden Flugzeuge auch dazu verwendet, Ziele außerhalb der Reichweite der eigenen Artillerie anzugreifen. In der Schlacht an der Somme hatten Flugzeuge darüber hinaus den Auftrag gehabt, Bodenziele in der Nähe der Front anzugreifen; das war jedoch nur eine Nebenaufgabe gewesen, die nicht von den Hauptzielen der Aufklärung und der Bekämpfung der gegnerischen Luftwaffe ablenken durfte. Erst bei Cambrai gab es eigene Geschwader für die Bekämpfung von Bodenzielen mit Bordwaffen.

Der erste Tag der Schlacht von Cambrai brachte fast überwältigende Erfolge. Auf einer etwa dreizehn Kilometer breiten Front wurde die stark befestigte Hindenburglinie durchbrochen, und es wurden Einbrüche bis zu acht Kilometern erzielt. An der Somme, ein Jahr zuvor, hatte man für einen derartigen Geländegewinn vier Monate gebraucht. Bezeichnend waren auch die verhältnismäßig geringen Verluste der Infanterie, die im Schutz der Tanks vorging. Ein Fahrer der Tank-Truppe stellte es so dar:

»Das Gelände im Niemandsland stieg stetig an und als wir vor der Infanterie darüber wegkrochen und die messerscharfen Drahtverhaue zerstörten, wurde der ›Bus‹ wiederholt von rechts und links mit nervösen Maschinengewehrgarben bestrichen. Das ganze Panorama glich jetzt einem Arrangement von Tausenden von Feuerfontänen, die aus der festen Erde spritzten. Vorläufig gab es nur wenig Reaktion von der deutschen Artillerie, und als wir die deutsche Frontlinie erreichten, hörte das Maschinengewehrfeuer ebenfalls auf. Allmählich steigerte sich aber das feindliche Granatfeuer ganz wesentlich, wenn es auch größtenteils ungezielt blieb. Im Zickzackfahren [man erinnere sich, ein Tank mußte erst anhalten, ehe er die Richtung ändern konnte, deshalb war dieses Fahrmanöver sehr schwerfällig], um eine Feuerkonzentration auf unsere schwachen Stellen zu vermeiden, bemerkte ich, daß die Infanterie jetzt im Nahkampf mit Gruppen deutscher Soldaten war. Wir feuerten mehrere Maschinengewehrgarben in ihre Richtung; das war jedoch unnötig, da sie bereits die Waffen wegwarfen und sich den Tommies ergaben. Wir stießen bis zum Stacheldraht vor, und nachdem wir für einige Sekunden etwas langsamer geworden waren, gab ich Vollgas und brach ohne jeden Aufenthalt durch. Unsere Ketten walzten eine breite Spur, auf der die Infanterie folgte.«[5]

Leutnant Lee vom 46. Geschwader des Fliegerkorps, das mit Sopwith Camels ausgestattet war, hatte die Aufgabe, deutsche 15 cm-Batterien südlich von Cambrai selbst (etwa dreizehn Kilometer hinter der deutschen Front) anzugreifen.

»Wir fliegen über die hintere Welle der angreifenden Truppen. Reserveinfanterie und Nachschubtanks, Feldartillerie, Nachschubtruppen und so weiter, dann haben wir schnell die erste Angriffswelle eingeholt . . . Ich erkenne die gezackte Kette von rautenförmigen grauen Ungeheuern, dreißig bis fünfzig Meter voneinander entfernt, die sich auf beiden Flanken in den Nebel erstreckt; sie rollen ungleichmäßig vorwärts, ihre Ketten mahlen und ihr Auspuff stößt Wolken blauen Rauchs aus. Hinter jedem Tank stapft eine Gruppe Infanterie; die Männer rauchen gelassen und

schauen zu uns herauf . . . Dann haben wir sie passiert, wir sind vor der Angriffswelle und nähern uns den Boches. Vor uns platzen Nebelgranaten, ein Blitz aus roten Flammen und quellenden Rauchmassen, die wir durchrasen – ein übelriechendes Zeug, das in den Augen brennt . . . Jetzt erreichen wir die Rückseite der Hindenburglinie, zwei Grabensysteme, in denen Soldaten in Feldgrau warten, ihre Sicht nach vorn wird durch Rauchschwaden verhüllt. Wir kommen so tief aus dem Rauchschleier, daß sie keine Zeit zum Feuern haben, und als wir über ihre Köpfe wegfliegen, sehe ich, wie sie in ungläubigem Erstaunen zu uns heraufstarren.«[6]

Obwohl in England zum ersten Mal seit Kriegsausbruch zur Feier dieses spektakulären Erfolges die Kirchenglocken läuteten, hatte keineswegs alles geklappt. Weil jeder Infanteriekommandeur zur Unterstützung seiner Truppen gegen seine besonderen Ziele ein paar Tanks haben wollte, mußten diese über die ganze Front verteilt werden. Dadurch blieben nur wenige zur Bildung einer Reserve übrig. Fuller hatte die Tanks an den entscheidenden Punkten konzentrieren wollen, was die Bildung einer Reserve ermöglicht hätte, er wurde jedoch überstimmt. Als Folge davon blieben nur wenige Tanks, um die Anfangserfolge zu nutzen; denn diejenigen, die im Einsatz gewesen waren, mußten gewartet werden, die Besatzungen, die bei 38° C zwölf Stunden lang auf engstem Raum zusammengepfercht gewesen waren, brauchten unbedingt Ruhe.
Fuller hatte die Zusammenarbeit zwischen Tanks und Infanterie streng reglementiert. Es war wesentlich, daß die Infanterie dicht hinter den Tanks blieb und in Doppelreihe vorging, um die Tanks als Deckung benutzen zu können. Eine Division, die 51. Highlanders, ignorierte diese Vorschrift, sie hielt die Infanterie hundert Meter hinter den Tanks und ließ sie ausgeschwärmt vorgehen. Als Folge davon verlor sie den Schutz der Tanks. Im Abschnitt der 51. Highland-Division lag der Flesquières-Kamm, ein Höhenzug, der von drei Bataillonen Infanterie, zwei Maschinengewehrkompanien und einigen Batterien Artillerie verteidigt wurde. Als die Tanks den Höhenzug erreichten, wurden sie von den deutschen Geschützen erfaßt, durch Maschinengewehre entstanden bei der Infanterie beträchtliche Verluste. Keine Waffengattung konnte der anderen helfen und am Ende des Tages war der Kamm noch immer in den Händen der Deutschen.
Das führte zu einem dritten Rückschlag. Der ursprüngliche Plan hatte vorgesehen, daß das aus vier Divisionen bestehende Kavalleriekorps durch die Bresche vordringen sollte, die in die Hindenburglinie geschlagen wurde.

Die Kavallerie sollte Cambrai nehmen und die Übergänge über den Sensée-Fluß sichern, worauf die Dritte Armee nach Norden und Westen vordringen und die deutschen Linien in Richtung Valenciennes aufrollen sollte. Am Nachmittag des 20. November war die Zeit reif, daß die Kavallerie vorrückte, um die Lage auszunützen. Unglücklicherweise blieb sie jedoch mit Ausnahme einer kanadischen Schwadron (Fort Garry Horse) dort, wo sie war, und die Chance war dahin. Der Grund dafür war, daß die Kavallerie von den Rückschlägen am Flesquières-Kamm gehört hatte und nicht glaubte, daß ihre Stunde gekommen sei. Aufgrund dieser Verzögerungen kam es daher in den folgenden Tagen zum Stocken der Offensive, als die Deutschen, die sich von dem ursprünglichen Schock erholten, immer mehr Reserven in den bedrohten Raum warfen und ihre Gegenangriffe heftiger wurden. Am 30. November waren sie in der Lage, einen starken Gegenangriff zu beginnen. Er sollte sich von allem unterscheiden, was man bisher an der Westfront gesehen hatte.
Die Ursprünge des neuen deutschen Angriffsstils lagen an der Ostfront. Seit dem Mai 1915 hatten die Deutschen immer eine Offensive längs der Ostseeküste geplant, um die rechte Flanke der russischen Armeen zu umfassen. Während der großen deutsch-österreichischen Offensive im Sommer 1915 hatten sie das versucht und stießen vor bis zur Düna, die sich ihnen als unüberwindliches Hindernis in den Weg legte. Angelpunkt der russischen Verteidigung war die Stadt Riga an der Dünamündung. Weitere Versuche wurden erst im Spätsommer 1917 unternommen, als die Deutschen nach dem Fehlschlag der Kerenskij-Offensive glaubten, die russische Moral sei so angeschlagen, daß sie diese Stellung aufbrechen und den Vormarsch auf Petersburg fortsetzen könnten. General von Hutier und seine Achte Armee erhielten diese Aufgabe.
Statt Riga direkt anzugreifen, entschied sich von Hutier dafür, die Stadt zu umgehen und den Fluß weiter südlich zu überschreiten. Der Angriff über einen Fluß und unter den Augen des Feindes gehört zu den schwierigsten Aufgaben im Krieg. Von Hutier glaubte, der einzige Weg zum Erfolg liege darin, sich auf die Überraschung zu verlassen. Das bedeutete, daß die Artillerievorbereitung kurz, gleichzeitig aber auch sehr wirksam sein mußte. Die Deutschen hatten im Frühjahr ein neues Gas, Diäthylsulfid, entwickelt. Man nannte es Yperit, weil es bei Ypern zum ersten Mal eingesetzt worden war, aber da es nach Senf roch, wurde es unter dem Namen ›Senfgas‹ bekannt. Das Senfgas ist ein sehr durchdringender Wirkstoff, der durch Blasenbildung und Erbrechen Verluste verursacht. Es hat

den Vorteil, daß es auch bei einer Verdünnung von eins zu vier Millionen noch Verluste hervorruft und mit hochbrisanten Artilleriegranaten zusammen eingesetzt werden kann. Deshalb brauchte von Hutier, als er am 1. September antrat, nur ein fünfstündiges Vorbereitungsschießen, die ersten zwei Stunden davon hauptsächlich mit Gas. Wie die Briten bei Cambrai, setzte er zur Unterstützung Tiefflieger ein und überschritt die Düna mit minimalen Verlusten. Von Hutier wurde von der Leichtigkeit des Übergangs selbst überrascht, und sein ziemlich pessimistischer Zeitplan für die folgenden Angriffsphasen ermöglichte es den Russen sich zu erholen, ehe er einen vollkommenen Durchbruch erzielte. Riga fiel jedoch in seine Hand.

Durch den Erfolg der neuen Taktik ermutigt, suchten die Deutschen jetzt nach einem neuen Kriegsschauplatz, um sie zum Einsatz zu bringen. General Conrad von Hötzendorf, bis Februar 1917 österreichischer Generalstabschef und jetzt Armeegruppenbefehlshaber an der italienischen Front, war seit Beginn des Jahres energisch für eine gemeinsame deutsch-österreichische Offensive am Isonzoabschnitt der italienischen Front eingetreten. Früher waren die Deutschen nicht bereit gewesen, ihrem Verbündeten größere Verbände gegen Italien zur Verfügung zu stellen, da sie an der Westfront zu stark engagiert waren.

An der Isonzofront hatten die Österreicher und die Italiener seit dem Juni 1915 in elf großen Schlachten eine Unzahl von Soldaten verloren. Beide Seiten waren im Spätsommer 1917 erschöpft, die Österreicher glaubten jedoch, die italienische Front durchbrechen zu können, wenn deutsche Hilfe zur Verfügung stand. Im September zeigte sich Hindenburg schließlich diesen Wünschen geneigt, und man kam überein, die 23 an dieser Front stehenden österreichischen Divisionen durch sieben deutsche und sieben weitere österreichische Divisionen zu verstärken. Am 24. Oktober, 2 Uhr, wurde die Beschießung mit einem Hagel von Gasgranaten auf die italienischen Linien eröffnet. Sie dauerte nur eine Stunde länger als die begrenztere Operation gegen Riga. Wie dort wurde die Gasbeschießung mit Sprenggranaten kombiniert. Der Angriff war erfolgreich, am Ende des ersten Tages war die Zweite Italienische Armee zerschlagen und die deutsch-österreichische Offensive war sechzehn Kilometer vorangekommen.

Die neue Taktik hatte zwar funktioniert, den Mittelmächten waren jedoch zwei Umstände zu Hilfe gekommen: Erstens waren die italienischen Truppen erschöpft und kriegsmüde, und zweitens hatte der italienische

Oberbefehlshaber Cadorna, der aufgrund der Aussagen österreichischer Überläufer erkannt hatte, daß eine Offensive bevorstand, den Fehler gemacht, all seine Verstärkungen an die vorderste Front zu verlegen, wo sie der vollen Wucht des Artilleriebombardements ausgesetzt waren. Als die Offensive am 10. November ihren Schwung einbüßte, hatten die Italiener ihre Stellungen verloren und waren etwa 130 Kilometer auf die Piavelinie zurückgedrängt worden.*

Mit dieser neuen Taktik der Deutschen wurden die Briten also jetzt bei Cambrai konfrontiert. Nachdem die Deutschen am ersten Tag der Schlacht überrascht worden waren, bereiteten sie sich schnell auf einen Gegenangriff vor. Etwa 20 Divisionen wurden östlich der Stadt Cambrai bereitgestellt und am 30. November brach der Gegenstoß los. Wieder ging eine kurze Artillerievorbereitung mit Gas- und Sprenggranaten voraus. Auch dieses Mal griffen die Deutschen in kleinen Gruppen an und umgingen starke Widerstandsnester. Tiefflieger und Artillerie gaben gute Unterstützung. Die Überraschung gelang, und für die ersten 48 Stunden gerieten die Briten in Verwirrung. Dann erstarb die Offensive dank der entschlossenen britischen Gegenangriffe, die von den wenigen noch verbliebenen Tanks unterstützt wurden. Am 7. Dezember waren die Briten aber fünf Kilometer von der Linie ihrer größten Geländegewinne zurückgeworfen worden.

Obwohl der deutsche Einsatz nicht so stark gewesen war wie bei Caporetto, hatte er bewiesen, daß die neue Taktik auch an der Westfront Erfolge versprach. Für die Briten hatte sich demgegenüber bestätigt, daß die Tanks erfolgreich sein konnten, und sie glaubten, daß sie die Basis für den Sieg an der Westfront im Jahre 1918 sein könnten. Auch die Franzosen steigerten ihre Bestellungen für leichte Renault-Tanks, sie wollten 3500 Stück für einen Überraschungsangriff 1918 versammeln. Die Amerikaner, die in immer größerer Zahl in Frankreich landeten (sie hatten im April 1917 den Mittelmächten den Krieg erklärt), waren ebenfalls begeistert. Ein junger Offizier, der eben zum American Tank Service versetzt worden war, schrieb seiner Frau am 26. November 1917:

»Seit dem englischen Erfolg vor einigen Tagen haben viele Leute entdeckt, daß sie schon immer Vertrauen zu den Tanks gehabt hätten; sie drücken

* Während dieser Offensive erhielt Erwin Rommel, damals Oberleutnant in einem württembergischen Gebirgsbataillon, die höchste deutsche Tapferkeitsauszeichnung, den Orden Pour-le-merite.

jetzt den Wunsch aus, bei ihnen den Befehl zu übernehmen, aber zum Glück bin ich ihnen um vier Tage zuvorgekommen. . .«[7]

Autor dieser Zeilen war Captain G. S. Patton. Er sollte der berühmteste amerikanische Panzerführer des Zweiten Weltkriegs werden.
Die deutsche Strategie für das Jahr 1918 wurde am 11. November 1917 auf einer Konferenz in Mons festgelegt. Die allgemeine Kriegslage überzeugte General Ludendorff, den deutschen Stabschef, daß es unbedingt notwendig sei, eine Großoffensive im Westen zu beginnen, ehe die Amerikaner das Gleichgewicht der Kräfte beeinflussen konnten. Er kam zu dem Schluß, daß er diese Offensive vor Ende März beginnen und daß er nicht die Franzosen, sondern die Briten angreifen müsse, weil die Engländer weniger Raum zum Manövrieren hatten und sich so gezwungen sehen mußten, ihre Nachschublinien dadurch zu sichern, daß sie sich nach Norden, auf den Kanal hin, zurückzogen. Aus den Ergebnissen der Konferenz sollten sich im Frühjahr und Sommer fünf deutsche Offensiven entwikkeln. Ludendorff sah aber auch, daß eine gesunde taktische Doktrin notwendig sei, ehe man strategische Pläne machte. Mit der in Riga und Caporetto erprobten Offensivtaktik glaubte er sich in der Lage, im Westen eine offensive Strategie zu planen. Von Hutier, der Sieger von Riga, und sein Artilleriechef Oberst Bruchmüller wurden von der Ostfront in den Westen versetzt, um die Angriffsdivisionen zu schulen.
Die praktischen Erfahrungen von Riga und Caporetto hatten die Deutschen veranlaßt, ihre Taktik noch zu verfeinern. Im Winter 1917–18 wurden die Truppen für einen Vier-Phasen-Angriff geschult. Zuerst sollte die kurze Artillerievorbereitung das britische Stellungssystem und die Nachschublinien neutralisieren. Dann sollten die neugebildeten *Sturmtruppen*, die aus der Elite der deutschen Infanterie ausgewählt worden waren, unter dem Schutz einer Feuerwalze vorgehen, in die britischen Linien eindringen und die britischen Nahkampf-Artillerie-Stellungen außer Gefecht setzen. Hinter ihnen sollten die Schlachteinheiten folgen, die aus einer Mischung von Infanterie, Maschinengewehr- und Granatwerferabteilungen, Sturmpionieren und Artilleriebeobachtungsoffizieren bestanden. Ihre Aufgabe war es, die Stützpunkte zu knacken, die von den Sturmtruppen umgangen worden waren. Schließlich hatte die konventionelle Infanterie die Aufgabe, den noch verbleibenden Widerstand auszuräumen. Wenn eine Staffel die vorausgehende einholte, sollte diese weiter vordringen. Die Artilleriebeobachtungsoffiziere wurden sehr weit vorgezogen, sie

waren befugt, Feuerpläne beliebig zu ändern. Das bedeutete, daß das Artilleriefeuer den Fortschritten der Angriffsspitzen angepaßt werden konnte, was bei den früheren deutschen oder alliierten Angriffen an der Westfront nicht möglich gewesen war. Den deutschen Truppen war ein neuer Offensivgeist eingepflanzt worden, den Ernst Jünger, ein junger Sturmtruppenoffizier, ausgezeichnet beschreibt.

»Der eherne Geist des Angriffes, der Geist der preußischen Infanterie, schwebte über den Massen, die sich hier auf nordfranzösischem Felde beim Frühlingserwachen zur Kampfprobe versammelt hatten.
Wenn das Ziel, das das Oberkommando im Auge hatte, nicht erreicht wurde, so war das sicherlich nicht die Schuld der Offiziere und der Mannschaften. Nach vierundvierzig Monaten härtester Kämpfe warfen sie sich mit der gleichen Begeisterung wie im August 1914 auf den Feind. Kein Wunder, daß es einer Welt in Waffen bedurfte, um diese Sturmflut zum Stehen zu bringen.«[8]

Als der Morgen des 21. März 1918 heraufdämmerte, waren die Briten auf einen derartigen Angriff völlig unvorbereitet. Dafür gab es zwei Gründe. Erstens einmal waren ihre Linien weit auseinandergezogen, und ganz besonders im Abschnitt der Somme, wo die Deutschen ihren ersten Angriff durchführten. Bei der Konferenz in Boulogne im September 1917 war man übereingekommen, daß die Engländer einen größeren Teil der französischen Frontlinie übernehmen sollten. Die Schlacht von Cambrai und der Zwang, nach dem deutsch-österreichischen Durchbruch bei Caporetto Truppen nach Italien zu schicken, hatten diese Verschiebung verzögert. Ende Januar hatte Haig schließlich die britische Front um etwa 40 Kilometer nach Süden knapp über die Oise verlängert. Gleichzeitig hatte der Premierminister Lloyd George, der fürchtete, daß sich Haig in ein weiteres Blutbad wie die Dritte Ypernschlacht stürzen würde, Verstärkungen aus Großbritannien gestoppt. Das Ergebnis war, daß Haig jede Infanteriedivision um drei Bataillone verkleinern mußte. Gough, der Befehlshaber der britischen 5. Armee, mußte 72 Kilometer in dem Raum verteidigen, in dem die Deutschen angreifen wollten. Dafür standen ihm zwölf – jetzt geschwächte – Infanterie- und Kavalleriedivisionen zur Verfügung.
Und zweitens: Die britischen Defensivpläne waren der neuen deutschen Angriffstaktik nicht angemessen; im Gegenteil: sie spielten den Deutschen geradezu in die Hände.

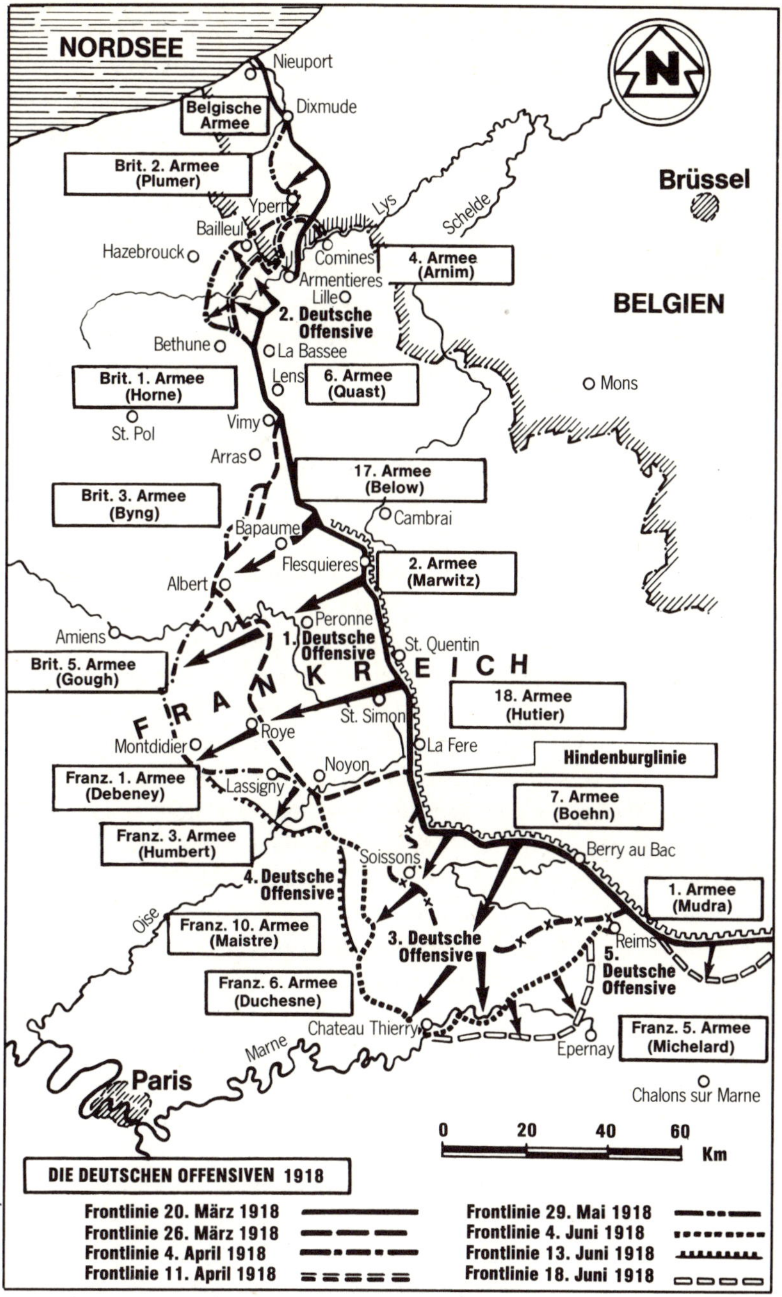
NORDSEE
N
Nieuport
Dixmude
Belgische Armee
Brit. 2. Armee (Plumer)
Brüssel
Ypern
Lys
Schelde
Bailleul
Hazebrouck
Comines
4. Armee (Arnim)
Armentieres
Lille
BELGIEN
2. Deutsche Offensive
Bethune
La Bassee
Lens
6. Armee (Quast)
Brit. 1. Armee (Horne)
Mons
St. Pol
Vimy
Arras
17. Armee (Below)
Brit. 3. Armee (Byng)
Cambrai
Bapaume
Flesquieres
2. Armee (Marwitz)
Albert
Peronne
Amiens
1. Deutsche Offensive
St. Quentin
Brit. 5. Armee (Gough)
FRANKREICH
18. Armee (Hutier)
St. Simon
Roye
Montdidier
La Fere
Hindenburglinie
Noyon
Franz. 1. Armee (Debeney)
Lassigny
7. Armee (Boehn)
Franz. 3. Armee (Humbert)
Soissons
Berry au Bac
4. Deutsche Offensive
1. Armee (Mudra)
Oise
Franz. 10. Armee (Maistre)
3. Deutsche Offensive
Reims
5. Deutsche Offensive
Franz. 6. Armee (Duchesne)
Chateau Thierry
Franz. 5. Armee (Michelard)
Epernay
Marne
Paris
Chalons sur Marne
0 20 40 60
Km
DIE DEUTSCHEN OFFENSIVEN 1918
Frontlinie 20. März 1918
Frontlinie 26. März 1918
Frontlinie 4. April 1918
Frontlinie 11. April 1918
Frontlinie 29. Mai 1918
Frontlinie 4. Juni 1918
Frontlinie 13. Juni 1918
Frontlinie 18. Juni 1918

Eine Instruktion des Hauptquartiers vom 14. Dezember 1917 bestimmte drei Verteidigungslinien. Die erste, die Vordere Zone, bestand aus einer Reihe verdrahteter Stützpunkte. Ihr Zweck war es, die Deutschen zum Einsatz großer Truppenmassen zu zwingen. Die Möglichkeit der Infiltration hatte niemand in Rechnung gestellt, und die Verteidiger dieser Stützpunkte waren daher zum Tode oder zur Gefangenschaft verurteilt. Drei bis fünf Kilometer hinter der Vorderen Zone lag die Kampfzone und sechseinhalb bis dreizehn Kilometer dahinter erstreckte sich die Rückwärtige Zone. Zwei Drittel der Verteidiger waren in den ersten zwei Linien eingesetzt, sie lagen vom Anfang an im Feuerbereich der deutschen Artillerie. Die Deutschen, aber auch die Franzosen waren demgegenüber längst dazu übergegangen, mindestens zwei Drittel ihrer Truppen außerhalb der Reichweite der gegnerischen Artillerie in Stellung gehen zu lassen. Die Briten hatten diese Lektion nicht gelernt, genauso, wie sie sich nicht die Mühe gemacht hatten, aus den letzten Tagen der Cambraischlacht die richtigen Schlüsse zu ziehen.
Bis zum 21. März hatten die Briten, besonders im Abschnitt der 5. Armee, wo in der Rückwärtigen Zone noch keine Gräben ausgehoben worden waren, zu wenig Zeit gehabt, um ihre Verteidigungsvorbereitungen zu Ende zu führen. Gough sah sich 33 Divisionen gegenüber. Sie gehörten zur 18. Armee von Hutier und zur 2. Armee, die unter Marwitz antrat. Im Norden lagen 14 Divisionen der britischen 3. Armee unter Byng, die 54 Kilometer zu verteidigen hatten, 14 Divisionen von Belows 17. Armee gegenüber. Wie bei Cambrai kam der Nebel den Angreifern zu Hilfe. Die Artillerievorbereitung durch 6000 Geschütze dauerte fünf Stunden, dann traten die Angreifer an. Nach zwei Stunden standen die Deutschen in der Kampfzone, und am Abend hatten sie auf einer Front von 64 Kilometern von Arras bis zur Oise die Rückwärtige Zone erreicht und an einigen Stellen durchbrochen. Kein Wunder, daß Goughs Armee am Ende des ersten Tages in Verwirrung geriet und in den nächsten zwei Tagen noch weiter zurückgedrängt wurde. Französische Verstärkungen wurden aus dem Süden herübergeworfen, aber sie wurden ebenfalls in den Rückzug hineingerissen. Während von Hutier alles vor sich hertrieb, hatten es von der Marwitz und von Below gegen Byng sehr viel schwerer, und ihr Angriffsschwung erlahmte. In dieser Lage beging Ludendorff am 23. März einen verhängnisvollen Fehler. Statt von Hutiers Offensive zu verstärken, ließ er die drei Armeen weiter in divergierende Richtungen angreifen. Von Below sollte nach Nordwesten drehen, von der Marwitz weiter nach We-

sten vorstoßen, während von Hutier den Befehl erhielt, nach Südwesten abzubiegen, um einen Keil zwischen Gough und die Franzosen zu treiben.

Inzwischen kämpften die Deutschen auf den alten Schlachtfeldern an der Somme, die ihre Beweglichkeit verlangsamten. Wegen ihrer Methode, nur die Verluste in vorderster Linie zu ersetzen, statt ganze Einheiten rotieren zu lassen, wurden die Sturmtruppen allmählich müde. Man hatte ihnen auch eingeimpft, daß die Briten wegen des U-Bootkriegs im Atlantik an Versorgungsschwierigkeiten zu leiden hätten. Der Anblick der wohlbestückten Vorratslager und Kantinen, die sie überrannt hatten, zeigte ihnen aber, daß dem nicht so war, und ihre Moral begann zu leiden. In der Zwischenzeit wurden immer mehr französische Divisionen aus dem Süden auf das Schlachtfeld geworfen, während im Norden Plumer, der Befehlshaber der britischen 2. Armee, nicht weniger als 12 seiner 14 Divisionen im Austausch für zerschlagene Einheiten der 3. und der 5. Armee anbot. Was noch viel wichtiger war, die Alliierten erkannten jetzt endlich die Notwendigkeit eines alliierten Oberbefehlshabers mit der Vollmacht, alle Einsätze zu koordinieren. Die Konferenz von Doullens am 26. März bestimmte Marschall Foch für diese Aufgabe. So berichtete der deutsche Stabsoffizier Rudolf Binding am 28. März:

»Bei Albert stockte plötzlich der Vormarsch unserer Infanterie. Kein Mensch konnte sich erklären warum. Unsere Flieger hatten gemeldet: zwischen Albert und Amiens kein Feind . . . Unser Vormarsch schien völlig frei.

Ich warf mich in ein Auto, um befehlsgemäß festzustellen, woran die Störung liege. Als ich hinter Meaux den Brigadekommandeur fragte, warum es denn nicht vorwärts ginge, zuckte er die Achseln und sagte, er wisse es auch nicht. Ich drehte sofort um und fuhr in einem spitzen Winkel nach Albert hinein. Schon bei der Annäherung bot sich ein seltsamer Anblick. Nach rückwärts aus der Stadt bewegten sich abenteuerliche Gestalten, die wenig Soldatisches an sich hatten, und jedenfalls keinen Drang nach vorwärts zeigten. Leute, die eine Kuh an einem Strick vor sich hertrieben. Andere, die unter einem Arm ein Huhn und unter dem anderen einen Karton Briefpapier trugen . . . Männer, vermummt und verkleidet. Leute mit einem Zylinderhut auf dem Kopf, Leute, die lallten, Leute, die nur noch taumelten.«[9]

Erschöpfung und die überwältigende Versuchung, aus der Marschkolonne auszuscheren, um zu plündern, hatten die deutsche Offensive schließlich gebremst. Am gleichen Tag gab Ludendorff den Befehl für einen zweiten Offensivstoß im Norden, im Raum Lys. Er sollte am 9. April beginnen.
Obwohl Ludendorff 26 Divisionen für diese Operation mit dem Decknamen »Georgette« zusammenkratzen konnte, waren nur 12 davon Angriffsdivisionen, im Vergleich zu den 42, die bei dem Unternehmen »Michael« eingesetzt worden waren. Andererseits war der Abschnitt Armentières – La Bassée, gegen den »Georgette« angesetzt war, von den Briten ebenfalls nur dünn besetzt. Von den sechs Divisionen in und um diesen Abschnitt erholten sich vier von den Nachwirkungen von »Michael«, eine weitere, die portugiesische 2. Division, war in so schlechter moralischer Verfassung, daß sie abgelöst werden sollte. Damit blieb nur eine Division mit voller Kampfkraft, die 55. West-Lancashire Territorials.
Während der Tage vor dem zweiten Offensivstoß war die deutsche Artillerie unter Leitung des unermüdlichen Bruchmüller nach Norden in diesen Abschnitt verlegt worden. Am 7. und 8. April wurde der Raum nördlich und südlich des bedrohten Abschnitts mit Senfgas angegriffen. Wieder wurde der Angriff mit dem bereits bekannten fünfstündigen Artilleriebombardement vorbereitet, und wieder half der Nebel dem deutschen Vorgehen. Als der eigentliche Vorstoß begann, brachen die Portugiesen sofort auseinander, und mit Ausnahme der 55. Division im Süden fielen auch die anderen Divisionen zurück. Am Abend des 9. April hatten die Deutschen ein zehn Kilometer tiefes und sechzehn Kilometer breites Loch in die britischen Linien geschlagen.*
Während der nächsten drei Tage stürmten die Deutschen immer noch unter dem Schutz des Nebels weiter nach Westen. Wie bei dem Unternehmen »Michael« ließ jedoch der Schwung allmählich nach. Am 12. April kam die Krise. Zum ersten Mal blieb der Nebel aus; die Royal Air Force errang die Luftüberlegenheit und fügte den angreifenden Truppen schwere Verluste zu. Ende des Monats war die Schlacht vorüber.
Der bemerkenswerteste Aspekt dieser zweiten Offensive war der, daß die Briten aus ihren Erfahrungen im März die richtigen Folgerungen gezogen hatten. Die Verteidigung war flexibler geworden, man hatte gelernt, den Vormarsch der Deutschen durch Sprengfallen und Minen mit Verzöge-

---

* Die ernste Lage veranlaßte Haig zu seiner berühmten Botschaft: »Mit dem Rücken an der Wand«.

rungszünder* zu bremsen. Die Deutschen litten immer noch an dem gleichen Problem wie im März. Ludendorff selbst beklagte sich über die Neigung, sich durch erbeutete Nachschub- und besonders durch Lebensmittellager ablenken zu lassen. Die Disziplin der Fronttruppen ließ nach. Während der letzten Phase der Offensive aber wurde in dem ersten bekannt gewordenen Gefecht zwischen Panzern ein Meilenstein der Militärgeschichte erreicht.

Die Deutschen hatten zur Übernahme der Tanks sehr lange gebraucht. Ihr erster 30-Tonnen-Panzer, der A7V, wurde erst im Dezember 1917 fertig; für die Märzoffensive standen nur fünf zur Verfügung. In den letzten Tagen der Schlacht von Cambrai hatten sie auch einige britische Panzer erbeutet, und wenn sie diese Tanks einsetzten, hatten sie im allgemeinen damit Erfolg. Infolge der Rohstoffknappheit durch die alliierte Blockade konnten in Deutschland stets nur wenige Panzer hergestellt werden, deshalb wurde der Tank nie ein fester Bestandteil ihrer Angriffsdoktrin. Trotzdem stießen am 24. April 1918 außerhalb des Dorfs Villers-Bretonneux britische und deutsche Tanks zum ersten Mal aufeinander. Die Deutschen hatten dreizehn ihrer A7Vs zusammengebracht, die den Angriff von vier Sturmdivisionen führen sollten. Villers-Bretonneux wurde rasch erobert und die Situation wurde kritisch. In diesem Augenblick erschienen drei britische Mark IVs auf dem Schauplatz, zwei davon waren freilich nur mit Maschinengewehren bewaffnet. Als sie den deutschen Führungstank erkannten, eröffneten sie sofort das Feuer. Sie waren jedoch der 57 mm-Kanone des deutschen Tanks nicht gewachsen und wurden bald zum Rückzug gezwungen. Der einzige mit einer Kanone bewaffnete britische Tank griff jetzt den deutschen A7V mit seinem Sechspfünder aus der Flanke an und erreichte, daß sich der A7V in einer Sandgrube überschlug. Zwei weitere deutsche Tanks erschienen, wurden aber durch das starke Feuer des Mark IV zum Abdrehen gezwungen. Der deutsche Angriff stockte. Jetzt attackierten sieben britische leichte Whippet-Tanks (nur mit MGs bewaffnet) die Deutschen und trieben sie in die Flucht. Die Deutschen verloren dabei etwa 400 Mann. Es war ein kleineres Gefecht, es deutete aber an, wie sich die Dinge in der Zukunft gestalten würden.

Ludendorff wurde allmählich verzweifelt. Er hatte seine Pfeile gegen die Briten verschossen, aber die Amerikaner strömten immer noch nach Frankreich. Er glaubte jetzt, daß die Briten, obwohl sie standgehalten hat-

* Die Deutschen hatten sie bei ihrem Rückzug auf die Hindenburglinie im März 1917 zum ersten Mal verwendet.

ten, erschöpft waren und nur durch die Franzosen gestützt wurden. Wenn diese Stütze zerschlagen wurde, hatte er vielleicht Aussichten, mit den Briten fertig zu werden. Deshalb befahl er, daß eine dritte Offensive gegen die Franzosen am Chemin des Dames gerichtet werden sollte. Foch hatte erklärt, der einzige Weg, die Deutschen zu schlagen, sei der, ihnen jeden Zoll Boden streitig zu machen. Freiwillig sollte keine Stellung aufgegeben werden. Die Briten, die vier erschöpfte Divisionen an den Chemin des Dames geschickt hatten, waren über diese Taktik genauso entsetzt wie Pétain, der Ende April 1917 zum Generalstabschef ernannt worden war, nachdem General Nivelle bei der Offensive am Chemin des Dames versagt hatte.

In seiner Direktive Nr. 4, die im Dezember 1917 an die französischen Armeen ergangen war, hatte Pétain die Bedeutung der Verteidigung aus der Tiefe betont. Er hatte deutsche Untersuchungen zu diesem Thema studiert und war jetzt davon überzeugt, es sei wichtig, starke Kräfte für Gegenangriffe weit zurück in der Reserve zu halten. Sein Konzept war es, die Angreifer aus dem Bereich ihrer unterstützenden Artillerie wegzuziehen und sie dann mit seinen Reserven in der Flanke zu treffen. Das bedeutete, daß dem Gegner freiwillig Gelände überlassen werden mußte. Für viele der französischen Kommandeure war das eine Ungeheuerlichkeit; denn seit Beginn des Krieges war ihnen eingehämmert worden, daß man kein Stück des Vaterlandes je ohne Kampf aufgeben dürfe.

Unglücklicherweise war Duchesne, der die französische 6. Armee und die ihr unterstellten britischen Divisionen am Chemin des Dames befehligte, eher ein Anhänger Fochs als Pétains. Die Truppen wurden in einen nur acht Kilometer tiefen Geländestreifen mit dem Rücken zur Aisne gepackt. Als die Deutschen daher am 25. Mai angriffen, konnten sie durch die Stellungen der 6. Armee mit Leichtigkeit durchbrechen, und am Ende des ersten Tages waren sie fast 20 Kilometer weit vorgedrungen, ein Rekord für die Westfront. Am 30. Mai waren sie 48 Kilometer in das von den Franzosen besetzte Gelände vorgestoßen und von Paris nur noch 96 Kilometer entfernt. Pétain geriet aber nicht in Panik und warf seine Reserven nicht stückweise in die Schlacht. Statt dessen hielt er sie weiter zurück. Abermals erlagen die Deutschen der Versuchung zu plündern, und als sie schließlich auf die Reserven Pétains stießen, hatten sie den Schwung verloren und die Offensive kam zum Erliegen.

Ludendorff mußte feststellen, daß seine Truppen jetzt einen sehr exponierten Bogen besetzt hielten, er hielt es daher für notwendig, diesen Keil zu erweitern. Seine vierte Offensive erfolgte zwischen Montdidier und

Noyon und begann am 9. Juni. Mittlerweile waren die Franzosen wegen der Bedrohung von Paris sehr besorgt. Foch hatte Pétain am 2. Juni befohlen, den »Vormarsch des Feindes auf Paris unter allen Umständen zum Stehen zu bringen«. Dazu müsse jeder Meter Terrain in dieser Richtung mit äußerster Hartnäckigkeit verteidigt werden.[10] Das hinderte Pétain, seine elastische Verteidigung anzuwenden und wiederum hatte von Hutier einen durchschlagenden Anfangserfolg. Dieses Mal konnte Pétain jedoch seine Truppen zu einem Gegenangriff einsetzen, der am 11. Juni begann. Die Deutschen holten sich eine blutige Nase, und die Offensive blieb liegen.

Bei der deutschen Armee wurde jetzt eine merkliche Verschlechterung der Moral erkennbar. Viele hatten das Gefühl, daß sie nicht mehr in der Lage sei, weitere Offensivoperationen durchzuführen. Ludendorff entschloß sich jedoch zu einem weiteren Versuch, er wollte die Franzosen durch eine Offensive zu beiden Seiten der Stadt Reims binden und dann seinen Hauptstoß gegen die Briten in Flandern richten. Gouraud, der östlich von Reims kommandierte, war ein Anhänger von Pétain, die zwei Armeebefehlshaber südlich der Stadt waren es nicht. Als die 52 deutschen Divisionen am 15. Juli den Angriff begannen, wich Gouraud aus, ließ aber Maschinengewehrnester zurück, um die Deutschen zu behindern. Sobald diese aus dem Bereich ihrer unterstützenden Artillerie heraus waren, eröffnete seine eigene das Feuer und brachte die Offensive sofort zum Stehen. Auf der südlichen Seite der Stadt aber nahmen die Dinge einen völlig anderen Verlauf. Die Verteidiger wurden von der vollen Wucht der deutschen Artillerievorbereitung getroffen und ließen die Deutschen die Marne überschreiten. Eine Weile war Reims selbst bedroht, dann aber wurden die Angreifer von der festen Linie von Pétains Reserven aufgefangen. Am Mittag des 16. Juli war die Offensive zum Stehen gekommen und zwei Tage später setzte Pétain zu einem von Panzern geführten, heftigen Gegenangriff an, der die Deutschen sofort zurückwarf. Von jetzt an waren die Deutschen in die Defensive gezwungen. Pétain hatte bewiesen, daß eine »flüssige« oder mobile Verteidigung die einzige Gegenmethode gegen die deutsche Schocktaktik war; des weiteren mußte der Gegenangriff in dem Augenblick angesetzt werden, in dem der Angreifer aus dem Gleichgewicht geriet und die eigene Artillerie ihn nicht mehr unterstützen konnte.

In der Zwischenzeit hatte Fuller, immer noch der führende Stabsoffizier im Hauptquartier des Britischen Tankkorps, den nächsten Schritt bei der

Entwicklung seiner Panzertaktik gemacht. Obwohl der Whippet-Tank während der zweiten deutschen Offensive treffliche Arbeit geleistet hatte, war seine Geländegängigkeit nicht besonders gut. Deshalb war im Dezember 1917 ein verbessertes Modell, der Medium C, entwickelt worden. Er erreichte Frankreich jedoch erst nach Ende des Krieges. Trotzdem hatten Fuller und andere im Hauptquartier des Tankkorps aber schon im April 1918 eine Spezifizierung für einen Nachfolger des Medium C, den Medium D, ausgearbeitet. Dieser sollte noch geländegängiger werden und, was noch wichtiger war, eine Stundengeschwindigkeit von 32 Kilometern erreichen. Am 24. Mai veröffentlichte Fuller eine Studie mit dem Titel »The Tactics of the Attack as affected by the Speed and Circuit of the Medium D Tank« (Die Angriffstaktik und ihre Beeinflussung durch Schnelligkeit und Beweglichkeit des Medium D-Tanks). Diese Studie wurde als »Plan 1919« bekannt und sollte sich als Grundstein für die Planungen einer motorisierten Kriegführung in den zwanziger und dreißiger Jahren – und schließlich auch für den Blitzkrieg – erweisen.
Fuller brachte eine völlig neue These vor. Seiner Ansicht nach sollte das erste Angriffsziel die Desorganisierung des gegnerischen Kommandos sein. Wenn das einmal erreicht war, konnte die gegnerische Front angegriffen werden. »Taktische Erfolge werden im Kriege im allgemeinen dadurch errungen, daß man eine organisierte Truppe gegen eine desorganisierte einsetzt.« Am besten sei das zu erreichen, indem man seinen einleitenden Angriff von Medium D-Tanks und Flugzeugen direkt gegen das feindliche Hauptquartier auf Armee-Ebene richtet (Fuller nahm an, daß sich dieses etwa 30 Kilometer hinter der Frontlinie befand). Die Tanks sollten das Hauptquartier zerstören, während die Luftwaffe die Straßen- und Nachschubzentren bombardierten. Fuller betonte, man solle darauf achten, die Nachrichtenverbindungen *nicht* zu zerstören, da ». . . die Verwirrung, die aus dem Doppelangriff der Medium D-Tanks und der Flugzeuge resultiert, durch den Feind selbst verbreitet werden sollte. Schlechte Nachrichten schaffen Verwirrung, Verwirrung erzeugt Panik.« Die »Durchbruchstruppen«, die aus schweren Tanks, Infanterie und Artillerie bestanden, sollten nun die feindliche Frontlinie aufbrechen. Ihr sollten die »Verfolgungstruppen« aus leichten Tanks, auf Lastwagen verladener Infanterie und Kavallerie folgen und den desorganisierten Gegner bis zu 250 Kilometer zurückwerfen. Dann, so dachte Fuller, würde der Gegner zur Kapitulation reif sein.[11] Obwohl das eine alliierte Panzerarmee von 5000 Tanks erforderlich gemacht hätte, was natürlich ernstliche Bedenken

verursachte, wurde der Plan im Prinzip vom alliierten Oberbefehlshaber Marschall Foch als Konzept für das kommende Jahr akzeptiert. Der Krieg ging freilich schon im November 1918 zu Ende; in den letzten Monaten wurden jedoch bereits einige Elemente des Plans in die Tat umgesetzt.
Als die letzte deutsche Offensive im Juli 1918 erlahmte, waren die Alliierten an der Reihe, zum Angriff überzugehen. Nach einer Generalprobe am 4. Juli bei Hamel machten die Briten einen Versuch, die stark befestigte Hindenburglinie zu durchbrechen. Die Schlacht von Amiens, die am 8. August begann, bewies, daß zum mindesten Teile des Fuller-Plans 1919 verwendbar waren. Gleich im ersten Ansturm gelang es, im Laufe eines Tages dreizehn Kilometer tief in die deutschen Linien einzudringen. Der Plan schrieb dann vor, daß leichte Tanks, Kavallerie und Panzerautos den Erfolg ausnützen sollten. Unglücklicherweise waren die leichten Tanks daran gebunden, mit der Kavallerie zusammenzuarbeiten; bald wurde offenkundig, daß das wegen der verschiedenen Geschwindigkeiten praktisch unmöglich war. Wenn sie nicht beschossen wurde, kam die Kavallerie schneller voran als die Tanks. Wenn aber das Feuer eröffnet wurde, fiel die Kavallerie, die ihrer Pferde wegen viel verwundbarer war, hinter die Tanks zurück. Die merkwürdige Aktion bewies jedoch, daß Fuller auf dem rechten Weg war. Ein Whippet mit den Namen »*Musical Box*« fuhr im Alleingang hinter die deutschen Linien und zerschoß Reserven, Lager und Transporte, bis er schließlich nach etwa zehn Stunden außer Gefecht gesetzt wurde. Das einzige britische Panzerwagen-Bataillon (17. Bataillon Tankkorps), dessen gepanzerte Austinautos durch Tanks über die Gräben gezogen wurden, richtete hinter den deutschen Linien Schaden an und zerschoß sogar ein vorgeschobenes Korps-Hauptquartier.
Wieder einmal erwies es sich jedoch, wie bei Cambrai, daß mechanische Pannen und die Erschöpfung der Besatzungen, ganz zu schweigen von den Gefechtsausfällen, die Zahl der Tanks, die für die kommenden Tage zur Verfügung standen, stark abnehmen ließen. Als die Zahl der Tanks abnahm, stiegen die Verluste und der Angriff wurde nach dem vierten Tag angehalten. Als nächste griffen die Franzosen und dann die Amerikaner an. In jedem Fall war es die gleiche Geschichte. Wenn der Nachschub an Tanks nachließ, verlangsamten sich die Angriffe. Als schließlich im November das Ende kam, konnten nur noch wenige Tanks mit der vordersten Linie zusammenarbeiten. Bei keinem der nach dem 8. August folgenden Angriffe leisteten die Tanks mehr als eine Unterstützungsarbeit für die Infanterie. Die Franzosen und die Amerikaner ließen ihre Tanks strikt mit

der Infanterie zusammenarbeiten und auch die Briten wiederholten die revolutionären Aspekte des 8. August nicht mehr. Die einzige bemerkenswerte Neuerung in den letzten Kriegsmonaten bestand darin, daß die Bodentruppen stärker aus der Luft unterstützt wurden.

Im Mai hatten die Franzosen die 1. Luftdivision aufgestellt. Sie bestand aus vierzig Geschwadern, welche die Aufgabe hatten, Angriffsoperationen zu unterstützen. Sie gab ihr Debut am 18. August bei Soissons, wo sie einen von Tanks geführten Angriff unterstützte. Später im August organisierte General Mason M. Patrick, der Chef der amerikanischen Luftwaffe, die US-Geschwader an der Westfront auf ähnliche Weise. Die neue Streitmacht erhielt den Namen Air Service und war der 1. US-Armee zugeteilt. Zum Befehlshaber wurde Brigadegeneral William Mitchell ernannt. Für den amerikanischen Angriff bei St. Mihiel im September konnte sich Mitchell die französische 1. Luftdivision ausborgen. Mit seiner eigenen Luftwaffe hatte er so eine Gesamtsumme von 1500 Flugzeugen, um die Kämpfe am Boden zu unterstützen. Während zwei Drittel dieser Streitmacht weit hinter der deutschen Front eingesetzt wurden, um die Deutschen an der Heranführung von Reserven zu hindern und die Luftherrschaft zu behaupten, wurde das restliche Drittel zum Kampf mit Bordwaffen gegen Bodenziele direkt zur Unterstützung der angreifenden Truppen verwendet. Das Unternehmen war höchst erfolgreich. Mitchell bekam aber keine weitere Chance, seine Ideen vor Kriegsende weiter zu entwickeln, obwohl er Pläne gefaßt hatte, eine komplette Division mit Fallschirmen hinter der deutschen Linie abzusetzen, falls der Krieg 1919 noch andauern sollte.

Als der Krieg im November 1918 ein Ende nahm, waren also die wesentlichen Elemente des Blitzkriegs bereits auf dem Schlachtfeld sichtbar geworden. Die Deutschen hatten die Kunst der Infiltration und der Schockaktion beigetragen – dieses letztere im späteren Stadium in Gestalt der Artillerie. Die Alliierten hatten den Tank eingeführt. Beide Parteien kannten den Wert der psychologischen Dislozierung, beide hatten auch die Luftwaffe zum Zweck der Bodenunterstützung in größerem oder geringerem Ausmaß eingesetzt. Jetzt blieb abzuwarten, wer die im Ersten Weltkrieg gewonnene Erfahrung am besten einschätzen konnte.

2 Das Jahrzehnt der Theoretiker

Der Versailler Vertrag, der formell den Kriegszustand beendete, ist militärhistorisch nicht nur wegen der Bestimmungen interessant, mit denen man sicherstellen wollte, daß Deutschland nie wieder das Rüstungsniveau eines Aggressors erreichte, sondern auch im Hinblick darauf, welche Waffen man als Angriffswaffen einschätzte. Neben einer drastischen Begrenzung der deutschen Streitkräfte überhaupt wurde die Artillerie auf Kanonen vom Kaliber 10,5 cm und geringer beschränkt, ihre Zahl wie die der Maschinengewehre und Handfeuerwaffen wurde in der Menge genau festgelegt. Obendrein verbot Artikel 171 die Anwendung, Herstellung und Lagerung von Gas und die Herstellung sowie den Import von Panzerwagen und Tanks. Zusätzlich erklärte Artikel 198, daß die Streitkräfte Deutschlands keine Heeres- oder Marineluftwaffe umfassen dürften. Alles vorhandene Luftwaffenmaterial mußte an die Alliierten abgeliefert werden. Deutschland blieb somit keines der Elemente des Blitzkriegs, mit denen es hätte experimentieren können. Andererseits begannen aber auch die Alliierten mit einem schnellen Abbau ihrer riesigen Kriegsmaschinerien. Sie waren bestrebt den größten Teil ihrer Budgets dem Wiederaufbau zu widmen. Die Drohung war vorüber, und sie gingen daran, die traditionelle Außenpolitik wieder aufzunehmen. So kehrten die USA trotz Präsident Wilsons Bemühungen um den Völkerbund schnell wieder zu ihrem alten Isolationismus zurück, als sich der Senat im März 1920 weigerte, den Vertrag von Versailles zu ratifizieren und damit automatisch die amerikanische Teilnahme am Völkerbund verwarf. Auch Großbritannien wandte seine Aufmerksamkeit mehr dem Empire zu und überließ es Frankreich, sich wegen eines wiederauferstehenden Deutschlands Sorgen zu machen. Auf der anderen Seite Europas war Rußland, der frühere Verbündete der Westalliierten, zu tief in einen Bürgerkrieg verwickelt, als daß es sich viel mit dem befaßt hätte, was außerhalb seiner Grenzen vorging.

Drei Apostel der Luftmacht

Die ersten Friedensjahre sahen auf dem Gebiet der Theorie der Luftkriegsführung dramatische Veränderungen. Es ist bezeichnend, daß die Apostel der Luftwaffe in Italien, Großbritannien und den Vereinigten Staaten unabhängig voneinander zu den gleichen Schlüssen hinsichtlich einer zukünftigen Verwendung der Fliegerwaffe gekommen sind. Der erste war der italienische General Giulio Douhet, der 1921 der Öffentlichkeit ein Buch mit dem Titel *Il dominio dell' avia* (dt. *Luftherrschaft*) vorlegte. Seine Theorie begann mit der Forderung, daß Italien in der Lage sein müßte, Österreich über die Alpen hinweg strategisch zu bombardieren. Er trat für die Notwendigkeit einer von Heer und Marine unabhängigen Luftwaffe ein. Luftherrschaft definierte er so: »Um die Luftherrschaft zu erobern, oder den Gegner am Fliegen, also an der Auswertung seiner eigenen Luftmacht zu verhindern, muß er aller Voraussetzungen dazu . . . beraubt werden.«[1] Wenn man das erreicht habe, sei es möglich, den Gegner durch einen Bombenkrieg zur Unterwerfung zu zwingen – mit nur geringer Unterstützung durch die beiden anderen Waffengattungen. Als mögliche Ziele nannte er industrielle und kommerzielle Einrichtungen, wichtige Gebäude, Nachrichtenwege und die Zentren des Zivillebens. Er glaubte, daß ein feindlicher Staat durch diese Art von Angriff physisch und geistig gelähmt werden könne; der Armee und der Flotte sollte nur die Rolle des Aufräumens bleiben. In einem zweiten Teil zu dem Buch, der 1926 hinzugefügt wurde, betonte Douhet die Notwendigkeit einer »Selbständigen Luftflotte«, deren »strategische und taktische Aufgaben völlig unabhängig von Armee oder Marine durchgeführt werden«. Noch einmal hob er hervor:

»Es ist eine gegenwärtige, reale, unleugbare Tatsache, daß das Flugzeug ungeachtet aller Befestigungsgürtel, ungehindert durch den Aufmarsch von Armee und Flotte in der Lage ist, an irgendeinem Punkt des feindlichen Gebietes Verwüstungen von einer Tragweite anzurichten, die alle bisher gekannten Verwüstungen übertreffen.«[2]

Douhets Schriften wurden allerdings erst in den dreißiger Jahren außerhalb Italiens bekannt, und in der Zwischenzeit hatte Großbritannien längst seinen eigenen Apostel, Trenchard, hervorgebracht.

Die *Royal Air Force* hatte im April 1918, als das Fliegerkorps (RFC) und die Marineluftwaffe (RNAS) vereinigt wurden, den Status einer unabhängigen Waffengattung erlangt. Während jedoch die meisten Angehörigen der neuen Truppe weiterhin der Unterstützung von Heer und Marine zugeteilt blieben, erhielt ein Teil unter der Bezeichnung »Independent Air Force« (IAF) einen gesonderten Auftrag. Der Grund dafür war in den deutschen Bombenangriffen auf England Anfang 1917 zu suchen. Nach einem besonders schweren Angriff auf London im Juli war unter General Smuts ein Ausschuß gebildet worden, der sich mit der Frage der Luftverteidigung beschäftigen sollte. In dem Bericht, den das Gremium vorlegte, wurde nicht nur empfohlen, die RAF zur selbständigen Waffengattung zu machen, sondern auch folgende prophetische Bemerkung gemacht:

»Der Tag ist vielleicht nicht mehr fern, wo Luftoperationen mit ihrer Verheerung des Feindeslandes und der Zerstörung von Industrieanlagen und Bevölkerungszentren im großen Ausmaß die wichtigsten Kriegshandlungen sein werden – gegenüber denen die älteren Formen von Heeres- und Flottenoperationen zweitrangig und untergeordnet sein könnten.«[3]

Die Empörung der Öffentlichkeit über die deutschen Bombenangriffe zwang die Regierung zu Vergeltungsmaßnahmen. Im Oktober 1917 wurde zu diesem Zweck die 41. Gruppe des RFC aufgestellt. Im Gegensatz zu den taktischen Einsätzen anderer Gruppen führte diese Einheit in den letzten Kriegsmonaten strategische Bombenangriffe auf Verkehrswege, Industrieanlagen und andere Ziele in Deutschland selbst durch. Sie hatte den Namen IAF (*Independent Air Force*) erhalten, um zu betonen, daß sie, anders als die übrige RAF, völlig von den Operationen der Landstreitkräfte getrennt war.

1919 wurde Trenchard Stabschef der Royal Air Force. Er glaubte, daß die RAF ihre Selbständigkeit nur dann wahren könne, wenn man für sie eine andere Rolle als die der Unterstützung von Marine und Heer fand. Seine Erfahrung mit der IAF lenkte ihn natürlich auf die strategischen Bombardements hin. In seinem Bericht über die IAF behauptete er, »daß die moralische Wirkung der Bombardierung zu der materiellen zweifellos im Verhältnis von zwanzig zu eins steht«.[4]

Deshalb schlug er eine Luftwaffe vor, die hauptsächlich aus Bombern bestand. Für die damalige Regierung war der Bomber jedoch eine reine Angriffswaffe, die einem friedlichen demokratischen Staat politisch schlecht zu Gesicht stand. Trenchard aber erklärte, eine Bomberflotte könne gegenüber solchen Staaten, die an Krieg dächten, zur Abschreckung dienen. Nur die RAF könne einen feindlichen Angriff wirksam aufhalten, aber nicht durch Abfangjäger oder Bodenabwehr, sondern dadurch, daß sie dem Problem auf den Grund ging:

»Statt eine Maschine mit 10 Bomben anzugreifen, sollten wir dahin gehen, wo die Bomben herkommen und ihre Quelle ebenso vernichten wie die Flugzeugfabrik. Das geht wesentlich schneller, als wenn man zuläßt, daß weiter produziert wird.«[5]

Trenchard konnte sich nach einem erbitterten Kampf mit den beiden anderen Waffengattungen durchsetzen. 1923 traf man die Entscheidung, in fünf Jahren eine Heimatverteidigung in Stärke von 35 Bomber- und 17 Jagdgeschwadern aufzubauen. Die Jagdformationen wurden überhaupt nur deshalb geschaffen, weil Trenchard Politiker und Zivilisten damit beschwichtigen wollte. 1925 standen 26 Geschwader bereit, aber nur neun waren Bomber. Im Licht der internationalen Abrüstungsstimmung, die durch das Genfer Protokoll von 1924 und die Locarnoverträge von 1925 geschaffen worden waren, beschloß die Regierung, die volle Durchführung bis 1935 aufzuschieben.
Ähnlich wie Trenchard versuchte auch Brigadegeneral Mitchell, der 1918 den amerikanischen Air Service befehligt hatte, der Luftwaffe den Rang einer eigenen Waffengattung zu geben. Das war aber keineswegs einfach. Der Dickman-Ausschuß, der im Jahre 1919 die militärischen Aspekte des Ersten Weltkrieges analysierte, sah in der Luftwaffe lediglich eine Hilfskraft der Truppen am Boden. Das war nicht weiter erstaunlich, denn die amerikanischen Offiziere, aus denen der Ausschuß bestand, konnten lediglich ihre begrenzten Erfahrungen von der Westfront auswerten. Die Franzosen hatten verlangt, daß sich die amerikanische Luftwaffe auf Beobachtung und Verfolgung beschränkte. Obwohl mehrere Produktionspläne aufgestellt wurden, waren nur wenige Flugzeuge produziert worden, und die Amerikaner mußten französische und britische Maschinen benützen; diese aber bestanden überwiegend aus Jägern und Aufklärern. Mitchell hatte taktische Bomber eingesetzt, diese wurden jedoch von französischen und britischen Mannschaften geflogen. Nur ein einziges amerikanisches Geschwader nahm tatsächlich an strategischen Bombenangriffen teil. Es kam allerdings erst zwei Tage vor Kriegsende an der Front an und wurde schon einen Monat später wieder außer Dienst gestellt. Dem-

entsprechend waren die amerikanischen Erfahrungen auf diesem Gebiet minimal. Aufgrund der Empfehlungen des Dickman-Ausschusses wurde die Luftwaffe im National Defence Act von 1920, der den amerikanischen Streitkräften in den nächsten zwanzig Jahren Gestalt gab, zu einem separaten Zweig des Heeres gemacht.

»Als Ergebnis der begrenzten Erfahrungen im Ersten Weltkrieg war die Luftwaffe von einer nützlichen Waffe in einer untergeordneten Stellung bei einem der technischen Dienste (dem Signalkorps) zu einer selbständigen Rolle in der Kampflinie befördert worden.«[6]

Das Problem bestand allerdings darin, diese selbständige Rolle genauer zu definieren. General Mason M. Patrick, der nichtfliegende Chef der amerikanischen Luftwaffe, war der Ansicht, der Krieg habe »deutlich gezeigt«, daß die wichtigste und weitreichendste Aufgabe der Flieger in der Feindaufklärung für die Bodentruppen bestünde.[7] Pershing (der amerikanische Oberbefehlshaber in Frankreich) hatte in seinem Abschlußbericht keinerlei Vorstellungen über den Luftkrieg entwickelt, und was die Bombenangriffe anlangte, so wurde bei den Amerikanern eine britische statistische Studie zitiert, die zu dem Schluß kam, »daß zwei Bombergeschwader nötig seien, um die Wirkung einer einzigen 15,5 cm-Kanone zu ersetzen«.[8]
In dieser Atmosphäre also versuchte nun Mitchell, das Konzept einer strategischen Luftwaffe zu propagieren. Er war Trenchard in Frankreich begegnet, und er sah keinen Grund, warum Amerika nicht dem Beispiel Englands folgen und ebenfalls eine selbständige Luftwaffe aufstellen sollte. Wegen der geographischen Lage Amerikas mußte Mitchell sein Konzept anders vortragen als seine europäischen Kollegen. In den zwanziger Jahren war man der Ansicht, jeder Versuch einer Invasion der Vereinigten Staaten müsse von See her erfolgen. Deshalb dachten die Planer in erster Linie an die Sicherheit der amerikanischen Küsten. Mitchell behauptete nun, es sei überholt, die Verantwortung weiterhin allein der Marine zu überlassen. Er glaubte, daß eine moderne Luftwaffe gegen Schiffe sehr wirksam sein könne und bewies das auch durch eine Reihe von praktischen Demonstrationen. Im Juli 1921 bombardierte er das ehemalige deutsche Schlachtschiff *Ostfriesland*, den Kreuzer *Frankfurt* und einen Zerstörer auf der Höhe der Mündung des Chesepeake, im September schickte er das alte Schlachtschiff *Alabama* in die Tiefe. Die Schlachtschiffe *Virginia* und *New Yersey* erlitten 1923 das gleiche Schicksal. Ob-

wohl die Ergebnisse recht eindrucksvoll waren, hatten sie doch nicht die von Mitchell erhoffte Wirkung, sie überzeugten lediglich die US-Marine, daß sie ihre eigene Marineluftwaffe nicht aufgeben dürfe. Als Mitchell in seinen Versuchen, eine unabhängige Luftwaffe zum ersten Verteidigungsmittel der Vereinigten Staaten zu machen, gescheitert war, wurde seine Haltung noch maßloser. Als 1925 das Luftschiff *Shenandoah* abstürzte, beschuldigte Mitchell das Kriegsministerium und den Generalstab der kriminellen Nachlässigkeit und löste damit einen großen Skandal aus. Er kam vor ein Kriegsgericht, das ihn wegen Insubordination verurteilte und für zweieinhalb Jahre vom Dienst suspendierte. Er zog es aber vor, seinen Abschied zu nehmen, was bedeutete, daß er seine Theorien ungehindert propagieren konnte.

Sein erstes Werk, *Winged Defence*, erschien kurze Zeit nach seinem Abschied aus der Armee. Mitchell sah jetzt die Luftwaffe in allgemeineren Begriffen. Viel von dem, was er schrieb, glich den Theorien von Douhet und Trenchard. Auch er glaubte fest an die moralische Wirkung der Luftwaffe, besonders weil sie in der Lage war, den Krieg tief ins Hinterland des Gegners zu tragen.

»In Zukunft wird die bloße Drohung, eine Stadt zu bombardieren, dazu führen, daß sie evakuiert wird und jede Arbeit in den Fabriken aufhört. Um einen dauernden Sieg zu erringen, muß die Fähigkeit der feindlichen Nation, Krieg zu führen, zerstört werden . . . Flugzeuge, die im Hinterland des Feindes operieren, können das in einer unglaublich kurzen Zeitspanne erreichen.«[9]

Obwohl er an die strategischen Möglichkeiten der Luftwaffe glaubte, unterschied er sich in einigen Punkten von Trenchard und Douhet. Douhets Ideen für ein Allzweckflugzeug unterschrieb er nicht. Außerdem glaubte er im Gegensatz zu Trenchard auch nicht, daß die Bomber immer durchkommen würden und daß es die einzige sichere Verteidigungsform sei, die Produktionsstätten des Gegners zu vernichten. »Im europäischen Krieg wurde bewiesen, daß die einzige wirksame Verteidigung gegen Luftangriffe die ist, die feindliche Luftwaffe in der Luft zu besiegen.«[10] Er glaubte an den Jäger und hatte das Gefühl, daß er den strategischen Bomber ergänzen solle. Seine eigenen Erfahrungen 1917–18 hatten ihn überzeugt, daß die enge Unterstützung der Bodentruppen nicht vergessen werden durfte, aber er ging davon aus, daß diese Einsätze durch eine unabhängige

Luftwaffe und nicht durch das Heer geführt werden müßten. Wie Liddell Hart war er der Ansicht, daß das traditionelle Ziel der Streitkräfte, nämlich die Streitkräfte des Feindes, falsch sei, während schon die bloße Drohung mit einem Luftangriff hinreiche, um den Gegner in Panik und Verwirrung zu stürzen.

»Man hat jetzt erkannt, daß die gegnerische Streitmacht im Felde das falsche Ziel ist und die wirklichen Ziele die Lebenszentren sind . . . Das Ergebnis eines Luftkriegs werden schnelle Entscheidungen sein. Eine überlegene Luftwaffe kann solchen Schaden beim Gegner verursachen oder solchen Schaden androhen, daß ein lange hinausgezogener Krieg unmöglich wird.«[11]

Mitchell dachte auch daran, daß man Gas aus der Luft einsetzen könnte. Die Vorteile dieser Waffe stellte er so dar:

»Es ist unnötig, daß . . . Städte in dem Sinn vernichtet werden, daß jedes Haus dem Erdboden gleichgemacht wird. Es genügt, die Zivilbevölkerung zu vertreiben, so daß sie ihre üblichen Tätigkeiten nicht mehr ausführen kann. Dazu genügen einige Gasbomben.«[12]

Wie die anderen Vorkämpfer der Luftwaffe war Mitchell davon überzeugt, daß vor allem der strategische Bomber ein »Siegbringer« war. In der Luftwaffe fand er Anhänger, die seine Ideen auf dem entlegenen Randolph Field in Texas in die Tat umzusetzen begannen. Daß Mitchell »gegen den Stachel gelöckt« hatte, war indessen doch nicht ganz erfolglos geblieben. Im Jahre 1926 gestattete der Kongreß, daß sich die Luftwaffe den etwas bedeutenderen Namen Army Air Corps zulegen durfte. Der Kongreß schuf auch den Posten eines Assistant Secretary of War for Air, damit das Fliegerkorps auch eine politische Vertretung erhielt; außerdem legte er fest, daß die Luftwaffe einen Vertreter im Generalstab des Heeres bekam. Der Lampert-Ausschuß, der vom Repräsentantenhaus im Jahre 1925 gebildet wurde, hatte eine unabhängige Luftwaffe empfohlen, aber die Heeres- und die Marinelobby erwiesen sich für diesen Plan als zu stark. Trotz allem blieb die amerikanische Luftwaffe also der Vorstellung verhaftet, daß ihre Hauptaufgabe die Aufklärung sei. Während der zwanziger Jahre lauteten die offiziellen Einstellungszahlen von Flugzeugen 812 Jäger, 228 Bomber, aber nicht weniger als 2593 Aufklärer.

Plan 1919 und die »indirekte Methode«

Die britische Verteidigungspolitik wurde in den zwanziger Jahren durch eine Vorschrift bestimmt, die das britische Kriegskabinett unter Lloyd George im August 1919 erlassen hatte. Ursprünglich bestand die Annahme, daß »das britische Empire in den nächsten zehn Jahren in keinen großen Krieg verwickelt sein werde und daß eine Expeditionsstreitmacht für diesen Zweck nicht erforderlich sei«.[13] Sie wurde als die »Zehn-Jahre-Vorschrift« bekannt und hatte bis 1932 Bestand, als die Periode auf fünf Jahre reduziert wurde. Weil man annahm, daß es vor allem in Europa keinen Krieg geben werde, war die Verteidigungspriorität auf das Empire gerichtet, besonders auf die Bewachung der Schiffahrts- und Verkehrswege und als Vorsorge gegen »Buschbrände«, wie sie im Nahen und Fernen Osten ausbrechen konnten. In diesem Bereich gab es für motorisierte Streitkräfte keine Aufgaben. Es war also kein Wunder, daß die führenden Politiker und Militärs, von einigen wenigen Ausnahmen abgesehen, kaum Begeisterung für den Tank und seine Befürworter aufbrachten. Diejenigen, die während des Ersten Weltkriegs mit den Tanks gearbeitet hatten, und einige Spätbekehrte aber vertraten auch in den zwanziger Jahren die Sache des Tanks und entwickelten schließlich das Blitzkriegskonzept.

Bei Kriegsende 1918 ritt das britische Tankkorps auf der Welle seiner Erfolge. Foch hatte Fullers »Plan 1919« im Prinzip angenommen und England aufgefordert, 3500 Einheiten als Teil der alliierten Gesamtstärke von 10000 Tanks zu produzieren. Auch Haig hatte in seinem letzten Tagesbefehl die Arbeit des Tankkorps in den letzten Kriegsmonaten gepriesen.

»Seit Beginn unserer Offensive am 8. August sind Tanks auf jedem Schlachtfeld eingesetzt worden. Ihre Bedeutung beim Brechen des Widerstands der deutschen Infanterie kann gar nicht genug betont werden. Der ganze Angriffsplan vom 8. August stützte sich auf die Tanks; und seither wurden die Erfolge unserer Infanterie bei zahllosen Gelegenheiten durch ihre rechtzeitige Ankunft stark unterstützt oder gefestigt.«[14]

Man hätte meinen können, daß der Platz der Tanks in der britischen Armee damit gesichert war. Die Mehrzahl der Berufssoldaten jedoch, die schon vor 1914 gedient hatten, hielten 1918 die Zeit für gekommen, zu dem zurückzukehren, was sie »das wahre Soldatentum« nannten. Sie wollten den Stellungskrieg der Westfront vergessen und den Kampfstil wieder aufnehmen, in dem sie geschult worden waren. Die Veränderung der Verteidigungsprioritäten zugunsten des Empires war ihnen recht. Daher mußte nach dem Krieg das Tankkorps genauso hart um sein Überleben ringen wie die Royal Air Force.

Das Problem bestand darin, daß der Tank ein Kind des Grabenkriegs war. Da ein Grabenkrieg schwerlich wiederkehren würde, schien auch die Tankwaffe überflüssig zu werden. »Der Tank als solcher war eine Mißgeburt. Die Umstände, die ihn ins Leben riefen, werden schwerlich wiederkehren. Wenn es doch der Fall sein sollte, kann man mit anderen Mitteln damit fertig werden«, meinte ein hoher Offizier,[15] der freilich im nächsten Satz schon betonte, wie wichtig es sei, über einen motorisierten Nachschub verfügen zu können, der nicht an Straßen gebunden sein dürfe. Die Kavallerie, die an der Westfront nicht geglänzt hatte, konnte auf Allenbys Erfolge mit berittenen Truppen in Palästina hinweisen.* Sie betrachtete sich weiterhin als die *arme blanche* und hatte an höherem Ort mehrere Offiziere, die sicherstellen konnten, daß sie nicht auf dem Altar der Motorisierung geopfert werden würde.

»Ich möchte . . . keinen Augenblick lang den Tank herabsetzen. Er wird in unserer Armee der Zukunft eine großartige Waffe sein. Jetzt aber damit zu beginnen, unsere Infanterie und Kavallerie durch Tanks zu ersetzen, hieße, mit den Streitkräften der Krone auf leichtfertige Weise zu experimentieren. Die konservativ gesinnten Briten würden das niemals hinnehmen.«[16]

Solche Argumente waren in erster Linie emotional, aber sie fanden Anklang. Im Zuge der allgemeinen Abrüstung wurde die Zahl der Kavallerieregimenter nur von 28 auf 20 verringert, während das Tankkorps zwar nach bitteren Kämpfen ein separates Korps bilden durfte, dafür aber von 25 Bataillonen bei Kriegsende auf vier Bataillone reduziert wurde.

Fuller, der jetzt im Kriegsministerium in einer Abteilung arbeitete, die sich mit der Ausbildung befaßte, griff bald zur Feder. Es war der Beginn einer umfangreichen schriftstellerischen Tätigkeit, die ihm zahlreiche treue Anhänger, gleichzeitig aber auch viele Feinde einbrachte. Als erstes meldete er einen Beitrag zum Gold-Medal-Essay-Wettbewerb an. Das war

---

* Allenbys Armee mit ihren regulären und irregulären (arabischen) Reiterverbänden war von Arabien aus durch Palästina nach Syrien vorgestoßen und hatte entscheidend zum Zusammenbruch der Türkei beigetragen. (AdÜ)

– und ist es noch – der angesehenste schriftstellerische Wettbewerb der Streitkräfte; sein Thema lautete: Die Anwendung neuer Entwicklungen in der Mechanik und anderen Wissenschaftszweigen bei der Vorbereitung und Ausbildung für künftige Landkriege. Er verfuhr nach dem Motto: »Rennpferde halten nicht am Zielpfosten an«, und benützte die Gelegenheit, um den »Plan 1919« noch zu erweitern. Nachdem er betont hatte, daß die Wissenschaften und die Armee zusammenarbeiten müßten, stellte er weiter fest:

»Die Veränderung in der Kriegskunst durch die Einführung des Benzinmotors auf dem Schlachtfeld war gewaltig, denn sie hat eine neue Epoche in der Kriegsgeschichte eröffnet, zu der wir im Landkrieg keine Parallele finden; am ehesten ist dieser Vorgang noch mit den Veränderungen vergleichbar, die stattfanden, als das Segel durch den Dampf als Antriebsmittel in der Seekriegsführung ersetzt wurde.«[17]

Fuller glaubte, daß die durch den Verbrennungsmotor geschaffene Beweglichkeit das Kennzeichen der modernen Armee sein werde. Panzerschutz, Beweglichkeit und Feuerkraft des Tanks bedeuteten, daß er die Infanterie zu Fuß und die Kavallerie zu Pferd ersetzen konnte. Fuller gewann den Wettbewerb – möglicherweise aber nur deshalb, weil der einzige Mitbewerber, ein Infanterist, der später zum Tankkorps überwechselte, ebenfalls die Sache der Panzerwaffe vertrat und verlangte, die *ganze* Armee solle zur Tankarmee werden. Einer der beiden Schiedsrichter war außerdem Swinton, der ja selbst großen Anteil an der Entwicklung der Tanks gehabt hatte.
Die Veröffentlichung der Arbeit Fullers verursachte einen gewaltigen Aufruhr. Seine Vorschläge (eine Prototyp-Division von 12 Infanteriebataillonen, von denen jedes seine Tankkompanie besaß, vier pferdebespannte und zwei motorisierte Artilleriebrigaden sowie eine Kavalleriekomponente von zwei berittenen Kavallerieregimentern und einem Tankbataillon) waren im Grunde genommen gemäßigt. Was vor allem die Empörung des militärischen Establishments auslöste, war Fullers Ansicht, die Mechanisierung der Armee werde eine Verringerung der Mannschaftsstärken erlauben. Bezeichnenderweise hatten die Franzosen Fullers Studie übersetzen lassen, sie wollten ihm die Auszeichnung eines *Officier d'Academie* verleihen, was das Kriegsministerium jedoch nicht genehmigte.

1920 veröffentlichte Fuller einen Bericht über die Leistungen des Tankkorps im Kriege. Am Ende warf er einen Blick in die Zukunft und wiederholte, daß die Kriegführung der Zukunft auf der »motorisierten und nicht der Muskelenergie beruhen werde«, und daß dies, gepaart mit der Schutzpanzerung und der Feuerkraft des Tanks, eine »bewegliche Feuerlinie« herbeiführen werde: »Der gepanzerte Ritter war wieder aufgetaucht, sein Pferd war der Motor und seine Lanze das Maschinengewehr.« Er vertrat die Ansicht, daß zu 99 Prozent die Waffen über Sieg und Niederlage entschieden. Deshalb sollte der Generalstab jeder Armee aus »Hellsehern der Mechanik« zusammengesetzt sein, die rechtzeitig neue Bedingungen und neue Gebiete des Krieges erkannten und dabei auch neue Waffen entdeckten. Bei der Betrachtung anderer neuer Waffen dachte er an Giftgas, das alles Leben an der Front auslöschte, während die Luftwaffe Industrie- und Regierungszentren angriff.[18]

In der Praxis suchte das Tankkorps verzweifelt nach einem Tank, der schnell genug war, um die neuen Ideen hinsichtlich der beweglichen Kriegführung mit ihm erproben zu können. 1920 hatte man einen Prototyp des Medium D getestet; obwohl jedoch seine amphibischen Fähigkeiten höchst eindrucksvoll waren, erwies er sich als zu unzuverlässig. Zur gleichen Zeit hatte man seinen Konstrukteur, Colonel Johnson, aufgefordert, einen leichten Tank für die Verwendung außerhalb Europas zu konstruieren. Dieser wurde im September 1921 ebenfalls einleitenden Tests unterzogen; es zeigte sich aber, daß er mechanisch anfällig war. Jetzt wurde klar, daß Johnsons Modelle, wenngleich sie sehr viel Phantasie zeigten, noch viel mehr Forschungsarbeit erforderten, um sie zu vervollkommnen. So beauftragte das Kriegsministerium die Firma Vickers mit der Konstruktion eines Tanks. Es war ein weniger ehrgeiziges Modell als das Johnsons, aber zuverlässiger. Daher wurde der Vickers Medium für die nächsten fünfzehn Jahre das »Trainingspferd« des Tankkorps.

Er führte eine 47 mm-Kanone, war aber dünner gepanzert und hatte auch sonst viele Mängel. Er hatte aber eine Stundengeschwindigkeit von 29 Kilometern und das genügte, um einige Theorien der motorisierten Kriegführung in die Praxis umzusetzen.

»Der Vickers . . . wurde das praktische Instrument einer revolutionären Entwicklung in Taktik und Strategie. Er war der erste schnelle Tank, der in irgendeiner Armee in Dienst gestellt wurde und so von hervorragendem Wert dabei, die Phantasie der Soldaten zu inspirieren, indem er eine

sichtbare Demonstration der gepanzerten Schnelligkeit in Aktion gab.«[19]

Gleichzeitig wurde das Chassis des Vickers dazu benützt, um eine Artillerie-Selbstfahr-Lafette zu konstruieren. Sie beförderte eine 18 Pfünder-Kanone und befriedigte so zum Teil Fullers Forderung nach Motorisierung.
Seit Anfang 1919 hatte Fuller die Aufstellung einer Brigade zu Experimentierzwecken empfohlen, und das Kriegsministerium hatte seine Ideen im Prinzip angenommen. Man machte einige halbherzige Versuche, die aber wenig Erfolg brachten. In nachträglicher Anerkennung seiner Verdienste im Weltkrieg durfte sich das Tankkorps seit 1923 als Royal Tank Corps (RTC) bezeichnen, andererseits aber mußte es seine Existenz rechtfertigen, indem es eine Rolle bei der Verteidigung des Empire suchte.
Zu diesem Zweck wurden unabhängige Panzerkompanien gebildet, und 1925 gab es nicht weniger als elf, die in Deutschland als Teil der Besatzungstruppen, in Irland, Indien und im Nahen Osten eingesetzt wurden. Gleichzeitig schwollen die Reihen des Tankkorps durch Offiziere aus anderen Waffengattungen an, die hier die Chance sahen, an zukünftigen Entwicklungen mitwirken zu können, die in ihren eigenen Waffengattungen ignoriert wurden. Zu diesen Offizieren gehörten Hobart, Lindsay und Broad, die bald an die vorderste Front der Motorisierungskampagne treten sollten.
1926 wurde Milne Chef des Generalstabs. Er machte Fuller zu seinem militärischen Assistenten, und damit sah es nun endlich so aus, als ob die Befürworter der Motorisierung den Sieg davontragen könnten. Diese Annahme wurde noch weiter bekräftigt, als Sir Laming Worthington-Evans 1925 Kriegsminister wurde. Er hatte schon 1921 erklärt, daß die mechanischen Kampfmittel in vollstem Ausmaß entwickelt werden müßten[20]. Eine der ersten Initiativen Milnes bestand darin, daß er Fuller über seine Vorstellungen von einer experimentellen Streitmacht befragte. Seine eigenen Ansichten über das Thema wurden freilich weitestgehend von den Äußerungen des Kommandierenden Generals in Aldershot, Campbell, bestimmt. Während sie die Tatsache akzeptierten, daß der Erste Weltkrieg die Wertminderung der Kavallerie bewiesen habe, sahen Milne und Campbell ihr Hauptproblem in der Tatsache, daß die Infanterie zu langsam war.

»Wie ich die Zukunft sehe, wird die Entscheidung dieses Krieges zwischen den beiderseitigen Panzerkräften erfolgen, und zwar, wenn die Infanterie noch weit vom Schauplatz entfernt ist. Nach meiner Ansicht ist die Politik, unsere Panzerkräfte nicht zu vermehren, um die Infanterie zu erhalten, geradezu selbstmörderisch.«[21]

Das Resultat der anfänglichen Begeisterung war, daß im März 1926 die finanzielle Bewilligung für eine zu organisierende Streitmacht erteilt wurde. Dann aber sollte noch ein Jahr vergehen, ehe sie sich materialisierte. Schließlich wurde in der Gegend von Salisbury eine Einheit in Brigadestärke organisiert, die aus einem Bataillon gemischter Panzerwagen und Maschinengewehrträger, einem Tankbataillon und einem motorisierten Maschinengewehrbataillon mit motorisierter Artillerie und Pionieren bestand. Fuller wurde ausgewählt, diese Einheit zu kommandieren, er resignierte jedoch, als er feststellte, daß er außerdem noch eine konventionelle Infanteriebrigade befehligen und gleichzeitig Garnisonskommandeur sein sollte. Er vermutete, daß diese weiteren Aufgaben seine eigentlichen Tätigkeiten beeinträchtigen würden. Ein konventioneller denkender Infanterist übernahm seinen Platz.
Die durchgeführten Versuche waren nicht nur deshalb von großer Bedeutung, weil sie der Motorisierung der Armee neuen Auftrieb verliehen, sondern auch, weil bei den Tank-Enthusiasten jetzt Diskussionen entstanden, wie die motorisierten Kräfte eingesetzt werden sollten. In einer Ansprache am 8. September 1927 erklärte Milne vor Offizieren der Einheit, die gepanzerte Brigade sei formiert worden, um durch die wachsende Beweglichkeit auf dem Schlachtfeld »die Feldherrnkunst neu zu beleben«. Infanterie- und Kavallerie-Divisionen würden auch in Zukunft bestehen – aber ihre Transportmittel müßten motorisiert werden und im Einsatz müßten motorisierte Einheiten mit ihnen zusammenarbeiten. Es solle jedoch auch Panzerdivisionen geben, die für strategische Zwecke separat geführt werden sollten.

»Eine solche gepanzerte Einheit kann man wie einen Schwinger benützen, der um die feindliche Flanke kommt. Sie ist für weitreichende Operationen gedacht. Es ist möglich, daß man sie als gepanzerte Faust auch im Nahkampf einsetzt, worauf ich aber im wesentlichen abziele, ist eine bewegliche Streitmacht, die große Operationen und Umfassungen über große Entfernungen ausführen kann . . .«[22]

Die Rede erweckte damals viel Aufsehen – sie vertrat jedoch nicht die offizielle Meinung des Kriegsministeriums. Diese kam vielmehr in dem ersten britischen Handbuch über die Verwendung der Panzerwaffe (»Tank and Armoured Car Training«) zum Ausdruck. Dieses Handbuch unterstützte Milnes Auffassung nur halb. Während akzeptiert wurde, »daß es die Pflicht der Tanks sei, den anderen Waffengattungen zu helfen und manchmal auch von ihnen unabhängig zu handeln«, sah es nicht vor, daß die Tanks strategisch eingesetzt wurden.

»Sie stellen eine hochmobile, selbständige Streitmacht von begrenzter Stärke dar, die sich besonders für Einsätze mit begrenzten Zielen innerhalb des Gesamtplans eignet, bei deren Ausführung schnelle und anhaltende Bewegung wesentlich ist.«

Fernliegende Ziele seien wegen der Verwundbarkeit der Tanks durch Artilleriefeuer und wegen des Fehlens von Verständigungsmöglichkeiten zwischen den Fahrzeugen nicht möglich. Ein Punkt jedoch wurde deutlich gemacht: die gepanzerten Kampffahrzeuge sollten »Waffen der günstigen Gelegenheit« sein und nicht »in einem zu engen physischen Kontakt zu Infanterie und Kavallerie« stehen müssen.
Lt. Colonel Charles Broad, ein Tankoffizier, der die Abteilung des Kriegsministeriums für Kriegsorganisation leitete, hatte Milnes Vorlesung entworfen. Im November 1927 sprach er vor der Royal United Service Institution über die zukünftige Organisation der »gepanzerten Waffe«. Milne führte den Vorsitz, Broad fügte dem, was Milne bereits gesagt hatte, nur wenig hinzu, am Ende des Vortrags erklärte Milne jedoch, daß er für Broads Bemerkungen keine Verantwortung übernehme. »Wir müssen vorsichtig handeln, um nicht die Traditionen, den Korpsgeist und das Gefühl der Armee als Ganzes durcheinanderzubringen.«[23] Die Opposition kam weniger von der Kavallerie als von der Infanterie. Die motorisierte Brigade von 1927 hatte die 3. Infanteriedivision in ein Dilemma gestürzt. Collins, der Kommandeur der Brigade, drückte das so aus: »Ganz gleich, welche Entfernungen die Infanterie auch zurücklegen mochte: Die motorisierte Einheit konnte offensichtlich immer noch Kreise um sie fahren.«[24] Das hatte zu einer Verschlechterung der Moral geführt und Burbett-Stuart, der Kommandeur der Division, hatte das Gefühl, daß deswegen etwas geschehen müsse.
Er stellte daher die Mängel der motorisierten Einheit besonders heraus

und wies darauf hin, daß sie äußerst geländeempfindlich und auch nur zum kleineren Teil gepanzert sei, was sie gegen Gewehrfeuer anfällig machte. Bei der alljährlichen Stabskonferenz, die im Januar 1928 im Stabscollege abgehalten wurde, stellte Milne, obwohl er immer noch mit der Panzerwaffe sympathisierte, fest, daß die finanziellen Beschränkungen nur einen sehr allmählichen Ausbau zulassen würden und daß es viele Jahre dauern würde, ehe eine Panzerdivision Realität werden könnte. Das war ein Schock für die progressiven Elemente in der Armee, die auf weitere Ermutigung von Milne gehofft hatten. Um die Infanterie aufzumuntern, wurden 1928 der Experimentierbrigade 6-rädrige Truppentransporter zugeteilt, sonst geschah aber nichts weiter. Bei einer Demonstration vor Parlamentsmitgliedern wurde jedoch der Schlußangriff der Tanks durch Tiefflieger unterstützt.
Das Handbuch von 1927 hatte die Verwendung von Luftaufklärung zur Unterstützung motorisierter Bodenoperationen anerkannt, und für diesen Zweck waren auch einige Geschwader zur Zusammenarbeit mit dem Heer bereitgestellt worden. In Verbindung mit den Landstreitkräften wurde jedoch an keine andere Verwendung der Luftwaffe gedacht, weil die Royal Air Force, die sich in erster Linie auf Trenchards Bomberdoktrin konzentrierte, nicht daran interessiert war. Charles Broad illustriert die Haltung des Luftfahrtministeriums.

»Damals begleitete ich eine Gruppe aus dem Kriegsministerium zu einem Ausbildungslager der RAF . . . Wir fragten, ob sie Bodenziele mit Bordwaffen angreifen könnten. Das beflügelte sie, und wir durften Ziele vorschlagen, gegen die sie eine sehr überzeugende Demonstration lieferten. Ein oder zwei Wochen später kam ein Brief von dem Luftfahrt- an das Kriegsministerium, der sich auf den Vorfall bezog und ersuchte, die Offiziere des Heeres sollten RAF-Offiziere nicht ermutigen, den Richtlinien des Luftfahrtministeriums zuwiderzuhandeln.«[25]

Der Army Council revanchierte sich mit der Beschwerde, daß die 1928 bei den Manövern der experimentellen, motorisierten Brigade eingesetzten Flugzeuge ihre Tiefangriffe so »ausnehmend tief durchgeführt hätten, daß durch diese dicht über die Köpfe wegbrausenden Maschinen mit ihrem ohrenzerreißenden Lärm die Moral der Truppe, besonders bei der Infanterie erheblich in Gefahr gebracht wurde«.[26] Auch das Kriegsministerium war von der Idee der offensiven Bodenunterstützung nicht begeistert.

1927 erschien ein weiteres Buch zu dem Thema der Motorisierung. Es war Liddell Harts *The Remaking of Modern Armies.* Liddell Hart hatte sich einen Namen gemacht, als er, gerade nach Ende des Weltkriegs, als ein noch sehr junger Offizier das Ausbildungs-Handbuch für die Infanterie neu geschrieben hatte. Infolge von Kriegsverletzungen aus der Armee entlassen, trat er in die Redaktion des *Daily Telegraph* ein und wurde bald stellvertretender Militärkorrespondent. Aufgrund der Arbeiten Fullers hatte er sich für die Panzerkriegführung interessiert; als er 1921 eingeladen worden war, für die *Encyclopaedia Britannia* einen Artikel darüber zu schreiben, daß die Infanterie immer noch »die Königin des Schlachtfelds« sei, erkannte er, daß er dafür keine befriedigenden Argumente vorbringen konnte, und so schloß er sich Fullers Ansichten an.
Sein erstes größeres Werk über die moderne Kriegführung war 1925 unter dem Titel *Paris or the Future of War* erschienen. Schon als er das Infanteriehandbuch umschrieb, hatte Hart seine Idee der »Sturzflut«-Taktik (Expanding Torrent) entwickelt. Er schlug vor, daß Kommandeure auf jeder Ebene ihre Reserven so einteilen müßten, daß sie den Vorstoß derjenigen Einheit, die bei ihrem Angriff die meisten Erfolge hatte, jederzeit ausweiten konnten. Er erkannte, daß die deutschen Offensiven von 1918 fehlgeschlagen waren, weil man dieses Prinzip nicht konsequent verfolgt hatte. *Paris* hatte die strategischen Methoden des Ersten Weltkriegs, die die Vernichtung der feindlichen Armeen zum Ziel hatten, kritisiert und plädierte statt dessen für eine psychologische Dislozierung.
Diese könne durch eine Kombination von zwei Methoden erreicht werden. Erstens müsse sich der Feind aus mehr als einer Richtung bedroht fühlen und so in ein Dilemma geraten, wie und wo er seine eigenen Streitkräfte aufstellen solle. Zweitens müsse seine Verwirrung durch die Lähmung seiner Nachrichtenverbindungen und Befehlszentren gesteigert werden. Über diesen zweiten Aspekt hatte sich auch Fuller nicht nur im »Plan 1919«, sondern auch in *The Reformation of War* ausführlich geäußert.
The Remaking of Modern Armies besteht aus zwei Teilen. Im ersten betrachtet Liddell Hart die Bedeutung der Motorisierung. Er stellte fest, daß sich die effektive Rolle der Infanterie angesichts des theoretischen Potentials des Tanks zunehmend einschränkte. Wie Fuller glaubte er, daß die Bedeutung der Infanterie auf dem Schlachtfeld nur dann wiederhergestellt werden konnte, wenn sie motorisiert wurde. Er tadelte jedoch die Bemühungen, die gemacht wurden, um den Troß der Infanterie zu motorisieren, während man den Infanteristen selbst weiterhin zu Fuß gehen ließ.

»Der Anblick einer Gruppe schneller geländegängiger Motorfahrzeuge, die hinter einer Infanteriekolonne mit 4–5 Stundenkilometern Geschwindigkeit dahinkriecht, ist nicht nur ein schmerzlicher Anachronismus, sondern auch eine jämmerliche Vergeudung schnell beweglicher Fahrzeuge.«[27] Er trat für eine voll motorisierte Infanterie ein, die so ziemlich die Gestalt von Fullers »Flotte im Gelände« annahm. Die Artillerie sollte mit Selbstfahrlafetten ausgestattet werden, um die Tanks und die motorisierte Infanterie angemessen unterstützen zu können. Das brachte ihn zu dem Vorschlag, daß jede Expeditionsstreitmacht der Zukunft voll motorisiert sein sollte. Man sollte die Tanks nicht als »Extraarm« oder als eine bloße Hilfe der Infanterie sehen, statt dessen

». . . sind sie die moderne Form der schweren Kavallerie und ihre richtige taktische Verwendung ist klar: sie sollen konzentriert und in so großen Massen wie möglich für entscheidende Manöver gegen die Flanken und die Verbindungslinien des Feindes eingesetzt werden, die durch den – ebenfalls motorisierten – Feind und durch die Artillerie festgelegt sind.«[28]

Das war der Punkt, an dem Liddell Hart sich von Fuller zu unterscheiden begann. Wie wir gesehen haben, sah Fuller in der Infanterie lediglich die den Tanks folgende Kraft, während Liddell Hart in ihr eine in eigenem Recht operierende Streitmacht sah, die den Feind aus einer anderen Richtung bedrohte. Es war ein Teil seiner Theorie von der »indirekten Methode«, die er 1925 zuerst formuliert hatte.

Der zweite Teil des Buchs *The Remaking of Modern Armies* befaßt sich mit dem psychologischen Ziel der neuen Kriegführung, dem »moral objective«. Hart kritisierte Clausewitz, weil er geglaubt hatte, die Zerstörung des feindlichen Willens komme als Kriegsziel erst *nach* der Zerstörung der Militärmacht und des Feindeslandes in Frage.

»Sein entscheidender Fehler war es, den ›Willen‹ auf der Liste seiner Prioritäten als letztes statt als erstes und umfassendes Ziel zu nennen und zu behaupten, daß die Zerstörung der feindlichen Militärmacht wesentlich sei, um die anderen Ziele sicherzustellen.«[29]

Wie Douhet, Trenchard und Fuller erklärte er, daß der Luftkrieg vielleicht das beste Mittel sei, um den Willen des Feinds zu vernichten und empfahl gleichzeitige Angriffe auf die Bevölkerungszentren.

Im gleichen Jahr erschien ein Buch, das die Ideen Liddell Harts und Fullers heftig angriff. V. W. Germains *The Mechanisation of War* ist deshalb instruktiv, weil es im Gegensatz zu den emotionalen Äußerungen vieler konservativer Offiziere vernünftige und logische Argumente vorbringt. Germains behauptete, der Tank sei nicht mehr als eine »nützliche, wenn auch kostspielige Waffe« an der Westfront gewesen. Er betonte mit Nachdruck die Tatsache, daß die erfolgreichste Offensive, die der Deutschen im Jahre 1918, fast ohne Tanks unternommen worden sei. Er kam zu dem Schluß:

». . . nachdem die Heere in allen Ländern auf die minimalen Erfordernisse des Friedens beschnitten wurden, erscheint es wahrscheinlich, daß im nächsten Krieg eine Periode schneller Bewegungsgefechte wie im letzten Krieg ein allgemeiner Stillstand folgen wird. Mobile Kolonnen von Tanks und motorisierter Infanterie werden einander neutralisieren. Die Luftwaffen werden Angriffe und Gegenangriffe durchführen; das Ergebnis wird ein Grabenkrieg sein, in dem neue Waffen neue Probleme bedeuten, die im Augenblick kein Mensch voraussehen kann.«[30]

Liddell Harts Anwendung motorisierter Streitkräfte in der »indirekten Methode« lehnte er ab:

»Durch geschickte Verwendung des Eisenbahn- und Straßennetzes und mit der notwendigen Vorsicht gegen Überraschungen kann es keinen Zweifel geben, daß ein wohlgerüsteter Verteidiger immer einen erwarteten Vorstoß durch einen relativ langsamen motorisierten Querfeldein-Angriff abfangen kann.«[31]

Er glaubte, die Enthusiasten der Motorisierung gäben sich Illusionen hin, wenn sie annahmen, daß der Feind dazu nicht in der Lage sein würde. Er war der Ansicht, daß zu viel Gewicht auf »Schnelligkeit« und nicht genug auf »Kampf« und »Stehvermögen« gelegt werde. Stehvermögen schien ihm der wichtigste Faktor zu sein, da er nicht glaubte, daß ein zukünftiger europäischer Krieg kurz sein würde. Gegen Liddell Harts Vorschlag, eine britische Expeditionsstreitmacht solle vollmotorisiert sein, erhob er aus finanziellen Gründen Einwände. Da ein kommender Krieg lang sein würde, sei es nötig, jedes etwaige Expeditionskorps durch eine große »Nationalarmee« zu unterstützen. Keine Regierung könne es sich leisten, eine derartige Armee in Friedenszeiten zu motorisieren; damit sie jedoch effektiv sei, müsse sie »mehr oder weniger nach heutigen Richtlinien organisiert werden«. Die Gefahr liege darin, daß man auf Kosten der Reserven Geld für die Motorisierung des Expeditionskorps ausgebe. Wenn das der Fall sei, »wäre die Mechanisierung ein Unternehmen, das keinen Schuß Pulver wert ist. Denn dann stünde hinter der Mechanisierung keine wirkliche Kraft mehr.«

Die Debatte hatte sich damit vom bloßen Einsatz der Tanks wegbewegt. Man betrachtete die Mechanisierung hinsichtlich ihrer Bedeutung für die nationale Verteidigung in ihrer Gesamtheit. 1929 wurde als Ergebnis der Versuche von 1927 und 1928 eine neue Schrift veröffentlicht: *Mechanised and Armoured Formations, 1929 (Provisional).* Sie war mehr als nur eine Anweisung für den taktischen Einsatz von Tanks. Es war ein Versuch, den Einsatz mechanisierter Streitkräfte insgesamt zu beschreiben. Das Vorwort ist dadurch interessant, daß es ein nicht zu widerlegendes Argument für die Mechanisierung der gesamten Armee bringt.

»Während des vergangenen Jahrzehnts war die Mechanisierung in allen Lebensbereichen auf dem Vormarsch. Die Armee muß in ihrer allgemeinen Form nach dem Zivilleben modelliert werden und sich folglich ebenfalls allmählich mechanisieren.«[32*]

Der »Purple Primer«, wie das von Charles Broad verfaßte Handbuch nach der Farbe seines Einbands genannt wurde, war ein tapferer Versuch, das progressive Denken zu einer Zeit zu ermutigen, als die Militärhierarchie angesichts der wirtschaftlichen Schwierigkeiten zögerte, die Motorisierung allzu rasch voranzutreiben. Liddell Hart aber kritisierte den »Purple Primer«, weil er nicht weit genug ging.

»Ich hätte es gern gesehen, wenn die neue Vorschrift sich noch mehr mit den strategischen Möglichkeiten von Panzerverbänden für weit in das Hinterland des Gegners reichende Schläge zur Unterbrechung von dessen Verbindungs- und Nachschublinien befaßt hätte.«[33]

Er kritisierte auch, daß die Zusammenarbeit Luft/Boden und die Verwendung von Tanks bei Nacht nicht in Betracht gezogen worden war – und

---

* Es ist bezeichnend, daß die Vertreter einer ständigen Panzerstreitmacht in der US-Armee zur gleichen Zeit die gleichen Argumente vorbrachten. Siehe S. 64f.

wichtiger noch – die Mißachtung der Infanterie als eines Teils der gepanzerten Streitmacht.
Die Frage einer Einbeziehung von Infanterie in eine gepanzerte Formation war äußerst umstritten. Die Tests von 1927/28 hatten bewiesen, daß die Infanterie in ihrer gegenwärtigen Form selbst dann nicht mit den Tanks Schritt halten konnte, wenn ihre Transportmittel motorisiert wurden. Trotzdem schien die Infanterie ihrerseits nicht bereit zu sein, zu »Tankmatrosen« zu werden, und zwar aus Furcht, sie könnte vom Tankkorps verschluckt werden. Es gab außerdem finanzielle Rücksichten, weil kein Geld vorhanden war, um die Armee in ihrer Gesamtheit zu motorisieren. Ungepanzerte Lastautos zu verwenden, die ein Verkaufspotential auf dem zivilen Markt hatten, war eine Sache – einen gepanzerten Infanterieträger zu konstruieren, der keinerlei zivile Marktchancen hatte, war eine kostspielige Angelegenheit und angesichts des sehr begrenzten Verteidigungsbudgets nicht akzeptabel.
Broad mußte innerhalb der Richtlinien des Generalstabs arbeiten, der festgelegt hatte, daß der Tank zwei Aufgaben habe: eine strategische (den rechtzeitigen Angriff in die Flanke und in den Rücken des Gegners) und eine strikt taktische: die enge Unterstützung von Kavallerie oder Infanterie. Als Folge davon beschrieb er zwei Typen von Brigade: die gepanzerte Brigade, die Artillerie auf Selbstfahrlafetten einschloß, und eine Infanteriebrigade mit Maschinengewehrträgern und einem Bataillon leichter Tanks. Er bemühte sich, dem Verdacht zu entgehen, er wolle eine reine Tank-Armee*. Der »Purple Primer« enthielt viele Ideen Fullers und Liddell Harts. Besonders die psychologische Wirkung der neuen Waffen wurde betont.

»Ein feindlicher Kommandeur wird sich durch die Tatsache in Verlegenheit gesetzt sehen, daß jeder Punkt in einer Entfernung von 150 Kilometern von einer Panzerformation angegriffen werden kann.«
Und: *»Die moralische Überlegenheit von Panzerfahrzeugen gegenüber anderen Waffen ist groß. Sie können tatsächlich allein durch ihre Dro-*

* Hinter der Szene schlug er jedoch vor, daß aus zehn Kavallerieregimentern, zwei Infanteriebataillonen und den bestehenden vier Tankbataillonen ein Panzerkorps gebildet werden sollte. Es war ein Versuch, ausgewählte aber repräsentative Teile der Armee in ein Elitekorps umzuwandeln, das mit den modernsten Waffen ausgerüstet war und progressiv dachte, statt von »progressiven« Zauderern zurückgehalten zu werden.[34] Man braucht nicht erwähnen, daß dieser Vorschlag nicht angenommen wurde.

hung Infanteriedivisionen, die nicht entsprechend ausgerüstet sind, unbeweglich machen.«

Man hätte denken können, daß die Apostel der Motorisierung jetzt ihren Kampf gewonnen hatten und daß die Motorisierung nun voranschreiten würde. Unglücklicherweise war das nicht der Fall. Zwei Monate nach der Veröffentlichung des »Purple Primer«* kam ein Labour-Kabinett an die Regierung. Sein pazifistischer Idealismus erledigte zusammen mit dem wirtschaftlichen Tief für den Augenblick jeden Fortschritt in der Motorisierung. Als erstes sollte das Tankkorps selbst darunter leiden. In einem Memorandum vom Mai 1929 schrieb der Inspekteur des Tankkorps, Colonel Lindsay:

»Wir haben keinen einzigen Tank irgendwelchen Modells, der kriegstauglich wäre. Deshalb müssen wir als erstes das Royal Tank Corps richtig ausrüsten, sonst sitzen wir in wenigen Jahren immer noch auf unseren gegenwärtigen Tanks, und das ganze Konzept scheitert daran, daß die Ausrüstung völlig versagt. Zudem werden wir in den Modellen nie Fortschritte machen, wenn wir nicht alljährlich den Bataillonen der Streitkräfte eine gewisse Zahl von Tanks neuester Bauart zuweisen.«[35]

Das Hauptproblem waren die Finanzen. Während der zwanziger Jahre waren die Mittel eben ausreichend, um pro Jahr einen Tank zu planen, aber es gab nie genug Modelle, daß die Soldaten sie testen konnten. Zudem besaß die Firma Vickers ein Monopol in der Tankkonstruktion; was sie produzierte, wurde mehr oder weniger selbstverständlich von dem Kriegsministerium übernommen. Vickers hatte 1928 einen 16 Tonnen-Tank eingeführt, um den Medium zu ersetzen; die Depression verhinderte jedoch, daß er in Dienst gestellt wurde. Während der dreißiger Jahre konzentrierte sich die Produktion auf leichte Panzer, weil sie erstens billiger waren und weil zweitens Carden, der Panzer-Chefkonstrukteur bei Vikkers, mehr an Geschwindigkeit als an Feuerkraft glaubte. Diese Ausrüstung genügte zwar für Experimente in der Handhabung von Panzerformationen, wie sie in den frühen dreißiger Jahren stattfanden. Aber als Großbritannien 1939 in den Krieg eintrat, besaß es nur sehr wenige Panzer, die für solche Manöver tatsächlich getaugt hätten.

---

* Bezeichnenderweise bekamen die Deutschen ein Exemplar des »Purple Primer« in die Hand. Ein gewisser Captain Baillie Stuart, der dafür in den Tower gesperrt wurde, hatte es ihnen verkauft.

Eine gepanzerte US-Kavallerie?

Das amerikanische militärische Denken in den zwanziger und dreißiger Jahren wurde stark durch den Isolationismus beeinflußt. Amerika hatte zwar Interesse daran, einen künftigen Krieg zu verhindern, wünschte aber kein Engagement in Europa. Dem entsprach auch der Stand seiner Rüstung. Im November 1919 hatte das – existierende oder geplante – amerikanische Tankkorps etwa fünfzehn Brigaden, jede mit einem schweren Bataillon mit englischen Mark VIIIs und zwei leichte Bataillone mit französischen Renaults. Das Korps hatte seine Erfolge an der Westfront gehabt, und es bestand kein Grund, warum es nicht als selbständige Waffengattung in eigenem Recht etabliert werden sollte. Brigadegeneral Rockenbach, der das Tankkorps in Frankreich befehligt hatte, wurde Kommandeur des gesamten Korps und richtete sein Hauptquartier in Fort Meade, Maryland, ein. Er akzeptierte es, daß zunächst noch die Mark VIIIs und die Renaults benutzt werden mußten, legte aber die Spezifizierungen für einen neuen Tank fest.

»Nicht über 18 Fuß lang, nicht über 18 Tonnen schwer, 10 PS pro Gewichtstonne. Der Bodendruck sollte nicht mehr als 91 amerikanische Pfund, also etwa so viel wie der eines Menschen, betragen; außerdem sollte der Tank mit einer Kanone von weniger als 6 Pfund oder mehr als drei Zoll, mit zwei Maschinengewehren und Rauchgeräten zur Offensive wie zur Defensive bestückt sein. Die Geschwindigkeit sollte im Gelände zwischen eineinhalb und neunzehn Kilometer pro Stunde betragen. Besondere Aufmerksamkeit sollte auf die Verbesserung der Sicht gelegt werden.«[36]

Unglücklicherweise machte es Rockenbach nie deutlich, wie er sich den Einsatz der Tanks in der Zukunft vorstellte. Diese Haltung muß auf seine Untergebenen entmutigend gewirkt haben. George Patton aber, der zu dieser Zeit die 304. Tankbrigade befehligte, war sich völlig darüber klar, daß das Tankkorps als separate Waffengattung beibehalten werden mußte.

»Der Tank ist neu; zur Erfüllung seiner Bestimmung muß er unabhängig bleiben. Ebensowenig wie er wünscht oder versucht, die Infanterie, Kavallerie oder Artillerie zu ersetzen, möchte er von diesen absorbiert wer-

den; denn damit ... würden wir das Stiefkind der Waffengattung, die uns aufnimmt, und eine untaugliche Hilfskraft der beiden anderen sein ...«[37]

Und doch fehlte Patton in dieser Phase noch Fullers Weitblick. Das Potential des »Plans 1919« vermochte er nicht zu erkennen, obwohl er zweifellos davon gehört haben mußte. Er las begierig Fullers *Tanks in the Great War*, als dieses Buch 1920 veröffentlicht wurde, meinte jedoch, Fuller habe seine Ideen

»in einem zweifellos möglichen, im Augenblick aber unpraktikablen Ausmaß erweitert, weil die Nationen, die reich genug sind, um solche motorisierten Armeen aufzustellen, durch die Art ihres Reichtums auch die Nationen sind, die einen Krieg nicht ernstlich in Betracht ziehen können und nur bereit sind, ihm minimale Anstrengungen zu widmen.«[38]

Als schließlich Entscheidungen fielen, kam der Dickman-Ausschuß zu dem Ergebnis:

»So wichtig die Wirkung dieser mechanischen Entwicklungen und die ihrer speziellen Dienste gewesen ist, war ihr wahrer Wert der einer Hilfswaffe für die Infanterie. Nichts in diesem Krieg hat die Tatsache geändert, daß es nach wie vor die Infanterie mit Gewehr und Bajonett ist, die letztlich die Last des Angriffs tragen und ihn zum Sieg führen muß.«[39]

Weil es Rockenbach nicht gelang, ein überzeugendes Konzept für die Aufgaben einer unabhängigen Tankformation zu entwickeln, konnte der Dickman-Ausschuß nur vom Einsatz amerikanischer Tanks an der Westfront ausgehen, der eine reine Infanterieunterstützung war. Dementsprechend wurde im National Defense Act von 1920 das Tankkorps gestrichen, und alle Tanks wurden der Infanterie unterstellt. Sie sollten die Bezeichnung »Infanterie-Tanks« tragen.

Obwohl die Tanks nun zu einem Teil der Infanterie geworden waren, mochte sich der Generalstab über die taktischen Aufgaben der Panzer nicht äußern. Erst auf den Druck des mit der Ausrüstung befaßten Ordnance Boards hin, bestätigte der Generalstab schließlich im April 1922, daß es die »erste Aufgabe des Tanks sei, das ununterbrochene Vorrücken der Infanteristen im Angriff zu erleichtern«.[40]

Im gleichen Jahr erwähnte der Chef der Infanterie, daß die Tanks bei einem Durchbruch verwendet werden könnten – er setzte aber hinzu, daß »Schnelligkeit, ein großer Aktionsradius und ein angemessener Munitionsvorrat für eine derartige Mission wesentlich seien«.[41] Die damals verwendeten Marks VIIIs und Renaults besaßen keine der beiden ersten Eigenschaften. Wie zur Bestätigung besagten die Felddienstvorschriften von 1923 geringschätzig, daß »in der Verwendung von Tanks und geländegängigen Fahrzeugen der Motortransport eine begrenzte taktische Verwendung finde«. Die Reaktion vieler Kriegsoffiziere im Tankkorps bestand darin, zu ihren früheren Waffengattungen zurückzukehren. Obwohl Offiziere wie Eisenhower und Patton das Potential der Tanks erkannten, waren sie der Ansicht, daß wenig Hoffnung bestand, in einem kleineren spezialisierten Zweig einer größeren Waffengattung voranzukommen, besonders wenn sie um viele Dienstränge zurückgestuft wurden.*

Eisenhower und Patton, die jetzt wieder in der Infanterie beziehungsweise Kavallerie dienten, förderten aber weiterhin in den damaligen Journalen ihrer Waffengattungen die Sache der Tanks. Eisenhower zufolge »waren aber diese Vorschläge im Vergleich zu der Praxis des Ersten Weltkriegs so revolutionär, daß uns ein Kriegsgericht drohte«.[42]

Neben Rockenbachs Versagen, seinen Offizieren die nötigen Hinweise zu vermitteln und ihrer eigenen Enttäuschung gab es noch einen weiteren Grund, warum die theoretische Beschäftigung mit der motorisierten Kriegführung in den USA während der zwanziger Jahre stagnierte. Bis der National Defense Act von 1920 in Kraft trat, hatte der Tank Board bestanden, der die Tankpolitik in erster Linie formuliert und neue Ideen verkündet hatte. Bei der Auflösung des Tankkorps vertagte sich dieser Ausschuß, bis er 1924 mit vier Mitgliedern wieder eingesetzt wurde. Sein Auftrag klang ermutigend: ». . . mit der mechanischen Entwicklung Schritt zu halten, mit der Feldzeugmeisterei und anderen Waffen und Zweigen der Streitkräfte in Fragen des wechselseitigen Interesses für sie und die Tankschule zusammenzuarbeiten und die Tankentwicklung zu fördern«.[43]

Bedauerlicherweise waren die Mitglieder des Ausschusses aber nur teilzeitlich abgestellt und brachten nicht genug Energie auf, um ein wirklich

* In der amerikanischen Armee galten die Beförderungen im Krieg nicht für die kleinere Friedensarmee. Die Offiziere wurden den Verhältnissen der Friedensarmee entsprechend in ihrem Rang zurückgestuft. Ein bekanntes historisches Beispiel: Brigadegeneral Custer wurde nach dem Bürgerkrieg auf den Rang eines Oberstleutnant zurückgestuft und kämpfte als solcher gegen die Indianer. (AdÜ)

wirksames Sprachrohr zu bilden. Erst 1928 wurden drei Offiziere vollzeitig abgestellt. In der Zwischenzeit war die Tanktruppe auf zwei schwere Tankregimenter mit Mark VIIIs und Renaults und auf einige leichte Tankkompanien bei Divisionen beschränkt – eine verwässerte Version der Forderungen Rockenbachs.

Trotz all dieser Hindernisse brachten die damaligen Armeejournale viele Diskussionen über den Einsatz von Tanks. Zunächst konnten einige Offiziere auf die Erfolge der alliierten Tanks im Jahre 1918, besonders auf den britischen Durchbruch durch die bis dahin undurchdringliche Hindenburglinie als Basis hinweisen, auf der man eine motorisierte Streitmacht aufbauen konnte. Die typische Reaktion der Infanterie gipfelte stets in der Behauptung, »daß es nicht der britische Tank gewesen sei, der die Hindenburglinie durchbrach, sondern das britische Bajonett in der Hand des Soldaten, der den Feind Mann gegen Mann attackierte«.[44] Auf keinen Fall sollten die Tanks eine Chance erhalten, die Position der Infanterie als der »Königin des Schlachtfeldes« zu bedrohen, wie das in England geschehen war.

Obwohl die Ideen Fullers und Liddell Harts dem militärischen Establishment der Vereinigten Staaten als ketzerisch erscheinen mochten, wurden ihre Artikel in diesen Journalen der Streitkräfte veröffentlicht. Es erschienen auch Berichte über die ersten britischen Versuche mit motorisierten Einheiten, an denen amerikanische Offiziere als Beobachter teilgenommen hatten. So brachte das *Infantry Journal* vom Januar 1926 einen Bericht über die britischen Manöver im Jahre 1925, bei denen der Vickers Medium erprobt worden war. Aus der Tatsache, daß der Tank seine Beweglichkeit verliert, wenn er mit der Infanterie zusammenarbeitet, schloß er, daß der Tank die Basis einer hochmobilen Streitmacht bilden solle, »die in Reserve gehalten und dann schnell vorgeworfen werden sollte, um bedrohte Punkte zu unterstützen oder unerwartete Widerstandsnester zu überwältigen«. Außerdem könnten die Tanks »als Unterstützung für andere mobile Truppenteile an Stößen in die Flanken teilnehmen und mit der Vor- oder Nachhut zusammenarbeiten«.

Der Bericht ist für das Denken der damaligen Zeit typisch. Obwohl sich der Autor darüber klar war, daß der Tank nicht an die Schürzenbänder der Infanterie geknüpft werden konnte, war er nicht bereit, seine Folgerungen bis zu dem logischen Schluß durchzuführen, solchen Tankmodellen eine unabhängigere Rolle zu gestatten. Die amerikanischen Offiziere sahen in den Tanks immer noch eine Hilfswaffe. Ein amerikanischer Kavallerist,

der die gleichen Manöver beobachtete, erklärte sogar, der Tank sei zwar eine wertvolle Hilfe für die Kavallerie, aber »wegen der Entwicklung in der Luft sei die Kavallerie noch wichtiger«.[45]
Und doch sollten die ersten amerikanischen Überlegungen über eine voll motorisierte Streitmacht aus den Rängen der Kavallerie kommen. Obwohl die US-Kavallerie an der Westfront nur wenig an den eigentlichen Kämpfen beteiligt gewesen war, kam der Dickman-Ausschuß zu dem Ergebnis, daß die Erfahrungen von 1917–18 »nur wenige Gründe für eine Änderung in unserer Doktrin über den strategischen Einsatz der Kavallerie erbracht haben«. Die Aufgaben der US-Kavallerie umfaßten in der damaligen Zeit das Niederwerfen der gegnerischen Kavallerie, das Zerschlagen der feindlichen Verbindungen, die Flanken- und Nachhutsicherung, Verfolgung, Stören und Aufklärung. Der Ausschuß fügte freilich vorsichtshalber hinzu, es sei unwahrscheinlich, daß die Bedingungen in Nordfrankreich sich auf dem amerikanischen Kontinent wiederholen würden.[46]
So war die Kavallerie damit zufrieden, die Uhr auf das Jahr 1916 zurückdrehen zu können, wo sie bei Pershings Mexiko-Expedition ihren Wert bewiesen hatte. Sie konnte es sich sogar leisten, eine fast anmaßende Haltung einzunehmen.

»Es besteht kein Zweifel, daß einige Stellungen der Deutschen an der Westfront, deren Einnahme uns starke Verluste kostete, in verhältnismäßig kurzer Zeit und mit verhältnismäßig geringen Verlusten durch einen plötzlich gestarteten Kavallerieangriff, durch Artillerie- und Maschinengewehrfeuer unterstützt, hätten erobert werden können.«[47]

Wie bei der britischen galt auch bei der amerikanischen Kavallerie Allenby als Held der Stunde, der sich bei seinem erfolgreichen Feldzug gegen die Türken in Palästina vor allem der Reiterei bedient hatte. In einem offenen Brief an *Cavalry Journal*, der im Januar 1922 veröffentlicht wurde, wies Allenby jedoch darauf hin, daß er zwar hinsichtlich der Zukunft des Pferdes auf dem Schlachtfeld beruhigt sei, daß aber »Kavallerieunternehmen auch durch mechanisierte Transportmittel – Lastautos, Tanks, Panzerautos – unterstützt werden könnten, die den Nachschub sicherten, während Kampfwagen und schnellfahrende Tanks auf jedem Gelände mit der Kavallerie und pferdebespannter Artillerie zusammenarbeiten können.«[48]
Er hatte diese Techniken mit Erfolg in Palästina angewandt, diese Bedingungen unterschieden sich jedoch stark von denen an der Westfront. Al-

lenbys Brief gab den progressiver gesinnten Offizieren die nötige Ermutigung, ihre Ansichten ebenfalls im Druck zu äußern. Im Juli des gleichen Jahres veröffentlichte das *Cavalry Journal* einen Artikel aus der Feder des zur Infanterie gehörenden Panzermajors Bradford E. Cheynworth, der die Idee vortrug, die Möglichkeit eines Kavallerietanks zu untersuchen. Er begann diplomatisch: Niemand brauche zu fürchten, daß der Tank die Pferde ersetzen werde. Die Panzer würden vielmehr den Wert des Reiters genauso erhöhen wie den des Infanteristen.[49] Kavallerie könne wirksam nur gegen eine hastige und schlecht organisierte Verteidigung eingesetzt werden, während die Tanks von großem Nutzen sein könnten, wenn die Kavallerie auf vorbereitete Infanteriestellungen stieß. In der gleichen Ausgabe des Journals forderte Patton die Wiederaufstellung des Tankkorps als selbständige Waffengattung.[50]

Die Artikel riefen einen Schrei der Empörung in den konservativen Reihen der Kavallerie hervor. Obwohl sie vielleicht einräumen mochten, daß die Tanks die Kavallerie genauso unterstützen konnten wie die Infanterie, wurden sie, wie ihre britischen Kameraden, bei dem Gedanken, der Motor könne eines Tages das Pferd ersetzen, von Panik erfaßt. Ein großer Teil ihrer Argumente beruhte auf der Tatsache, daß der Tank anders als das Pferd nur auf bestimmten Geländetypen erfolgreich operieren könnte. Die Politik des Isolationismus machte es unwahrscheinlich, daß die amerikanische Armee je wieder in ein europäisches Gemetzel würde eingreifen müssen. Wahrscheinlicher war es, daß sie im Pazifik oder auf der Südhälfte des amerikanischen Kontinents engagiert wurde, wo das Gelände mehr für Pferde geeignet war. Verknüpft mit diesem Argument war das der logistischen Probleme, die mehr den Tank als das Pferd betrafen. Patton drückte das später (1929) so aus: »Ein nicht gefütterter Motor steht still, ein verhungerndes Pferd stirbt erst nach Tagen.«[61]

Trotz dieser Opposition wurde 1927 die Entscheidung getroffen, jeder Kavalleriedivision eine Beobachtungsstaffel der Luftwaffe sowie eine Tank- und eine Panzerwageneinheit beizufügen. Ein Zug Renaults von der 2. Tankkompanie nahm an den Manövern der Kavallerie teil. Ihre geringe Geschwindigkeit bedeutete, daß sie dort nur von geringem Wert war. Um sie verwendbar zu machen, wurden die Tanks auf Lastautos befördert und erst abgeladen, wenn sie eingesetzt werden sollten. Die Schlußfolgerung aus diesem Experiment lautete, daß nur ein Tank mit einer Straßengeschwindigkeit von 29 und einer Querfeldeingeschwindigkeit von 21 km/h ein »wertvoller Gehilfe der Kavallerie sei«.[62]

Das gleiche Jahr brachte eine noch radikalere Entwicklung. Der Kriegsminister Dwight F. Davies besuchte Großbritannien und hatte Gelegenheit, die Tests der experimentellen britischen Tankbrigade zu beobachten. Er war davon so beeindruckt, daß er bei seiner Rückkehr in die Staaten die Aufstellung einer ähnlichen Einheit befahl. Diese entstand im Juli 1928 in Fort Leonard Wood (Camp Meade), Maryland. Die Weisungen des Kriegsministeriums für den Kommandierenden General des II. Korps, in dessen Bereich die Verantwortung für Fort Leonard Wood fiel, besagten, die Tanks

»sollten nicht als Divisionseinheit, sondern wegen ihrer speziellen Eigenheiten eher als eine Spezialtruppe gesehen werden, bei deren Begleitung Einheiten von Infanterie- und Kavalleriedivisionen zusammenarbeiten.«[53]

Dabei wurde betont, daß der Tank der Kern dieser Truppe sein und die Taktik der Streitmacht insgesamt darauf abzielen solle, den Erfolg des Tankangriffs durch ihre Unterstützung zu sichern, schnell zu konsolidieren und auszuwerten.

Zum ersten Mal sah man im Tank eine *zu unterstützende*, statt einer *unterstützenden* Waffengattung. Der Haken lag darin, daß die Angehörigen der Tanktruppe darauf trainiert werden sollten, die ganze Schnelligkeit ihrer modernen Waffe zu nutzen, daß ihre altmodischen Vehikel aus dem Weltkrieg diese Schnelligkeit aber gar nicht besaßen. Die zwei beteiligten Tankbataillone waren immer noch mit Tanks Mark VIII und Renault ausgestattet, obwohl die Truppe auch vier M-11 (21-Tonner mit einer Stundengeschwindigkeit von 23 Kilometern) besaß.

Wegen ihrer veralteten Fahrzeuge war die Einheit zunächst kein Erfolg. Aber die drei Monate Tests, nach denen die Truppe wieder aufgelöst wurde, hatten die Saat bereitet. Zufällig war der Offizier der Abteilung G 3 im Kriegsministerium, der den Auftrag erhalten hatte, den Tests beizuwohnen, ein Kavallerist, Major Adna B. Chaffee. Er war vom Konzept einer motorisierten Einheit begeistert und trat energisch dafür ein, sie zur Dauereinrichtung zu machen. Unterstützt wurde er dabei vom Mechanised Development Board des Kriegsministeriums, dessen Mitglieder das Experiment ebenfalls genau beobachtet hatten. Es ergab sich eine bezeichnende Übereinstimmung mit Überlegungen in Großbritannien. Genau wie Broad im »Purple Primer« kamen die Amerikaner zu dem Ergebnis,

»daß in der kommerziellen Welt die Maschine die Muskelkraft zum großen Teil ersetzt habe; deshalb müssen wir in der Armee im weitesten praktikablen Ausmaß von Maschinen anstelle von Menschen Gebrauch machen, damit unsere Soldaten ohne die durch die moderne Feuerkraft verursachten schrecklichen Verluste Gelände besetzen und daran festhalten können.«[54]

Summerall, der Stabschef, ließ sich bekehren, und als eine seiner letzten Amtshandlungen, ehe er im Oktober 1930 aus seinem Amt schied, gab er den Befehl: »Die motorisierte Streitmacht jetzt aufstellen und in Fort Eustis, Virginia, stationieren. Nicht auf Zeit, sondern auf Dauer.«[55] Inzwischen erkannte die Infanterie, daß sie auf dem Marsch zur Motorisierung zurückfiel, deshalb führte die 34. Infanteriedivision 1929 Motorisierungstests durch. Im nächsten Jahr stellte General Fuqua, der Chef der Infanterie, in einer Ansprache im Army-War-College heraus, welche Waffen auf dem Schlachtfeld der Zukunft dominieren würden.

»Lassen Sie mich all denen sagen, die unsere Infanterie nicht mehr als unsere Grundstreitmacht auf dem Schlachtfeld der Zukunft ansehen, daß sie immer noch unsere entscheidende Kraft ist und daß gerade die Waffen und Methoden – also Motorisierung, Chemikalien, automatische und Maschinenwaffen und gepanzerte Kettenfahrzeuge –, welche die Infanterie nach Ansicht mancher Leute ersetzen können, von der Infanterie dazu benützt werden, ihre Aufgabe zu erfüllen: nämlich Gelände zu besetzen und zu behaupten.«[56]

In dem gleichen Jahr konnte er dem Military Affairs Committee des Repräsentantenhauses berichten, daß von 1000 Renaults und 100 Mark VIII, die der Armee 1918 überlassen wurden, noch mehr als 94 Prozent diensttauglich waren. Die Entschlossenheit der Infanterie, die Kontrolle über die Tanks zu behalten, und die fehlende Bereitschaft der Politiker, angesichts des großen Vorrats veralteter, aber noch dienstfähiger Modelle angemessene Mittel zur Einführung moderner Panzer zur Verfügung zu stellen, stellten bei der Ausführung von Summeralls letztem Befehl ein schweres Hindernis dar.

Das »bouquin rouge« und die Folgen

Frankreich trat in dem Bewußtsein in das Nachkriegsjahrzehnt ein, daß sein Menschenpotential in den Jahren 1914–18 ausgeblutet war. Trotzdem hatte seine Armee überlebt, obwohl sie während der Meutereien des Jahres 1917 der Katastrophe nahe gewesen war.* Es war eine Armee, die dazu gezwungen worden war, in den ersten Monaten des Krieges alle Vorkriegsdoktrinen über Bord zu werfen. Statt sich ihren Namen mit *élan* im Angriff zu schaffen, war die Zähigkeit in der Verteidigung, wie sie durch Verdun symbolisiert wurde, zu ihrer hervorragendsten Eigenschaft geworden. Das sollte in den Jahren 1919–1939 das französische militärische Denken stark beeinflussen.

Das soll aber nicht besagen, daß man keine Versuche machte, aus den Jahren 1914–1918 auch andere Schlüsse zu ziehen. General Estienne, der Schöpfer der französischen Tankwaffe, sprach sich entschieden für eine Motorisierung aus. Wie Fuller sah er im Tank das Mittel, das Pendel wieder zugunsten der Offensive ausschlagen zu lassen.

In Paris trat er Anfang 1920 in einer Vorlesung vor jüngeren Offizieren für die Aufstellung einer gepanzerten Streitmacht ein, die aus nicht weniger als 100000 Mann, 4000 Tanks und 8000 Lastautos bestehen und in der Lage sein sollte, in einem Tag oder einer Nacht 80 Kilometer zurückzulegen. Er hatte auch den Wert einer engen Luftunterstützung erkannt, wie sie 1918 von der 1. Air Division gestellt worden war. Aber Estienne und seine Mitstreiter in der Luftwaffe wurden ignoriert, als das taktische Konzept für die zwanziger Jahre festgelegt wurde. In dem Komitee, das für diese Aufgabe verantwortlich war, saß kein einziger Tankoffizier oder Flieger. Als die Ergebnisse im Oktober 1921 unter dem Titel »Provisorische Vorschriften für die taktische Führung von Formationen« veröffentlicht wurden, war es klar, daß man keine Anstrengungen gemacht hatte, über 1918 hinaus zu extrapolieren. Tatsächlich basierte viel auf Pétains *bouquin rouge*, das nach den Meutereien von 1917 an die französische Armee verteilt worden war. Die Schrift hatte die Stärke der Defensive betont und auf die Idee Gewicht gelegt, daß Angriffe nur auf begrenzte Ziele durchgeführt werden sollten. Bedauerlicherweise schien Pétain den Erfolg vergessen zu haben, den sein Konzept der mobilen Verteidigung im Sommer 1918 erzielt hatte. Zu seinen Gunsten sprachen zwei Faktoren, die

* Zu diesen Meutereien war es gekommen, als die Offensive des »Blutsäufers« General Nivelle am Chemin des Dames unter schwersten Verlusten gescheitert war. (AdÜ)

sein Denken beeinflußten. Erstens wollte niemand in Frankreich, daß das Land noch einmal so leiden mußte wie während des Großen Kriegs. Allgemein war man der Ansicht, daß das nur möglich sei, wenn man außerhalb Frankreichs kämpfte. Zweitens lag ein großer Teil von Frankreichs industrieller Basis – besonders im Nordosten – nahe der Grenze. Das schloß die Anwendung einer beweglichen Verteidigung aus, wenn Frankreichs Industrie intakt bleiben sollte. Deshalb entschloß sich Pétain zu einer festen Verteidigungslinie nahe der Grenze. Er sah keinen Gegenangriff vor, ehe sich der Gegner nicht im Angriff gegen diese Linie erschöpft hatte. Zuerst gab es Differenzen wegen Pétains Konzept einer einzigen ununterbrochenen Befestigungslinie. Eine Kommission unter Joffre empfahl, von der Nordsee bis zur Schweizer Grenze ein System *getrennter* befestigter Räume in regelmäßigen Abständen zu errichten. Zwischen den befestigten Räumen sollte eine mobile Angriffsarmee zur rechten Zeit und unter den günstigsten Voraussetzungen Offensiven beginnen. Das stand eher im Einklang mit der Idee einer mobilen Verteidigung; nach einer Weile nahm Joffre jedoch seinen Abschied und General Guillaumat, ein Anhänger Pétains, nahm seinen Platz ein. So setzte sich die Idee von einer einzigen Linie durch, obwohl man aus politischen Gründen übereinkam, daß die Linie nur die französisch-deutsche Grenze decken könne. Anfang 1928 experimentierte man an zwei provisorischen Bauplätzen, und als Maginot 1929 Kriegsminister wurde, begann man ernsthaft mit dem Bau der Befestigungslinie.

Kurioserweise gehörte zu den frühen Befürwortern der Maginotlinie auch ein junger Offizier namens Charles de Gaulle, ein Anhänger Pétains. Nach zwei Jahren Einsatz an der Westfront war de Gaulle gefangengenommen worden und hatte die beiden letzten Kriegsjahre in einem deutschen Kriegsgefangenenlager verbracht. Nach einer Dienstzeit bei der französischen Militärmission in Polen während der bolschewistischen Invasion wurde er Geschichtslehrer an der französischen Militärakademie in St. Cyr. 1922 besuchte er die Stabsakademie der Armee. Zwei seiner Studienkollegen, Chauvin und Caillaux, waren Tankenthusiasten, sie glaubten, daß der Tank in einer unabhängigen strategischen Rolle verwendet werden sollte; de Gaulle scheint von ihnen jedoch nicht inspiriert worden zu sein. Er selbst hatte mit den Tanks keine praktischen Erfahrungen und sah in ihnen lediglich Objekte für eine spätere Forschung und Entwicklung. Er hatte gehofft, Lehrer bleiben zu können, aber nach einer Dienstzeit im Stab erhielt er den Befehl über ein Infanteriebataillon. In dieser Zeit blieben er und Pétain in enger Verbindung. Während der zwanziger Jahre befaßte sich de Gaulle mehr mit abstrakten als mit taktischen oder strategischen Konzepten. Themen wie Oberkommando, Führung und Moral beschäftigten ihn mehr als die praktische Mechanik der Kriegführung; aber ob er sprach oder schrieb, stets erschien Pétain als das leuchtende Beispiel dafür, wie militärische Affären geleitet werden sollten. Aus diesem Grunde hielt man ihn vielfach für das Sprachrohr Pétains.

In der Zwischenzeit setzte Estienne beharrlich seine Bemühungen um die Unabhängigkeit der Tankwaffe fort, die immer noch der Infanterie unterstellt war. Bei Kriegsende war der französischen Armee ein Erbe von 3000 leichten Renault-Tanks verblieben. Diese sollten die Masse der französischen Tankstreitmacht zwischen den Kriegen bilden. Estienne entwarf zwar schon 1921 ein Modell für einen mittleren Tank, und fünf Jahre später wurde auch ein Prototyp mit einer 75 mm-Kanone gebaut. Die Knappheit an Mitteln, die hauptsächlich zum Bau der Maginotlinie verwendet wurden, sowie das Fehlen einer offiziellen Doktrin und das mangelnde Interesse ließen aber zehn weitere Jahre verstreichen, ehe er als *Char B* in Dienst gestellt wurde. In der Zwischenzeit unternahm man Schritte, die Motorisierung in der Armee voranzutreiben. In den frühen zwanziger Jahren wurde eine experimentelle »Leichte Infanteriedivision« aufgestellt, sie bestand aus neun Bataillonen motorisierter Infanterie, unterstützt durch von Traktoren gezogener Artillerie. Die Zahl der Panzer in den Kavalleriedivisionen stieg 1923 von 18 auf 36, und 1930 war eine der drei Pferdebrigaden motorisiert: Die *Dragons portés* operierten von Lastwagen aus. Für den begeisterten Tankmann war das nur ein kleiner Trost. Colonel Lindsay zum Beispiel, der Inspekteur des britischen Tankkorps, sah in dieser Einheit »lediglich eine aufgesessene Infanterie, die mit modernen Mitteln schnell an einen Punkt befördert wird, wo sie nach altmodischer Art kämpfen muß«.[57]

Die Franzosen sahen wie die Amerikaner in den zwanziger Jahren auch in der Luftwaffe nur einen Teil der Armee. Außerdem glaubten sie immer noch, daß ihre Hauptaufgabe die Aufklärung sei. Obwohl sie die Luftwaffe in dieser Periode in Nordafrika und Syrien einsetzten, geschah wenig, um den Bodenstreitkräften offensive Unterstützung zukommen zu lassen. Die Flugzeuge wurden in erster Linie für logistische Aufgaben wie Transporte und die Evakuierung von Verwundeten verwendet.

Das Hunderttausend-Mann-Heer

Das Schicksal der deutschen Armee war in den zwanziger Jahren in hohem Maß mit dem Namen eines einzigen Mannes verknüpft. Als Chef des Truppenamts von 1919 bis 1926 war General Hans von Seeckt dafür verantwortlich, etwas aus den Trümmern zu retten, die die Bestimmungen des Versailler Vertrags hinterlassen hatten. Fast seine ganze Laufbahn hindurch war er Stabsoffizier gewesen. Während des Ersten Weltkriegs hatte er verschiedene Posten innegehabt. Nachdem er das erste Kriegsjahr als Stabschef eines Armeekorps im Westen verbracht hatte, wurde er an die Ostfront versetzt und war nacheinander Stabschef von Mackensens 11. Armee, Stabschef des österreichischen Erzherzogs Karl und schließlich Stabschef der türkischen Feldarmee. Den Hauptteil seiner Erfahrungen hatte er also nicht im Stellungskrieg an der Westfront gesammelt, was sein Denken zweifellos beeinflußte und von dem vieler anderer Militärs unterschied.

Die Bestimmungen von Versailles hatten von Seeckt in eine schwierige Lage versetzt. Er hatte gehofft, daß die Alliierten den Deutschen eine Armee von mindestens 300000 Mann belassen würden. Tatsächlich wollten die Franzosen ein Heer von 200000 Mann, aber als eine Armee mit kurzer Dienstdauer, um zu verhindern, daß sie eine Zuflucht für den harten Kern der kaiserlichen deutschen Armee wurde. Die Briten wiesen darauf hin, in einer Armee mit kurzer Dienstzeit könnten alle deutschen Männer für den Krieg geschult werden. Sie schlugen daher eine Berufsarmee mit langer Dienstzeit vor und konnten sich schließlich durchsetzen. Ende März 1920 stand die 100000-Mann-Armee mit langer Dienstzeit fest. Von Seeckt glaubte, daß Deutschland immer noch an zwei Fronten bedroht war, von Polen im Osten und von Frankreich im Westen. Seine kleine Armee war keinesfalls in der Lage, mit beiden Bedrohungen fertig zu werden, deshalb mußte er das Problem anders anpacken. Seine Lösung bestand darin, die Tatsache hinzunehmen, daß seine Armee, so wie sie stand, unfähig war, Deutschland zu verteidigen. Man mußte sie daher als »Skelett« ansehen, das man in Zeiten der Gefahr mit dem nötigen Fleisch umkleiden mußte.

Daraus entstand der Gedanke der *Führerarmee*. Einfache Soldaten wurden zu Unteroffizieren ausgebildet, Unteroffiziere zu Offizieren und jüngere Offiziere zu Stabsoffizieren. Jede Kompanie, Batterie oder Schwadron erhielt die Tradition eines Regiments aus der alten kaiserlichen Armee. Das

hatte das doppelte Ergebnis: einmal die Moral zu erhalten und zweitens den Weg für einen schnellen Ausbau vorzubereiten. Tatsächlich wurde die Reichswehr zu einem Kader für eine Massenarmee.
Hinsichtlich der taktischen Doktrin brachte von Seeckt seine Erfahrungen aus der relativ beweglichen Kriegführung an der Ostfront mit. Er war der Ansicht, daß die Beweglichkeit der einzige Weg war, den Mangel an Zahl auszugleichen. Obwohl die Bedingungen von Versailles hinsichtlich der Zahl der der Reichswehr zugestandenen Kraftfahrzeuge sehr einschneidend waren, übte schon 1921 motorisierte Infanterie im Harz und verwendete dabei requirierte Zivillastwagen.
Von Seeckt sah in der Reichswehr den Kern einer mobilen Schockstreitmacht. Das Truppenamt glaubte, daß das deutsche Heer im Westen nicht gesiegt hatte, weil es versäumt hatte, die französische Mobilmachung zu stören und die spätere Umgruppierung zu verhindern, und weil es schließlich die Grenzen der Infanterie zu Fuß und des pferdebespannten Transports nicht erkannt hatte. Das Heer war nicht schnell genug gewesen, um einen entscheidenden Schlag zu führen. So glaubten viele, daß die Beweglichkeit im nächsten Krieg der dominierende Faktor sein werde. Andere neigten zu der französischen Vorstellung vom Übergewicht der Feuerkraft, aber sie waren in der Minderzahl. Von Seeckt folgte nicht Douhets Anschauung, daß der Luftkrieg allentscheidend sei, er wußte die Nützlichkeit einer Luftwaffe aber zu schätzen. In einem künftigen Krieg würde die Luftschlacht die erste Phase sein. Eine Luftwaffe würde die Doppelaufgabe haben, die Luftwaffe des Gegners auszuschalten und seine Mobilmachung zu stören. Der Luftschlacht würden die Berufsarmeen folgen, während Verteidigungskräfte zum Schutz der Heimat mobilisiert wurden.

»Ich sehe also, um mich noch einmal kurz zusammenzufassen, die Zukunft der Kriegführung in der Verwendung hochwertiger und bewegungsfähiger, also kleinerer, Heere, deren Wirkung durch die Luftwaffe eine wesentliche Steigerung erfährt, und in der gleichzeitigen Bereitstellung der gesamten Wehrkraft, sei es zur Nährung des Angriffs, sei es zur aufopfernden Verteidigung der Heimat.«[58]

Er sah in der Friedensarmee eine »Deckung« oder einen Schild – ähnlich wie die Franzosen ihre Maginotlinie als Deckung ansahen. Er glaubte, das Schwergewicht der Ausbildung müsse auf den technischen Aspekten und

der Beweglichkeit liegen, und wies darauf hin, daß eine kleine Armee Vorteile in der Hinsicht habe, weil es weniger kostspielig sei, sie mit modernen Waffen auszurüsten als eine große.
Dementsprechend zeigte von Seeckt Interesse an der Mechanisierung, besonders an Panzern. Das militärische Magazin der Berufssoldaten, *Das Militärische Wochenblatt,* brachte eine monatliche Beilage »Der Kampfwagen«, in der Artikel über den Einsatz und die Ausrüstung von Panzern und taktische Probleme hinsichtlich ihrer Führung veröffentlicht wurden. Im Stab des Truppenamts arbeitete damals beim Inspekteur der Transporttruppen ein junger Offizier, Hauptmann Heinz Guderian. Seit Mitte der zwanziger Jahre las er alles, was er über dieses Thema finden konnte, besonders die Bücher von Liddell Hart und Fuller. Er hatte auch selbst erlebt, wie die Franzosen bei Soissons im August 1918 Tanks eingesetzt hatten, ein Erlebnis, das ihn tief beeindruckt hatte. 1928 war er ein anerkannter Experte geworden und lehrte Panzertaktik. Im gleichen Jahr führte die Reichswehr Experimente mit Panzerattrappen (Zivilautos mit Zeltbahn- oder Blechverkleidungen) durch. Ende 1929 hatte Guderian seine Gedanken geklärt.

»In diesem Jahr 1929 hatte ich mich zu der Überzeugung durchgerungen, daß der Panzer allein und in der Bindung an die Infanterie niemals zu entscheidender Bedeutung gelangen könne. Das Studium der Kriegsgeschichte, die Übungen in England und die eigenen Erfahrungen mit unseren Attrappen festigten mich in der Ansicht, daß die Panzer zu Höchstleistungen nur dann befähigt würden, wenn die anderen Waffen, auf deren Hilfe sie angewiesen blieben, in Bezug auf Geschwindigkeit und Geländegängigkeit mit ihnen auf den gleichen Nenner gebracht würden. Die Panzer mußten in diesem Verbande aller Waffen die erste Geige spielen, die anderen mußten sich nach den Panzern richten. Man durfte nicht Panzer in Infanteriedivisionen stecken, sondern mußte Panzerdivisionen errichten, in denen alle Waffen enthalten waren, deren die Panzer zu wirkungsvollem Kampf bedurften.«[59]

Die Idee der Panzerdivision war geboren. Im Sommer 1929 setzte man im Manöver eine derartige Spieldivision ein. Das war lange Zeit, nachdem von Seeckt aus seinem Amt ausgeschieden war. Er selbst hatte, auch wenn er das fundamentale Element des Blitzkriegkonzepts erfaßt hatte, in dem Panzer nie das Potential wie Guderian gesehen. Er glaubte zum

Beispiel – vielleicht infolge der Tatsache, daß die Reichswehr nach dem Versailler Vertrag aus sieben Infanterie- und drei Kavalleriedivisionen bestehen sollte –, daß die Kavallerie auf dem Schlachtfeld der Zukunft noch eine Rolle spielen könne. Er dachte, daß die Mechanisierung im Gegensatz zur Motorisierung noch lange Zeit brauchen würde, ehe sie so weit fortgeschritten war, daß sie die Schlacht beeinflussen werde; deshalb war er, wie so viele andere, noch nicht darauf vorbereitet, »tief genug in die Kristallkugel zu blicken«. »Aber er spielte damit, er drehte sie ein- oder zweimal in den Händen und legte sie, wenn auch immer noch mit offenem Sinn, wieder weg.«[60]

Obwohl von Seeckt im Panzer nicht den idealen Bestandteil für seinen Krieg der Zukunft gesehen haben mag, schuf er zweifellos die Grundlagen für die deutsche Blitzkriegmaschine. Sein vielleicht bedeutendster Beitrag dazu war das Geheimabkommen mit Rußland, durch das deutsche Offiziere praktische Erfahrung mit modernen Kriegsgeräten erhielten, die ihnen nach den Bestimmungen des Versailler Vertrages nicht zugänglich waren. Anfang 1920 war von Seeckt zu der Überzeugung gelangt, daß Deutschland und Rußland, die beiden Geächteten Europas, einander nützlich sein könnten. In der Tat empfanden beide die gleiche Abneigung gegen das neuerdings unabhängige Polen. Der neue bolschewistische Staat, der sich noch in den Wehen des Bürgerkriegs befand, brauchte besonders Hilfe zum Wiederaufbau der russischen Rüstungsindustrie, die der Krieg in Trümmer gelegt hatte. Ende 1922 kam das Abkommen mit Deutschland zum Abschluß.[61] Die Weimarer Republik baute Fabriken in der Sowjetunion und überwachte die Herstellung von Flugzeugen, Unterseebooten, Waffen und Munition. Im Ausgleich dafür gestatteten die Russen, daß die Deutschen in Lipetsk einen Übungsplatz für Flieger, eine Giftgasfabrik und Gaskampf-Ausbildungsschule in Samara und später ein Panzerausbildungszentrum in Kasan errichteten. Diese Anlagen wurden von 1924 an gebaut, man schmuggelte deutsche Offiziere, die dort ausgebildet werden sollten, nach Rußland.

Die größten Erfolge wurden auf dem Gebiet der Fliegerei erzielt. Obwohl von Seeckt kein Douhet oder Trenchard war, glaubte er, daß die Luftwaffe eine selbständige, unabhängige Waffengattung sein solle. Im Reichswehrministerium hatte er eine kleine Abteilung unter Hauptmann Wilburg errichtet. Zusätzlich wurden etwa 180 erfahrene Piloten in der Reichswehr verteilt, um Vorträge über die Probleme der Luftkriegführung zu halten. Artikel 200 des Versailler Vertrags hatte Deutschland die

Herstellung von Flugzeugen ausdrücklich verboten, dieser Artikel wurde jedoch 1922 gelockert, als die Alliierten die Herstellung von Zivilflugzeugen, allerdings mit Begrenzungen hinsichtlich der Geschwindigkeit, Reichweite, Flughöhe und Ladekapazität, zuließen. Von Seeckt erkannte, daß er die Basis einer Luftwaffe über die Zivilfliegerei aufbauen konnte. Als er seine Amtszeit beendete, war die gesamte deutsche Zivilfliegerei in der Lufthansa vereinigt. Deren Chef, Erhard Milch, war von Seeckt ernannt worden. Er wurde in den 1930er Jahren einer der Hauptarchitekten der Luftwaffe.
Vor allem der deutschen Flugzeugindustrie verschaffte die Lufthansa den nötigen Aufschwung. Die Firmen Messerschmidt, Dornier und Heinkel wurden etabliert und waren auch in der Lage, in der Sowjetunion Kriegsflugzeuge zu planen, zu bauen und zu erproben. Das Schulungslager Lipetsk wurde 1925 eingerichtet. Bis 1933 wurden dort etwa 120 Offiziere, darunter auch Student, Kesselring, Stumpff und Sperrle in der Jagdfliegerei ausgebildet. Zusätzlich wurden taktische Flugmanöver in Zusammenarbeit mit Bodenstreitkräften der Roten Armee – wenn auch unter primitiven Bedingungen – geprobt. Gleichzeitig schuf von Seeckt den deutschen Sportfliegerverband, der unter der Tarnung des Segelfliegens Piloten ein erstes Flugtraining vermittelte und im deutschen Volk in seiner Gesamtheit Interesse an der Fliegerei weckte. Das alles geschah unter den Augen der Alliierten Kontrollkommission, die in Deutschland war, um die Durchführung des Versailler Vertrags zu erzwingen. Als sich die Kommission 1928 zurückzog, wurde es leichter, auf deutschem Boden heimlich Rüstungsmaterial herzustellen, im gleichen Jahr begann man, im Gasonwerk, mit dem Bau von Panzern. Das Gesamtergebnis kann in einem Memorandum zusammengefaßt werden, das Krupp, der Chef des berühmten Rüstungswerks, während des Zweiten Weltkriegs verfaßte: Von den Geschützen, die 1939–1941 produziert wurden, wurden die wichtigsten schon vor 1933 entwickelt.[62] Das gleiche konnte für die Flugzeuge, allerdings nicht für die Panzer, gesagt werden.

Die Arbeiter- und Bauernarmee

Als die Rote Armee 1920 ihre erste Maiparade abhielt, bot sie ein trauriges Bild. Die Soldaten wirkten wenig diszipliniert, und die einzige moderne Ausrüstung, die gezeigt wurde, waren einige ausländische Tanks, einige

Panzerautos und drei ausländische Flugzeuge. Obwohl die Rote Armee im Bürgerkrieg gesiegt hatte, hatte sie durch die Polen schwer gelitten, und ganz besonders im August 1920 an der Warschauer Front. Diese Niederlage machte der Idee, den Kommunismus mit Gewalt nach Westen zu exportieren, ein Ende.

Der russische Befehlshaber vor Warschau, Michail Tuchatschewski, ein Mann von adeliger Abstammung, sollte der von Seeckt der Roten Armee werden. Als junger Offizier in der Kaiserlichen Garde war er 1915 von den Deutschen gefangengenommen worden; eine Weile war er in dem gleichen Gefangenenlager wie Charles de Gaulle, obwohl es keinerlei Hinweis darauf gibt, daß sie sich je begegnet sind. Bei seiner Repatriierung trat er in die Rote Armee ein und stieg in ihren Reihen schnell auf. Im Mai 1920, als der Krieg gegen Polen ausbrach, befehligte er die Westfront. Die Rote Armee, die doppelt so stark war wie die Polen, hatte anfänglich Erfolge, aber in elfter Stunde, als fast jedermann glaubte, daß Polen verloren sei, trat Pilsudski, der polnische Kommandeur, vor Warschau zum Gegenangriff an und warf die Rote Armee über die polnische Grenze zurück. Tuchatschewski hatte versagt, weil der Nachschub mit seinem schnellen Vormarschtempo nicht hatte Schritt halten können und die Koordination zwischen ihm und Jegorows Südwestfront zusammenbrach. Von da an war Tuchatschewski der Überzeugung, daß die Rote Armee genauso diszipliniert und gut ausgerüstet sein müsse wie Armeen des Westens.

In den zwanziger Jahren gab es heftige Auseinandersetzungen, welche Gestalt die Rote Armee annehmen sollte. Erst 1929 wurden neue Felddienstvorschriften herausgegeben. Bis zu diesem Zeitpunkt mußte sich die Armee mit den taktischen Doktrinen der alten Kaiserlichen Felddienstvorschriften von 1914 behelfen. Ursprünglich stand auf der einen Seite die Schule der ehemaligen kaiserlichen Offiziere unter General Swetschin, die sich im Bürgerkrieg der Roten Armee angeschlossen hatten und wegen ihrer beruflichen Fähigkeiten willkommen geheißen worden waren. Sie glaubten, daß die Rote Armee eine ordentlich organisierte reguläre Armee sein und daß man auf die Lehren des Bürgerkriegs nicht allzuviel Gewicht legen sollte. Auch Frunse, Tuchatschewski und andere erfolgreiche Kommandeure im Bürgerkrieg glaubten an eine reguläre Armee – aber aus anderen Gründen. Sie sahen in ihr ein Mittel, den Kommunismus in andere Länder zu tragen. Aber sie hatten dabei die taktischen Erfahrungen des Bürgerkriegs im Auge, deshalb hielten sie eine hochmobile reguläre Armee für notwendig. Schließlich gab es noch die Theoretiker unter der Führung Trotzkis, der eine reguläre Armee zwar als »Schild« akzeptierte, aber gleichzeitig Wert auf eine große Territorialstreitmacht legte. Diese Theoretiker wiesen darauf hin, daß die Rote Armee des Bürgerkriegs eine Miliz gewesen sei und wünschten, daß sie das bleibe. Die Idee, daß die Rote Armee eine kleine Berufsarmee sein sollte, stand im Widerspruch zum marxistischen Anspruch, Kraft aus den Volksmassen zu schöpfen.

1924 kam es zum Kompromiß: Es sollten eine reguläre Armee aus 29 Infanteriedivisionen und eine Territorialarmee aus 42 Infanteriedivisionen gebildet werden. Frunse, der Trotzki als Kriegskommissar gefolgt war, glaubte an die »revolutionäre Beweglichkeit«. Der Bürgerkrieg hatte, weil er in Riesenräumen ausgetragen wurde und weil ein Mangel an Truppen und motorisierten Transportmitteln bestanden hatte, die Kavallerie wieder in das Rampenlicht gerückt. Sie war die einzige Waffengattung, die große Entfernungen in relativ kurzer Zeit zurücklegen konnte; deshalb vertraute man ihr. In Frunses Augen war sie »die Waffe der revolutionären Mobilität«, deshalb sollte die reguläre Armee auch zwölf Kavalleriedivisionen erhalten, die Territorialarmee aber nur vier.

Gleichzeitig gab es Auseinandersetzungen darüber, welche Haltung die Rote Armee einnehmen sollte. Sollte sie für einen Verteidigungs- oder für einen Angriffskrieg rüsten? Die ex-kaiserliche Schule unter Swetschin glaubte an eine defensive Haltung, sie argumentierte, daß die Rote Armee, wie es sich in Polen gezeigt hatte, noch für viele Jahre nicht zu einer Offensive bereit sei. Darin wurden sie auch von Trotzki unterstützt, solange dieser noch im Amt war. Die Frunseschule war damit nicht einverstanden. Frunse selbst sagte:

»Die Taktik der Roten Armee wurde von Aktivität im Geiste kühner und energisch durchgeführter Angriffsoperationen geprägt, und das wird auch weiter so sein. Das entspricht der Klassennatur der Arbeiter- und Bauernarmee und fällt gleichzeitig mit den Erfordernissen der Kriegskunst zusammen.«[63]

Wieder einmal setzte sich Frunse durch, obwohl Swetschins Schule weiter die Defensivtaktik lehrte, bis 1931 ihre Stellung immer unhaltbarer wurde und man sie schließlich als »bourgeoise Theoretiker« brandmarkte.

So wurde die Rote Armee 1924 auf die Offensive festgelegt und stützte sich auf eine Beweglichkeit, die sie damals noch nicht besaß. Obwohl sich Frunse, wie Trotzki, auf die Pferdekavallerie stützte, verschlossen sich die

Russen nicht völlig gegen die Möglichkeiten von motorisierten Streitkräften. Fullers *Tanks in the Great War* wurde 1923 in Rußland veröffentlicht, und im gleichen Jahr stellte das Hauptdirektorium für Kriegsindustrie (GUWI) eine Untersuchung über Tankmodelle und verwandte Bedürfnisse der Roten Armee an. Die ersten Modelle wurden durch die schweren Tanks des Ersten Weltkriegs beeinflußt; der erste tatsächlich gebaute sowjetische Panzer war jedoch ein leichter Tank, der T 18 (eine Version des französischen Renault); er wurde 1927 hergestellt. Frunse starb im November 1925, sein Nachfolger wurde Woroschilow. Er erkannte, daß die Rote Armee ihre Beweglichkeit nicht verbessern konnte, wenn sie sich nicht auf die Motorisierung konzentrierte; als er aber sein Amt übernahm, war die sowjetische Industrie noch nicht in der Lage, dieser Forderung gerecht zu werden. Deshalb traf Stalin die Entscheidung, den Ersten Fünfjahresplan, der 1928 begann, den Bedürfnissen der Armee anzupassen. Das sowjetische Magazin *Economic Review* drückte das so aus:

»Bei der Aufstellung des Fünfjahresplans müssen wir unsere Aufmerksamkeit jenen Zweigen unseres Wirtschaftssystems im allgemeinen und unserer Kriegsindustrie im besonderen zuwenden, die bei der Konsolidierung der Verteidigungskraft unseres Landes die Hauptrolle spielen und in Kriegszeiten die wirtschaftliche Stabilität sichern. Industrialisierung bedeutet auch Entwicklung unserer Kriegsindustrien.«[64]

In der Zwischenzeit hatte man 1926 auch einen Versuch unternommen, die Weimarer Republik zu einer Erhöhung ihrer Beteiligung an der sowjetischen Kriegsindustrie zu veranlassen; nachdem aber diese Einladung sowohl im Reichstag wie in der britischen Presse zur Sprache gekommen und kritisiert worden war, mußte die deutsche Regierung ablehnen.
Die Rote Armee war nun fest mit dem Schicksal des Ersten Fünfjahresplans verknüpft. Dadurch war es jetzt möglich, ein taktisches Konzept zu entwickeln. Dieses Konzept zeigte sich in den Felddienstvorschriften von 1929, die stark von dem Einfluß Frunses und Tuchatschewskis, der seit 1926 Stabschef der Roten Armee war, geprägt wurden. Diese Vorschriften besagten, die durchschlagendste Form der Gefechtsführung sei die Offensive mit dem Ziel der Einschließung. Sie stützte sich stark auf die Kavallerie und Panzer. Wenn es nicht möglich war, eine Umfassungsbewegung durchzuführen, weil der Gegner weit ausgedehnte Flügel besaß, sollte man einen durch Artillerie unterstützten Durchbruch unter Zusammen-

arbeit mit allen Waffengattungen durchführen. Der Panzer war immer noch die Infanterieunterstützung; höhere Stäbe sollten aber über unabhängige Panzergruppen verfügen, die in erster Linie die feindliche Artillerie nehmen sollten. Schließlich sollte die Luftwaffe in Masseneinsätzen zur Unterstützung der Bodentruppen eingesetzt werden. Ein großer Teil der Doktrin spiegelte das deutsche militärische Denken wider und illustriert die enge Zusammenarbeit der beiden Armeen und Luftwaffen. Während der Jahre 1926–27 hatten 27 russische Offiziere als Attachés oder zur Teilnahme an Manövern Deutschland besucht, während 39 Reichswehroffiziere in die Sowjetunion fuhren. Im Spätsommer 1928 besuchte von Blomberg, der spätere Oberbefehlshaber der Wehrmacht, die UdSSR und erklärte in seinem Bericht:

». . . Der Befehlsstab befindet sich im Hinblick auf uns (die Reichswehr) in dem Status von Schülern. Die Kenntnisse in der deutschen Militärliteratur und in deutschen Schriften sind oft erstaunlich. Die deutschen Prinzipien in der Praxis studiert zu haben, gilt als Auszeichnung, und die Abkommandierung zur Reichswehr ist besonders begehrt.«[65]

Obwohl die Russen die Prinzipien der deutschen Kriegführung zu verstehen schienen, besaßen sie offenbar nicht genug Flexibilität, um sie anzuwenden. Das sollte in den nächsten Jahren zu Schwierigkeiten führen. Trotzdem hatten die Sowjets Ende der zwanziger Jahre bereits eine experimentelle mechanisierte Einheit, die denen der Engländer und der Amerikaner bemerkenswert ähnelte.
Die Rote Luftwaffe zeigte ebenfalls den deutschen Einfluß. Seit Ende des Bürgerkriegs hatte man auf sie großen Wert gelegt. Es ist bezeichnend, daß sie während der Jahre 1921–23 nicht den gleichen Niedergang mitmachte wie die Rote Armee und daß der Prozentsatz von Mitgliedern der Kommunistischen Partei in ihren Reihen sehr hoch war. Wie die Deutschen richteten auch die Sowjets eine staatliche Gesellschaft für Zivilluftfahrt ein. Die Aeroflot trug dazu bei, daß neue Modelle entwickelt und Erfahrungen gemacht wurden. Die Russen hatten auch eine Parallele zu der deutschen Sportfliegerorganisation, den Osaavkini. Sie waren fest davon überzeugt, daß die Unterstützung des Heeres die Hauptaufgabe der Luftwaffe sei. In den frühen Zwanzigern sollte das in erster Linie durch Aufklärung geschehen, später wurde auch die Taktik der Tieffliegerangriffe durch Jagdmaschinen entwickelt.

1929 wurde die Rote Armee dann auf die Probe gestellt. Die sowjetische Regierung hatte mit den Chinesen eine Auseinandersetzung über den Betrieb der Ostchinesischen Eisenbahn in der Mandschurei. Marschall Tschiang Kai-schek stellte sich gegen die russischen Pläne und sorgte dafür, daß sich die mandschurische Provinzarmee den russischen Interessen widersetzte. Deshalb ließ die Sowjetregierung 1929 die Transbaikalgruppe der Fernostarmee unter S. S. Wostretsow gegen die mandschurische Armee, die etwa 10000 Mann umfaßte, in dem Raum 800 Kilometer nordwestlich von Charbin an der Ostchinesischen Eisenbahn Aufstellung nehmen. Die Transbaikalgruppe bestand aus etwa 9000 Mann mit einigen T-18-Panzern und Flugzeugen. Sie erhielt Befehl, eine Einkreisungsbewegung gegen die chinesischen Streitkräfte durchzuführen, also das klassische Manöver der Felddienstvorschrift von 1929 anzuwenden. Die Russen griffen am 17. November 1929 an und bald wurde klar, daß es Mängel in der Ausbildung gegeben hatte. Die unterstützende Artillerie verlor den Kontakt mit der Infanterie, die den Hauptangriff durchführte, und die Panzer, die die Infanterie unterstützen sollten, wurden von dieser getrennt, sie versuchten ohne Erfolg von sich aus durch die Panzersperren zu brechen. Die Infanterie war in der Zwischenzeit durch Maschinengewehrfeuer festgenagelt worden. Die Russen erhielten in der Tat die gleiche Lektion wie die Briten vor dem Flesquièreskamm am ersten Tag der Schlacht von Cambrai. Trotz dieser Rückschläge waren die Russen aber bei ihrer Einkreisung verhältnismäßig erfolgreich, obwohl die Chinesen schließlich ausbrechen konnten. Bezeichnenderweise gab man sich keine große Mühe, sie zu verfolgen, abgesehen davon, daß einige Flugzeuge die fliehenden Chinesen mit Maschinengewehren angriffen.

3 Eine Waffe wird geschmiedet

Salisbury Plain

Großbritannien trat unter anderen Vorzeichen in das neue Jahrzehnt ein. Im Mai 1930 erschien im Journal des Royal United Service Institute (RUSI) ein Artikel von Brigadegeneral (später Feldmarschall) Wavell mit dem Titel »The Army and the Prophets«. Die Arbeit hob sich hervor, daß der Autor versuchte, die Argumente der zwanziger Jahre zur Neugestaltung von Heer und Luftwaffe noch einmal leidenschaftslos zu erörtern. Der Erste Weltkrieg habe deutlich gezeigt, meinte Wavell, daß die Infanterie eine sehr verletzliche Truppe darstelle, daß bei der Offensive Artillerie und Tanks zur Unterstützung notwendig seien, daß die Entwicklung der Luftwaffe und der Kampfgase neue Überlegungen notwendig machten und daß die Rüstungsindustrie immer wichtiger werde. Daraus habe aber niemand Konsequenzen gezogen, weil sich die Regierung am Ende des Kriegs nur mit unmittelbaren militärischen Problemen wie etwa der Besetzung des feindlichen Gebiets und der inneren Sicherheit daheim und in Übersee zu beschäftigen hatte. »Diese Aufgaben erforderten eine beträchtliche Zahl von Soldaten, aber nicht unbedingt ein hohes Maß von technischer Wirksamkeit und wissenschaftlicher Ausrüstung.« Zweitens wurden alle Reformen durch finanzielle Schwierigkeiten gebremst, und schließlich stand die Militärverwaltung selbst den Ereignissen zu nahe, um die Lektionen klar beurteilen zu können. Wavell hatte das Gefühl, »daß die Nachkriegsarmeen . . . sich eher in Einzelheiten als im Prinzip von denen von 1914 unterschieden«. Die Vermehrung der Zahl der Maschinengewehre hatte die Verteidigung gestärkt; weil der Fußsoldat immer noch das Grundelement auf dem Schlachtfeld war, waren die Anstrengungen in den zwanziger Jahren mehr darauf gerichtet gewesen, seine Beweglichkeit und seinen Schutz zu verbessern, als einen Ersatz für

ihn zu suchen, wie es Fuller empfohlen hatte. Wavell prophezeite, daß große Armeen mit Wehrpflichtigen eine Rückkehr zur Grabenkriegführung verursachen würden, weil ihr niedriger Ausbildungsstand nur geringe Wirksamkeit und langsame Reaktionen zulassen würde.
Wavell sprach sich statt dessen für die Entwicklung von Panzerstreitkräften aus. Den Einwand, daß sie durch das Gelände im Einsatz beschränkt seien, tat er ab und sagte:

»... da alle großen Zivilisationen ihre Zentren auf großen Ebenen errichtet haben, finden die Entscheidungsschlachten gewöhnlich auf diesen Ebenen statt, die Kämpfe in Gebirgen und Wäldern werden nur eine Nebenfunktion haben.«

Ebenso wie der Vickers-Konstrukteur Carden war Wavell der Ansicht, daß bei der Planung der Panzer mehr auf Schnelligkeit und Feuerkraft Wert gelegt werden müsse als auf Panzerung und Masse. Die Entwicklung von Panzerabwehrkanonen (Paks) werde zu einer Verstärkung der Panzerung führen, aber dadurch werde die Beweglichkeit eingeschränkt, und in der ganzen Militärgeschichte könne festgestellt werden, daß Schnelligkeit oft ein besserer Schutz als Panzerung sei. Er war der Ansicht, daß Panzer nur von lang dienenden Berufssoldaten bedient werden könnten, weil der erforderliche hohe Ausbildungsstand bei Armeen mit Wehrpflichtigen nur schwer erreicht werden konnte.
Im Hinblick auf die Luftwaffe war Wavell der Ansicht, um beim Wettkampf der Rüstungsindustrie mithalten zu können, müsse eine zivile Luftfahrtgesellschaft aufgebaut werden. Im taktischen Bereich sollte die Zusammenarbeit Luft/Boden möglichst eng sein, deshalb sollten Luftgeschwader in das Landheer fest integriert werden; für die technische Entwicklung war jedoch eine separate Luftwaffe besser. Wavell beendete seinen Aufsatz mit einer Warnung:

»In der Vergangenheit konnten Armeen auf jeden Fall bei Beginn der Feindseligkeiten einen Schild zwischen dem Feind und der eigenen Nation bilden; seit der Erfindung des Flugzeugs und der bevorstehenden Motorisierung der Landstreitkräfte ist das nicht mehr der Fall.«[1]

In der Tragödie der Maginotlinie zehn Jahre später sollte sich die Richtigkeit dieser Bemerkung erweisen.

Wavells Aufsatz repräsentierte die Ansichten der »gemäßigten« oder wie sie auch genannt wurden, der »konservativen Reformer«, im Gegensatz zu den »Radikalen« wie Fuller.[2] Sicherlich waren Wavells Argumente viel sorgfältiger überdacht als die Ansichten Fullers, die dazu tendierten, durch ihren Extremismus zu reizen.

Etwa um die Mitte des Jahres 1930 wurde zur Erprobung erneut eine ad hoc-Tankbrigade aus zwei Bataillonen gebildet. Sie wurde in den verschiedensten Kombinationen mit Pferdekavallerie- und Infanteriebrigaden erprobt, die zum Teil auch in Lastwagen transportiert wurden. Über den Manövern schwebte aber eine Atmosphäre äußerster Vorsicht, und zu keiner Zeit machte man den Versuch, die Tankbrigade *en masse* einzusetzen.

Trotzdem brachte das nächste Jahr, 1931, einen bedeutsamen Fortschritt in der Entwicklung von Panzerformationen. Eine Panzerbrigade wurde auf Zeitbasis (nur für sechs Monate) aufgestellt. Sie bestand aus drei Panzerbataillonen, und nach einem gewissen Hin und Her wurde Broad zu ihrem Kommandeur ernannt. Gleichzeitig wurde unter dem Titel *Modern Formations* eine revidierte Ausgabe von *Mechanised and Armoured Formations* veröffentlicht. Sie legte fest, daß die Armee in Zukunft folgende »mobile Divisionen« einsetzen würde: (1.) Kavalleriedivisionen; (2.) Divisionen, die aus Tankbrigaden, motorisierter Infanterie und vielleicht auch aus Kavallerie bestanden; und schließlich (3.) unabhängige Formationen, die nur aus Panzern und Panzerautos bestanden. Weil die neue Panzerbrigade nur in die letzte Kategorie paßte, neigte das Royal Tank Corps zu einer gewissen Einseitigkeit. Es vergaß die Überlegungen über das Zusammenwirken der Waffen und ließ sich vom Konzept einer reinen Panzerarmee gleichsam hypnotisieren. Broad, der die revidierte Fassung geschrieben hatte, begann mit guten Absichten. Wegen der negativen Ergebnisse der Tests von 1930 war er der Ansicht, daß die Tankbrigade ihre Ausbildung von Grund auf neu einrichten sollte. Besonderer Wert wurde auf schnelles Reagieren gelegt, die Panzer sollten aus der Marschkolonne ohne anzuhalten zum Angriff übergehen. Zum ersten Mal wurde der Funk in starkem Maß verwendet. Broad zeigte, daß es möglich war, »180 Tanks nur mit der eigenen Stimme über Funk zu ›drillen‹.« Man entwickelte Taktiken, um mit Panzerabwehrkanonen fertig zu werden und feindliche Artillerie, logistische Zentren und Infanteriekolonnen auf dem Marsch anzugreifen. Auch das schnelle Vorrücken in Feindberührung wurde geübt.

Die Ergebnisse dieser Übungen wurden im Ausbildungsbericht der 1. Tankbrigade für 1931 zusammengefaßt. Danach sollte die Brigade

»... den Feind (wenn möglich mit Hilfe der Luftwaffe) finden, die Richtung feststellen, aus der der Panzerangriff am wenigsten erwartet wird und dann aus dieser Richtung angreifen.«

Das war das Konzept von Liddell Harts »indirekter Methode« par excellence. Die Schnelligkeit der Reaktion und die Flexibilität des Gegenschlags, zwei wesentliche Eigenschaften des Blitzkriegs, waren damit erkannt worden.

Im gleichen Jahr hatte Wavells 6. Infanteriebrigade ebenfalls Motorisierungsversuche unternommen. Das ermöglichte es Wavell, seine Gedanken über Panzer noch schärfer zu formulieren. Er hielt es für falsch, die Panzer konzentrieren und für einen entscheidenden Schlag aufsparen zu wollen, und trat dafür ein, sie großzügiger über die Front zu verteilen. So könnten sie lokale taktische Erfolge erzielen und sich dann für weitere Operationen wieder in Deckung zurückziehen. Es sei jedenfalls immer ein Problem, ein geeignetes Ziel für einen massierten Panzerangriff zu finden; sehr oft würden dabei die Panzerkräfte vergeudet. Beim Einsatz im Felde schien ihm die Panzerkompanie im Gegensatz zum Panzerbataillon oder der Panzerbrigade die beste taktische Basis zu bieten; denn er interessierte sich vor allem für das Zusammenwirken verschiedener Waffengattungen, also für den zweiten Typ der »mobilen Division«. Das Royal Tank Corps aber war davon wenig begeistert, denn dabei ging das Konzept der konzentrierten Schockwirkung wieder verloren, die hervorgerufen werden konnte, wenn die ganze Brigade als Einheit eingesetzt wurde.

Dann wurde aber noch ein weiterer Standpunkt vorgetragen, als Martel, der gleiche Offizier, der 1926 für eine reine Panzerarmee eingetreten war, 1931 ein Buch mit dem Titel *In the Wake of the Tank* vorlegte. Obwohl Pionier, hatte Martel engen Kontakt mit der Entwicklung der Tanks gehalten. Er hatte auch die Pionierkompanie geführt, die zu der ursprünglichen »Experimentellen Motorisierten Einheit« gehört hatte. In den zwanziger Jahren hatte er kleine Ein- und Zweimann-Tanks entworfen, die mit Maschinengewehren bewaffnet waren und von ihm »Tankettes« genannt wurden.

Er schlug die Umwandlung bestehender Infanteriedivisionen in mechanisierte Divisionen vor, die aus neun Bataillonen bestehen und mit je 250

Zweimann-Tankettes ausgerüstet sein sollten. Für den Angriff sollten die Mannschaften aufsitzen, aber in der Verteidigung absteigen. Damit wurde der Tatsache Rechnung getragen, daß Tanks allein kein Gelände behaupten konnten. Martel warnte davor, sich vom Konzept der unabhängigen Tankbrigaden verblüffen zu lassen:

»Bis wir hinreichende Fortschritte gemacht haben, um diese unabhängigere Rolle zu erproben, werden wir beim Angriff auf die zentralen gegnerischen Stellungen vor allem dann Erfolge erzielen, wenn wir gemischte Tankbataillone gemeinsam mit der Infanterie einsetzen.«[3]

Infanterie, Artillerie und Pioniere mußten aber auch in der Lage sein, unter gleichen Bedingungen wie die Panzer zu operieren. Mit anderen Worten: Martel verlangte, daß diese Waffengattungen nicht nur motorisiert, sondern mechanisiert werden sollten. Er akzeptierte, daß die britische Armee wahrscheinlich in einem heißen Klima gegen wenig mechanisierte Armeen kämpfen mußte, aber er meinte:

»Wir wollen nicht zwei Armeen, eine für einen möglichen, aber nicht wahrscheinlichen kontinentalen Krieg und die andere für Alltagsbedürfnisse in Übersee. Alle Maschinen müssen daher für beide Zwecke getestet und erprobt werden.«[4]

Dieser letzte Vorschlag sollte in wenigen Jahren zum Zankapfel werden, als die Ausrüstung des Britischen Expeditionskorps (BEF) für den Kontinent diskutiert wurde.
1933 war die Tankbrigade noch nicht einmal auf experimenteller Basis aufgestellt. Grund dafür war vielleicht zum Teil der, daß ein neuer Generalstabschef ins Amt kam. Feldmarschall Milne hatte trotz seines vorsichtigen Vorgehens in der zweiten Hälfte seiner Amtszeit doch grundsätzlich die Notwendigkeit der Mechanisierung anerkannt. Sir Archibald Montgomery-Massingberd erwies sich als Erzkonservativer*. Als ihn Liddell Hart 1926 fragte, ob er Fullers *Foundations of the Science of War* gelesen habe, erwiderte er:

»Ich habe Fullers Buch nicht gelesen und ich erwarte auch nicht, daß ich das je tun werde. Es würde mich nur ärgern!«[5]

* Kurioserweise war er trotzdem bereit, den Ehrenrang eines Colonel Commandant des Royal Tank Corps anzunehmen.

Kein Wunder, daß Liddell Hart, als er von Montgomery-Massingbreds Ernennung hörte, düster an Hankey (damals noch Sekretär des Committee for Imperial Defence) schrieb:

»Ich erwarte, daß er Schritte zu der nötigen Reorganisation der Armee nicht begünstigen, geschweige denn einleiten wird; daß er gegen eine erweiterte Anwendung von Tanks und Luftwaffe eintreten wird, daß er die Unabhängigkeit der Ansichten und die Freiheit der Rede bei den jungen Offizieren entmutigen, wenn nicht gar bestrafen und sich bemühen wird, eine kritische Untersuchung der Kriegsgeschichte zu unterbinden . . . Ich fürchte, daß sein Regime dazu führen wird, daß einflußreiche Posten mit Offizieren besetzt werden, die entweder nicht-progressiv oder darin geschickt sind, ihre eigenen Meinungen auf Kosten der konstruktiv Denkenden zu verbergen . . . Ich werde freudig überrascht sein, wenn Fuller nicht aus der Armee und in den Ruhestand gedrängt wird.«[6]

Diese »freudige Überraschung« trat allerdings nicht ein. Nachdem Fuller 1927 das Kommando der Experimentellen Mechanisierten Einheiten abgelehnt hatte, war er nacheinander Divisionsstabsoffizier und Kommandeur einer Infanteriebrigade gewesen. Im Winter 1929 hielt er, als er seine Brigade im Norden Englands kommandierte, allen Offizieren seiner Brigade Vorlesungen über die Feldvorschriften. Diese Vorlesungen wurden unter dem Titel *Lectures on FSR III* sein letzter großer Beitrag zur Sache der Mechanisierung. Er hatte sich noch mehr der Idee einer reinen Tankarmee verschrieben. »Tanks und Infanterie zu kombinieren, ist das Gleiche, als ob man einen Traktor und ein Zugpferd in dasselbe Geschirr spannt.«[7] Er stellte sich eine mechanisierte Armee vor, die in zwei Teile aufgespalten war: die eine Hälfte, die Panzerkräfte, sollte die Offensivkraft darstellen, während eine Panzerabwehrkräfte in der Form mobiler Pak als »Wagenburg« in der Nähe der Panzerkräfte konzentriert werden sollte. Die Infanterie sollte nur in für Panzer nicht geeignetem Gelände eingesetzt werden. Weniger phantastisch war vielleicht seine Vorstellung, daß die Luftwaffe den Feind nicht unmittelbar vernichten, sondern als ständige Bedrohung vor allem seine Beweglichkeit am Boden einschränken sollte.

»In einem zukünftigen Krieg wird sich wahrscheinlich die Zusammenarbeit zwischen Panzern und Flugzeugen als viel wichtiger erweisen als die

zwischen Panzern und Infanterie ... als so wichtig, daß wir vielleicht erleben, daß Panzer und Flugzeuge eine Teilstreitkraft bilden und die Infanterie eine andere, die völlig davon getrennt ist.«[8]

Obwohl Fuller im September 1930 zum Generalmajor befördert wurde, war der einzige Posten, den man ihm anbot, das Kommando eines Zweiter-Klasse-Distrikts in Indien. Fuller lehnte ab, er hoffte auf etwas, das ihn wieder in direkten Kontakt mit der Mechanisierung brachte. Diese Hoffnung trog jedoch und nach drei Jahren wurde er im Dezember 1933 auf die Pensionierungsliste gesetzt. Angewidert von der zivilen Umgebung wandte er sich dem Faschismus zu, und für den Rest des Jahrzehnts hörte man nur noch wenig von ihm.
1933 wurde beim Committee for Imperial Defence der Unterausschuß für Verteidigungsbedürfnisse geschaffen. Er kam zu dem Schluß, daß »letztlich Deutschland der Gegner sein wird, gegen den unsere Langzeit-Verteidigungspolitik gerichtet sein muß«. Man hielt ein Expeditionskorps auf dem Festland für unvermeidlich.

»Wenn die Niederlande in die Hand einer feindlichen Macht geraten, würde nicht nur die Häufigkeit und Intensität der Luftangriffe auf London zunehmen, auch die gesamten Industriegebiete in den Midlands und im Norden von England würden in den Bereich der feindlichen Luftwaffe geraten.«[9]

Die Vorstellung einer vergrößerten Bedrohung vom Kontinent durch Flugzeuge war nichts Neues. Milne hatte 1925 erklärt, daß die »wahre strategische Front Großbritanniens am Rhein liege«[10]. Hier schien es also dringend nötig, die Prioritäten zu wechseln. Trotzdem glaubten die Stabschefs, obwohl sie die mögliche Bedrohung durch Deutschland erkannten, daß der Krieg in Europa Schwierigkeiten anderswo hervorrufen würde. Weil die britische Armee ohnehin nur zwei Divisionen für ein Expeditionskorps aufbringen konnte, glaubten die Stabschefs,

»daß wir während der ersten Kriegsmonate lediglich in der Lage wären, die Grenzen und die Außenposten des Empire zu halten.«[11]

Soweit die Stabschefs in Frage kamen, lag die Priorität immer noch beim Empire, die Armee sollte daher weiterhin für diese Aufgabe geformt werden. Duff Cooper, der den Verteidigungshaushalt für 1934–35 einbrachte, forderte in diesem Zusammenhang, daß die Armee ausgewogen gerüstet sein müsse.

»Auf den Salisbury Plains oder sogar auf den Feldern von Flandern ist der Tank zweifellos die mächtigste Waffe, die man sich denken kann, aber an der Nordwestgrenze (Indiens) oder in den Sümpfen und Gräben, die die Vorstädte von Schanghai umgeben, ist er das nicht unbedingt.«[12]

Daraus ergab sich die Doktrin der »Begrenzten Verpflichtung«. Wenn die erste Pflicht der Armee dem Empire galt, konnte man nicht gut erwarten, daß sie in der Lage war, eine moderne Expeditionsstreitmacht europäischen Stils aufzustellen, weil das eine Mechanisierung in größtem Umfang bedeutete, die für die Verteidigung des Empire nicht geeignet war. Wegen der Bedeutung der Niederlande war es jedoch wichtig, daß sich Großbritannien bereit zeigte, seinen kontinentalen Verbündeten, vermutlich Frankreich und Belgien, zu helfen. Wenn die Armee das nicht schaffen konnte, dann mußte die Royal Air Force herhalten. Außenminister Chamberlain zum Beispiel notierte im Februar 1936:

»Ich kann nicht glauben, daß der nächste Krieg, wenn er überhaupt kommt, der letzte sein wird, und ich glaube, daß unsere Mittel nutzbringender in der Luft und auf See eingesetzt werden, als beim Aufbau eines großen Heeres.«[13]

Auch Liddell Hart gab seine Unterstützung in einem Artikel in der *Times* vom 25. November 1935. Er sagte, es habe keinen Zweck, eine Expeditionsstreitmacht zu entsenden, ehe die Lage nicht klarer würde. Eine Luftkomponente wäre viel vernünftiger. Im Januar 1935 schrieb er an Lord Halifax und empfahl, daß die Flugzeugproduktion zu diesem Zweck die Priorität erhalten solle. So lag das Heer in der Mitte der 1930er Jahre als schlechter Dritter hinter der RAF, die dem strategischen Bombenkrieg verpflichtet war, und der Royal Navy, die ihre traditionelle Rolle behielt. Vor diesem Hintergrund wirkte es etwas überraschend, daß man im November 1933 die Entscheidung traf, die 1. Tankbrigade als Tankbrigade auf Dauer aufzustellen. Ihr Gründungsbefehl klang ermutigend.

»Eine Tankbrigade kann in einer strategischen oder halbunabhängigen

Mission gegen wichtige Ziele in der rückwärtigen Organisation des Feindes eingesetzt werden . . . Ein derartiger Einsatz der Tankbrigade unterscheidet sich demnach grundsätzlich von einem Heeres-Tankbataillon, das normalerweise nur dann eingesetzt wird, wenn die Möglichkeit für eine entscheidende Aktion durch andere Waffengattungen gefunden und festgelegt wurde . . . die Tankbrigade soll starken Abschnitten ausweichen und schwache angreifen. Zudem muß sie zu enger Zusammenarbeit mit den anderen Waffengattungen fähig sein, wenn es die Lage erfordert.«[14]

Der erste Kommandeur der Tankbrigade war Hobart, ein Pionieroffizier der Indischen Armee, der im Ersten Weltkrieg an der Westfront und in Palästina gekämpft hatten. Seine Ansichten bildeten sich im Verlauf einer langen Korrespondenz mit Lindsay in den Jahren 1925–26 heraus, während Hobart Lehrer an dem Indischen Stabscollege in Quetta war. Hobart schrieb zum Beispiel:

»Warum sollen wir uns mit einem Vorrücken über 3000–4000 Yards begnügen, warum sollen wir uns mit Kleinigkeiten im Stil der Dritten Ypernschlacht abgeben? Wenn man moderne Waffen besitzt, schießt man den Tiger ins Gehirn, ins Herz oder ins Rückgrat. Man hackt ihm nicht schmerzlich einen Fuß nach dem andern ab und ›konsolidiert‹ dabei ständig.«[15]

Lindsay erwiderte:

»Der Krieg wird, soweit die militärischen Operationen betroffen sind, durch mechanisierte Kräfte in der Luft und auf der Erde, die eng zusammenarbeiten, gewonnen oder verloren werden. Die Bodentruppen, also gegenwärtig Infanterie und Kavallerie, werden die durch die mechanisierte Streitmacht eroberten Räume besetzen, verwalten und sichern.«[16]

Hobart begann die Ausbildung der Brigade, die aus zwei mittleren und einem leichten Tankbataillon bestand, schon Anfang Mai 1934 mit einer Stabsübung in Cambridge. Aus ihr zog man den Schluß, daß die der Tankbrigade gestellte Aufgabe erfüllt werden konnte, wenn die Einheit logistisch unterstützt wurde. Eine weitere interessante Schlußfolgerung lautete: »Die Zusammenarbeit der RAF in allen Phasen scheint ein entscheidender Faktor für den Erfolg zu sein.« In Zusammenhang dazu stand der Vorschlag, daß die Luftwaffe dazu benützt werden konnte, »den Tankangriff durch Bombenangriffe zu decken«.[17]

Die Tankbrigade selbst führte im August und September Übungen auf den Salisbury Plains durch. Aufgabe dieser Übungen war die Infiltration der kompletten Brigade tief in die Linien des Feindes. Die Anwendung von Täuschungsmanövern, langen Märschen in der Dunkelheit und die Zusammenarbeit mit der Luftwaffe halfen zur Erreichung dieses Ziels. Mitte September erhielt Hobart seine Chance, eine Zusammenarbeit mit anderen Waffen zu versuchen, als seine Brigade zusammen mit der 7. Experimentellen Infanteriebrigade, einer motorisierten Einheit unter dem Befehl von Colonel Lindsay eine Übung durchführte. Burnett-Stuart, der in die Zukunft blickende Kommandierende General (GOC) des Kommandos Süd, war der Manöverleiter und Wavell oberster Schiedsrichter.

Die Ursprünge für diese Übung lagen in einem Briefwechsel zwischen Lindsay und Hobart von Ende 1933. Sie begannen mit dem Konzept »Mobile Division«, wie sie in den *Modern Formations* mit einer Tankbrigade, einer Kavallerie- und einer Infanteriebrigade festgelegt worden war. Die Kavalleriebrigade sollte das »Auge« der Tanks sein, während die Infanterie die feste Basis bildete, von der aus Panzer und Kavallerie ihre Überfälle durchführen sollten. Sie hatte eine ähnliche Funktion wie Fullers »Wagenburg«. Im Februar 1934 hatte das Kommando Süd ein Planspiel durchgeführt, in dem die Idee zum ersten Mal erprobt worden war. Die Hauptschlußfolgerung: das Unternehmen war durchführbar, nur die Kavallerie verfügte nicht über die erforderliche Schnelligkeit, Ausdauer oder Bewaffnung. Bei der Septemberübung übernahm ein Bataillon auf Panzerwagen ihre Funktion.

Der Übungsplan sah vor, daß die Mobile Einheit, die aus der Umgebung von Gloucester aufbrach, eine Anzahl von Raids auf eine Reihe von Zielen in der Nähe von Amesbury auf den Salisbury Plains durchführen sollte. Diese wurden durch die 1. Infanteriedivision und die 2. (berittene) Kavalleriebrigade verteidigt. Unglücklicherweise wurde Lindsay und Hobart jedes nur erdenkliche Hindernis in den Weg gelegt. Der strikte Zeitplan, den sie erhielten, verhinderte jeden entscheidenden Nachtmarsch. Man sagte ihnen, sie dürften weder Verluste noch Energieverbrauch riskieren, damit sie noch in der Lage wären, an der Hauptschlacht teilzunehmen, die unmittelbar nach den Raids geschlagen werden sollte. Lindsay meinte: »Wir sollten das Rennen gewinnen, aber gleichzeitig unsere Pferde fit halten, damit sie gleich wieder an einem neuen Rennen teilnehmen konnten.«[18]

Jede Partei erhielt die gleiche Zahl von Flugzeugen, so daß keine eine Chance hatte, die Luftüberlegenheit zu erringen; zudem zwang die Geländebeschaffenheit die Einheit, nur auf einer einzigen Route vorzugehen. Tatsächlich wurde die 7. Brigade dann eingesetzt, um die Übergänge über den Kennet und den Avonkanal zu nehmen, während die Panzer 24 Stunden später übersetzten und dann bis zum dritten Tag in Deckung gingen. an dem sie den Raid durchführen sollten. Aber Burnett-Stuart sagte den Raid ab, ehe die dritte und spektakuläre Phase durchgeführt werden konnte. Die Mobile Einheit wurde dann aufgefordert, sich aus der Lage zu lösen und zwar in dem Wissen, daß der gegnerische Kommandeur motorisierte Infanterie hinter sie geschoben hatte, um Straßensperren zu errichten und Minenfelder zu legen. In diesem Stadium wurde das Manöver zur Farce.

»Die Infanterie erhielt von den Schiedsrichtern die Erlaubnis, das ganze Gebiet zu umzingeln und sich wie die Angehörigen von Gandhis ›Ungehorsams-Kampagne‹ auf die Straße zu legen. Sie wurden von Offiziersfrauen dirigiert, die im Auto vor uns her fuhren. Als wir uns näherten, wollten sie nicht weggehen – manche versuchten sogar, auf die Panzer zu klettern, während die Artillerie die Erlaubnis erhielt, ihre Feldgeschütze heranzubringen und sie auf kurze Entfernung in voller Sicht in Stellung gehen zu lassen.«[19]

Trotzdem gelang der Mobilen Einheit der Rückzug aus dieser schwierigen Lage. Unglücklicherweise war eine Anzahl höherer Offiziere, die nur wenig Ahnung hatte, was vorher geschehen war, Zeuge der letzten Phase gewesen. Deshalb hatten sie einen schlechten Eindruck von der Mobilen Einheit gewonnen, und die Idee, daß sie zu tiefen Einbruchraids angesetzt werden könne, wurde sehr skeptisch betrachtet. Das Manöver erwies sich letztlich als eine Bemühung, die Moral der Infanterie zu verbessern, und trug viel dazu bei, für die nächsten zwei Jahre die Aufstellung britischer Panzerdivisionen zu verhindern.

Hobart wurde dadurch nur noch mehr in die Nähe der »Nur-Panzer«-Schule gedrängt. In seinem Bericht über die Manöver von 1934 betonte er, es sei bei alledem nur darum gegangen, »wie man am besten motorisierte Kräfte in der Zusammenarbeit mit der Tankbrigade verwenden könne, ohne deren Beweglichkeit, Kraft und ihr großes moralisches und materielles Potential zu beeinträchtigen«. Die Haltung der Infanterie aber

war die, daß sie Panzer lediglich zur Unterstützung genau geplanter Angriffe wünschte.
Genauso war es mit der Zusammenarbeit mit der RAF. Hobart hatte die Rolle der RAF in seinem Bericht deutlich ausgesprochen. Die Aufgaben der Luftwaffe sah er in der Aufklärung, den Bombenangriffen hinter den feindlichen Linien und im Ersetzen der Fernkampfartillerie, während die Jäger die Luftherrschaft behaupten und Tieffliegerangriffe gegen Schlüsselstellungen in den vordersten Verteidigungsräumen des Gegners durchführen sollten. Das war das Blitzkriegskonzept, aber das Luftfahrtministerium stand immer noch unter dem Einfluß Trenchards, und Hobart stieß auf die gleichen Widerstände wie Broad wenige Jahre vorher. Die RAF interessierte sich nur für strategische Bombenangriffe.
Trotz dieser Frustrationen fiel im Herbst die Entscheidung, Kavalleriedivisionen durch Mobile Divisionen zu ersetzen, die aus Aufklärungs-, Kampf- und Unterstützungstruppen bestanden, Panzerwagenregimenter der Kavallerie sollten für die Aufklärung, eine Panzerbrigade und eine mechanisierte Kavalleriebrigade für das Kampfelement sorgen. Die Unterstützungstruppe sollte aus Artillerie, Pionieren und möglicherweise einem Kavallerie-Maschinengewehrregiment bestehen. Gleichzeitig sollte der Nachschub von Infanteriedivisionen motorisiert und jeder Infanteriedivision ein Tankbataillon zugeteilt werden. Jede Infanteriebrigade sollte aus drei Schützen-Bataillonen und einem Maschinengewehrbataillon auf gepanzerten Maschinengewehrträgern bestehen. Als diese Vorschläge im November 1934 in einer Vorlesung im RUSI gemacht wurden, betonte der Generalstabschef, daß es notwendig sei, bei der Mechanisierung vorsichtig und langsam vorzugehen. Diese Vorsicht wurde durch den Armeehaushalt für 1935–36 bestätigt, der für Futtermittel eine Erhöhung um £ 44000 auf £ 400000 vorsah, während die Beträge für Treibstoff lediglich um £ 12000 auf insgesamt £ 121000 erhöht wurden. Die Auswirkungen der Manöver vom September 1934 zeigten sich, als der CIGS festlegte, die Tankbrigade müsse sich auf Aktionen in Zusammenarbeit mit der Hauptstreitmacht konzentrieren. Sie durfte nicht wie in den letzten Jahren auf eigene Faust vorgehen. Was noch schlimmer war, die Brigade wurde im September geteilt, damit sich ihre Bataillone in der Rolle der Unterstützung der Infanteriedivisionen versuchen konnten.
Nach den Hoffnungen im Jahre 1934 wurde es ein frustrierendes Jahr, was sich auch in Hobarts Bericht widerspiegelte. In diesem Bericht bat Hobart erneut, daß die RAF eine dauernde Zusammenarbeit mit der Tankbrigade

durchführen solle. Aber diese Bitte stieß im Luftfahrtministerium wiederum auf taube Ohren.

Wie ein Blitz in der Nacht

In der Zwischenzeit war die Entwicklung in Deutschland völlig anders verlaufen. Zu Beginn der dreißiger Jahre erlebte das Land Hitlers schnellen Aufstieg zur Macht. Ehe wir Deutschlands Wiederaufrüstung in den Jahren bis 1936 untersuchen, ist es nötig, einige Seiten in *Mein Kampf* zu studieren. Manche Historiker haben in dem Buch lediglich einen Beweis für Hitlers Frustrationen nach dem fehlgeschlagenen Putsch von 1923 gesehen. Aber es besteht kaum ein Zweifel, daß es in der Absicht geschrieben wurde, langfristige Ziele und damit Deutschlands künftige Strategie festzulegen. Obwohl er nur wenige Hinweise auf militärische Strategie gibt, hatte Hitler doch deutliche Ansichten darüber, welche Form ein zukünftiger Krieg annehmen würde. Er schrieb von der »allgemeinen« Motorisierung der Welt, die im nächsten Kriege schon in überwältigender Weise kampfbestimmend in Erscheinung treten wird«.[20] In diesem Zusammenhang behauptete er, daß eine starke industrielle Basis noch wichtiger sein werde als im Ersten Weltkrieg, in dem Deutschland seine Verbündeten hatte stützen müssen, weil ihnen eben diese Basis gefehlt hatte.

1930 waren die Nationalsozialisten mit 107 Sitzen die zweitgrößte Partei im Reichstag geworden und Hitler konnte es sich leisten, in seinen Ansichten etwas spezifischer zu werden. Er begann sofort damit, die Regierung zu drängen, sie solle sich in einem viel stärkeren Ausmaß als bisher für die Wiederaufrüstung einsetzen. An Reichskanzler Brüning richtete er einen offenen Brief, in dem er schrieb:

»Für uns ist die Reichswehr der Ausdruck der Kraft der Nation, deren Interessen sie nach außen hin verteidigt. Für Sie, Herr Reichskanzler Brüning, ist sie letzten Endes eine Institution, um die Regierung im Innern zu verteidigen.«[21]

Gleichzeitig hatte er jedoch geschrieben:

»Es ist unmöglich, eine Armee aufzubauen und ihr ein Wertgefühl zu ge-

ben, wenn das Ziel ihrer Existenz nicht die Vorbereitung für den Kampf ist. Armeen zur Vorbereitung des Friedens existieren nicht; sie existieren für den triumphalen Einsatz im Krieg.«[22]

1932 entwickelte er seine Gedanken noch weiter, als er schrieb:

»Der nächste Krieg wird sich völlig von dem letzten Weltkrieg unterscheiden. Infanterieangriffe und Massenformationen sind veraltet. Verkrampfte Frontalangriffe, die jahrelang an versteinerten Fronten andauern, werden nicht wiederkehren. Ich garantiere das . . . wir werden die Überlegenheit freier Operationen zurückgewinnen.«[23]

Als Hitler im Januar 1933 an die Macht kam, war er sich über das, was er wollte, völlig im klaren. Er wollte eine Armee, die hochmobil und in der Lage war, einen schnellen, vernichtenden Schlag gegen den Feind zu führen. Er sagte es so:

»Ich werde nie einen Krieg ohne die Gewißheit beginnen, daß ein demoralisierter Gegner dem ersten Streich eines einzigen gigantischen Schlags erliegen wird.«[24]

1930 war die Reichswehr theoretisch immer noch an die Begrenzungen gebunden, die ihr der Vertrag von Versailles (das »Diktat«, wie die Nationalsozialisten es nannten) auferlegt hatte. Die Hauptbedrohung für das Reich bestand immer noch durch Polen, und 1928 wurde ein Fünfjahrplan entworfen, die Reichswehr auf 17 Divisionen auszubauen, um dieser Drohung zu begegnen. Zu dieser Zeit bestand jedoch ein großer Mangel an Rohstoffen, und der Plan wurde nie in die Tat umgesetzt. Progressives Denken, das durch die Zusammenarbeit mit der Sowietunion unterstützt wurde, entwickelte und formte aber weiterhin die Grundlagen des künftigen Blitzkriegs. Guderian erhielt die Chance, einige seiner Ideen praktisch zu erproben, als er Anfang 1931 den Befehl der 3. (Preußischen) Kraftfahrabteilung erhielt, die aus einer Kompanie Panzerspähwagen, einer Kompanie Panzerattrappen, einer Panzerabwehrkompanie und einer Motorradkompanie bestand. Das half ihm, seine Ideen über eine Kombination der Waffen weiterhin zu entwickeln. Er blieb überzeugt, daß gepanzerte Streitkräfte die entscheidende Waffe der Zukunft sein würden. Selbst sein Vorgesetzter, General Otto von Stülpnagel, der Inspekteur der

motorisierten Truppen, sagte bei seiner Verabschiedung im Frühling 1931 zu Guderian: »Sie sind zu stürmisch. Glauben Sie mir, wir beide werden nicht mehr erleben, daß deutsche Panzer rollen.«[25]
Obwohl die Alliierten soweit nachgegeben hatten, daß sie der Reichswehr vierrädrige Panzerautos, wenn auch ohne Maschinengewehre, gestatteten, blieben Kettenfahrzeuge weiterhin verboten. Auch das Gasonwerk, wo heimlich Panzer konstruiert wurden, produzierte bis April 1930 keinen einzigen Panzer. Im Frühling 1931 besaß die Reichswehr die fürstliche Gesamtzahl von sechs mittleren und vier leichten Panzern, die unter dem Decknamen von »großen« und »leichten« Traktoren liefen. Die Knappheit an Rohstoffen verhinderte eine beschleunigte Panzerproduktion. Viele Beobachter sahen einen Hauptmangel der mechanisierten Kriegführung darin, daß dazu große Industriebasen nötig waren. So wurde skeptisch bemerkt, mechanisierte Armeen mit einem hohen Grad von Motorisierung und einer Verwendung von chemischen Waffen seien weit mehr von dem Rohstoffnachschub abhängig als die Armeen des Weltkriegs.[26]
Dennoch war die Reichswehr, so klein sie auch sein mochte, im Denken effektiv und modern. Liddell Hart schrieb 1932:

»Die deutsche Armee, die wider Willen in eine Berufsarmee umgewandelt wurde, hat schnell einen neuen Glauben erlangt, den der Überlegenheit einer solchen, hervorragend ausgebildeten und mobilen Armee über die unhandlichen Massen einer Armee von Wehrpflichtigen.«[27]

Im gleichen Jahr waren an den Herbstmanövern der Reichswehr ganze Bataillone von Motorrad- und Panzerspähwageneinheiten beteiligt. Mehrere Kavallerieabteilungen waren motorisiert, und in offener Auflehnung gegen den Versailler Vertrag erschienen die ersten vielachsigen Fahrzeuge bei den Manövern.
In der Zwischenzeit war auch die Luftwaffe den Kinderschuhen entwachsen. Die geheime Produktion in der UdSSR, in Schweden und in der Schweiz hatte die Waffe von vier Staffeln im Jahre 1926 auf fünfzehn im Jahre 1931 anwachsen lassen. 1930 schätzte man, daß im Fall einer Mobilmachung 22 Staffeln nötig seien. Dabei war es ausgemachte Sache, daß die Luftwaffe unter Heereskommando gestellt werden sollte. Man plante, jedem Formationshauptquartier vom Armeekorps aufwärts je eine Aufklärer-, zwei Jagd- und eine Nachtbomberstaffel zuzuteilen. Es herrschte der Eindruck, daß die Bildung einer unabhängigen Luftwaffe in Friedens-

zeiten nicht in Betracht komme, aber die Luftwaffe wurde auf sehr bezeichnende Weise geteilt: Die Kampfgeschwader kamen zum Heer, während die Abwehrgeschwader der Marine unterstellt wurden. Andererseits wuchs das Interesse an einer strategischen Luftmacht, und von 1927 an bemühte man sich um die Entwicklung eines viermotorigen Nachtbombers. Das erforderte jedoch Zeit, weil man die Arbeit vor den kritischen Augen der anderen europäischen Nationen geheimhalten mußte.

Lipetsk trug viel zur Entwicklung der Luftwaffe bei, und als Hitler an die Macht kam, standen nicht weniger als 550 ausgebildete Piloten zur Verfügung. Die Deutschen behaupteten vor und nach dem Krieg gern, daß die Luftwaffe von 1933 an aus dem Nichts geschaffen worden sei. Das war aber nicht so, und wenn sich die anderen Nationen der heimlichen Entwicklungen in den zwanziger und frühen dreißiger Jahren bewußt gewesen wären, hätte die offizielle Enthüllung der Luftwaffe im Jahre 1935 auch keinen solchen Schock ausgelöst. Mit Hitlers Machtergreifung beschleunigte sich lediglich das Tempo des Ausbaus, er brauchte aber keineswegs bei Null zu beginnen. Gerade ehe Hitler Kanzler wurde, war ein revidierter Mobilisierungsplan aufgestellt worden, der eine Kriegsstärke von 21 Divisionen anstelle der 1928 geplanten 17 vorsah. Im Dezember 1933 legte das Truppenamt Pläne für eine Friedensarmee von dieser Stärke vor, die 1937 erreicht werden sollte. Dafür hatte ein Geheimgesetz die Dienstzeit von zwölf Jahren auf *eines* verkürzt, um eine ausreichende Reserve an ausgebildeten Mannschaften zu schaffen. Im April 1934 erklärte Hitler, er sei mit den Ergebnissen unzufrieden und entschied, daß das Ziel nicht erst 1937, sondern schon im Herbst 1934 erreicht werden müsse. Mit der Luftwaffe war es das gleiche. 1933 plante Göring, 1936 1100 Maschinen zu haben, 1934 wurde jedoch ein neuer Plan eingeführt, der für den Herbst 1935 4000 Maschinen verlangte. Ende 1934 waren davon schon 2000 vorhanden.

Die Panzer besaßen für Hitler eine magische Anziehungskraft. Als er im Jahr seiner Machtergreifung den Waffenerprobungsplatz in Kummersdorf besuchte, wurden ihm einige leichte Tanks, Panzerkampfwagen (PzKw) I, vorgeführt. Zu Guderian sagte er: »Das kann ich gebrauchen! Das will ich haben!«[28]

Krupp begann sofort mit einem Panzerbauprogramm, und im August 1933 liefen die ersten fünf Panzer vom Band, 1934 waren es hundert. Das erste Panzerbataillon wurde 1934 unter der Tarnbezeichnung »Krafttransport-Ausbildungseinheit« aufgestellt. Im gleichen Jahr wurde ein

Kommandostab für motorisierte Truppen gebildet. General Lutz wurde Kommandeur und Guderian sein Stabschef. Dieses Kommando sollte die Entwicklung der Panzerwaffe forcieren.
Höheren Orts gab es jedoch einige Offiziere, die an der Mechanisierung zweifelten. Beck, der Chef des Truppenamts, der 1935 zum Stabschef des Heeres ernannt wurde, war der Ansicht, daß die letzte Entscheidung auf dem Schlachtfeld nicht durch die Panzer erzielt werden würde, sondern dadurch, daß man eine hinreichende Zahl von Infanteriedivisionen besaß. Seine 1933 veröffentlichte Schrift »Die Truppenführung« zeigte wenige Fortschritte über 1918 hinaus. Der einzige Unterschied war, daß die Sturmeinheiten oder Kampfgruppen auch Panzer umfassen oder sogar allein aus Panzern bestehen sollten, wenn es die Umstände zuließen. Beck akzeptierte jedoch die Forderung, daß motorisierte Streitkräfte nicht unbedingt an die Schürzenbänder der zu Fuß marschierenden oder von Pferden gezogenen »Entscheidungsmassen« geknüpft werden sollten.

»Wenn Panzer zu eng an die Infanterie gebunden sind, verlieren sie ihren Vorteil der Schnelligkeit und können von der Abwehr abgeschossen werden.«

Beck und viele andere hielten den Panzer für eine nützliche, aber nicht für eine entscheidende Waffe. Er war nur eine Ergänzung in der Familie der kombinierten Waffen.
Guderian und seine Anhänger sahen ebenso wie einige Briten in der Panzerwaffe das Instrument, das eine Wiederbelebung des Bewegungskrieges erlaubte und die Rückkehr zum Stellungskrieg unnötig machte. Aber auch hier gab es eine mächtige Opposition, die von General Ludendorff unterstützt wurde. Der ehemalige Generalquartiermeister postulierte:

»Bei den Massenaufgeboten des Heeres, bei dem Umfang von Ersatzformationen, die hinter dem geschlagenen Heer stehen, den ausgebauten Eisenbahnnetzen, die ein Verschieben und Zusammenziehen von Heeresverbänden leicht gestatten, wird jedoch die Kriegsentscheidung durch die ersten Schlachten kaum zu erreichen sein.«[29]

Der Herausgeber der einflußreichen militärischen Zeitschrift »Militär-Wochenblatt« nannte einen weiteren Grund, warum es wahrscheinlich wieder zum Stellungskrieg kommen würde:

»Angesichts der Tatsache, daß alle, große wie kleine Staaten, ihre Grenzen selbst im Frieden durch militärische Befestigungen aller Art schützen, erscheint es sehr zweifelhaft, ob ein Bewegungskrieg in dem Ausmaß von 1914 wieder möglich sein wird.«[30]

Das wurde vielleicht von der Einschätzung des Truppenamts über das Potential von Deutschlands Nachbarn Anfang 1935 beeinflußt. Diese kam zu dem Schluß, daß die Arbeit an der Maginotlinie die Defensivkraft Frankreichs um den Faktor drei erhöht hatte. Man hatte auch erkannt, daß die Armee zu ihrer Erhaltung eine große industrielle Basis brauchte, ein Aspekt, dessen sich Hitler sehr wohl bewußt war.
Hitler, der die Schrecken der Westfront selbst erlebt hatte, war sich der Gefahren bewußt, die Deutschland in einem Stellungskrieg drohten. Er kannte die Bedenken der Militärhierarchie, glaubte aber, daß der Blitzkrieg eine Möglichkeit sei, diese Art von Krieg zu vermeiden. In einer Rede auf dem Reichsparteitag 1935 in Nürnberg sprach er vor ausländischen Delegierten des BdM.

»Wenn ich einmal einen Gegner überfallen will, dann würde ich ... nicht monatelang vorher verhandeln und Vorbereitungen treffen, sondern, wie ich es in meinem Leben immer gemacht habe, plötzlich, wie aus der Nacht emporschnellend, mich blitzartig auf den Gegner stürzen.«[31]

Das ist die erste aufgezeichnete Anspielung auf den Begriff »Blitzkrieg«. Guderian gab eine Idee von der Form, die dieser Blitz annehmen würde:

»Eines Nachts werden die Tore der Flugzeug- und Kraftfahrzeughallen sich öffnen, die Motoren werden angelassen, die Geschwader in Bewegung gesetzt werden. Ein erster, überraschender Schlag mag dazu dienen, wichtige Industrie- und Rohstoffgebiete teils in Besitz zu nehmen, teils durch Luftangriffe aus der Kriegsproduktion auszuschalten, durch Bomben die Wirksamkeit der gegnerischen Regierung und Heeresleitung zu lähmen und das gegnerische Verkehrsnetz zu stören. Je nach der zurückzulegenden Entfernung, der Geländegestaltung und dem Umfang und Beginn des Widerstandes des Angegriffenen wird der strategische Überfall mehr oder weniger tief in Feindesland eindringen.
Der ersten Welle der Fliegerkampfkräfte und Kraftfahrkampftruppen werden verlastete Infanterie-Divisionen folgen; sie werden am Rande der eroberten Zone ausgeladen und sie besetzen, um die beweglichen

begann es. Little Willies Nachfolger, genannt »Mother«, bei einer Testfahrt im Februar 1916. Die Räder am Hinterteil sollten Lenkung unterstützen. Royal Armoured Corps. *Tank Museum, Bovington*

Ursache: 8-zöllige britische Haubitzen im Einsatz. Somme, August 1916. *Imperial War Museum (IWM)*

▲
Die Wirkung der neuen Waffe blieb im Schlamm von Flandern begrenzt. Clapham Copse, Passchendaele, September 1[illegible]
David Higham Associates

General von Hutier (links), der führende Kopf der neuen deutschen Angriffstaktik. *IWM*
▼

tsche Sturmtruppen im Einsatz, Juni 1918. Es geht in kurzen Anläufen vorwärts, wobei sich die Männer gegenseitig Feuer-
ıtz geben. *IWM*

britischen Sopwith Camels griffen 1917/18 immer häufiger in die Erdkämpfe ein. *RAF-Museum, Hendon*

ıeral Giulio Douhet. *Rivista Aeronautica*

ıeral Billy Mitchell. *US Air Force*

ıney« Fuller 1920. *David Higham Associates*

ıom« Trenchard in Paradeuniform unmittelbar vor dem
ǝn Weltkrieg. *RAF-Museum, Hendon*

▶
Basil Liddell Hart 1957. *Lady Liddell Hart*

Mit Johnsons Medium D (hier beim Schwimmtest) wollte Fuller ins Hinterland des Gegners vorstoßen (»Plan 1919«). Der Plan kam aber nicht mehr zum Einsatz. Rechts auf dem Tank steht General Martel in Zivil. *RAC Tank Museum, Bovington*
▼

▲
Die US-Kavallerie wird motorisiert: eine Panzerwagenkompanie beim Manöver 1929. *Patton Museum of Cavalry and Armor, Fort Knox*

◀General Estienne konnte sich mit seiner Begeisterung für die Panzer nicht durchsetzen. *Etablissement Cinematographique et Photographique des Armées (ECPA)*

Iarschall Pétain wollte Frankreich durch die Maginot-Linie
:hützen. Hier inspiziert er Artillerieoffiziere, 1921. *ECPA*

◀ ▼
921. Bei einer Übung im Rhonetal werden Renault-Tanks
enutzt. Mit ihrer 37 mm-Kanone, einem koaxialen Maschi-
engewehr, 6,7 Tonnen Gewicht, zwei Mann Besatzung
nd einer Spitzengeschwindigkeit von 8 km/h waren
ese Tanks zu leicht und zu langsam. *Radio Times
ulton Picture Library*

▼
e abgerüstete Reichswehr übt heimlich mit Panzerat-
appen. *RAC Panzermuseum Bovington*

ans von Seeckt, die »graue Eminenz« der Weimarer
epublik. *Bundesarchiv*

eginn der Mechanisierung der Roten Armee. Russische
enaults Anfang der zwanziger Jahre. *Radio Times Hulton
ctures Library*

Lorry & Trailer Tank (Petrol) No. 1.
7 h.p. Car. (Section-Commander)
(Preserved Meat)
6-Wheel Lorry. (Biscuits)
6-Wheel Lorry. (Oats)
Artillery
Mechanised 60 pr. Gun.
Lorry carrying Field Gun.
Tractor towing Field Gun.
Backing Field Gun into position.
Lorry and Trailer (Petrol) No. 2.
Tracked-Train (Troops & Machine-Guns)
Mechanised Machine Gun & Crew.
Infantry
Mobile Anti-Tank Gun.
Infantry Tank.
7 h.p. Car. (Section-Commander)
6-Wheel Lorry. (Hay)
6-Wheel Lorry. (Great-Coats)
6-Wheel Lorry. (S.A.A.)
6-Wheel Lorry. (Packs)
Mechanised Anti-Aircraft Guns
Forward Control Lorry. (Regimental Stores)
6-Wheel Lorry. (Personnel)
15 h.p. Car. (O.C. Column)
New Type Medium Tank.
Standard Type Medium Tank with Wireless Signal Control.
Cavalry
Horse-mounted sabre-troop with accompanying lorry reducing weight carried by the horses.
Machine-Guns & Crews in Fast Lorry.
Tank Corps
"In-Fighter" Tankette.
1930.

▲▲
Juli 1930. Für den phantasievollen Zeichner der »Illustrated London News« hat der Zukunftskrieg schon begonnen. So stellte er sich eine vollmotorisierte britische Armee vor. *London Electrotype Agency*

▲
1934, Salisbury Plain. Die 1. Tank Brigade der britischen Armee entfaltet sich in einem großangelegten Manöver. Das eindrucksvolle Schauspiel wird nur wenig dadurch gemindert, daß die leichten Tanks durch Carden-Lloyd-Träger ersetzt werden mußten. *RAC Museum, Bovington*

◄◄
»Hobo« Hobart (rechts als Kommandeur des 2. Bataillons), Royal Tank Corps, mit Adjutanten vor seinem Vickers Medium. *RAC Museum, Bovington*

◄
General Wever, der eine ausbalancierte deutsche Luftwaffe anstrebte. *Bundesarchiv*

◄▼
Die Panzerwaffe wird enthüllt. PzKwMk 1 (Gewicht 5,95 Tonnen, Geschwindigkeit 36 km/h, Besatzung zwei Mann, zwei MGs) auf dem Reichsparteitag in Nürnberg, 1935. *Radio Times Hulton Picture Library*

Marschall Tuchatschewski bei einem Frankreichbesuch 1936. *Radio Times Hulton Picture Library*
▼

◄
». . . das Schlimmste, was wir sahen, waren einige Fehlzündungen . . .« Sowjetische BT – 7 (Gewicht 13,5 Tonnen, Geschwindigkeit 58 km/h. Drei Mann Besatzung, 45 mm-Kanone und zwei Maschinengewehre). *RAC Museum, Bovington*

◄▼
Eine Befestigung der Maginotlinie. *IWM*

▲
Generalleutnant Daniel Van Voorhis – Vater der US-Panzerwaffe. *US Army*

▼
Curtiss F-11 C 2-Hawk (oder *Goshawk*) – der erste brauchbare Sturzkampfbomber. *I. W. R. Taylor*

◄
Wolfram von Richthofen, der die Angriffstaktik der Luftwaffe auf Bodenziele im Spanischen Bürgerkrieg vervollkommnete. *Bundesarchiv*

Hitler beobachtet den PzKwMk I während der Wehrmachtsmanöver 1937 in Mecklenburg. *Barnaby's Picture Library*
▼

Einheiten zu neuem Schlage frei zu machen. Die Leerkolonnen eilen zurück, um neue Last zu laden.
Inzwischen wird der Angreifer sein Massenheer mobil machen. Er hat die Wahl von Raum und Zeit für den nächsten großen Schlag. Er wird dazu die schweren Angriffs- und Durchbruchswaffen heranführen. Er wird den Stoß durch schnelle Versammlung seiner Kraftfahrkampftruppen und plötzlichen Einsatz seiner Fliegerkampfkräfte überraschend zu führen suchen. Die Panzerverbände werden nicht mehr nach Erreichen des ersten Angriffsziels Halt machen, um den Stellungswechsel der Artillerie oder das Herankommen der Kavallerie abzuwarten. Sie werden vielmehr unter voller Ausnutzung ihrer Geschwindigkeit und ihres Fahrbereichs den Durchbruch durch die Verteidigungszone zu vollenden trachten. Weitere Treffen werden ihnen unaufhaltsam folgen, um die feindlichen Fronten aufzurollen und den Stoß in die Tiefe zu tragen. Die Fliegerkampfkräfte werden sich auf die anrückenden Reserven des Verteidigers stürzen und ihr Eingreifen verhindern.«[32]

Das also war, 1935, ein deutsches Rezept für die Blitzkriegtechnik, eine Mischung aus Douhet, Liddell Hart und Fullers »Plan 1919«. Trotzdem erkannte Guderian an, daß der Feind nicht lediglich durch den Einsatz von regulären Elite-Panzerverbänden besiegt werden konnte, denn die Panzer konnten kein Gelände behaupten. Sie brauchten die Unterstützung einer Massenarmee. So stimmte er in einem gewissen Ausmaß mit Beck überein; während Beck jedoch glaubte, daß die nachrückende Massenarmee den entscheidenden Schaden anrichten würde, war Guderian der Ansicht, sie müsse das eroberte Gebiet nur besetzen.
Im August 1935 gab Hitler Befehl, daß die Armee in vier Jahren kriegsbereit sein müsse und daß auch die Industrie in diesem Zeitraum auf Kriegsproduktion umgestellt sein müsse. Dennoch bezweifelte er, daß irgendein Staat – Deutschland eingeschlossen – genug Munition und Rohstoffe für mehr als ein Jahr Kriegsdauer aufstapeln könne. Damit wurde der Blitzkrieg nicht nur eine Verlockung, sondern auch eine Notwendigkeit.
In der Zwischenzeit wuchs die deutsche Panzerstreitmacht. Im März 1935 war eine improvisierte Panzerdivision zu Übungszwecken aufgestellt worden, schon im Oktober waren die ersten drei Panzerdivisionen gebildet. Kommandeur des Panzerkorps wurde General Lutz. Das Interesse, das die Deutschen an der 1. Britischen Tankbrigade gezeigt hatten, wird durch die Tatsache illustriert, daß die Panzerbrigade in ihren Panzerdivisionen

ebenso wie bei den Briten in drei mittleren und einer leichten Panzerabteilung organisiert waren. In Übereinstimmung mit Guderians Betonung der kombinierten Waffen aber bildeten eine motorisierte Schützenbrigade von je zwei Schützenbataillonen, ein Kradbataillon, eine Panzerabwehrabteilung, eine Aufklärungsabteilung, zwei Abteilungen leichter Haubitzen, eine Nachrichtenabteilung und eine Pionierkompanie die anderen Elemente der Division. Die Deutschen hatten die Mobile Division von Lindsay-Hobart aus dem Jahre 1934 zum Vorbild ihrer regulären Formation gemacht.

Trotzdem konnte Guderian nicht alles so durchsetzen, wie er gewollt hatte. 1936 entschied man, Panzerbrigaden zur Infanterieunterstützung aufzustellen und zwar genauso, wie es die Briten auf Bataillonsebene getan hatten. Außerdem wurden, um die Kavallerie zu beruhigen, »leichte Divisionen« gebildet, die aus einigen Panzern, motorisierten Schützenbataillonen, Artillerie und Aufklärungseinheiten bestanden, wobei die Kavallerie die Aufklärung und Sicherung übernehmen sollte. Des weiteren wurden vier Infanteriedivisionen motorisiert. Guderian selbst war über diese Verzettelung der Kräfte entsetzt. Er war der Ansicht, daß die gesamte Rüstungsindustrie soweit wie möglich auf die Unterstützung der Panzerdivisionen konzentriert werden sollte. Damit die übrigen Waffengattungen innerhalb der Panzerdivisionen ihre Aufgaben wirklich wahrnehmen konnten, mußten sie mechanisiert werden. Guderian schrieb:

»Es war klar, daß die Ergebnisse der Panzer umso größer sein mußten, je besser ihnen die Schützen, die Artillerie und die anderen Waffen der Division beim Marsch querbeet folgen konnten. Wir forderten also Halbkettenfahrzeuge mit leichter Panzerung für die Schützen, die Pioniere, den Sanitätsdienst, gepanzerte Selbstfahrlafetten für die Artillerie und für die Panzerabwehr-Abteilungen, und Panzer verschiedener Bauart für die Aufklärung und für die Nachrichten-Abteilungen.«[33]

Diese Ausrüstung erfolgte aber nur langsam. Und trotz des Vorhandenseins von drei Panzerdivisionen kam beim Vogelsang-Manöver im September 1936, an dem 80000 Mann teilnahmen (es war seit 1913 das größte Manöver), nur eine einzige Panzerabteilung zum Einsatz, und das zur Unterstützung der Infanterie. Die Schiedsrichter urteilten, daß sie durch die Panzerabwehrgeschütze schwer gelitten habe, was den Kritikern der vollmechanisierten Kriegführung wieder reichlich Munition lieferte. Statt auf

die Panzer konzentrierte sich das Manöver auf die »Entscheidungsmasse«, wobei die Infanterie lange Fußmärsche zurücklegen mußte.
Hitler hatte sich, noch ehe er an die Macht kam, für eine starke Luftwaffe entschieden. Erhard Milch, der Lufthansa-Chef, der bald Staatssekretär für Luftfahrt sein sollte, berichtet über ein Gespräch mit Hitler im April 1932:

Hitler sprach dann von den Ideen des Generals Giulio Douhet, die damals Aufsehen in Fachkreisen erregten. Schon damals galt sein Hauptinteresse dem Bombenkrieg, als – wie er damals sagte – bestem Mittel, einen Angreifer abzuschrecken . . . Er sprach von der Wichtigkeit einer starken Wehrmacht, in der er der Luftwaffe eine gleich wichtige Stellung wie dem Heer zubilligte . . . als einer Notwendigkeit für Deutschland, wenn sich dieses aus den auf die Dauer vernichtenden Fesseln des Versailler Vertrages befreien wolle . . .«[34]

Das Heer blieb der Überzeugung, daß die Luftwaffe unter seinem Kommando und seiner Kontrolle arbeiten müsse. Göring, der als Luftfahrtminister eine »schwarze Luftwaffe« aufbauen sollte, hatte andere Vorstellungen. Er wollte eine unabhängige Streitmacht, die, neu und nicht von »reaktionären« Ideen befleckt, ein Teil des nationalsozialistischen Ideals werden konnte. Andererseits war er kein Anhänger Douhets.
Innerhalb weniger Monate versammelte Göring seine alten Fliegerkameraden aus dem Ersten Weltkrieg um sich, und diese sahen für die Luftwaffe keine andere Aufgabe als die, an die sie gewohnt waren – die Behauptung der Luftüberlegenheit und die Unterstützung der Bodentruppen. Es gab jedoch eine Ausnahme. Wever, der Generalstabschef der Luftwaffe, war insofern ein Anhänger Douhets, als er die Notwendigkeit einer strategischen Bomberwaffe anerkannte. Anders als Douhet glaubte er aber, daß die Luftwaffe eine ausgewogene Streitmacht sein solle. 1934 wurde ein Sonderstab im Luftfahrtministerium unter Wilberg eingerichtet, der sich seit den frühen Tagen der Reichswehr um die Fragen des Luftkriegs gekümmert hatte. Die Überlegungen dieses Stabs wurden seit 1936 als Luftwaffenhandbuch benützt. Darin wurden vier offensive Aufgaben für die Luftwaffe genannt: die Erringung und Behauptung der Luftüberlegenheit, strategische oder unabhängige Luftoperationen, Feuerriegel auf dem Schlachtfeld und enge Unterstützung für die Bodentruppen.
Zu diesem Zweck sah Wever die Notwendigkeit für schwere Bomber,

mittlere Bomber, Jagdkampfflugzeuge gegen Bodenziele und für Jäger gegeben. Schon früher, im Jahr 1933, hatte Milch den Begriff der »Risikoflotte« geprägt, wonach die Luftwaffe als Abschreckungsmittel gegen einen möglichen Aggressor aufgebaut werden sollte. Die Idee einer Bomberstreitmacht paßte ausgezeichnet in diese Vorstellung. Wever hielt strategische Bombardements allerdings nicht für das einzig mögliche Konzept, obwohl sie einen bedeutsamen Beitrag zum Sieg liefern konnten. In einer Ansprache vom November 1935 zeigte er, daß er noch an die Niederlage der feindlichen Streitkräfte als Schlüssel zum Siege glaubte.

»Das Ziel jeden Krieges ist es, die Moral des Gegners zu zerstören. Die Moral des Führers und einer Nation spiegelt sich in starkem Ausmaß in den Streitkräften dieser Nation. So wird in dem Krieg der Zukunft die Vernichtung der Streitkräfte von allererster Bedeutung sein.«[35]

Das stand in direktem Widerspruch zu dem, was Liddell Hart und die Theoretiker der Luftherrschaft als psychologisches Kriegsziel definiert hatten.

Inzwischen war Hitler bemüht, seine Karten nicht allzu früh aufzudecken. Obwohl er im Oktober 1933 Deutschland aus dem Völkerbund und der Genfer Abrüstungskonferenz zurückgezogen hatte, ließ er die Luftwaffe unter strikter Geheimhaltung aufbauen. Er war nicht bereit, sie der Welt zu enthüllen, ehe sie nicht ein wirkliches Abschreckungsmittel geworden war. Als sich im März 1935 die Gelegenheit bot, erweckte Hitler den Eindruck, die Luftwaffe sei viel stärker als sie tatsächlich war. Im gleichen Jahr erstellte die Wehrmacht, wie die alte Reichswehr jetzt genannt wurde, eine strategische Studie. Sie kam zu dem Schluß, daß Frankreich, Belgien, Polen und die Tschechoslowakei, die alle gemeinsame Grenzen mit Deutschland hatten, die wahrscheinlichsten Kriegsgegner waren. In diesem Zusammenhang sah man die Hauptrolle der Luftwaffe in der Aufklärung, der Erzwingung der Luftüberlegenheit und der Unterstützung der Bodentruppen. Ein strategischer Luftkrieg war nicht vorgesehen. Militärbasen und industrielle Ziele wurden zwar aufgeführt, sie sollten aber nur als Vergeltung für Angriffe auf deutsche zivile Ziele bombardiert werden. Das vorherrschende Prinzip war, daß die Luftwaffe nicht der Aggressor sein sollte. Man nahm aber an, daß die Feindseligkeiten durch einen überraschenden Luftangriff des Gegners eröffnet werden würden. Diese Studie blieb insofern nicht ohne Wirkung, als sich die Luftwaffe daraufhin von den Plänen für einen strategischen Langstreckenbomber abwandte und den Bau von mittleren taktischen Bombern in den Vordergrund rückte.

Hitlers Politik, die anderen Nationen hinsichtlich der Stärke der Luftwaffe zu bluffen, zahlte sich aus, als er im März 1936 das entmilitarisierte Rheinland besetzte. Obwohl in Deutschland damals erst drei moderne Jagdgeschwader bestanden, konnte Hitler die Franzosen so täuschen, daß sie wenig Widerspruch gegen diese Verletzung des Versailler Vertrags erhoben. Das Prinzip der »Risikoflotte« hatte sich scheinbar bewährt.

Zwei Jahre später veröffentlichten Wever und Wilburg die erste Luftwaffendienstvorschrift, die auf der Studie Wilbergs von 1934 basierte. Das Handbuch betonte, daß vom Augenblick des Kriegs an eine Luftmacht den Krieg mitten ins Herz des Feindeslandes tragen müsse – sie schlägt gegen die Wurzel der Kampfkraft des Feindes und den Widerstandswillen des Volkes. Sehr kategorisch wandte sich das Buch jedoch gegen Angriffe auf die Zivilbevölkerung.[36]

So formte Deutschland bereits Mitte 1936 die Werkzeuge für den Blitzkrieg. Die eiserne Faust des Panzerkorps und der Donnerkeil der Luftwaffe waren bereits in der Entwicklung und hatten die Priorität gegenüber der übrigen Wehrmacht und Marine erhalten. Sie sollten als die Speerspitze fungieren, während der Rest der Wehrmacht als Massenarmee ausgebildet wurde; gestützt auf traditionelle Waffen- und Transportmittel sollte sie die Erfolge des Blitzkriegs konsolidieren.

Tuchatschewskis Panzerarmee

Fast noch dramatischer ging es mit der Rüstung der Sowjetunion vorwärts. 1930 wurde die experimentelle mechanisierte Streitmacht der Roten Armee ebenfalls in eine Formation von Brigadestärke umgewandelt; sie bestand aus zwei motorisierten Infanteriebataillonen sowie Artillerie und Aufklärungselementen. Statt der britischen Idee von einer »Nur-Panzer-Armee« zu folgen, wandten die Russen weiterhin das Prinzip an, die Waffengattungen in den mobilen Verbänden zu kombinieren. 1932, gegen Ende des Ersten Fünfjahrplans, war hinreichend Material produziert, um ein mechanisiertes Korps aus zwei mechanisierten Brigaden, einer Schützenbrigade und einem Flakbataillon aufzustellen. Im gleichen Jahr wurde die »Stalinakademie für Mechanisierung und Motorisierung« eröffnet. Es wurde klar, daß die Rote Armee alle westlichen Armeen bei der Mechanisierung bereits überholt hatte. Der japanische Marineattaché in Moskau schrieb:

»Bedeutend ist nicht nur die große Zahl von Panzern, sondern die Tatsache, daß eine enorme Zahl von ihnen vom modernsten Typ ist. Die Mechanisierung der Roten Armee setzt bei Paraden alle ausländischen Attachés in Erstaunen.«[37]

Das ist ein deutlicher Hinweis auf den Erfolg des Ersten Fünfjahrplans. 1933 fand eine bemerkenswerte Reihe von Manövern in den zwei militärischen Grenzdistrikten statt. Tuchatschewski hatte bereits 1931 Fallschirmjäger in die sowjetische Schlachtordnung eingegliedert; diese wurden mit Kavallerie und mechanisierten Einheiten kombiniert und von Artillerie und Infanterie unterstützt, um mit der Einkreisungstechnik sein Konzept einer offensiven Kriegführung zu praktizieren. Es ließ sich aber nicht leugnen, daß die Rote Armee ähnlich wie die Wehrmacht aus zwei sehr verschiedenen Armeen bestand. Auf der einen Seite gab es die motorisierten und mechanisierten Kräfte, auf der anderen Seite aber bestand die Masse der Roten Armee noch aus Infanterieeinheiten zu Fuß.
Aus ideologischen Gründen lehnten die Kommunisten es ab, eine relativ kleine, aber moderne Berufsarmee aufzustellen, andererseits aber war das Rüstungspotential zu gering, um eine Massenarmee mit modernen Waffen zu rüsten und zu mechanisieren.
Als Hitler an die Macht kam, hörten die Ausbildung deutscher Offiziere und die deutsche Beteiligung an der militärischen Forschung und Entwicklung in der Sowjetunion auf, obwohl das Abkommen von 1922 noch in Kraft war. Die sowjetische Entwicklung ging trotzdem ungestört weiter. Ende 1933 waren 2000 Panzer vorhanden, und der Zweite Fünfjahrplan sah eine noch größere Ausweitung vor. Während die Panzerproduktion 1930–31 750 Stück betrug, stieg sie 1931 auf 3371. Die Russen konzentrierten sich auf den T 26, einen 6-Tonner mit einer 45 mm-Kanone (der auf einem von der britischen Armee nicht akzeptierten Vickersmodell beruhte) und den BT, einen schnellen Panzer mit einer 37 mm-Kanone, der auf einen Entwurf des amerikanischen Konstrukteurs Walter Christie zurückging. Der T 26 wurde zur Infanterieunterstützung benutzt, während der BT in den mechanisierten Brigaden eingesetzt wurde. Dazu fanden noch zwei weitere Modelle ihren Weg in die Panzerwaffe der Roten Armee: der T 28 mit einer 76 mm-Kanone und der T 35, ein schwerer Panzer mit dem gleichen Kaliber. Beide Panzer waren sowjetische Eigenentwürfe

und hatten ausländischen Einflüssen nur wenig zu verdanken – ein weiterer Hinweis auf das Ausmaß der sowjetischen Mechanisierung. Andererseits gab es aber auch Auseinandersetzungen darüber, wie weit die Mechanisierung und die Motorisierung vorangetrieben werden sollten. Tuchatschewski wollte dabei so weit gehen, wie es das russische Industriepotential zuließ, aber nicht alle stimmten mit ihm überein. Es gab noch eine starke, allerdings abflauende Opposition. Sie wurde von Budjonny geführt, der im russischen Bürgerkrieg die Rote Kavallerie kommandiert hatte und noch immer an die Kavallerie als die *arme blanche* glaubte. Diesen Männern erschien der Panzer zwar nützlich zur Unterstützung der Kavallerie, aber ihrer Ansicht nach war es undenkbar, durch den Panzer das Pferd zu ersetzen. Budjonny sah die Frage nicht darin, ». . . ob wir die Kavallerie brauchen, sondern ob wir die konkreten Probleme ihrer Kampfesweise lösen und ihre Taktik modernisieren können«.[38] Mit anderen Worten: diese Lehrmeinung begünstigte nur eine Teilmechanisierung. Sie sah keinen Grund, warum Panzer und Pferdekavallerie nicht zusammen operieren könnten. Ein Vertreter dieser Ansicht, Kriwoschein, schrieb:

»Was die Kavallerie anlangt, ist die Verfolgung des geschlagenen Gegners eine der fruchtbarsten Aufgaben der mechanisierten Truppen. Die große Beweglichkeit der Kavallerie wird durch den Schwung und die Manövrierfähigkeit der Panzer ergänzt; deshalb stellt eine aus Kavallerie und mechanisierten Truppen gebildeter Verband ein sehr wirksames Instrument zur Verfolgung dar.«[39]

Die Vertreter der Schule waren der Ansicht, daß die alles entscheidenden Umfassungsmanöver, die zur Einschließung führen sollten, durch Kavallerie durchgeführt werden müßten, während Luftwaffe und mechanisierte Streitkräfte nur unterstützende Funktion hätten. Tuchatschewski widersprach, er sah den Schlüssel in den mechanisierten Kräften. Das Lehrbuch über die *Taktik der mechanisierten Großverbände*, das von S. N. Ammosow unter der Leitung Tuchatschewskis erstellt worden war, bemerkte dazu:

»Bei der Vernichtung der Kampftruppen und der Reserven, der Zerstörung der Nachschublager und der feindlichen Flugplätze, können die mechanisierten Streitkräfte aus der Luft, durch motorisierte Einheiten und in einigen Fällen auch durch Kavallerie unterstützt werden.«[40]

Für die Gegenwart gelangte man zu einem Kompromiß, wonach den Kavallerieeinheiten Panzer unterstellt wurden und die mechanisierten Formationen, wenn nötig, mit der Kavallerie zusammenarbeiteten. Gleichzeitig hatte Woroschilow aber gewarnt:

»Zuerst und vor allem ist es nötig, ein für allemal den ›zerstörerischen‹ Theorien über den Ersatz der Pferde durch Maschinen, dem ›Absterben‹ der Pferde, ein Ende zu bereiten.«[41]

Tuchatschewski arbeitete weiter auf sein Ideal hin. Vor dem 7. Sowjetischen Parteitag im Januar 1935 sprach er von den Schwierigkeiten, seine Ideen durchzusetzen:

». . . Das Problem ist nicht einfach. Während des Bürgerkriegs gewöhnten wir uns an die Kavallerie als die schnellste Waffengattung, während die Mehrheit an Infanterieaktionen gewöhnt war; uns einer neuen Ebene anpassen, die Beweglichkeit der Luftwaffe und die Bewegungsfreiheit unserer mechanisierten Truppen und der Panzer auszunutzen, ist nicht leicht . . . Die Achse unserer militärischen Ausbildung besteht 1935 darin, die Technik und die Kunst zu meistern, schnelle Bewegungsaktionen zu kommandieren, an denen alle Waffengattungen teilnehmen.«[42]

Die sowjetischen Manöver dieses Jahres beeindruckten die Franzosen außerordentlich. General Loizeau, der Chef der französischen Delegation, die den Manövern beiwohnte, schrieb in seinem Bericht:

»Die Technik der Roten Armee steht auf einer besonders hohen Ebene . . . Daß sie diesen hohen Standard der Rüstung in drei bis vier Jahren erreichen konnte, zeigt nicht nur die Stärke der sowjetischen Industrie, es etabliert auch die ungeheure Überlegenheit der Roten Armee über alle anderen europäischen Armeen, die oft – und auf lange Zeit – gezwungen sein werden, altes Material zu verwenden.«[43]

Es hatte den Anschein, daß Tuchatschewskis Ideen sich durchsetzen würden. Der Höhepunkt kam mit der Einführung der Felddienstvorschrift von 1936. Tuchatschewski bemerkte, daß das moderne militärische Denken in den kapitalistischen Ländern auf unfruchtbaren Boden gefallen sei. Die Briten ignorierten Liddell Hart und Fuller, die Franzosen täten das Gleiche mit dem »brillanten« Autor de Gaulle und selbst die Italiener zeigten nur wenig Interesse, die Ideen Douhets auszuführen. Dann tat er die populäre kommunistische Vorstellung von der speziellen »Manövrierfähigkeit« der Roten Armee ab. Der bloße *élan* (der schon 1914 die Franzosen keineswegs zum Sieg geführt hatte) sei kein Argument. Es wäre Unfug zu glauben, daß die Rote Armee allein wegen ihrer revolutionären Glut unbesiegbar sei. Auch die Vorstellung von einer »reinen« Panzerarmee wehrte er ab. Sie stelle »die Panzerabwehroperationen des Gegners nicht in Rechnung, sowie die Tatsache, daß die Panzer wie die Infanterie ohne die mächtige Unterstützung der Artillerie nicht operieren könnten . . .« Die Dienstvorschrift begann mit der Einleitung:

»Jeder Krieg, ob offensiv oder defensiv, hat das Ziel, den Gegner zu besiegen. Aber nur eine entscheidende Offensive in der Hauptrichtung, abgeschlossen durch eine hartnäckige Verfolgung, führt zur vollständigen Vernichtung der Streitkräfte und Mittel des Feindes.«

Tuchatschewskis Schlachtplan enthielt daher vier Phasen. Wenn man davon ausging, daß der Feind eine feste Linie hielt, war die erste Phase ein Angriff durch Angriffsgruppen aus Infanterie, Panzern und Artillerie gegen die schwächste Stelle der feindlichen Linie. Wo ein anfänglicher Erfolg erreicht wurde, würden Unterstützungsgruppen mit zusätzlicher Artillerie eingesetzt. Die dritte Phase war der entscheidende Durchbruch. Panzer, Kavallerie und motorisierte Infanterie würden die feindlichen Einheiten aufspalten und örtliche Kessel bilden, die Artilleriefeuer, Luft- und Erdangriffen ausgesetzt wurden. Schließlich würde es zu der Verfolgungsphase kommen, in der sich Fallschirmjäger und Luftlandetruppen mit den motorisierten Kräften und Kavallerie zu einem Eindringen tief in Feindesland vereinigen würden.
In dieser Doktrin gab es Ähnlichkeiten zu Plan 1919, es wurde aber weniger Gewicht auf die Angriffe auf feindliche Hauptquartiere und Nachschublinien gelegt. Zudem war das Tempo der Schlacht bis zum entscheidenden Durchbruch das des Infanteristen zu Fuß, nur in den letzten Stadien sollte es sich beschleunigen. Anders als das deutsche Konzept, die Masse in der Nachstoß-Rolle zu verwenden, setzten die Sowjets die Masse zuerst ein. Schließlich ging die Doktrin aber anders als die Deutschen von der Voraussetzung aus, daß ursprüngliche statische Bedingungen der Kriegführung existieren würden.

Die erste Chance der Roten Armee, die neue Taktik auszuprobieren, waren die Manöver vom September 1936, an denen auch zwei in der Mechanisierung erfahrene britische Offiziere teilnahmen – Martel und Wavell. Eine Partei, der Angreifer, hatte drei Infanterie- und zwei Kavalleriedivisionen, fünf mechanisierte Brigaden, eine Panzerbrigade (zu vier Abteilungen mit je 32 T 28-Panzern) und sechs Luftgeschwader. Der Gegner hatte ein Korps aus zwei Infanteriedivisionen mit einer mechanisierten und einer motorisierten Brigade und ebenfalls sechs Luftgeschwader. Martel war mit der taktischen Führung der Panzer nicht einverstanden. Bei der Beschreibung eines Kampfs zwischen einer angreifenden mechanisierten und zwei ähnlichen verteidigenden Brigaden bemerkte er:

»In der Handhabung dieser Streitkräfte erlebte man wenig Geschicklichkeit, sie schienen einfach aufeinanderzuprallen! Trotzdem war es interessant, so große Panzerkräfte in Feindkontakt zu sehen, man war von ihrer Kraft beeindruckt, wenn sie sich in geeignetem Gelände begegneten. Die Verwendung von berittener Kavallerie erschien jedoch in Anwesenheit von Panzern auf diesem offenen Gelände völlig unmöglich.«[44]

Von der mechanischen Zuverlässigkeit der Panzerkräfte war er freilich beeindruckt:

»Wir haben ungefähr 1200 Tanks aller Art gesehen, die während der vier Manövertage beträchtliche Entfernungen zurücklegten und das praktisch ohne mechanische Pannen ... Am fünften Tage zogen über tausend Tanks in Parade an uns vorbei, und das Nachteiligste, was wir sahen, waren ein paar gelegentliche Fehlzündungen der Motoren.«[45]

Gleichzeitig sahen die Beobachter ein eindrucksvolles Luftlandemanöver, bei dem Luftlandeinfanterie, Lastautos, leichte Panzer, Panzerwagen und Feldgeschütze aus der Luft abgesetzt wurden. Obwohl sie erlebten, wie Flugzeuge zum Angriff auf Stellungen in der Frontlinie verwendet wurden, war Martel überrascht, daß sie nicht zum Angriff auf Ziele weiter rückwärts angesetzt wurden. Alles in allem wurde ersichtlich, daß Tuchatschewskis kühne Ideen – obwohl die Russen eine Ausrüstung besaßen, die der des Westens an Qualität gleich und an Quantität stark überlegen war – noch nicht wirklich bis in die unteren Gliederungen durchgedrungen waren. In seiner Zusammenfassung schrieb Martel:

»Die russische Armee war immer noch ein Knüttel, zum Florettfechten war sie nicht zu gebrauchen. Man hatte Panzerstacheln in den Kopf des Knüttels eingepflanzt und konnte, wenn er traf, einen tödlichen Schlag führen; ein aktiver und gut ausgerüsteter Feind sollte jedoch dem Schlag ausweichen oder ihn parieren können; zumindest würde er dem plumpen Gegner schweren Schaden zufügen können.«[46]

Im Hinblick auf den Einsatz der Roten Luftwaffe muß man allerdings hinzufügen, daß sie nicht nur so eingesetzt wurde, wie Martel es sah. In den frühen dreißiger Jahren wurde die Rote Luftwaffe vielmehr zu einer unabhängigen Waffengattung. Das begann damit, daß die Befehlsgewalt über die Flieger auf der höchsten Ebene des militärischen Kommandos konzentriert wurde. Außerdem pflegte man stets den Rat der Luftwaffenoffiziere einzuholen, die dem Hauptquartier zugeteilt waren. Allmählich kam man auch von der Vorstellung ab, der primäre Verwendungszweck der Luftwaffe sei die enge Unterstützung der Bodentruppen.

Schon 1926 hatte Laptschinski die Wichtigkeit strategischer Luftoperationen betont. Obwohl er das Douhet-Konzept von der Fliegerwaffe als der entscheidenden Waffe verwarf, wurde der Wert einer strategischen Luftflotte durchaus erkannt. Anfang 1935 kam der Stabschef der Roten Luftwaffe, Kripin, zu dem Schluß, daß ein moderner Krieg nicht ohne eine strategische Luftmacht geführt werden könne, und von nun an erfolgte eine allmähliche Verlagerung des Gewichts auf den Langstreckenbomber. Schon zwischen 1929 und 1931 steigerte sich der Anteil der Bomber an der Roten Luftwaffe von 16% auf 30% der Maschinen, aber erst 1935 wurde eine unabhängige Bomberstreitmacht unter der direkten Kontrolle des Hauptquartiers der Roten Luftwaffe in Moskau gebildet. Diese Bomberwaffe war aber nicht nach Douhets Modell geformt. Ihre Rolle lag immer noch in der Unterstützung der Roten Armee, statt der Zerstörung der gegnerischen Industrie sollte sie einen Feuerriegel tief in Feindesland legen. Die Rote Luftwaffe unterstützte damit die Rote Armee auf zweifache Art. Sie gab enge Unterstützung auf dem Schlachtfeld, besonders während der frühen Phasen von Tuchatschewskis Angriffsdoktrin und half bei der Durchbruchs- und der Verfolgungsphase, indem sie Ziele weit hinter der Front angriff.

Die Maginotlinie

Die Mehrzahl der Franzosen trat in der Überzeugung in die dreißiger Jahre ein, daß die Maginotlinie alle Verteidigungsprobleme ihres Landes gelöst habe. Das soll nicht heißen, daß die französische Armee völlig blind für die Notwendigkeit einer Mechanisierung war. Estiennes Abschiedsworte bei seiner Pensionierung im Jahre 1930 waren eine letzte Bitte, die französische Panzerstreitmacht zu einer unabhängigen Waffengattung zu machen.

Im gleichen Jahr betonten aber die »Instruktionen für den Einsatz von Tanks« weiterhin:

»Tanks sind nur Hilfsmittel, die der Infanterie vorübergehend zur Verfügung gestellt werden. Sie unterstützen die Aktion der letzteren beträchtlich, können sie aber nicht ersetzen . . . entscheidend ist allein das Vorgehen der Infanterie und das Erreichen ihrer Ziele.«[47]

Pétains Nachfolger, Weygand, war zwar Kavallerist, aber kein Gegner der Mechanisierung; wie sein britischer Kollege Milne glaubte er aber, daß man vorsichtig vorgehen müsse. 1931 empfahl er eine Teilmechanisierung der Kavalleriedivisionen. Das führte zu einer Erwiderung von General Dufieux, des Inspekteurs der Infanterie und der Panzer:

»Nach meiner Meinung ist es unmöglich, daß man jemals eine mechanisierte Kampfeinheit zu einer kompletten, eigenen Operation einsetzen kann . . . Ich kann daher nicht verstehen, weshalb die mechanisierte Kavalleriedivision eingerichtet wird, als genüge sie allein schon unter allen gegebenen Umständen.«[48]

Trotz dieses Widerstands von seiten der Infanterie fanden 1932 Manöver mit mechanisierten Infanterie- und Kavallerieabteilungen statt. Das führte im folgenden Jahr zur Aufstellung einer vollkommen motorisierten Kavalleriedivision, die 1934 die Bezeichnung *Division Legère Mécanique* (DLM) erhielt. Sie bestand aus einer Aufklärungsabteilung, einer Panzerbrigade mit zwei Regimentern, die mit je achtzig leichten Renault-Panzern, Modell 1933, ausgestattet waren, einer motorisierten Schützenbrigade mit drei Bataillonen mit je zwanzig leichten Panzern, einem Artillerieregiment mit Traktoren und einem Pionierbataillon. In der Organisation war sie der deutschen Panzerdivision von 1935 bemerkenswert ähnlich; anders als diese wahrte sie aber die traditionelle Rolle der Kavallerie, die der Aufklärung und Sicherung.

In der Zwischenzeit hatte de Gaulle das Kommando seines Infanteriebataillons abgegeben und war auf einen Stabsposten in der Levante versetzt worden. Nach seiner Rückkehr im Jahre 1932 kam er in das Generalsekretariat des Höheren Rats der Nationalen Verteidigung, seine Aufgabe war es dort, französische Kriegspläne zu prüfen. In diesem Jahr veröffentlichte er *Le Fil de l'Epée* (Die Schneide des Schwerts), eine philosophische Abhandlung, die auf seinen Vorlesungen an der École de Guerre beruhte. Im folgenden Jahr schrieb er das Buch *Vers l'Armée de Métier*, das seinen Ruf als Vorkämpfer der Panzerwaffe schuf. Hauptthese des Buchs war die Notwendigkeit, eine kleine Berufsarmee zu schaffen, die der bestehenden Armee aus Wehrpflichtigen vorangestellt werden sollte.

De Gaulle glaubte, daß eine solche Armee nötig sei, um Überraschungsangriffe abzuwehren und Zeit zu gewinnen. Er argumentierte, Frankreich sei durch ein Absinken der Geburtenziffer knapp an Menschen und könne sich nicht länger auf eine Massenarmee stützen. »Es ist sicher, daß die zukünftigen französischen Siege nicht mehr die der großen Bataillone sein werden.«[49] De Gaulles Elitearmee von 100000 Mann brauchte die Fähigkeit, gegen eine Drohung schnell zu reagieren und sich rasch für einen Gegenschlag zu bewegen. Dazu mußte sie sich auf den Motor verlassen.

»Sechs vollständig motorisierte und mit Kettenfahrzeugen ausgestattete, teilweise gepanzerte Liniendivisionen werden eine Armee darstellen, die für die Durchführung eines Feldzugs geeignet ist. Es wird eine Organisation sein, deren Front, Tiefe und Möglichkeiten des Schutzes und des Nachschubs ihr ein unabhängiges Operieren gestatten werden.«[50]

Jede Division sollte aus einer schweren Brigade mit 500 mittelschweren Geschützen, 400 leichten Geschützen und 600 Maschinengewehren, einer Panzerbrigade mit einem schweren, einem leichten und einem Aufklärungsbataillon und einer Infanteriebrigade mit 40 leichten Geschützen, 40 Panzerabwehrkanonen und 600 Maschinengewehren bestehen. Wie bei Fuller sollte es Aufgabe der Infanterie sein, das Territorium zu besetzen, aufzuräumen und zu organisieren, das die wirkungsvolle, aber nur zeitweilige Macht der Panzer gesichert hätte.[51] Jede Division sollte einen Artillerieverband von zwei Regimentern zur direkten Unterstützung haben, dazu noch einen Flakverband. Auch eine leichte Division sollte aufgestellt werden, die die gleiche Rolle spielen sollte wie die DLM. Als Teil der Generalreserve für die Armee sollte eine Brigade sehr schwerer Panzer zum Angriff auf Festungen bereitstehen, dazu eine Artilleriebrigade mit überschweren Geschützen.

De Gaulle betonte die Notwendigkeit, daß die Panzer zum *endgültigen* Ziel vorstoßen und die Artillerie mit Selbstfahrlafetten ausgerüstet sein müßten, um die Panzer unterstützen zu können. Seine Fixierung auf die schwere Artillerie zeigt, daß er das Gespenst der Maginotlinie und die Ansicht des Establishments noch nicht hatte abschütteln können, daß eine Konzentration der Feuerkraft der Schlüssel zum Erfolg war. Die Luftwaffe erwähnt er fast überhaupt nicht. An einer Stelle deutete er an, daß sie nützlich sein könne, um Rauchschleier über vorrückende Panzer zu legen, sonst aber ignoriert er sie völlig. Erst viel später, nach bitteren Erfahrungen im Mai 1940, widmete er der Luftwaffe mehr Aufmerksamkeit.

Nur ein Viertel des Buchs befaßte sich freilich mit der Panzerkriegführung, der Rest sollte die Notwendigkeit einer Berufsarmee rechtfertigen. Für die überwiegende Mehrheit der Franzosen war das ein Anathema, denn in einer Armee dieser Art hatten sie immer eine Bedrohung der Verfassung Frankreichs gesehen. Deshalb wurde *Vers l'Armée de Métier* in Frankreich praktisch ignoriert, von der ersten Auflage wurden nur 750 Exemplare verkauft.

Nur in der Sowjetunion wurde das Buch gut aufgenommen. Zu dieser Zeit war die Linke der französischen Politik im Aufstieg und die Beziehungen zu der UdSSR verbesserten sich erheblich. In Rußland bestand daher ein Interesse an allem Französischen. Auch Tuchatschewski gefiel das Buch, denn es lieferte ein geeignetes Konzept für die Ausweitung der sowjetischen Panzerwaffe.

Obwohl de Gaulles Werk in Frankreich auf wenig Begeisterung stieß, fand sein Verfasser doch einen Verbündeten, den hervorragenden Politiker Paul Reynaud, der sich bereit erklärte, de Gaulles Auffassungen im Parlament zu vertreten. So kam es, daß im März 1935 eine wichtige Debatte darüber stattfand, ob die Dienstzeit der Wehrpflichtigen von einem auf zwei Jahre verlängert werden solle. Reynaud lenkte die Aufmerksamkeit des Parlaments auf die wachsende militärische Stärke Deutschlands und besonders auf seine Panzerstreitkräfte. Er sprach von der Entschlossenheit der Deutschen, einen zukünftigen Krieg mit einem einzigen massiven Schlag zu beginnen und zu beenden. In seiner Antwort sagte General Maurin, der Verteidigungsminister:

»Wie kann man nur annehmen, daß wir daran dächten, die Offensive zu ergreifen, nachdem wir Milliarden für den Bau eines Befestigungsgürtels ausgegeben haben? Sollen wir so verrückt sein, vor diese Barriere zu rükken – zu einem, ich weiß nicht, welchem Abenteuer?«[52]

Das erledigte jede Möglichkeit einer offiziellen Übernahme von de Gaulles Ideen. Die Soldaten selbst waren sich jedoch sehr wohl bewußt, daß die militärische Lage Frankreichs ernst war.
Weygand hatte dem Kriegsminister Pétain schon 1934 erklärt:

»Die Armee ist auf den tiefsten Stand gesunken, der für die Sicherheit Frankreichs in der gegenwärtigen Situation in Europa zulässig ist . . .. sie erfüllt kaum die Bedürfnisse der nationalen Verteidigung . . .«[53]

Das Problem bestand darin, daß die französische Armee dafür organisiert war, sich mit einer deutschen Armee von der Größe auseinanderzusetzen, wie sie im Vertrag von Versailles festgelegt war.
1934 war es offensichtlich geworden, daß die Bestimmungen von Versailles in Deutschland ignoriert worden waren. Immer mehr Offiziere erkannten, daß etwas mehr erforderlich war, als die Verteidigungswerke aus Beton, die ohnehin nicht die ganze französische Grenze deckten. Ein hoher Offizier drückte das so aus: »Wir würden das Land täuschen, wenn wir behaupten würden, die Verteidigungswerke seien in der Lage, völlige Sicherheit zu garantieren.«[54]
Vielleicht war also doch etwas an de Gaulles Ideen. Auf die Vorstellung von einer Berufs-Panzerarmee konnte jedoch keine amtliche Doktrin gegründet werden, weil das politisch nicht akzeptabel gewesen wäre. Auch de Gaulles Gönner Pétain erkannte die Notwendigkeit einer neuen Doktrin – aber nicht auf der Basis der Panzerwaffe. Er war immer noch überzeugt, daß der Panzer der Diener der Infanterie sei, er sah de Gaulles Panzerarmee als eine ausgesprochene Offensivwaffe. Statt dessen setzte er nun auf die Luftwaffe. Erst der Schock der Besetzung des Rheinlands brachte Frankreich zum Handeln. Als die Deutschen in die entmilitarisierten Provinzen einmarschiert waren, bemerkte de Gaulle:

»Es ist eine – wahrscheinlich irreparable – Katastrophe. Der Generalstab und die Regierung zögerten. Sie weigerten sich, die allgemeine Mobilmachung anzuordnen. Wenn wir meine Berufsarmee und meine Panzer ge-

habt hätten, wäre eine Mobilmachung gar nicht nötig gewesen. Wir wären vorgerückt und die Deutschen hätten sich zurückgezogen; wenn wir unsere Pflicht getan hätten – wäre der Friede gesichert geblieben.«[55]

Nun wurden mit einiger Verspätung doch noch die Grundlagen für eine Panzerstreitmacht gelegt, denn im Jahre 1935 wurden endlich die Aufträge für Estiennes *Char B* erteilt, der seit 1921 auf dem Reißbrett entworfen war. Die französische Industrie paßte sich aber nur langsam den erhöhten militärischen Aufträgen an. Man brauchte Zeit für die maschinelle Umstellung, Arbeitskämpfe behinderten die Produktion und das System der Auftragserteilung war äußerst umständlich. Während das Heer nur langsam in die Gegenwart eintrat, reagierte die französische Luftwaffe schneller. 1934 wurde die *Armée de l'Air*, eine unabhängige Waffengattung unter dem Ministerium von General Denain, aufgestellt. Er machte sich daran, eine positive Luftdoktrin zu schaffen, die auf der Voraussetzung basierte, daß der Krieg gegen Deutschland und/oder Italien früher oder später kommen werde und daß die Luftwaffe, nachdem sie jetzt selbständig war, sich auf eine vom Heer unabhängige Rolle vorbereiten konnte. So entwickelte er die Idee einer strategischen Bomberflotte und einer taktischen Luftwaffe, die das Heer unterstützen sollte. General Féquant, der Kommandeur, faßte diese Doktrin folgendermaßen zusammen:

»Die Aufgabe unserer Luftwaffe wird nicht darin begrenzt sein, unser Land vor Luftangriffen zu schützen. Sie besitzt bereits hinreichend starke Waffen, um im Falle eines Konflikts die Oberhand zu gewinnen; durch ihre offensiven Operationen wird sie den Willen des Feindes zerbrechen und ihn bis an die Quellen seiner Macht verfolgen. Unsere Luftgeschwader werden weit hinter den feindlichen Linien zuschlagen und die materiellen Ressourcen angreifen, die für den Nachschub und den Weiterbestand seiner Armee unentbehrlich sind. Und wenn sie den Feind durch solche Angriffe geschwächt hat, wird sie dank des großen Aktionsradius und der Schnelligkeit ihrer Maschinen in der Lage sein, ihre Kräfte aus allen Sektoren der Front zu sammeln und ihre Kampfkraft im kritischen Augenblick an einer Stelle zu konzentrieren, um so einen Durchbruch für die Landstreitkräfte zu ermöglichen.«[56]

Im wesentlichen war es ein Plan für einen einleitenden Schlag nach den

Ideen Douhets, gefolgt von der taktischen Unterstützung der Landstreitkräfte. Eindrucksvoll waren diese Pläne aber nur auf dem Papier (ähnlich wie beim Heer). Frankreich hatte 1936 nur wenige moderne Flugzeuge. Obwohl es über etwa 4300 Maschinen verfügte, war die Mehrzahl veraltet, und Bomber und Jäger machten weniger als ein Viertel der Gesamtzahl aus; der Rest waren Aufklärer und Schulflugzeuge. Die Ursache lag darin, daß die Flugzeugindustrien wie der ganze Rüstungssektor hoffnungslos leistungsschwach waren. Im August 1936 wurde die Flugzeugindustrie verstaatlicht, ein Erfolg konnte sich jedoch erst nach weiteren drei Jahren abzeichnen, aber um diese Zeit war die Aussicht auf einen Krieg bereits mehr als nur eine Wolke am Horizont.
Das Jahr 1936 brachte mit der Einführung einer neuen Dienstvorschrift, die Pétains Fassung von 1921 ersetzte, einen neuen Meilenstein. Wenn man jedoch auf radikale Änderungen gehofft hatte, so wurden diese Hoffnungen leider enttäuscht. Obwohl die *Instructions* die Tatsache akzeptierten, »daß nur die Offensive entscheidende Ergebnisse erbringen kann«, betonte sie, daß eine überwältigende Überlegenheit nötig sei, wenn man die Offensive ergreifen wolle. Weygand, der diese Binsenwahrheit im Kontext der Maginotlinie betrachtete, hatte 1934 in einem Gespräch mit dem britischen Militärattaché selbstgefällig bemerkt:

»Ehe Deutschland Frankreich mit einiger Sicherheit des Erfolgs angreifen könnte, brauchte es eine überwältigende Überlegenheit. Die Steigerung der französischen Rüstung, die hinreichen würde, um einem deutschen Angriff zu begegnen, ist daher erheblich geringer als die, die Deutschland für den Angriff braucht. Die Lage ist daher für eine beträchtliche Zeitspanne ohne eine große Anstrengung Frankreichs gesichert, solange nicht etwa durch eine neue wissenschaftliche Entdeckung die Kriegführung revolutioniert wird.«[57]

Strategische Bomber

Die amerikanischen Vorkämpfer der Panzerkriegführung begrüßten den Beginn der dreißiger Jahre mit hohen Erwartungen. Summeralls Befehl, daß eine ständige mechanisierte Streitmacht geschaffen werden sollte, erweckte Hoffnungen, daß die US-Armee endlich ihren Platz unter den modernen Armeen der Welt einnehmen könne. Die Streitmacht von 1930 selbst war viel bescheidener als ihre Vorgängerin, sie bestand lediglich aus einer Kompanie Panzer und einer mit Infanteriemaschinengewehren, zusammen mit einer Abteilung Panzerwagen und einer Batterie Artillerie auf Selbstfahrlafetten. Wieder umfaßte sie die gleiche bunte Mischung von Fahrzeugen, die noch auf den Renaults basierte mit einer Beimischung von Experimentierpanzern und Panzerwagen. Summerall hatte jedoch beabsichtigt, daß sie binnen drei Jahren umbewaffnet wurde. Colonel Daniel Van Voorhis sollte die Truppe kommandieren; Sereno Brett, ein Tankveteran aus dem Ersten Weltkrieg, wurde sein Stellvertreter. Nach kurzer Zeit wurde Brett durch Adna R. Chaffee ersetzt. In Anbetracht ihrer Größe wurde die Aufgabe der Streitmacht sehr optimistisch bestimmt. Sie sollte

». . . höheren Kommandeuren eine mächtige Waffe von taktischen und strategischen Möglichkeiten bieten, wenn der Kampfauftrag es wünschenswert erscheinen läßt, eine Truppe einzusetzen, deren Haupteigenschaften hohe taktische und strategische Beweglichkeit, harte Schlagkraft, hohe bewegliche Defensivkraft und beschränktere Behauptungskraft erfordert, eine Truppe, die zu einer fortdauernden unabhängigen Aktion fähig ist.«[58]

Der Hauptunterschied zwischen diesem Auftrag und dem von 1928 lag in der Betonung der unabhängigen Operationen im Gegensatz zu denen in Zusammenarbeit mit Formationen der Kavallerie und der Infanterie.
Alles schien schön und gut zu sein, aber unglücklicherweise widerrief Douglas MacArthur, Summeralls Nachfolger als Stabschef, den Befehl Ende 1931. Statt dessen ordnete er an, daß die verschiedenen Teile der Armee die Mechanisierung mit den begrenzten finanziellen und materiellen Mitteln, die ihnen zugeteilt wurden, allein vorantreiben sollte.
So sank das Experiment von 1930 in ein frühes Grab, an greifbaren Resultaten war nur wenig aufzuweisen. Und doch hatte es die Phantasie von Van Voorhis und Chaffee befeuert. Chaffee selbst sagte nach Abschluß des Experiments:

»Wenn schnelle Panzer so operieren können, werden sie entscheidend dazu beitragen, die Beweglichkeit der Kriegführung wiederherzustellen, im Einklang mit der Doktrin, an den Flanken, im Rücken und durch die Lücken zu operieren. Indem wir den Feind zwingen, Abteilungen zur Be-

wachung seiner Nachschublinien, wichtiger Brücken, Flugplätze und Basen abzuzweigen, werden wir seine Hauptstreitkräfte in der Schlacht so schwächen, daß eine schnellere Entscheidung erreicht werden kann.«[59]

Das war in der Tat Liddell Harts »indirekte Methode«; unterstellt war allerdings, daß die mechanisierten Streitkräfte lediglich als Drohung an der Peripherie des Schlachtfeldes operierten und den orthodoxen Streitkräften den Hauptangriff überließen. Diese Idee sollte im Denken der amerikanischen Protagonisten der Panzerkriegführung weiterhin vorherrschen. MacArthur wurde, weil er die Panzereinheit von 1930 auflöste, von einigen Kritikern als Reaktionär angesehen. Angesichts der Umstände, unter denen die Auflösung erfolgte, ist diese Kritik jedoch schwerlich fair. Erstens einmal war Geld – als Nachwirkung des Wall Street-Bankkrachs von 1929 – noch knapper als in der vorausgegangenen Dekade. Während in dem Fiskaljahr 1931–32 $ 542 000 für die Panzerentwicklung bewilligt worden waren, standen im nächsten Jahr für Entwicklungen in der *gesamten* US-Armee lediglich $ 1 000 000 zur Verfügung. Die Zeugmeisterei hatte entschieden, daß die drei Prioritäten einem halbautomatischen Gewehr, einem 3-zölligen Flakgeschütz und dem Panzer gehören sollten. Die Gewehre waren am billigsten herzustellen; der allgemeine Glaube, daß eine ernste Bedrohung aus der Luft bestehe, rechtfertigte die Entwicklung in der Fliegerabwehr. In dem Panzer sahen die Politiker eine Offensivwaffe, und Präsident Hoover war drauf und dran, auf der Abrüstungskonferenz zu beantragen, daß *alle* Offensivwaffen verboten werden sollten. So wurde der Panzer in der Entwicklung ein schlechter Dritter. MacArthur glaubte, daß es völlig sinnlos sei, ein Experiment mit einer mechanisierten Truppe ohne moderne Ausrüstung durchzuführen. Er konnte auch auf die Briten hinweisen, die ihre Experimente mit einer Panzerbrigade aus finanziellen Gründen 1931 nicht hatten fortsetzen können. Außerdem bildeten die Panzer noch immer einen Zankapfel zwischen Infanterie und Kavallerie. Die Infanterie glaubte, daß sie die alleinige Besitzerin des Panzers sein sollte, sie konnte dabei auf ein Gesetz des Kongresses hinweisen. Van Voorhis und Chaffee aber waren beide Kavalleristen, und die Infanterie sah darin ein Vorspiel dazu, daß die Kavallerie die Panzer übernahm.

So sah sich MacArthur zu dem Versuch genötigt, die beiden Waffengattungen zu beschwichtigen. Sein Kompromiß war der, die Kavallerie mit leichten Panzern operieren zu lassen – als Hilfe für ihre traditionelle Rolle

der Aufklärung, während die Infanterie die Masse der Panzer zur Infanterieunterstützung erhielt. Die bereits in der Streitmacht von 1930 vorhandenen Panzer wurden der Kavallerie übergeben, die sie dem »1. Kavallerieregiment (mechanisiert)« unterstellte. Um das Gesetz von 1920 zu umgehen, wurden sie »Kampfwagen« genannt.
Zweifellos war MacArthur zu Beginn seiner Amtszeit gegen die Fuller-Idee, daß der Tank alles besiegen könne. In seinem Jahresbericht für 1931 schrieb er:

»Im größtmöglichen Ausmaß werden Maschinen verwendet, um die Beweglichkeit, Sicherheit und Schlagkraft der Landstreitkräfte zu steigern, es wird aber kein separates Korps in der vergeblichen Hoffnung aufgestellt, daß es durch die Verwendung von Maschinen die Kampfaufträge absorbieren und die Leistungen aller anderen Waffen verdoppeln kann.«[60]

In seinem nächsten Jahresbericht machte er deutlich, daß er die eventuelle vollständige Mechanisierung der Kavallerie voraussehe, aber nur wenn:

». . . man Maschinen entwickelt hat, die fähig sind, alle Funktionen auszuführen, die bisher dem Pferd übertragen waren und diese Maschinen in angemessenen Mengen zur Verfügung stehen.«[61]

Da kein Geld für die Gesamtausrüstung von Einheiten mit modernen Panzern vorhanden war, würde das Gewicht auf die Produktion von Prototypen gelegt werden müssen. Die Vorbereitung auf den Ernstfall sollte darin bestehen,

». . . daß man genaue Vorkehrungen für ihre beschleunigte Produktion im Notfall traf, daß man jährlich eine hinreichend große Zahl für gründliche taktische Tests und für die Entwicklung einer taktischen Doktrin für mechanisierte Einheiten herstellte; und daß man die ganze Armee in den Methoden der Zusammenarbeit ausbildete, um die Fähigkeiten dieser Maschinen voll ausnutzen und ihre Schwächen berücksichtigen zu können.«[62]

Das erklärt, warum die Armee mit der Einführung neuer Panzer in den Dienst weiterhin zögerte. Nicht, daß MacArthur das nicht versucht hätte.

Vor dem Bewilligungskomitee des Kongresses hatte er im November 1932 persönlich um mehr Geld für die Aufstellung von mechanisierten Einheiten gebeten. Aber bei einem Kongreß, der immer noch am Isolationismus festhielt, fielen seine Worte in taube Ohren.

Die Konstruktion der amerikanischen Panzer wurde in den späten zwanziger und den frühen dreißiger Jahren von einem einzigen Mann, J. Walter Christie, beherrscht. Christie glaubte, daß Schnelligkeit und Beweglichkeit weit wichtiger seien als Panzerschutz und Feuerkraft. 1921 hatte er ein Modell eines schnellen mittleren Panzers konstruiert, der wegen seiner mechanischen Unzuverlässigkeit aber nicht in die Produktion genommen wurde. 1928 führte er ein neues Panzermodell ein, das auf Ketten und Rädern fahren konnte. Weit revolutionärer war jedoch seine Geschwindigkeit. Mit einem 338 PS Liberty-Flugzeugmotor ausgestattet, konnte er auf Rädern 112 km/h und auf Ketten fast 70 km/h zurücklegen. Damit war er viel schneller als alles, was zu dieser Zeit an Panzerfahrzeugen existierte. Sowohl die Kavallerie wie die Infanterie interessierten sich für ihn; 1931 wurden sieben Stück eines weiter verbesserten Modells zur Prüfung durch die US-Armee angekauft. Unglücklicherweise entschied die Zeugmeisterei, daß die Produktion zu kostspielig sei, und 1936 ließ man das Konzept fallen. Nur die Russen verfolgten es mit ihrem BT-Tank sofort weiter. Auf diese Weise wurden in den USA bis 1936 nur 16 neue Panzer in Dienst gestellt, und die Armee stützte sich weiterhin auf ihre Bestände an Renaults aus dem Ersten Weltkrieg.

Patton, der im Büro des Chefs der Kavallerie arbeitete, war in einer wenig beneidenswerten Lage. Einerseits hatte er Tanks im Einsatz erfolgreich befehligt und ihr Potential gesehen, andererseits blieb seine Loyalität zu seiner Waffengattung und seinem Chef. Obwohl er die Einführung der Mechanisierung begrüßte, sorgte er sich wegen des Absinkens der Moral in den Reihen der Kavallerie, die allmählich dachte, daß die Tage des Pferdes gezählt seien. Pattons Ideal war die Hoffnung, daß die beiden zusammenwirken könnten, obwohl ihm schon die Westfront gezeigt hatte, daß das nur Wunschdenken war. Er griff die Vorstellung von großen unabhängigen mechanisierten Formationen an, indem er sagte, daß »Menschen und nicht Maschinen Schlachten gewinnen«[63] und »die Armee existiert, um Menschen zu töten – und nicht, um Fahrzeuge zu pflegen«[64]. Mechanisierte Streitkräfte waren dazu da, um den älteren Waffengattungen zu helfen, nicht um sie zu ersetzen oder unabhängig zu handeln.

Die Vernachlässigung des Heeresfliegerkorps war noch überraschender.

Das MacArthur-Pratt-Abkommen von 1931 hatte festgelegt, daß das Heeresfliegerkorps die Küstenverteidigung übernehmen solle, während das Fliegerkorps der Marine eine offensive Rolle erhalten und dazu Flugzeugträger benützen würde.
Das gab der Mitchell-Schule den nötigen Schwung, mit der Bomberentwicklung weiterzumachen. 1934 empfahl der Baker-Ausschuß, daß die Kontrolle des Heeresfliegerkorps im Gegensatz zu der bestehenden Aufteilung auf die Militärbezirke zentralisiert werden sollte. Der Ausschuß empfahl aber keine unabhängige Luftwaffe. Diese Empfehlungen wurden 1935 angenommen.
In der Zwischenzeit hatte Präsident Roosevelt entschieden, daß das Heeresfliegerkorps als weitere Aufgabe die Beförderung der US-Luftpost übernehmen solle. Das Ergebnis war eine Katastrophe, allein während der ersten Woche dieses Plans stürzten acht Maschinen ab – ein Hinweis auf den niedrigen Ausbildungs- und Wartungszustand. Nachdem das Korps jetzt mehr Kontrolle über sich selbst erhalten hatte, war es entschlossen, das Mitchell-Konzept des strategischen Bombers voranzutreiben. Daß eine solche Offensivwaffe gebaut werden sollte, gefiel dem Kongreß keineswegs, und die Armee war noch weniger glücklich darüber, weil sie damit ihrer taktischen Luftunterstützung beraubt wurde. Das Heeresfliegerkorps konnte sich jedoch durchsetzen, und 1935 wurde der erste B-17-Bomber produziert.

4 Generalproben

Der spanische Bürgerkrieg

Im Juli 1936 brach in Spanien zwischen den Kräften der Rechten, die die Kirche, die Armee und die Industriellen vertraten, und der Linken, einem Konglomerat aus Republikanern, Sozialisten, Syndikalisten, Anarchisten und Kommunisten, der Bürgerkrieg aus. Obwohl Großbritannien, Frankreich, Deutschland, Italien und die Sowjetunion im August ein Nichteinmischungsabkommen unterzeichneten, wurde diese Abmachung nicht eingehalten. Im September schloß Mussolini mit Franco ein Abkommen, wonach Italien den Putschistengeneral im Ausgleich gegen gewisse Konzessionen im westlichen Mittelmeer mit Soldaten, Waffen und Geld unterstützen sollte. Im Oktober machte sich die Sowjetunion daran, der Linken zu helfen, und Deutschland folgte Italiens Beispiel. Spanien wurde so schnell zu einer Art Laboratorium, in dem die neuen Techniken der Kriegführung getestet werden konnten.
Der deutsche Beitrag blieb, was die Zahl der Soldaten und die Menge an Material anlangte, klein. Die vielleicht wichtigste Form der Hilfe war eine inoffizielle Leihgabe von 20 Ju 52-Transportmaschinen, die etwa 14000 Mann von Francos Truppen und 300 Tonnen Vorräte im August und September aus Tetuan in Spanisch-Marokko nach Sevilla transportierten. Der Rest dieses Luftkontingents wurde als die »Legion Kondor« bekannt, die ursprünglich 30 Ju 52 in der Bomberrolle und drei Staffeln He 51-Jäger sowie einige Aufklärer verschiedener Modelle umfaßte. Später benützte man die Gelegenheit, um moderne Flugzeuge wie die He 111, Do 17, Me 109 und die Ju 87 auszuprobieren. Insgesamt handelte es sich um etwa 200 Maschinen. Der Beitrag an Bodentruppen war noch kleiner. Oberst von Thoma kam im September mit zwei Kompanien Panzerkampfwagen Mk 1 und einer Flakbatterie nach Spanien. Bei Ende der In-

tervention im Jahre 1938 hatte diese Streitmacht eine Stärke von vier Panzerbataillonen zu je 45 Panzern und 36 Batterien mit 37 mm-Panzerabwehrkanonen (Pak). Es wurde jedoch kein schwererer Panzer als der PzKw I nach Spanien entsandt.

Der italienische Beitrag war viel größer, er umfaßte ein komplettes Korps, das unter dem Namen *Commando Truppe Volontari* (CTV) bekannt wurde. Obwohl es jedoch reichlich Infanterie und auch einige motorisierte Transportkolonnen besaß, verfügte es nur über wenige Panzer. Ursprünglich wurden diese durch vier Kompanien L/3 Panzer sowie eine Panzerwagenkompanie vertreten. Später wurde eine Panzergruppe aus zwei Bataillonen L/3, einem Bataillon motorisierter Infanterie, einem Unterstützungsbataillon mit Maschinengewehren, Flammenwerfern, Pakgeschützen und 65 mm-Haubitzen gebildet.

Während der Interventionsperiode sandten die Italiener mehr als 700 Flugzeuge, die in der Hauptsache aus Fiat CR-32-Jägern, Savoia Marchetti SM 81 Bomber-Transportflugzeugen und Savoia Marchetti SM 79 Bombern bestanden.

Die Sowjetunion unterstützte die Republikaner. Genaue Zahlen sind hier unmöglich festzustellen, es hat aber den Anschein, daß eine Schätzung auf 700 Panzer und 1500 Flugzeuge der Wahrheit ziemlich nahekommt. Die Panzer waren von den Typen T 26 und BT, während die Flugzeuge Tupolew Sb-2-zweimotorige Bomber, kurze I-15-Doppeldecker und I-16-Eindecker-Jäger waren. Die russischen Streitkräfte wurden ursprünglich durch Pawlow geführt; andere bekannte Offiziere, die an dem Krieg teilnahmen, waren Schtern (Tarnname Kleber), Rokossowski, Koniew, Malinowski und Rodimzew, die alle Marschälle der Sowjetunion wurden, sowie Kriwoschein, der die erste sowjetische Panzerbrigade befehligt hatte.

Die erste Gelegenheit, bei der die ausländischen Mächte ihre neuen Waffen einsetzten, war die Schlacht von Esquivas am 29. Oktober 1936. Die Republikaner bemühten sich dabei, die Nationalisten südlich von Madrid zurückzuwerfen. Angekündigt wurde die Schlacht durch eine Meldung über Radio Madrid, die besagte:

»Im Morgengrauen werden unsere Artillerie und die Panzerzüge das Feuer eröffnen. Gleich darauf wird unsere Luftwaffe angreifen. Die Panzer werden gegen den Feind an seinem verwundbarsten Punkt vorrükken.«[1]

Eine Gruppe von knapp 50 russischen Panzern unter Pawlow griff in den

Straßen der Stadt nationalistische Kavallerie an, Infanterie sollte den Panzern folgen, blieb jedoch bald zurück. Nach anfänglichen Erfolgen mußten sich die Panzer, die das eroberte Gelände nicht halten konnten, wieder zurückziehen. Wenn nichts anderes, so hatte die Schlacht bewiesen, daß allein operierende Panzer nur zeitweilige Erfolge erzielen konnten.
Im März 1937 brachten dann die Nationalisten mechanisierte Kräfte zum Einsatz. Nachdem es ihnen nicht gelungen war, Madrid von Süden her abzuschneiden, wie sie das im Februar 1937 in der Schlacht von Jarama versucht hatten, wollten sie jetzt von Nordosten her angreifen. Das erste Ziel war die Provinzhauptstadt Guadalajara. Die Hauptmasse der Angreifer stellte die Italiener, die in vier Divisionen gegliedert waren. Eine davon, die Division »Schwarze Pfeile« unter General Coppi, bestand aus Infanterie auf Lastwagen und Panzerwagen, unterstützt wurde sie durch Panzer. Diese führten den einleitenden Angriff, dem es gelang, die republikanischen Linien zu durchbrechen. Ihr Vordringen kam jedoch bald zum Stehen.
Schlechtes Wetter und Nebel hielt die Flieger der Nationalisten am Boden. Die Angreifer mußten schwere Verluste hinnehmen. Nach fünf Tagen waren die Italiener jedoch 32 Kilometer entlang der Hauptstraße von Barcelona – Guadalajara – Madrid vorgedrungen. Da der Hauptstoß an diese Straßenachse gebunden war, hatten Pawlows Panzer reichlich Zeit, sich auf den Gegenstoß zu konzentrieren. Am 13. März griffen sie mit Infanterieunterstützung wieder an. Wieder einmal fuhren die Panzer den Infanteristen davon, und obwohl die russischen Panzer bis zu einer Tiefe von 40 Kilometern eindrangen, mußten sie sich schließlich wieder zurückziehen. Der Reingewinn der Nationalisten war ein fast 50 Kilometer breiter und sechzehn Kilometer tiefer Bogen. Obwohl die Republikaner die Schlacht als großen Sieg feierten, konnte in Wahrheit keine Partei den Erfolg für sich beanspruchen. Die Schlacht bewies lediglich, daß offene Gelände und gute Wetterbedingungen wesentliche Voraussetzungen für einen erfolgreichen Blitzkrieg waren, was die Italiener nicht erkannt hatten. Die Notwendigkeit kombinierter Waffen, die eng miteinander zusammenarbeiteten, schien demgegenüber den russischen Offizieren nicht recht geläufig. Oberst F. O. Miksche, der als Artilleriekommandeur auf republikanischer Seite kämpfte, sagte:

»Diese Schlacht hat mehr als jede andere in Spanien die Phantasie in Europa entzündet und zu einer Unterschätzung der motorisierten Infanterie

beigetragen. Die meisten Armeen Europas zogen – mit einer gewissen Erleichterung – den Schluß, daß motorisierte Streitkräfte nicht so notwendig seien, wie progressive Theoretiker behauptet hatten. Der deutsche Generalstab hingegen war wohl durch seine Verachtung für die Italiener als Soldaten gegen diesen Eindruck gewappnet. Man sagte nicht: ›Es geht nicht‹, man sagte: ›Natürlich schaffen diese Leute es nicht‹.«[2]

In diesem Stadium des Krieges hatten die Beobachter zwei taktische Möglichkeiten erkannt. Das erste war die Verwendung der Luftwaffe in der Unterstützung von Bodenoperationen. Besonders die Nationalisten verwendeten ihre Luftwaffe als eine Art Luftartillerie, um den Feind vor einem Angriff »aufzuweichen«. Adolf Galland, einer der berühmtesten Jagdflieger des Zweiten Weltkriegs, erwarb sich seine Sporen in der »Legion Kondor« in Spanien, als er in Unterstützung der Bodentruppen eine He 51 flog. Er sah seine Rolle wie folgt:

»Die ›cadenas‹ (Ketten) oder ›trabajadores‹ (Arbeiter), wie wir von ihnen genannt wurden, hatten die Aufgabe, die Infanterie im Angriff voranzubringen, Bewegungen hinter den feindlichen Linien niederzuhalten, Artillerie des Gegners niederzukämpfen, das Heranschaffen von Reserven zu verhindern und Gegenstöße im Keim zu ersticken. Die deutschen Tiefflieger wurden zum unentbehrlichen Requisit jeder nationalistischen Operation.«[3]

Während des spanischen Bürgerkriegs erhielt auch der Ju 87-Sturzkampfbomber (Stuka) seine Feuertaufe. Schon während des Ersten Weltkriegs hatte man mit dem Gedanken des vertikalen Bombardierens experimentiert. Die Verlockung lag in der gesteigerten Zielgenauigkeit gegenüber dem horizontalen Bombenabwurf mit den primitiven Bombenvisieren der damaligen Zeit. Die Deutschen experimentierten während der zwanziger Jahre in der Sowjetunion weiter mit dieser Technik. Aber Wolfram von Richthofen, der Vetter des berühmten Jägerasses aus dem Ersten Weltkrieg und Chef des 1933 neugebildeten Technischen Amts des Luftfahrtministeriums, ließ diese Versuche einstellen, weil er glaubte, es sei glatter Selbstmord, angesichts der gesteigerten Luftabwehr unter 1800 Meter herunterzugehen.

Jenseits des Atlantik hatte die US-Marine die Idee aufgenommen. Admiral Moffett, Chef des Marinebüros für Aeronautik, war von den erfolgreichen

Versuchen bei der Bombardierung von Schiffen unter Mitchell beeindruckt. Er erkannte, daß die Verbindung von Flugzeugträgern und Bombern die Marine beweglicher machen würde. Die Verteidigung der amerikanischen Küsten war vom Flugzeugträger aus leichter als von Flugzeugbasen an Land. Der erste US-Flugzeugträger lief 1925 vom Stapel, und 1930 hatten die auf Trägern stationierten Angriffsstaffeln mit dem Curtiss-Hawk-Doppeldecker die Sturzflugtechnik entwickelt. Die Marine führte ihre neue Flugwaffe auch öffentlich vor, und zufällig war einer der Zuschauer ein deutscher Jagdflieger. Ernst Udet war nach dem Krieg Kunstflieger und Filmstar geworden. Als er 1933 unter dem Druck Görings zur Luftwaffe kam, bestach ihn Göring, indem er zwei Hawks zur Prüfung bei der Luftwaffe kaufte. Obwohl man in den höheren Rängen der Luftwaffe nicht sonderlich beeindruckt war, setzte sich Udet weiterhin dafür ein, einen deutschen Sturzkampfbomber zu bauen. Er suchte privat Kontakt mit Flugzeugwerken, um sie für die Idee zu gewinnen. Das führte schließlich dazu, daß die Junkerswerke die Ju 87 entwarfen. Udet und seine Schüler verwendeten das Argument, daß ein einziger Sturzkampfbomber ein Punktziel zerstören konnte, wozu sonst eine ganze Staffel konventioneller Bomber nötig war. Für Göring und Wever war solche Kostenersparnis natürlich verlockend. Im Januar 1935 lud man die deutsche Industrie mit einer Ausschreibung ein, die Entwicklung voranzutreiben. Binnen weniger Wochen war der erste Ju 87-Prototyp fertig. Dieser Prototyp verlor im Herbst dieses Jahres bei einem Sturzflug seine Schwanzfläche; die Versuche wurden jedoch mit neuen Prototypen fortgesetzt. Im Januar 1936 wurde Udet zum Inspekteur der Jagdwaffe ernannt, den größten Teil seiner Aufmerksamkeit widmete er jedoch weiterhin den Sturzkampfbombern. Arado, Blohm & Voss und Heinkel reichten ebenfalls Vorschläge ein, aber am Ende siegte doch die Ju 87, nachdem es Udet gelungen war, die Heinkel-He 118-Version auszuschalten.
Inzwischen hatte er den Befehl über das Technische Amt übernommen, nachdem von Richthofen als Stabschef der »Legion Kondor« nach Spanien entsandt worden war. Die ersten Ju 87 tauchten Ende 1937 auf diesem Kriegsschauplatz auf; nachdem von Richthofen schon im März 1937 auch die He 51, die als Jäger von den russischen I-15 und I-16 deklassiert worden war, nur noch als Schlachtflieger im Erdkampf eingesetzt hatte. Während des nächsten Jahrs konnte von Richthofen die Technik des Vertikalbombers vervollkommnen, die zu einem der wesentlichen Elemente des Blitzkriegs werden sollte.

Obwohl die Zahlen schwer festzustellen sind, behauptet Miksche, daß die Wirkung der Bomben während der nationalistischen Offensiven vom August und Oktober 1938 ebenso groß war wie die der Artillerie.[4]
Ein britischer Freiwilliger, der auf der Seite der Nationalisten in der spanischen Fremdenlegion kämpfte, beschreibt die Wirkung des vereinigten Artilleriefeuers und Luftbombardements vor einem Angriff folgendermaßen:

»*Kurz nach 9 Uhr flog die erste Bomberstaffel über uns weg auf den Feind zu und unsere Artillerie eröffnete das Feuer mit einem Granathagel, der weit stärker war als der, den wir in der Sierra Palomera erlebt hatten. Das Bombardement dauerte mehr als zwei Stunden, die Bomberstaffeln lösten sich unaufhörlich ab und die Artillerie feuerte pausenlos; wenn der Feind überhaupt über Artillerie verfügte, so schwieg sie. Hinter dem niedrigen Hügelkamm vor uns, der den Feind unseren Blicken verbarg, konnten wir Rauchsäulen und Staub aufsteigen sehen. Kurz vor Mittag hörten wir das Rattern von Motoren, als sich unsere Panzer bereitstellten; wenige Minuten später begann der Vormarsch . . . Unsere Bomben und Granaten fielen nicht mehr auf den* Fronton, *aber kleine Einheiten unserer Jäger tauchten auf die Stellung hinunter und bestrichen die Gräben mit Maschinengewehrfeuer.*«[5]

Anders als Pawlow behielten die Nationalisten ihre Panzer selbst während des Vormarschs dicht bei der Infanterie, wie Peter Kemp schildert:

»*Unsere Manöver folgten einem bekannten Schema; hinter einer Vorhut von Panzern ging es im Gewaltmarsch die Straße entlang. Vor uns flogen Jäger als Aufklärer und zum Schutz. Auf das erste Zeichen des Widerstands hin entfalteten wir uns querfeldein in Schlachtordnung, die Panzer schwärmten vor uns in Linie aus; wenn die feindliche Stellung zu stark war, erfolgte eine kurze Artillerievorbereitung, ehe wir, genau wie an den vorhergehenden Tagen, angriffen.*«[6]

Man machte keinen Versuch, starke Widerstandsnester zu umgehen, diese Taktik wurde erst in den deutschen Feldzügen der Jahre 1939–42 entwickelt. Obwohl die Kommentatoren auch über den Einsatz der Schlachtflieger schrieben, richtete sich die Aufmerksamkeit der Welt vor allem auf ein anderes Ereignis.

Am 26. April 1937, 16 Uhr 30, wurde die kleine Stadt Guernica, die etwa zehn Kilometer von der nordspanischen Küste und etwa dreißig Kilometer von der Stadt Bilbao entfernt liegt, von He 111 und Ju 52 Maschinen der »Legion Kondor« aus der Luft angegriffen. In diesem Stadium des Kriegs bildete Guernica einen Teil einer etwa 250 Kilometer breiten und 40 Kilometer tiefen Enklave, die völlig vom Hauptteil des republikanischen Spaniens abgeschnitten war. Der Angriff dauerte etwa drei Stunden, als er beendet war, waren etwa 1500 Menschen getötet und das Stadtzentrum zerstört worden. Die Schlagzeilen der Weltpresse waren ein einziger Aufschrei.
Picasso machte das Ereignis zum Thema eines seiner größten Meisterwerke. Wieder einmal wurden sich die Menschen der Drohung einer strategischen Bombardierung der Zivilbevölkerung bewußt. Die Bedeutung der taktischen Luftoperationen in Spanien wurde darüber in den Hintergrund gedrängt. Nur die Deutschen wußten die Lektion zu nützen, die sie auf diesem Gebiet gelernt hatten.
Der zweite Irrtum, der sich aus dem Spanischen Bürgerkrieg ergab, betraf den Einsatz der Panzer. Diejenigen, die es immer abgelehnt hatten, dem Panzer eine andere Aufgabe als die der bloßen Infanterieunterstützung zu geben, hatten die Bedrohung der Panzer durch Panzerabwehrkanonen (Paks) als eines ihrer Argumente benützt. Sie sagten ein Wettrennen wie das zwischen Schiffsgeschützen und der Panzerung der Schlachtschiffe voraus. Früher oder später würden die Panzerabwehrkanonen den Panzer zwingen, als Schutz eine so dicke Panzerung zu verwenden, daß er viel zu schwer wurde. Zu den vielen zeitgenössischen Berichten über den Spanischen Bürgerkrieg gehört auch das Buch eines deutschen Emigranten, Helmuth Klotz, mit dem Titel *Leçons Militaires de la Guerre d'Espagne*. Klotz zog den Schluß, daß die Pak dem Panzer überlegen sei und daß die Stärke wieder bei der Defensive lag.

»Wo immer ein Panzer auf eine starke, gut geführte Panzerabwehr stieß, wurde er vernichtet oder bewegungsunfähig geschossen und konnte seine Aufgabe nicht mehr erfüllen.«[7]

Das schien Frankreichs Strategie der Defensive, die auf der Maginotlinie basierte, zu rechtfertigen. Das Buch erhielt daher eine große Publizität. Und doch kamen viele andere Beobachter zu der gleichen Schlußfolgerung. Selbst das *Royal Tank Corps Journal* schrieb:

»Nach den Erfahrungen des Spanischen Bürgerkriegs hat es den Anschein, daß sich die Abwehr gegen Panzer schneller und wirksamer entwickelt hat als der Panzer selbst.«[8]

Ein französischer Militärschriftsteller drückte es noch krasser aus:

»Das Gegengift gegen den Panzer ist gefunden worden. Der Panzer kann nicht mehr auf die technische Überraschung zählen. Er kämpft zu gleichen Bedingungen mit der Panzerabwehr und die Theorien über die verheerende Wirkung der ›Panzerdivision‹ und anderer gepanzerter Formationen, die isoliert arbeiten, sind durch die Ereignisse überholt worden.«[9]

Er ging jedoch nicht so weit wie ein britisches Parlamentsmitglied, das erklärte:

»Es ist schwerlich modisch, es gerade jetzt in diesem Lande zu erwähnen; die Tatsache bleibt jedoch bestehen, daß die Kavallerie die erfolgreiche Waffe des gegenwärtigen Kriegs in Spanien war. Man hat dort nicht viele Panzer gesehen und hält auch von ihnen nicht viel . . .«[10]

Dabei hatte keiner dieser »Experten« die Besonderheiten des spanischen Bürgerkriegs in Rechnung gestellt. Erstens war ein großer Teil des Geländes für eine Panzerkriegführung ungeeignet. Große Gebiete Spaniens sind gebirgig, was den Verteidiger natürlich mehr begünstigt als den Angreifer. Zweitens war auf beiden Seiten die Zahl der zur Verfügung stehenden Panzer relativ klein; die Panzertypen, die besonders auf der nationalistischen Seite benützt wurden, waren nicht die modernsten und auch nicht stark gepanzert.
Zudem wurden sie oft unwirksam eingesetzt, und die Besatzungen waren schlecht ausgebildet. Tatsächlich beklagten sich die Deutschen, daß es fast unmöglich sei, den Spaniern die Bedienung von Panzern beizubringen. Während die Deutschen vorsichtig genug waren, den spanischen Bürgerkrieg als ein technisches – im Gegensatz zu einem taktischen – Laboratorium zu benützen, nahmen die Russen hinsichtlich des Einsatzes der Panzer einen fundamentalen Kurswechsel vor. Ihre Versuche, die Panzer allein einzusetzen, hatten sich als verhängnisvoll erwiesen. Das führte dazu, daß Pawlow die Ansicht mit nach Rußland zurückbrachte, daß die Panzer nur in einer Rolle der engen Infanterieunterstützung eingesetzt

werden könnten. Wie sehr er das jedoch wirklich glaubte, ist nicht völlig klar, denn als er nach Rußland kam, nahm Stalin gerade eine gewaltige Säuberung vor. Begonnen hatte sie im Dezember 1934 mit der Ermordung Kirows, des Leningrader Parteichefs. Nachdem Stalin seine möglichen politischen Gegner beseitigt hatte, nahm er sich 1937 die Armee vor. Das Hauptziel seines Angriffs war »Tuchatschewskis Kreis«, der Stalin wohl wegen seines unabhängigen militärischen Denkens als Bedrohung erschien. Tuchatschewski, der im letzten Augenblick daran gehindert wurde, als offizieller Vertreter der Sowjetunion an der Krönung König Georgs VI. teilzunehmen, wurde im Juni 1937 vor Gericht gestellt.

Während des nächsten Jahres schritt die Säuberung von den allerhöchsten Rängen bis hinunter zu Kompanieoffizieren fort. Fast alle, die sich mit Tuchatschewskis Doktrin identifiziert hatten, wurden liquidiert. Mit I. A. Chalepski von den Panzerstreitkräften, Alksnis und Chripin von der Roten Luftwaffe sowie Jona E. Jakir ließ Stalin einige seiner besten militärischen Führer erschießen. Nur die Fernostarmee unter Blücher wurde zunächst nicht angetastet. In kurzer Zeit gelang es Stalin, zwei Drittel der höheren Offiziere bis herab zu den Brigadekommandeuren durch Hinrichtung oder Verhaftung aus dem Wege zu räumen. Die wenigen, die es wagten, vor dieser Schwächung der Kriegsbereitschaft zu warnen, wurden ebenfalls schnell »beseitigt«.

Tuchatschewskis Idee von einer mechanisierten Elitearmee war über Nacht ausgelöscht worden. Obwohl er einen Monat vor seiner Verhandlung geschrieben hatte, die Verwendung von Panzern allein sei falsch, wurde ihm gerade diese Technik in die Schuhe geschoben. Die Betonung, die er auf die Verwendung von kombinierten Waffen innerhalb seiner mechanisierten Formationen gelegt hatte, war vergessen. Die Rote Armee kehrte zu der alten marxistischen Vorstellung einer Massenarmee zurück, in der die Panzertruppen zur Unterstützung der Infanterie aufgeteilt wurden.

Das Expeditionskorps

Im Jahre 1935 schüttelte Großbritannien endlich die Behinderungen durch die Zehn-Jahresregel ab. Obwohl sie bereits 1932 für ungültig erklärt worden war, zeigte die Regierung keinerlei Neigung, das Verteidigungsbudget zu erhöhen. Die Nachwahl in East Fulham im Oktober 1933, wo

ein Kandidat der Nationalregierung, der für die Aufrüstung eingetreten war, eine schwere Niederlage gegen einen Labourkandidaten erlitten hatte, der sich der Aufrüstung widersetzte, sowie die Friedensabstimmung des folgenden Jahres hatten Premierminister Baldwin davon überzeugt, daß die britische Öffentlichkeit noch nicht für eine Aufrüstung zu gewinnen war. Er war sich sehr wohl der deutschen Wiederbewaffnung unter den Nationalsozialisten bewußt, neigte aber zu der Annahme, es sei besser, Deutschland in einem gewissen Ausmaß wieder aufrüsten zu lassen, als es daran zu hindern. Erst als die Konservativen die allgemeinen Wahlen im November 1935 überzeugend gewonnen hatten, hatte Baldwin das Gefühl, daß er vorsichtig mit der britischen Aufrüstung beginnen könne.
Die Priorität erhielt die Royal Air Force. Obwohl der Stab der RAF damals noch der strategischen Bombardierung verhaftet war, erhielt die RAF keineswegs deshalb die Priorität, um Bomber zu bauen, sondern weil Mitte der dreißiger Jahre die meisten Menschen zu der Überzeugung gelangt waren, daß nur eine stark jagd-orientierte Luftwaffe das Land gegen strategische Luftangriffe verteidigen könne. Während die früheren Rüstungspläne der RAF das Gewicht noch auf den strategischen Bomber gelegt hatten, senkte sich die Waage Ende 1937 zugunsten der Jäger. Auch die Theoretiker entfernten sich von den Ideen Douhets.
In der Tat wurde es jetzt Mode, Douhet und dadurch indirekt auch Trenchard zu kritisieren. General Golowine, ein russischer Emigrant, der sich der Gönnerschaft der RAF erfreute, schrieb:

»Der fundamentale Irrtum in General Douhets Werken liegt darin, daß seine ganze Doktrin auf Schlußfolgerungen aufgebaut ist.«[11]

Er verwarf Douhets Vorstellungen von einem einzigen Allzweckflugzeug als Unsinn und erklärte:

»Die Luftherrschaft ist unlösbar mit der Überlegenheit zu Land und zur See verknüpft; die Air Force allein kann daher ohne entscheidende Aktionen zu Land und auf dem Meer nicht die absolute Überlegenheit in ihrem Element erringen.«[12]

1936 veröffentlichte Geschwaderkommodore (später Marschall der Royal Air Force Sir John) Slessor ein Buch mit dem Titel *Air Power and Armies.* Er schrieb darin:

»Die erste und wichtigste Aufgabe der Royal Air Force ist natürlich die Verteidigung Großbritanniens gegen Luftangriffe; letztlich damit verbunden ist die Bereitstellung einer Luft-Expeditionsstreitmacht, die mit der Armee in einem Feldzug auf dem Festland zusammenarbeitet.«[13]

Diese Feststellung war an sich schon eine Herausforderung für den von Trenchard beeinflußten Stab der Royal Air Force. Aber Slessor verfolgte dieses Konzept einer Unterstützung der Landstreitkräfte noch weiter. Er stellte die Hypothese auf, daß es die Hauptrolle der Landstreitkräfte sei, »die Integrität der Niederlande zu sichern«, um einen kontinentalen Feind daran zu hindern, dort Stützpunkte zu errichten, von denen aus ein Luftangriff auf England durchgeführt werden konnte. Wenn diese Aufgabe einmal gelöst war, würden sich die Gewichte freilich wieder verlagern. Dann würde die RAF die endgültige Entscheidung erzwingen:

»Das soll besagen, daß es ein Luftkrieg werden wird. Die Aufgabe der Armee wird einfach darin bestehen, die Basen der Air Force zu schützen. Wenn das geschehen ist, ist es denkbar, daß eine Entscheidung durch einen Schlag gegen die feindlichen Luftstreitkräfte herbeigeführt werden kann, da die völlige Niederlage dieser Streitkräfte die feindliche Nation uneingeschränkten Luftangriffen ausliefern würde. Tatsächlich ist es wahrscheinlicher, daß selbst ein Luftfeldzug gegen Luftstreitkräfte nur unterstützender Natur bleiben wird und daß die Entscheidung nur durch eine direkte Aktion gegen die feindlichen Lebenszentren erreicht werden wird.«[14]

Wie Golowine glaubte Slessor jedoch nicht, daß die Luftherrschaft möglich sei. Das Beste, was man erhoffen konnte, war eine Neutralisierung, die eine feindliche Einmischung auf ein Minimum reduzierte. Er glaubte, daß der Bomber immer noch die Hauptwaffe der RAF sein solle und daß es zwei Arten von entscheidenden Zielen für sie gebe – die Truppen am Boden und den Nachschub. Bei jeder Landschlacht gab es drei Phasen – Passivität, Vorbereitung und die tatsächliche Schlacht. Diesen Phasen konnte man sich in der Luft anpassen, indem man während der Passivität die Produktionsstätten angriff, während der Vorbereitung den Nachschub im Feld, und die kämpfenden Truppen, wenn die Schlacht einmal begonnen hatte. Slessor gab zu, daß der Feldzug nicht allein aus der Luft gewonnen werden konnte, vor allem dann nicht, wenn man mit einer Invasion mit starken Panzerkräften und gleichzeitiger Unterstützung aus der Luft konfrontiert war.

»Es ist vergeblich zu hoffen, daß man dann allein durch Luftoperationen gegen ein feindliches Land mit der Situation fertig werden oder die angreifende Armee durch Angriffe auf ihre Nachschubbasen an der Quelle besiegen könne. Dazu dauert es viel zu lange, bis solche Maßnahmen an der Front zur Auswirkung kommen.«[15]

Luftoperationen gegen die Produktionsstätten konnten einen gegnerischen Angriff im besten Fall nur verlangsamen, eigene Bodentruppen ersetzten sie nicht.
Damit die Luftwaffe in der Landschlacht wirksam war, mußte sie sich auf ein Ziel konzentrieren und dieses Ziel mußte das entscheidende sein. Wenn die Schlacht begonnen hatte und die Luftwaffe die Truppen am Boden unterstützte, sollten die Flugzeuge nicht im unmittelbaren Kampfgebiet eingesetzt werden. »Das Flugzeug ist keine Waffe auf dem Schlachtfeld – die Kampfgeschwader sollten in der Regel nicht dort eingesetzt werden, wo die Armeen in Berührung stehen.«[16] Statt dessen sollten sie Ziele außerhalb der Reichweite der Artillerie angreifen. Slessor bemerkte, daß Tieffliegeraktionen außer in Notfällen von der RAF nicht praktiziert würden, obwohl Sturzkampfbomberangriffe »gegen stark verteidigte Ziele, wo die Anwesenheit von Flakartillerie ein genaues Präzisionsbombardement aus der Höhe immer schwieriger und gefährlicher macht, vermutlich bald sehr beliebt werden dürften«.[17*]
Der britische Luftstab war von Slessors Argumenten nicht überzeugt. Als der Vickers-Cheftestpilot im Oktober 1937 Deutschland besuchte, erhielt er die Gelegenheit, Testflüge mit dem Stuka zu machen. Er war davon tief beeindruckt und der Vorsitzende von Vickers gab seine Ansichten an den Staatssekretär für die Luftfahrt weiter, der etwas heftig erwiderte:

»Mein lieber Archie, sag bitte deinen Piloten, sie sollten sich um ihre eigenen verdammten Sachen kümmern ...«[18]

So zog die Royal Air Force 1939 ohne Sturzkampfbomber in den Krieg. Zur Unterstützung der Armee gab es nur die »Heereskooperationsstaf-

---

* Interessant ist die Feststellung, daß von Richthofen das gleiche Argument *gegen* die Einführung der Stukas benützte.

feln«, deren Rolle strikt die Aufklärung blieb und zu deren Piloten eine große Zahl abkommandierter Heeresoffiziere gehörte.
Im November 1936 sagte Winston Churchill vor dem Unterhaus: »Nichts ist in den Jahren, ›die die Heuschrecken gefressen haben‹, geschehen, um das Tank-Korps mit neuen Maschinen auszurüsten. Der mittlere Panzer, den es besitzt und der zu seiner Zeit der beste der Welt war, ist längst veraltet. Nicht nur der Zahl – denn wir haben nie einen Wettbewerb mit anderen Ländern versucht – sondern auch der Qualität nach werden diese britischen Waffen jetzt von Deutschland, Rußland, Italien und den Vereinigten Staaten übertroffen.«[19]
Im Jahre 1936 erreichte das Royal Tank Corps seinen Tiefpunkt. Von 209 leichten und 166 mittleren Panzern waren zwei Drittel der ersteren und alle bis auf zwei der letzteren veraltet. Um die gleiche Zeit konnte sich Deutschland auf 1600 leichte PzKw I und II und 300–400 mittlere PzKw III und IV stützen. Das Problem war im wesentlichen die Geldfrage. Die Frist bis zur Einstellung eines neuen Panzers in den Dienst verlängerte sich mit den Fortschritten der Technologie, und Zeit kostete Geld. Vom finanziellen Standpunkt aus schien es daher ratsamer sich statt auf die Mechanisierung auf die Motorisierung zu konzentrieren. Räderfahrzeuge boten Möglichkeiten auf dem zivilen Markt, während Panzer nur für den militärischen Abnehmer von Interesse sein konnten.*
Aus diesem Grunde wurde fast die Hälfte des Geldes, das für Mechanisierungszwecke bereitgestellt wurde, dazu verwendet, den pferdebespannten Nachschub der Infanterie zu ersetzen. Die Deutschen konzentrieren ihre Energien darauf, von vorn zu mechanisieren, während die Briten von hinten motorisierten.
Ein weiterer Grund für diese Ebbe war die Unfähigkeit der Armee, sich für den Panzertyp zu entscheiden, den sie wollte. 1934 wurde Elles, der die Aufmerksamkeit der Welt auf sich gelenkt hatte, als er persönlich den Angriff des Tankkorps am 20. November 1917 geführt hatte, Generalfeldzeugmeister (MGO). Unter anderem erhielt er dadurch die Aufgabe der Waffenbeschaffung für die Armee. Für das Royal Tank Corps hätte seine Ernennung eine willkommene Nachricht sein können. Aber es sollte nicht so sein. Elles war nicht mehr der Mann, der er 1917 gewesen war.

* Tatsächlich erhielten Zivilfirmen, die Militärlastwagen kauften, Subventionen von der Regierung. Allerdings machten nicht viele Firmen von diesem Angebot Gebrauch, da die Robustheit und demzufolge das Gewicht, das für militärische Transportmittel nötig war, ihre Verwendung auf dem zivilen Sektor unwirtschaftlich erscheinen ließ.

Wie viele andere glaubte er, daß der Panzer durch die Pak übertroffen worden sei. Er glaubte auch nicht an die Art von Kriegführung, die von Fuller, Liddell Hart und anderen gepredigt wurde, sondern sah die Panzer nur in der Rolle der Infanterieunterstützung wie im Ersten Weltkrieg. Er akzeptierte die Notwendigkeit leichter Panzer für Aufklärungszwecke, war aber nicht an Ideen interessiert, die schnelle, schwer gepanzerte Panzer für die Verwendung in Panzerformationen voraussetzten. Die Vickers-Werke, die das Monopol für die Panzerherstellung hatten, konzentrierten ihre Bemühungen daher auf den Bau von Infanteriepanzern. Der erste war ein Zwei-Mann-Modell, schwer gepanzert, aber nur mit einem Maschinengewehr bewaffnet, das als der Infanteriepanzer Mark I bekannt wurde. Das spätere Modell war größer, hatte eine Besatzung von vier Mann und war mit einem Zwei-Pfünder mit hoher Mündungsgeschwindigkeit bestückt. Es war der Infanteriepanzer Mark II, der später liebevoll »Matilda« genannt wurde. Das Problem bei beiden Panzern war ihre geringe Geschwindigkeit. Der erste hatte eine Spitzengeschwindigkeit von dreizehn Kilometern, der Mark II war auf vierundzwanzig Kilometer beschränkt. Sie waren aber dazu bestimmt, mit der Infanterie zu arbeiten, deshalb hielt man es nicht für notwendig, sie schneller zu machen.
Vermutlich hätte die britische Armee 1939 nur mit leichten und Infanteriepanzern ausgestattet in den Krieg ziehen müssen, hätte nicht Martel bei seinem Rußlandbesuch im Jahre 1936 einen so günstigen Eindruck von den russischen Panzern gewonnen. Am stärksten war sein Eindruck von dem russischen BT-Panzer. Seine 37-mm-Kanone und seine Spitzengeschwindigkeit von 57 km/h schienen ihm die richtigen Eigenschaften für den Nachfolger des Vickers Medium zu sein. Nachdem seine Vorschläge für einen britischen Panzer nach diesen Richtlinien von Elles abgelehnt worden waren, entschloß er sich zu einem Alleingang.
Sir John Carden, der Panzerkonstrukteur von Vickers, hatte kurz vor seinem Tod bei einem Flugzeugunglück im Jahre 1935, zwei Modelle für einen mittleren oder »Cruiser«-Tank (»Kreuzer«) entworfen; sie wurden als A-9 und A-10 bezeichnet. In der Schnelligkeit entsprach keiner von beiden Martels Anforderungen. Deshalb nahm er Kontakt zu dem amerikanischen Panzerkonstrukteur Walter Christie auf und brachte es fertig, daß die britische Armee Christies einzigen verbliebenen Prototyp ankaufte. Gleichzeitig erhielt Martel einige Hinweise von Hobart, der am Ende seines Berichts über die Panzerbrigade von 1936 eine Spezifizierung für einen »Cruiser«-Tank aufgestellt hatte. Darauf überredete Martel

Lord Nuffield, den Chef der Morris-Motorengruppe, Christie die Patentrechte abzukaufen und die Entwicklung des Panzers zu übernehmen. Nach fünfzehn Jahren war das Vickers-Monopol für die Panzerproduktion endlich gebrochen. Der Panzer sollte der A-13 werden, bewaffnet mit einem Zwei-Pfünder (40 mm)-Geschütz, einer Panzerung von 14 mm und einer Stundengeschwindigkeit von 48 km. Der erste Prototyp wurde im November 1937 hergestellt und als Cruiser Tank Mark III bekannt. So hatte die britische Armee 1939 drei Typen von Panzern – leichte für die Aufklärung, Infanteriepanzer für die Infanterieunterstützung und »Kreuzer«, deren Aufgabe es war, in einer unabhängigeren Rolle in Panzerformationen zu wirken.
Ende 1937 war das Kabinett zu dem Schluß gekommen, daß die britischen Streitkräfte nicht stark genug seien, um in einem neuen Weltkrieg alle auf sie zukommenden Verpflichtungen zu erfüllen. Es zog den weiteren Schluß, daß die primäre Aufgabe des Heeres die Verteidigung des Empire und der Heimat sei. Um dabei zu helfen, wurde dem Heer zusätzlich die Luftabwehr übertragen. Gleichzeitig war Großbritannien bei seiner Ehre verpflichtet, seine kontinentalen Verbündeten zu unterstützen.
Obwohl Chamberlain geglaubt hatte, daß man eine Luftwaffeneinheit entsenden solle, hatte Vansittard, der Ständige Unterstaatssekretär für auswärtige Angelegenheiten, darauf hingewiesen, daß die Air Force allein keine Armee aufhalten könne.

»Siehe Spanien! Die Deutschen und die Italiener haben aus ihren spanischen Erfahrungen gelernt, daß die Infanterie immer noch der dominierende Faktor ist.«[20]

Es war auch unwahrscheinlich, daß Frankreich mit einem Beitrag der Air Force zufrieden sein würde und daß deshalb Bodentruppen auf den Kontinent entsandt werden müßten. Im Mai 1937 war Chamberlain Premierminister geworden und hatte Leslie Hore-Belisha, einen Rechtsanwalt, zu seinem Kriegsminister gemacht, der weitreichende Reformen besonders beim Heer vornehmen sollte. Kurze Zeit darauf bat Inskip, der Minister für die Koordination der Verteidigung, Liddell Hart, der der Verteidigungskorrespondent der *Times* war, eine Studie über die Reorganisation der Armee vorzubereiten. Nachdem Liddell Hart mit Hore-Belisha zusammengekommen war und ihm die wichtigsten Punkte erklärt hatte, sandte er ihm eine Kopie der Studie.

In dem Abschnitt, der sich mit der Frage befaßte, welche Art von Landtruppen auf den Kontinent geschickt werden sollten, schrieb Liddell Hart, »daß der Einsatz üblicher Infanteriedivisionen zu Angriffsoperationen kaum sehr viel Wirkung erzielen würde.« Er stellte demgegenüber heraus:

»Wegen der finanziellen und konventionellen Beschränkungen ist es unwahrscheinlich, daß irgendein Verbündeter mehr als einen kleinen Anteil vollmechanisierter Divisionen besitzt. Deshalb könnte ein Beitrag dieser Art viel schwerer wiegen als die bloße Zahl andeutet. Im August 1914 stellten die nach Frankreich entsandten Divisionen kaum sechs Prozent der Kräfte dar, die dem Angreifer entgegengestellt wurden; heute könnte die Entsendung von zwei Panzerdivisionen die in Frankreich zur Verfügung stehenden Kräfte dieser Art um 66% verstärken. Sie würden hohe Beweglichkeit und Feuerkraft mit sparsamem Mentscheneinsatz kombinieren.«[21]

Weiter sagte er, daß zwei derartige Panzerdivisionen in England und eine in Ägypten aufgestellt werden sollten. Die Studie machte auf Hore-Belisha einen tiefen Eindruck, und er ernannte Liddell Hart zu seinem inoffiziellen Berater. Bezeichnenderweise hatten die Franzosen Anfang 1937 um eine britische Verpflichtung für zwei Panzerdivisionen ersucht. Aber bis Ende des Jahres stand immer noch keine solche Einheit bereit.
So blieb lediglich die Wahl, überhaupt keine Bodentruppen oder aber konventionelle Infanteriedivisionen zu entsenden. Diese letzteren konnten jedoch nur von geringer Zahl sein, weil die Priorität bei der Empire- und Heimatverteidigung lag, außerdem waren weder die Regierung noch die Stabschefs bereit, den Einsatz britischer Bodentruppen auf dem Kontinent zu einer ähnlichen Größe anwachsen zu lassen wie im Ersten Weltkrieg. Als Hore-Belisha die Manöver der französischen Armee im September 1937 in der Normandie besuchte, schrieb er:

»Man teilte mir mit, daß die Maginotlinie zu ihrer Verteidigung nur 100000 Mann benötige, was für die französische Feldarmee eine große Reserve übrigläßt. Wenn die Franzosen erkennen, daß wir uns nicht dazu verpflichten können, eine Expeditionsstreitmacht zu entsenden, sollten sie um so mehr darauf bedacht sein, die Ausdehnung der Maginotlinie bis zur See zu beschleunigen.«[22]

Ende 1934 hatte man die Entscheidung getroffen, die Pferdekavallerie-Divisionen durch mobile Divisionen zu ersetzen, dieser Schritt wurde jedoch erst im August 1937 unternommen. Die neue »Mobile Division« übernahm freilich kaum mehr als die traditionelle Rolle der Kavallerie: die Aufklärung. Über 80 Prozent ihrer Panzer waren für keine andere Aufgabe geeignet. Ja, es gab sogar Bestrebungen, sich ausschließlich auf den leichten Panzer zu stützen und die Brigade mit mittleren Panzern völlig abzuschaffen.

Wieder benützte Liddell Hart seinen Einfluß auf Hore-Belisha, um dies zu verhindern. Im November 1937 wurde schließlich bestätigt, daß die Mobile Division aus der 1. Panzerbrigade und der 1. und 2. Kavalleriebrigade – beide mechanisiert – bestehen sollte. Der Einfluß Liddell Harts auf Hore-Belisha zeigte sich noch deutlicher, als Hore-Belisha bei der Einbringung des Heeresbudgets für 1938/39 erklärte,

». . . daß jetzt die Absicht bestehe, die britische Armee in lediglich zwei Arten von Divisionen umzuwandeln: einer motorisierten Division, die auf dem leichten Maschinengewehr beruht, und einer mechanisierten Division mit dem Panzer als Basis.«[23]

Die Mobile Division steckte aber noch mitten in ihrer Aufstellung, und ein derartiges Programm erforderte Jahre – in einer Zeit, in der Krieg fast täglich drohender bevorstand. Der einzige Schritt, der angesichts des fortdauernden Konservatismus im Generalstab unternommen wurde, war die Aufstellung einer zweiten Mobilen Division in Ägypten, deren Befehl Hobart erhielt. Von den Befürwortern der Panzerkriegführung war Hobart jetzt der einzige aktive Offizier, der auf die Ereignisse Einfluß nehmen konnte, daher hätte man denken können, daß das »Laboratorium der Panzerdoktrin« nach Ägypten verlegt worden wäre und daß hier weitere revolutionäre Entwicklungen stattfinden würden. Es sollte nicht so sein. Hobart, der von Gort, dem neuen Generalstabschef, den Befehl erhalten hatte, die Mobile Division aufzubauen, kam im September 1938 in Ägypten an. Es war eine denkbar kritische Zeit. Chamberlain war eben aus Bad Godesberg zurückgekehrt und das Kabinett hatte erklärt, sich Hitlers Ansprüchen auf die Tschechoslowakei widersetzen zu wollen. Der Krieg schien nahe und die mögliche Bedrohung Ägyptens durch die Italiener von Lybien aus wurde sehr ernst genommen. Trotzdem sagte Gordon-Finlaysons, der Kommandierende General, als erstes zu Hobart: »Ich weiß nicht,

weshalb Sie hierher gekommen sind und ich will Sie ohnehin nicht haben.«[24]
Die Truppen, die für die Division zur Verfügung standen, waren eine angeblich mechanisierte Brigade (ein Regiment mit leichten Panzern, eines mit Ford-Lastwagen und das dritte in Rolls Royce-Panzerwagenveteranen), eine Panzergruppe aus zwei Abteilungen des Royal Tank Corps, ein Artillerieregiment mit achtzehn Haubitzen und ein einsames Infanterie-Bataillon. Hobart machte sich mit seiner üblichen Energie an die Arbeit, sah sich aber bei jedem Schritt durch die Apathie des Hauptquartiers in Kairo behindert.
Im November 1939 wurde Hobart in Ungnade nachhausegeschickt und im folgenden März auf Halbsold gesetzt. Trotzdem sollte Hobarts Geist in einer der berühmtesten Einheiten des Zweiten Weltkriegs, den »Wüstenratten« der 7the Armoured Division fortleben.
1939 wurden die Mobilen Divisionen in Panzerdivisionen umbenannt. Die Kavallerie und das Royal Tank Corps wurden zu einem einzigen Korps, dem Royal Armoured Corps, vereinigt. Sieben Infanteriebataillone wurden zu Territorialbataillonen des Royal Tank Regiment weiterentwickelt, und zusammen mit den achtzehn inzwischen mechanisierten Kavallerieregimentern hätten sie eine starke Grundlage für eine wirkliche Panzerwaffe abgeben können. Und doch waren bei Kriegsausbruch nur zwei Panzerdivisionen vorhanden und die 1st Armoured Division war noch nicht genügend ausgebildet, um sich dem britischen Expeditionskorps anzuschließen, das im Mai 1940 das bekannte Debakel erlebte. Ein beträchtlicher Teil der verfügbaren Panzer blieb bei den Heerespanzerbrigaden, die zur Infanterieunterstützung bestimmt waren. Und doch hatte Hore-Belisha in seinem Budget für 1938–39 davon gesprochen, daß ein Expeditionskorps von neunzehn Divisionen auf den Kontinent geschickt werden solle, darunter zwei reguläre Panzerdivisionen, eine territoriale Panzerdivision und drei motorisierte Territorialdivisionen.
Liddell Hart gab jetzt seine einflußreiche Stellung bei Hore-Belisha auf. Obwohl er in seinen Memoiren ausführlich über Meinungsverschiedenheiten zwischen ihm und dem Kriegsminister berichtet – besonders wegen der Entscheidung, die Stärke der Territorialarmee zu verdoppeln und die Wehrpflicht einzuführen –, besteht kein Zweifel, daß ihre Beziehung Ärgernis erregte. In verschiedenen Kreisen war man empört, daß der Kriegsminister einen Journalisten als seinen ersten Berater verwendete, vor allem deshalb, weil Hore-Belisha den Rat Liddell Harts nicht nur in Fragen

der taktischen Ausrichtung der Armee suchte, sondern ihn unter anderem auch hinsichtlich der Besetzung höherer Ränge in der Armee um Rat fragte.

Kein Wunder, daß Liddell Hart im Mittsommer 1939 weit in den Hintergrund gedrängt worden war. Sein letzter Fanfarenstoß gerade vor Ausbruch des Krieges war ein Buch mit dem Titel *The Defence of Britain*. Darin vertrat er die Ansicht, der einzige Weg, mit einem mechanisierten Angriff fertig zu werden, sei es, eine mobile Verteidigung, gestützt auf schnellbewegliche eigene mechanisierte Kräfte aufzubauen. Das zweite Hauptthema war ein Schlag gegen die trenchardistische Doktrin der Air Force mit ihrer Bevorzugung des Bombers. Jäger und nicht Bomber seien nötig, um England im Falle eines Luftangriffs zu verteidigen.

Obwohl die Air Force der Trenchard-Doktrin verhaftet war, hatte der erste Ausbauplan der dreißiger Jahre (Plan A vom Juli 1934) ein Verhältnis von etwas mehr als drei Jägern auf fünf Bomber vorgesehen. Der Plan H vom Januar 1937 hatte das Verhältnis auf nur einen Jäger gegenüber vier Bombern verändert. In diesem Stadium wurde Dowding zum Chef der Jäger ernannt; während der nächsten zweieinhalb Jahre kämpfte er praktisch im Alleingang darum, den Anteil der Jäger wieder zu erhöhen. Der nach München übernommene Plan M zeigte, daß er teilweise Erfolg gehabt hatte, weil jetzt 1360 Bombern 800 Jäger gegenüberstanden. Allerdings war Dowding jetzt zum Erzfeind vieler Angehöriger des Air-Force-Stabs geworden. Man unternahm jede Anstrengung, ihn loszuwerden, was darin gipfelte, daß er in der Stunde seines Sieges, im Oktober 1940, entlassen wurde.

Zur Debatte stand auch die Form und die Rolle des englischen Luftwaffenbeitrags für den Kontinent. Die Franzosen wollten, daß die Briten die Bodentruppen unterstützten, indem sie sich auf die deutschen Militärbasen und Nachschublinien konzentrierten. Der Air-Force-Stab hätte den britischen Beitrag gern zu einem strategischen Bombenfeldzug gegen das Ruhrgebiet benützt, aber die Franzosen, die die Vergeltung der Luftwaffe fürchteten, waren dagegen. In der Tat hatten Studien des Luftfahrtministeriums gezeigt, daß die verfügbaren Mittel der RAF nicht hinreichten, um die deutsche Kriegsindustrie ernstlich zu schädigen. Im März 1939 kamen daher die Briten und die Franzosen überein, daß die *Advanced Air Striking Force* (AASF – Vorgeschobene Luftstreitmacht) in der Unterstützung der Bodentruppen und nicht in einer unabhängigen Rolle eingesetzt werden sollte.

»Wir werden das französische Volk nicht abschlachten lassen!«

Im Oktober 1936 erklärte Gamelin, als er bei einer Sitzung des Kriegsrats präsidierte:

»Man muß die Instrumente besitzen, um der Technik gewachsen zu sein. Die Deutschen haben die Panzerdivision erfunden, die das Werkzeug eines plötzlichen Angriffs ist, dem der Vorstoß in die Tiefe folgt ... Wir haben das Angriffsinstrument nicht ... das nötig ist, um in voller Stärke anzugreifen oder einen Gegenschlag zu führen ... Wir brauchen ein Instrument, das stärker ist als die Panzerdivision.«[25]

Das war der erste Hinweis darauf, daß das französische Oberkommando de Gaulles Vorschlag für die Bildung einer französischen Panzerstreitmacht noch einmal überdacht hatte. Obwohl die Mehrheit des Kriegsrats immer noch gegen die Idee war, befahl der Kriegsminister Daladier dem Generalstab eine Studie über Panzerdivisionen durchzuführen. Diese Studie erbrachte wenig konkrete Schlußfolgerungen außer der Feststellung, daß der leichte Renault-Panzer 35 für diese Formationen ungeeignet war.

Die Politiker, das militärische Establishment und die breite Öffentlichkeit waren immer noch von der Maginotidee gebannt, sie glaubten, daß die Stahl- und Betonbefestigungen genügten, um alles fernzuhalten, was immer die Deutschen gegen Frankreich aufbieten konnten. 1936 hatten jedoch die neuen »Taktischen Anweisungen« auch Panzergruppen vorgesehen, die für weitreichende und verhältnismäßig unabhängige Aktionen gedacht waren. Man nannte sie *Chars de manœuvre d'ensemble.* Im nächsten Jahr zog man jedoch die falschen Lehren aus dem Spanienkrieg. Man glaubte nämlich, daß die Panzerabwehrkanone dem Panzer »überlegen« sei. So betonte das Handbuch von 1937, daß Panzer wirklich selbständig nur dann eingesetzt werden könnten, wenn der Gegner bereits desorganisiert sei. Die höchste Priorität hatte immer noch die Unterstützung der Infanterie, an zweiter Stelle stand der Kampf gegen die feindlichen Panzer, an dritter und letzter die Ausbeutung von Erfolgen in Zusammenarbeit mit den *Divisions Legères Mécaniques.* Wegen der Bedrohung durch die Pak, die der Bedrohung des Infanteristen durch das Maschinengewehr gleichgesetzt wurde, stellte das Handbuch fest, daß sich die Panzer nie außerhalb der Reichweite der Artillerieunterstützung bewegen sollten.

Trotz allem beharrte Gamelin auf seinem Bemühen, das Konzept der Panzerdivisionen in Gang zu bekommen. Im Dezember 1937 brachte er seine Frage vom Jahr zuvor eine Stufe weiter, als er den Obersten Kriegsrat fragte, ob schwere Panzerbataillone als Teil der Generalreserve behalten oder in einer unabhängigen Gruppe zusammengefaßt werden sollten. Dufieux, der Inspekteur der Infanterie, der sich so hartnäckig der Idee widersetzt hatte, Panzer zu anderen Zwecken als denen der Infanterieunterstützung zu verwenden, blieb bei seiner Opposition; der Rat beschloß aber weitere Untersuchungen. Erst im Dezember 1938, also lange nach München, fiel die Entscheidung, zwei Panzerdivisionen aufzustellen, die beide 1941 bereit sein sollten.

In der Zwischenzeit war de Gaulle im November 1937 zum Kommandeur des 507. Panzerregiments mit dem Standort Metz ernannt worden. Daladier soll ihm, als er seinen Dienst antrat, gesagt haben:

»Sie haben uns mit Ihren Papierpanzern lange genug Kummer gemacht. Lassen Sie sehen, was Sie mit denen aus Metall anfangen können.«[26]

Obwohl de Gaulles Regiment Teil einer Infanteriedivision war, hatte er jetzt die Gelegenheit zu dem Versuch, seine Theorien in der Praxis zu bestätigen. Einem Freund schrieb er:

»Nach einigen detaillierten Experimenten finde ich mich mehr als je von der Vernunft meiner Ideen überzeugt, die ich zu verbreiten gesucht habe, auf die bis jetzt aber leider die Deutschen bereitwilliger gelauscht haben als meine eigenen Landsleute ... Man muß ... die französische Armee ... zu einem Instrument des ›manœuvre‹ und des Schockangriffs machen, der auf Panzern, das soll sagen, auf einem Panzerkorps, basiert. In Anbetracht seiner relativen Bedeutung und der Materialkosten, die dafür aufgewendet werden müssen, kann dieses Korps wie Marine und Luftwaffe für den Augenblick nur aus Spezialisten gebildet werden.«[27]

Seinen Einfluß auf das deutsche militärische Denken überschätzte de Gaulle ganz erheblich. *Vers l'armée de métier* hatte auf die Deutschen wenig Eindruck gemacht. Guderian las es erst 1937 und dachte dann, daß das Buch wenig Neues bringe. Auch de Gaulles Glaube, daß die Panzerstreitmacht den Vorrang sogar vor der Luftwaffe erhalten solle, zeigt, daß er die deutsche Blitzkriegsdoktrin keineswegs völlig erfaßt hatte.

In direkter Opposition zu de Gaulles Ansichten erschien 1939 ein von General Chauvineau geschriebenes Buch mit dem Titel *Invasion est-elle encore possible*? (Ist die Invasion noch möglich?). Das Vorwort stammte von keinem geringeren als Pétain. In ihm schrieb er über die Panzer:

». . . sie sind kostspielig, knapp und relativ langsam in Stellung zu bringen. Die Zeit, die sie zur Entfaltung brauchen, kann vom Gegner dazu benutzt werden, seine Reserven heranzuholen. Vor einem Wall von Panzerabwehrkanonen und Minen wäre die gepanzerte Division einem Flankenangriff auf Gnade und Ungnade ausgeliefert. . .«[28]

Chauvineau selbst trug folgende These vor:

»In Frankreich sind die Tage des Invasionskriegs in schnellem Tempo, der Bewegungskrieg genannt wird, vorbei . . . Heute, nachdem der Fortschritt die Kräfte der Verteidigung verzehnfacht hat, wird die Nation, die sich auf einen kurzen Krieg vorbereitet, Selbstmord begehen. . . . Wenn unsere Nachbarn die Idee haben, an durchgehenden Fronten Kummer zu machen . . . wird die kleine Flamme, über die sie stolpern werden, die eitle Ruhmsucht binnen weniger Wochen aus ihnen herausschlagen . . . Was die Panzer anlangt, die eine neue Epoche kurzer Kriege heraufführen sollten, so ist ihre Unzulänglichkeit offenkundig . . . Die geschlossene Front bricht den Offensivoperationen die Schwingen . . . die Furcht vor der durchgehenden Front ist ein Faktor für den Frieden geworden.«[29]

Für die Mehrzahl der Franzosen, die Zivilisten wie die Militärs, war das eine tröstliche Lektüre, die ihr falsches Gefühl der Sicherheit noch weiter stärkte. Unglücklicherweise hatten sie ebenso wie der Verfasser dieser Thesen völlig vergessen, daß die Maginotlinie nur einen Teil der französischen Grenze deckte.
In der Zwischenzeit kämpfte die französische Luftwaffe um ihre Modernisierung. Trotz der Verstaatlichung der französischen Flugzeugindustrie wurden 1939 nur 600 Maschinen im Jahr hergestellt – gegenüber 3000 deutschen. Vuillemin, jetzt Kommandeur der französischen Luftwaffe, unternahm im August 1938 auf Einladung Milchs eine Besichtigungsreise bei den deutschen Luftwaffeneinrichtungen. Milch brachte seine Doktrin der *Risikoflotte* zur Anwendung und sorgte dafür, daß Vuillemin nur die allerneuesten Maschinen zu sehen bekam. Sein sorgfältig

vorbereitetes Programm hatte auch die erwünschte Wirkung. Vuillemin sagte der französischen Regierung in privaten Gesprächen, daß sich die französische Luftwaffe nicht länger als eine Woche gegen die deutsche würde behaupten können. Insbesondere erkannte er, daß die Franzosen keinen Jäger besaßen, der modern genug war, um sich der Me 109 G oder 110 stellen zu können. Verzweifelt bestellte man in den USA 100 Curtiss Hawk 75-A-1.

Frankreich trieb 1939 in dem vollen Bewußtsein dessen in den Krieg, was Deutschland ins Feld stellen konnte. Aber immer noch wanderte der Geist von Verdun durch die Gänge des Verteidigungsministeriums. Der unvollendete Schild der Maginotlinie wurde immer noch als Frankreichs Heil hochgehalten. Es war einfach unfaßbar, daß er durchlöchert werden könnte.

So hielt es das französische Oberkommando auch nicht für nötig, etwas aufzustellen, das de Gaulles Plänen von einer Panzerstreitmacht entsprach und die Schnelligkeit, Flexibilität und Feuerkraft besaß, um einen solchen Durchbruch zu kontern. Erstens war zu viel Geld in die Maginotlinie investiert worden und zweitens sollte das französische Volk nicht denken, daß die Regierung bereit war, es einem weiteren Gemetzel wie dem von 1914–18 auszusetzen.

Die Haltung des französischen Oberkommandos kann nicht besser als in den Worten eines nicht näher bekannten französischen Generals zusammengefaßt werden, der am Ende eines Manövertags im Mai 1938 sagte: »Ich bin glücklich, einen Tag der defensiven Strategie erlebt zu haben. Denn wir werden einen defensiven Krieg führen. Wir werden das französische Volk nicht abschlachten lassen.«[30]

Risikoflotte und Stukas

Im Herbst 1937 besaß die Wehrmacht 39 Divisionen. Drei davon waren Panzerdivisionen, ihre Zahl hatte sich also seit 1935 nicht vermehrt. Trotzdem wurden in den Manövern dieses Jahres, anders als bei den Vogelsangmanövern im Jahr vorher, alle drei Panzerdivisionen eingesetzt. Sie waren von Rundstedts »blauer« Armee zugeteilt; am letzten Manövertag führten sie einen Massenangriff auf die »rote« Armee durch und drückten deren Südflanke ein. Hitler und Mussolini, die beide zugegen waren, waren tief beeindruckt. Trotzdem lief bei der neuen Waffe nicht

alles gut. Die Manöver zeigten schwere Mängel im Nachschub und dem Reparatursystem und trotz der Rügen von Lutz, dem Panzerkommandeur, geschah nichts, um diese Mängel abzustellen. Das sollte im folgenden Jahr zu ernsten Verlegenheiten führen. Die Panzerschule konnte diese Manöver aber als Beweis verwenden, daß einige der Lehren aus dem Spanischen Bürgerkrieg doch nicht gültig waren.
Der Militärkorrespondent der *Frankfurter Zeitung* drückte es in seinem Manöverbericht so aus:

». . . es war leicht zu erkennen, daß man die Erfahrungen des Spanischen Bürgerkriegs schwerlich als entscheidend für die Verwendung des Panzers in der modernen Kriegführung ansehen kann. In Spanien erfolgte niemals ein Angriff, der durch eine wirklich große Zahl von Panzern durchgeführt wurde.«[31]

Trotz des augenscheinlichen Erfolgs des Panzerkorps waren aber nicht alle überzeugt. Die meisten Angehörigen des Oberkommandos der Wehrmacht waren immer noch von dem Ausmaß der französischen und tschechischen Befestigungen beunruhigt und dachten, daß sie mechanisierte Streitkräfte bewegungsunfähig machen würden. Man zögerte weiter, allzuviel Anstrengungen auf die Mechanisierung und Motorisierung auf Kosten der konventionellen Infanterie zu verwenden, die man immer noch für die »Entscheidungsmasse« hielt. Deutschland war auf jeden Fall durch die Knappheit an Stahl und Öl in seiner Mechanisierung beschränkt.
Trotzdem war Hitler Ende 1937 bereit, seine Kräfte zu zeigen. Als erstes sah er nach Süden, auf Deutschlands alten Verbündeten aus dem Ersten Weltkrieg, nach Österreich. Bei einem Gespräch im November 1937 umriß er seinen Plan, Österreich und die Tschechoslowakei zu annektieren. Blomberg, Fritsch (der Oberbefehlshaber des Heeres) und von Neurath (der Außenminister) waren entsetzt. Sie glaubten, daß Deutschland für einen Krieg noch nicht annähernd bereit sei. Innerhalb von drei Monaten waren alle drei aus ihren Stellungen entfernt, und Hitler hatte sich anstelle von Blomberg selbst zum Oberbefehlshaber der Streitkräfte gemacht. Im März 1938 fühlte er sich stark genug, um sich Österreich vorzunehmen. Schuschnigg, der österreichische Kanzler, erhielt ein Ultimatum, alle nationalsozialistischen Tätigkeiten in Österreich zu legalisieren und die Auslands- und Wirtschaftspolitik mit der Deutschlands zu verbinden, anderenfalls drohe ihm die Invasion. Drei Armeekorps und die Luftwaffe

wurden mobilisiert. Schuschnigg wurde zum Rücktritt gezwungen, und die Deutschen marschierten in Österreich ein, ohne einen Schuß abzufeuern. Im Gegensatz zu der Annahme Blombergs und der anderen halfen Österreich weder Großbritannien, das den »Anschluß« für unvermeidlich hielt, noch Frankreich, das mitten in einer politischen Krise steckte. Das Unternehmen verlief an der Oberfläche glatt, aber Lutz' Sorge wegen der Leistungen der Panzerdivisionen bei den Manövern von 1937 war nicht unbegründet gewesen. Guderian, der neu zum Befehlshaber des XVI. Panzerkorps, das aus zwei Divisionen bestand, ernannt worden war, führte die Speerspitze des Vormarschs nach Österreich. Nach seinem eigenen Eingeständnis fielen nicht weniger als 30 Prozent seiner Fahrzeuge aus oder blieben wegen Spritmangel liegen. Jodl, der in Nürnberg aussagte, setzte die Zahlen sogar noch höher, bei 70%, an.
Die Hauptschwierigkeiten bestanden in dem Fehlen eines Systems für den Treibstoffnachschub, der Unerfahrenheit der Mannschaften, die vielfach noch in der Rekrutenausbildung steckten, und der Tatsache, daß alle größeren Reparaturen nur in den Panzerfabriken in Deutschland ausgeführt werden konnten. Ein Ergebnis davon war, daß Hitler sehr zu seinem Mißvergnügen seinen triumphalen Einzug in Wien um 24 Stunden verschieben mußte. Auf jeden Fall war bewiesen, daß die Panzerwaffe noch einen weiten Weg vor sich hatte, ehe man sie für einen Krieg – besonders von der Art, wie ihn Hitler führen wollte – bereithalten konnte.
Binnen eines Monats nach dem Anschluß richtete Hitler seine Aufmerksamkeit auf die Tschechoslowakei. Pläne für eine Invasion in die Tschechoslowakei waren schon im Juni 1937 von Blomberg unter dem Decknamen »Fall Grün« aufgestellt worden. Blomberg hatte für den Fall eines Krieges im Osten vorgeschlagen:

»Um den bevorstehenden Angriff einer überlegenen feindlichen Koalition abzuwehren, kann der Krieg im Osten mit einer überraschenden deutschen Operation gegen die Tschechoslowakei beginnen. Die politischen und völkerrechtlichen Voraussetzungen für ein derartiges Vorgehen müssen vorher *geschaffen sein.«*[32]

Die »Rechtfertigung« für diese Aktion war die Existenz von dreieinhalb Millionen Deutschen im Sudetenland. Die örtliche Nazipartei wurde nach dem »Anschluß« ermutigt, eine separate Autonomie für das Sudetenland und eine Änderung der tschechischen Außenpolitik zu fordern. Im Sommer 1938 hatte es den Anschein, als ob Hitler einen blitzartigen Schlag gegen die Tschechoslowakei vorbereite.

Für eine Invasion, die am 1. Oktober beginnen sollte, wurden detaillierte Pläne ausgearbeitet. Dabei wurde auch eine Steigerung der Produktion in der Flugzeugindustrie durch die Einführung des Zehnstunden-Arbeitstags erreicht. Zwölfhundert Bomber und Jäger wurden für die Operation bereitgestellt. Zusätzlich erhielt die 7. Luftlandedivision 250 Ju 52 für Angriffe auf tschechische Befestigungen zugewiesen.

Noch bezeichnender war eine Demonstration Mitte August auf dem Artillerieübungsplatz Jüterbog, wo schwere Artillerie Betonimitationen der tschechischen Befestigungen beschoß, um dem Oberkommando der Wehrmacht zu zeigen, daß diese Befestigungen nicht undurchdringlich waren. Angesichts der bestehenden Verträge zwischen Frankreich, der Sowjetunion und der Tschechoslowakei bestand jetzt aber eine viel realere Gefahr als zur Zeit des »Anschlusses«, daß Hitler in einen Krieg gegen die UdSSR, Frankreich und Großbritannien verwickelt wurde. Angesichts der fortwährenden Neutralität Polens, Belgiens und Hollands glaubte man aber, daß die Sowjetunion und Großbritannien schon aus geographischen Gründen keine effektiven Vergeltungsmaßnahmen ergreifen könnten. Man glaubte auch, daß Vuillemins Besuch in Deutschland im August 1938 Frankreich von allen Versuchen abhalten würde, Deutschland entgegenzutreten; deshalb war Hitler darauf vorbereitet, den Bluff der Beschützer der Tschechoslowakei in Ost und West platzen zu lassen.

Schließlich gaben die Alliierten Hitler in München *carte blanche*, ins Sudetenland einzumarschieren; im folgenden März beseitigte Hitler die Rumpf-Tschechoslowakei durch einen »friedlichen« Einmarsch in Prag. Neben den strategischen und territorialen Gewinnen konnte er auch die hochqualifizierte tschechische Rüstungsindustrie in Besitz nehmen.

In der Zwischenzeit war die Panzerwaffe vergrößert worden. Im Januar 1939 bestanden fünf Panzerdivisionen, vier Leichte und vier Infanteriedivisionen (mot.). Die Leichten Divisionen waren aus den Modernisierungsbestrebungen der Kavallerie entstanden. Ihre Hauptaufgabe war die mittlere Aufklärung, deshalb bestanden sie aus vier motorisierten Schützenbataillonen, einer Abteilung PzKw II mit etwa 90 Panzern, sowie Aufklärungs-, Pionier- und Artillerieeinheiten.

Es gab aber Beweise dafür, daß Hitler – entweder als Ergebnis der Fehlkalkulationen, die nach dem Spanischen Bürgerkrieg angestellt wurden oder wegen der logistischen Probleme der Panzerdivisionen – nicht daran

glaubte, daß massierte Panzer unverwundbar seien. Auf einer Konferenz Ende August 1938, bei der die Frage der Tschechoslowakei erörtert wurde, deutete er an, er glaube, daß der Panzer als Angriffswaffe nicht so mächtig sei, wie sie das gewesen war, und daß sie nur gegen einen bereits desorganisierten Feind wirksam sein würde. Zur Abwehr eines möglichen französischen Vergeltungsschlages während der Besetzung der Tschechoslowakei stellte Hitler daher auch keine Panzer bereit, sondern verließ sich ganz auf eine Konzentration von Panzerabwehrgeschützen und das Verlegen von Panzerminen. Andererseits konnte er es sich auch gar nicht leisten, die beschränkte Zahl seiner Panzer zu zersplittern. Hitlers Zweifel hinsichtlich der Wirksamkeit der Panzerwaffe im Angriff zeigten sich nicht in Polen, das man für einen schwachen Gegner hielt, der durch Überraschung erledigt werden konnte, aber dafür um so deutlicher beim Einmarsch in die Niederlande.
Nicht das gesamte deutsche militärische Denken war in den späteren dreißiger Jahren auf den Angriff gerichtet. 1936 veröffentlichte der General der Artillerie, Ritter von Leeb, der beim Angriff auf die Sowjetunion die Heeresgruppe Nord führen sollte, in der Zeitschrift *Militärwissenschaftliche Rundschau* eine Abhandlung über die Defensive. Die Abhandlung erschien zwei Jahre später, zum Buch erweitert unter dem Titel *Die Abwehr.* Von Leebs These war, daß der Blitzkriegform der Offensive durch eine ähnliche Art der Abwehr begegnet werden müsse.

»Die operative Abwehr muß der Drohung der Offensive dadurch begegnen, daß sie die gleichen Waffen und die gleichen Mittel benützt. Je stärker und beweglicher ihre Panzer- und Luftformationen sind, desto besser kann sie sich unter Ausnützung des Elements der Überraschung einem beweglichen Gegner stellen.«[33]

Er argumentierte, daß Panzer und Luftwaffe die Abwehr ebenso unterstützten wie den Angriff. Sie verhinderten, daß die Abwehr lediglich zu einem Stellungskrieg wurde wie die Westfront 1914–18. Zusätzlich dazu versahen die neuen Waffen die Generale ». . . mit einer größeren Kombination von Kräften und mit mehr Handlungsfreiheit. Sie werden dazu tendieren, die Gefahr der Lähmung an der Front zurückzuweisen.«[34]
In seinen Argumenten wurde von Leeb von einer Anzahl seiner Landsleute unterstützt. Einer von ihnen, Oberst Förtsch, schrieb, daß eine starke Reserve für die Verteidigung wesentlich sei und daß diese aus starken For-

mationen der Luftwaffe und Panzern bestehen müssen, denn »sie kommen, als neue Angriffswaffe erdacht, der Defensive im großen genauso zugute wie der Offensive«.[35] Und doch wies er darauf hin, daß der Abnützungskrieg von 1914–18 noch nicht tot sei.

»Kampfpausen, durch beiderseitige Erschöpfung hervorgerufen, können zur Erstarrung der Fronten führen, wie wir sie im Weltkrieg erlebten.«[36]

Innerhalb der Wehrmacht lag die Betonung in der Ausbildung auf dem Angriff. Auch die Verteidigung wurde geübt, sie wurde jedoch nur als eine zeitweilige Phase angesehen, während der Rückzug, diese schwierigste aller militärischen Operationen, kaum berührt wurde.
Obwohl die Luftwaffe im wesentlichen zu Operationen zur Unterstützung der Wehrmacht verpflichtet war, machte sie sich neuerlich Gedanken über die Notwendigkeit eines strategischen Bombers. Mitte der dreißiger Jahre, besonders nach dem Tode Wevers, war die Idee eines strategischen oder »Ural«-Bombers verblaßt, als dessen Hauptaufgabe man Angriffe auf die sowjetischen Industriegebiete jenseits des Urals gesehen hatte. Die Gründe dafür waren dreifacher Natur. Erstens hatte man Ende 1935 in den unmittelbaren Nachbarn Deutschlands die potentiellen Gegner gesehen, daher erschien ein Langstreckenbomber nicht mehr notwendig. Zweitens war die Zahl entscheidend, wenn man der »Risikoflotte« als Abschreckung Glaubwürdigkeit verleihen wollte. Man konnte viel mehr zweimotorige Bomber bauen als schwere viermotorige, und schon deshalb verlor Hitler das Interesse an diesen. Schließlich war Udets Konzept der Sturzkampfbomber übermächtig geworden.
Die Planung für den Fall Grün hatte jedoch auch eine mögliche Reaktion Englands und Frankreichs in Rechnung gestellt. Großbritannien konnte wirksam nur aus der Luft angegriffen werden. General Felmy, der 1938 mit einer Studie über die Bedürfnisse eines Kriegs gegen Großbritannien beauftragt wurde, zog den Schluß, England könne nur angegriffen werden, wenn die Luftwaffe vorgeschobene Basen in Belgien und den Niederlanden errichtete. Die existierenden Luftwaffenbomber hatten nur einen Aktionsradius von 690 Kilometern mit einer Bombenlast von einer halben Tonne. Als Ergebnis der Studie ließ Udet die Arbeit an einem neuen viermotorigen Bomber, der He 177, beginnen; er sollte die Do 19 und Ju 89 ersetzen, die 1937 endgültig aufgegeben wurden.
Unglücklicherweise bestand Udet darauf, daß dieser Bomber auch sturz-

kampffähig sein sollte, und die dadurch verursachten technischen Schwierigkeiten hatten zur Folge, daß die Luftwaffe den viermotorigen Bomber erst 1942 und auch dann nur in geringer Zahl in Dienst stellen konnte. Gleichzeitig ließ sich Udet von der Ju 88, ursprünglich einer Idee Wevers, mitreißen. Mit einem Aktionsradius von fast 1600 Kilometern und einer Bombenlast von zwei Tonnen wurde er in den letzten Entwicklungsstadien in einen Sturzkampfbomber umgewandelt. Göring bestand dann darauf, daß die Ju 88 die He 111 als Standardluftwaffenbomber ersetzen sollte, sie erhielt dafür auch die höchsten Prioritäten.
Trotz der Bemühungen der Luftwaffe, eine strategische Kapazität zu erhalten, beschränkte das Beharren auf dem Sturzkampfbomber und der Quantität im Gegensatz zur Qualität die Rolle der Luftwaffe noch mehr.

Das Panzergefecht am Chalchin-Gol

In Rußland schwebten die Schatten von Stalins Säuberungen über den Streitkräften. Die Fernostarmee unter Blücher aber sollte jetzt zeigen, daß die Doktrin Tuchatschewskis auf dem richtigen Weg gewesen war. Im Jahre 1931 waren die Japaner in die Mandschurei eingefallen und hatten den Marionettenstaat Mandschukuo errichtet. Nach Ansicht der sowjetischen Führer war es durchaus wahrscheinlich, daß die Japaner ihre Aufmerksamkeit nun auf den sowjetischen Satellitenstaat der Äußeren Mongolei oder sogar Rußlands fernöstliche Gebiete richten würden.
Deshalb hielt man die Fernostarmee stark und versah sie mit den modernsten Waffen. 1936 war sie auf 20 Schützen- und drei Kavalleriedivisionen mit etwa 900 Panzern angewachsen; Mitte 1938 wurde sie in drei unabhängige Armeen aufgeteilt. Im August 1938 fiel eine japanische Kolonne in sowjetisches Territorium an der mandschurischen Grenze im Raum des Kasansees ein. Obwohl der folgende Zusammenstoß eine konventionelle Frontalschlacht war, die zu einer Zurückweisung der Japaner führte, konnten aus der Aktion gewisse Lektionen gezogen werden, die bewiesen, daß die in den Felddienstvorschriften von 1936 vorgetragenen Ideen doch richtig waren. Es hatte sich gezeigt, daß die Luftwaffe allein gegen einen eingegrabenen Gegner unwirksam war, daß allein operierende Panzer eine Beute der Paks wurden und daß die Einnahme vorbereiteter Verteidigungsstellungen eine Aufgabe für kombinierte Waffen war. Bisher waren die Einkesselungsoperationen, die sich Tuchatschewski in dem Vertrauen

auf die mechanisierten Streitkräfte vorgestellt hatte, noch nicht zur Geltung gekommen.
Stern, der Blüchers Kommando übernahm, als dieser in den letzten Phasen des kurzen Feldzugs liquidiert wurde, zog daraus die politisch akzeptable Lektion:

»... die Aktion am Kasansee hat wieder einmal bestätigt, daß die organisatorische Struktur der Roten Armee im Grunde richtig ist. Sie hat die Tatsache bestätigt, daß neben einer mächtigen technischen Ausstattung – Flugzeuge, Artillerie und Panzer – eine starke und gut ausgebildete Infanterie von höchster Wichtigkeit für den militärischen Erfolg ist und weiterhin die hauptsächliche und entscheidende Waffengattung bleibt.«[37]

Man könnte aufgrund dieser Äußerungen vermuten, daß auch die Fernostarmee nach den Säuberungen zu der Ansicht gelangt sei, die Panzer stellten nur eine Hilfswaffe für die Infanterie dar. Der Kasansee hatte jedoch bewiesen, daß sich der Ausbildungsstand der sowjetischen Panzerbesatzungen verbessert hatte. Das Tagebuch eines japanischen Bataillonskommandeurs, der in den Kämpfen fiel, berichtet:

»Wir hatten sehr unter den sowjetischen Panzern zu leiden. Sie nützten das Gelände aus, um nahe heranzukommen und auf uns zu schießen. Das Feuer war schrecklich und sehr genau. Die sowjetischen Panzer paßten sich dem Gelände an und zeigten oft nur ihre Türme, wenn sie feuern wollten. Unser eigenes Feuer war nicht wirksam genug.«[38]

Das folgende Jahr bewies, daß Tuchatschewskis grandiose Taktik noch nicht völlig ignoriert wurde. Im Mai 1939 unternahmen die Japaner einen weiteren großen Einfall; dieses Mal besetzten sie ein Stück der Äußeren Mongolei, das zwischen der Grenze der Mandschurei und dem Chaltin-Fluß lag. In den nächsten drei Monaten wurden die Kräfte auf beiden Seiten fortlaufend verstärkt. Im August hatte Schukow, der in den Jahren 1942–45 einer der Architekten des russischen Siegs an der Ostfront werden sollte, 35 Schützenbataillone, 20 Kavallerieschwadronen, 500 Panzer und 500 Flugzeuge versammelt. Obwohl viele der Panzer nach der nachtuchatschewskischen Doktrin auf die Infanterie aufgeteilt waren, behielt Schukow eine selbständige Panzerbrigade zurück.

Die Japaner hatten sich gut eingegraben, sie verfügten über 25 Schützenbataillone, 17 Kavallerieschwadronen, 180 Panzer und 450 Flugzeuge. Da nach der Daumenregel der Angreifer im Verhältnis 3:1 stärker sein sollte als der Verteidiger, schienen die Japaner in einer guten Position.
Am 20. August griff Schukow auf der ganzen Front an; anders aber als am Kasansee, wo alle Angriffe frontal erfolgt waren, verwandte er seine selbständige Panzerbrigade dazu, die Front der Japaner an den äußersten Flügeln zu durchbrechen. Dann führte er eine doppelte Umfassungsbewegung vom Tuchatschewski-Typ durch und schnitt die japanischen Truppen von ihren Verbindungslinien in die Mandschurei ab. Er benutzte auch seine Luftstreitkräfte, um die Japaner daran zu hindern, Verstärkungen heranzuführen und den russischen Panzerring zu durchbrechen. Am 31. August waren die Japaner über die Grenze zurückgetrieben, sie ließen 40000 Mann an Verlusten zurück, während ihre Gegner nur 10000 Mann eingebüßt hatten.
Das hätte eine Rechtfertigung der Ideen Tuchatschewskis sein können, daheim in Moskau sah es aber Stalin nicht so. Die Zerschlagung der mechanisierten Formationen dauerte an, bis die vier Panzerkorps und 25 Panzerbrigaden von dem Höhepunkt von 1937 im Jahre 1940 auf 38 mechanisierte Brigaden reduziert waren, die restlichen Panzer wurden auf die konventionelle Infanterie verteilt. Das ganze Konzept des Blitzkriegs wurde als »bourgeoiser Unsinn« verworfen.
Die Lektionen, die die Rote Luftwaffe aus dem Spanischen Bürgerkrieg mitbrachte, glichen insofern denen der Deutschen, als der Wert einer engen Unterstützung der Bodentruppen anerkannt wurde. Der Glaube an die strategische Bombardierung verblaßte jedoch. Kein schwerer russischer Bomber war in Spanien eingesetzt worden, und die deutschen Versuche, Ziele weit hinter der Front anzugreifen, hatten besonders auf die Zivilbevölkerung nicht die gewünschte Wirkung gehabt. Stalin selbst hatte endgültig auf jeden Gedanken an den Douhetismus verzichtet, als er in seiner Rede am 1. Mai 1937 erklärte:

»Wer immer glaubt, daß wir einen Krieg allein mit einer starken Luftwaffe gewinnen können, täuscht sich gewaltig. Wenn wir in der Geschichte zurückblicken, können wir sehen, welch wichtige Rolle die Artillerie in allen Kriegen gespielt hat.«[39]

Das Ergebnis war, daß die Bomber 1939 nur 26% der sowjetischen Luftflotte ausmachten; gegen 1935 bedeutete das einen Rückgang von 4%. Wenn sich jedoch die Zahl der Bomber nicht stark geändert haben mochte, so hatte man doch keine Anstrengungen gemacht, neue Bombertypen zu konstruieren, was der Sowjetunion 1941 teuer zu stehen kommen sollte.

». . . den Geist so beweglich wie die Maschinen zu machen«

Genauso wie andere Nationen zogen auch die Vereinigten Staaten aus dem Spanischen Bürgerkrieg falsche Schlüsse. General Malin A. Creig, der 1935 MacArthurs Nachfolger als Stabschef geworden war, erklärte 1938 in seinem Jahresbericht an den Kriegsminister:

»Die gegenwärtigen Operationen in Spanien und China illustrieren von Tag zu Tag die stark vergrößerte Macht der neuen Verteidigungswaffen. Sie haben der Verteidigung die Überlegenheit wiedergegeben, die sie mit dem Einsatz der neuen Offensivwaffen (Panzer und Flugzeuge) verloren zu haben schien. Hauptsächlich wegen dieser neuen Defensivwaffen stellen wir fest, daß die gegenwärtigen Operationen die historische Erfahrung erneut bestätigen, daß die Infanterie der Kern und die wesentliche Substanz der Armee ist. Sie allein kann eine Entscheidung erringen. Alle anderen Waffen sind nur Hilfswaffen, deren Nützlichkeit an der Unterstützung gemessen wird, die sie der Infanterie zu geben vermögen.«[40]

Das geschah zu einer Zeit, als die »Panzerschule« in den Vereinigten Staaten sich auf dem Vormarsch befand. Die 7th Cavalry Brigade (Mechanised) war offiziell zwar schon 1932 ins Leben gerufen worden, wurde aber erst jetzt endlich in der Form von zwei mechanisierten Kavallerieregimentern mit je 56 Kampfwagen Wirklichkeit. Unterstützt wurden diese durch ein Artillerieregiment mit traktorgezogenen 75 mm-Haubitzen. Vorläufig wurde ihnen keine Infanterie zugeteilt, schließlich war sie aber auch offiziell dazu bestimmt, die traditionellen Aufgaben der Kavallerie, begrenzte Aufklärung und Streifzüge, zu übernehmen.

Bereits zwei Jahre früher hatte der Kommandeur des VI. Korps bei seinem Bericht über die Manöver der Armee gesagt, daß mechanisierte Kräfte in der Verteidigung fähig seien, den Angreifer dadurch zu blockieren, »daß sie schnelle Bewegungen ausführen, die in rascher Folge viele entscheidende Punkte bedrohen und den Angreifer zwingen, Truppen von seiner

Hauptstoßrichtung abzuzweigen«[41]. So bestätigte er die Eignung von mechanisierten Streitkräften in der »indirekten Methode«.
Die Schwierigkeit bestand darin, daß Van Voorhis und Chaffee mit dem Rest der Armee uneinig waren, wie die mechanisierte Kavallerie eingesetzt werden sollte. Der Rest der Kavallerie und die Infanterie sahen in der mechanisierten Kavallerie ein Mittel, die Pferdekavallerie zu unterstützen, wie die Infanteriepanzer die Infanterie zu Fuß unterstützen sollten. Kein Wunder, daß Van Voorhis in einer Vorlesung am Army War College 1937 ziemlich bedauernd erklärt, während die Stärke der mechanisierten Einheiten in ihrer Beweglichkeit und Feuerkraft liege, die schnelle Entscheidungen notwendig machten, sei es

». . . bei der Entwicklung dieser Fähigkeit eines der größten Probleme, die Beweglichkeit des Geistes der Beweglichkeit der Maschinen gleichwertig zu machen.«[42]

Van Voorhis Gesinnungsgenossen in England und Frankreich hätten diese Worte damals zweifellos unterschrieben. Besonders frustrierend war die Haltung des Chefs der Kavallerie, John Herr, der im März 1938 sein Amt übernahm. Obwohl er grollend die Mechanisierte Kavalleriebrigade akzeptierte, legte er fest, daß eine Ausweitung auf Kosten der Pferdekavallerie nicht in Frage komme. Generalmajor Harmon, der während des Zweiten Weltkriegs die 1. und 2. Armoured Division mit Auszeichnungen führte, berichtet von einem Gespräch, das er mit Herr führte:

»Am Ende meiner Dienstzeit beim Generalstab wurde ich zu General John Herr, dem Chef der Kavallerie, befohlen, der mich großzügig fragte, welchem Truppenteil ich gern zugeteilt werden wolle. Für uns beide war es ein peinliches Gespräch. General Herr, der zu mir immer freundlich gewesen war, glaubte immer noch, daß das Pferd auf dem Schlachtfeld eine wichtige Rolle zu spielen habe. Ich war anderer Ansicht. Es schmerzte mich genauso wie ihn, als ich sagte, ich wolle zu den Panzern gehen, weil ich etwas über den neuen Typ der Kampfführung lernen wolle. General Herr sagte mir, daß ich vom Büro des Chefs der Kavallerie keine Freundschaft mehr zu erwarten habe.«[43]

Patton, der vielleicht eine klügere Haltung hinsichtlich seiner Zukunft einnahm, hieß Herrs Amtsantritt willkommen, indem er ihm drei Prototypen eines kombinierten Bajonett-Säbels, den er für die Kavallerie entworfen hatte, vorlegte. Binnen drei Monaten war Patton zum Oberst befördert und erhielt das Kommando des 5. Kavallerieregiments. Die Zeit für seine Rückkehr zu den Panzern war noch nicht gekommen. Gleichzeitig machte die Entwicklung der Panzer aber einen Schritt in die richtige Richtung. Einer der wenigen richtigen Schlüsse, die die Amerikaner aus dem Krieg in Spanien gezogen hatten, war der, daß der leichte Panzer außer für die Aufklärung auf dem Schlachtfeld von wenig Wert war. Deshalb folgte 1938 die Entscheidung, sich auf die Entwicklung des mittleren Panzers zu konzentrieren.

Obwohl die Entwicklungen in Europa und China der Regierung Präsident Roosevelts wachsende Sorgen machten, blieben die Vereinigten Staaten weiterhin unsicher, wen sie für potentielle Feinde halten sollten, besonders solange die Isolationspolitik bestimmend war. Die Planungsschwierigkeiten der Streitkräfte faßte General George G. Marshall zusammen, als er im Oktober 1938 eine Rede vor der Taktischen Schule der amerikanischen Luftwaffe hielt:

»Die größte Schwierigkeit des Kriegsministeriums ist die Bestimmung der besten Organisation für die Armee innerhalb der Grenzen der verfügbaren Mittel . . . Bei uns machen es die geographische Lage und die internationale Situation buchstäblich unmöglich, definitive Antworten auf Fragen zu finden wie: Wer wird im nächsten Krieg unser Gegner sein? Auf welchem Kriegsschauplatz wird dieser Krieg ausgefochten und was werden zu dieser Zeit unsere nationalen Ziele sein? Diese Unsicherheiten führen unvermeidlich zu dem Schluß, die einzige vernünftige Politik, der wir folgen können, ist die, eine konservativ ausgeglichene Streitmacht für den Schutz unseres eigenen Territoriums gegen jede mögliche Drohung während der Periode zu behalten, bis die gewaltigen aber latenten Hilfsmittel der Vereinigten Staaten an Menschen und Material mobilisiert werden.«[44]

5 Die neuen Waffen im Einsatz

Panzervorstoß nach Polen

Zwei Wochen nach dem Einmarsch der deutschen Truppen in Prag gab der britische Premierminister Chamberlain bekannt, England habe sich im Fall eines deutschen Angriffs auf Polen zur Hilfeleistung für Polen verpflichtet. Die Beschwichtigungspolitik, die das Großbritannien der dreißiger Jahre betrieben hatte, war vorüber.

Dieser Schritt erbitterte Hitler, der gehofft hatte, das im Vertrag von Versailles verlorene Danzig sowie Bahn- und Straßenverbindungen nach Ostpreußen ohne eine Kriegsdrohung zurückzuerhalten. Am 3. April 1939 befahl er – nachdem Polen jetzt ermutigt war, sich seinen Forderungen zu widersetzen –, daß die Wehrmacht am 1. September zum Angriff bereit war. Die Weisung erhielt den Kodenamen »Fall Weiß«. Hitler erklärte darin:

»Die Isolierung Polens wird um so eher auch über den Kriegsausbruch hinaus erhalten bleiben, je mehr es gelingt, den Krieg mit überraschenden, starken Schlägen zu eröffnen und zu schnellen Erfolgen zu führen . . .«

Der der Wehrmacht erteilte Auftrag lautete ». . . die polnische Wehrmacht zu vernichten. Hierzu ist ein überraschender Angriffsbeginn anzustreben und vorzubereiten.«[1]

Während die militärische Planung voranschritt, hielt Hitler Polen auf der diplomatischen Front isoliert, indem er mit seinen Nachbarn eine Reihe von Nichtangriffspakten schloß. Den Höhepunkt bildete ein auf zehn Jahre geschlossener Nichtangriffspakt mit der Sowjetunion, der trotz englischer und französischer Bemühungen um ein ähnliches Abkommen am

23. August 1939 in Moskau unterzeichnet wurde. Damit waren die Voraussetzungen für das erste Blitzkriegs-Unternehmen des Zweiten Weltkriegs geschaffen.

Am 15. Juni hatte Hitler den militärischen Plan für den »Fall Weiß« vom Oberbefehlshaber von Brauchitsch erhalten. Von Brauchitsch hatte Hitlers Ziel dahingehend ausgearbeitet, daß er die Vernichtung der polnischen Streitkräfte durch zwei Heeresgruppen westlich der Linie Weichsel – Narew vorsah. Bocks Heeresgruppe Nord, bestehend aus der Dritten und der Vierten Armee, sollte nach Ostpreußen durchstoßen und dann nach Süden auf Warschau eindrehen. Die Heeresgruppe Süd unter von Rundstedt, bestehend aus der Achten, Zehnten und Vierzehnten Armee, sollte durch Schlesien vorgehen und die Weichsel beiderseits Warschau erreichen. Von Brauchitsch plante also eine gigantische doppelte Einkesselung. Wenn die polnischen Streitkräfte einmal in diese, durch zwei Heeresgruppen geschaffene Falle gegangen waren, konnte ihre systematische Vernichtung in Angriff genommen werden. Den Deutschen standen für den »Fall Weiß« insgesamt 40 Infanterie-, sechs Panzer-, vier leichte und vier motorisierte Divisionen zur Verfügung.

Zwei Panzer- und zwei motorisierte Divisionen waren der Armeegruppe Nord zugeteilt, bis auf eine Panzerdivision wurden sie alle dem von Guderian befehligten XIX. Korps unterstellt. Es muß jedoch betont werden, daß sich die Wehrmacht, von den mechanisierten und motorisierten Formationen abgesehen, noch stark auf die Beine der Infanteristen und auf den pferdebespannten Transport stützte. Nur die Spitze des Schwerts war gepanzert und motorisiert. Daß daher die Verkehrsabteilung im OKH wegen des kommenden Kriegs – besonders falls er Deutschland in einen weiteren Konflikt als nur den mit Polen zog – pessimistisch war, nimmt nicht Wunder. Ihr Chef erklärte im Juni 1939 unverblümt: »Auf dem Gebiet des Verkehrs ist Deutschland z. Zt. noch nicht kriegsbereit.«[2]

Der Beitrag der Luftwaffe zu dem »Fall Weiß« bestand im wesentlichen aus Kesselrings Luftflotte 1 und Löhrs Luftflotte 4. Das bedeutet eine Gesamtsumme von etwa 1300 Maschinen, hauptsächlich He 111, Ju 87, Me 109 und Me 110. Zusätzliche 400 Maschinen blieben direkt unter Görings Befehl oder wurden dem Heer zugeteilt. Bei den letzteren handelte es sich jedoch in erster Linie um Aufklärer und Verbindungsflugzeuge.

Die Luftwaffe hatte zwei Hauptaufgaben. In erster Linie sollte sie die sofortige Luftherrschaft erringen; um das zu erreichen, beabsichtigte man, die polnischen Luftstreitkräfte am Boden zu überraschen. Die Prioritätsziele waren daher die polnischen Flugplätze. Wenn die Luftherrschaft errungen war, sollte die Luftwaffe ihre Aufmerksamkeit der Unterstützung des Heeres und der Marine zuwenden. Nicht beabsichtigt war jedoch ein Einsatz zur engen Bodenunterstützung* mit Zielen im unmittelbaren Kampfraum, sondern mehr eine Sperraufgabe, wobei sie Ziele hinter der Front des Gegners angreifen sollte, um seine Verbindungslinien zu stören und so die Bewegungen von Truppen und Nachschub zu verhindern. Wenn sie nicht damit beschäftigt war, sollte die Luftwaffe Angriffe auf die polnische Kriegsindustrie durchführen; kategorisch wurde jedoch festgelegt, daß Angriffe auf zivile Ziele untersagt waren. Die Methoden Douhets sollten nicht angewandt werden.

Die Panzerdivisionen mochten inzwischen einige der Probleme beseitigt haben, die sich bei der Besetzung Österreichs und der Tschechoslowakei gezeigt hatten, die Luftwaffe war jedoch nicht so zuversichtlich. Spanien war für sie ein nützliches technisches Laboratorium, im Bereich der Taktik aber war sie nicht weitergekommen. Kesselring schreibt:

»Krieg war für uns Luftwaffensoldaten ›Luftkrieg‹, für den es außer den Einzelerfahrungen in Spanien keine aus der Praxis geschaffene operative Lehre gab. Nach bestem Wissen wie in phantasievoller Einfühlung hatten wir die Grundsätze entwickelt und Führung und Truppe danach ausgebildet. Völkerrechtliche Bestimmungen über den Luftkrieg gab es nicht . . .«[3]

Die Situation, der sich die Polen gegenübersahen, war wesentlich schlechter. Nach der Besetzung der Tschechoslowakei hatten die Polen mit Deutschland eine gemeinsame Grenze von etwa 2800 Kilometern. Beide Flanken waren für eine Invasion offen, von Pommern im Norden und der Tschechoslowakei im Süden. Zur Verteidigung ihres Landes konnten die Polen 30 Infanteriedivisionen, 11 Kavalleriebrigaden, aber nur zwei motorisierte Brigaden und eine einzige Panzerbrigade ins Feld stellen. Die motorisierten Brigaden bestanden aus je einer Kompanie von Vickers 6-Tonnen-Panzern und zwei Kompanien Tanketten, einer Version des britischen Carden Lloyd Mark VI. Zusätzlich hatte jede Brigade zwei motorisierte Kavallerieregimenter (letztlich nur eine Art verlasteter Infanterie), sowie motorisierte Artillerieabteilungen, 37 mm-Panzerabwehrkanonen und Pioniere.

---

* Nur 36 Henschel-Tiefflieger-Doppeldecker erhielten dauernd diese Aufgabe.

Die Panzerbrigade verfügte über zwei Bataillone 7-TP-Panzer, eine verbesserte Version des Vickers 6-Tonners mit einer stärkeren Panzerung und 37 mm-Kanonen mit hoher Mündungsgeschwindigkeit, sowie ein Bataillon mit Renaults 35. Zusätzlich waren achtzehn unabhängige Kompanien mit je dreizehn Tanketten den Infanteriedivisionen zugeteilt und jede Pferdekavalleriebrigade hatte eine Aufklärungsschwadron mit dreizehn Tanketten und acht Panzerwagen. Alles in allem waren das etwa 660 Fahrzeuge, aber mit Ausnahme der 7-TP- und Vickers 6-Tonner konnten sie bestenfalls als »leichte Panzer« klassifiziert werden. Im Vergleich dazu boten die Deutschen etwa 2000 Panzer auf, obwohl die Mehrzahl der PzKw I und II nur mit einem MG bewaffnet waren. Es gab jedoch PzKw III mit einer 37 mm-Kanone und PzKw IV mit einer solchen von 75 mm.

Die polnischen Luftstreitkräfte konnten etwa 450 Maschinen gegen die Deutschen stellen, aber nur ihre 36 Los B-Bomber konnten als modern gelten. Das Rückgrat ihrer Jagdwaffe bildeten die PZL P 11c, Einsitzer mit offenem Cockpit, abgesteiften Tragflächen und einer Geschwindigkeit von lediglich 467 km/h. Trotzdem schienen die Polen überraschend vertrauensvoll in ihre Fähigkeit, den Angreifer zurückzuschlagen, sie verließen sich darauf, daß der nationale polnische Elan bei dieser Aufgabe die Maschinen ersetzen könne.

Ihr Heer organisierten sie in sieben getrennte Armeen. Fünf waren so aufmarschiert, daß sie die gemeinsame Grenze mit Deutschland decken konnten, die anderen zwei waren mit Blickrichtung auf Ostpreußen rückwärts gestaffelt. Da eine so lange Grenze zu schützen war und nur beschränkt Kräfte zur Verfügung standen, war nur an eine lineare Verteidigung zu denken.

Am 15. August wurden die deutschen Mobilmachungspläne in Gang gesetzt. Angesichts von Stalins Zusicherung, daß die Sowjetunion in dem kommenden Konflikt neutral bleiben werde, wurde das Datum für den Angriff auf den 26. August vorverlegt. Der Propagandafeldzug gegen Polen, ein Teil von Hitlers Blitzkriegtechnik, wurde immer hitziger. Britische Versuche, in letzter Minute Hitler doch noch zu einer friedlichen Lösung für das polnische Problem zu überreden, und die Tatsache, daß Mussolini »kalte Füße« bekam, veranlaßten Hitler am Vorabend der Invasion noch einen Aufschub zu befehlen. Einige Einheiten, die bereits an die Grenze herangerückt waren, erhielten die Nachricht von der Verschiebung erst spät in der Nacht des 25. August. In ein oder zwei Fällen hatten

sie bereits polnische Blockhäuser angegriffen; da aber an der Grenze in letzter Zeit bereits so viele Zwischenfälle stattgefunden hatten, achteten die Polen nicht weiter darauf.
Nach einigen weiteren Tagen verzweifelter Verhandlungen auf seiten Großbritanniens und Frankreichs gab Hitler am 31. August, 12 Uhr 30, den Befehl für den Fall Weiß.
In seiner Direktive Nr. 1, der ersten von 75, die er im Verlauf der nächsten sechs Jahre herausgab, erklärte er:

»Der Angriff gegen Polen ist nach den für den Fall Weiß getroffenen Vorbereitungen zu führen mit den Abänderungen, die sich beim Heer durch den inzwischen fast vollendeten Aufmarsch ergeben. Aufgabenverteilung und Operationsziel bleiben unverändert. Angriffstag: 1. 9. 39.«[4]

In dieser Nacht rückten die Soldaten der Heeresgruppe Nord und Süd an die Grenze heran, die sie um 04 Uhr 45 überschritten. Die Welt sollte Zeuge der »Premierennacht« des Blitzkriegs werden.
Den ersten Schlag führten Stukas, die ein polnisches Sprengkommando an einer Brücke bei Dirschau an der Weichsel angriffen. Die Brücke sollte ein wichtiges Verbindungsglied zwischen der Dritten Armee in Ostpreußen und dem Reich werden. Dieser Angriff begann um 04 Uhr 34; er war erfolgreich, hinderte die Polen aber nicht, die Brücke zwei Stunden später doch noch zum Teil zu zerstören. Obwohl die Luftwaffe das Privileg hatte, den ersten Schuß des Zweiten Weltkriegs abzufeuern, erreichte sie das Hauptziel des ersten Tages nicht. Es gelang ihr nicht, die völlige Luftherrschaft zu gewinnen. Dafür waren zwei Faktoren entscheidend. Erstens lag ein großer Teil des Kampfraums im Nebel. 1918 war der Nebel der große Verbündete der angreifenden Truppen gewesen*, an diesem ersten Tag des neuen Kriegs aber verhinderte er zumindest am Vormittag den Angriff auf wichtige Ziele. Außerdem hatten die Polen Vorsichtsmaßnahmen getroffen, um ihre kleine Luftwaffe intakt zu halten. Ein Major der polnischen Luftwaffe erklärte:

»Die deutsche Luftwaffe tat genau das, was wir erwartet hatten. Sie griff unsere Flugplätze an und versuchte, unsere Maschinen am Boden zu vernichten. In der Rückschau erscheint es ziemlich naiv, daß die Deutschen geglaubt haben, daß wir nach den Tagen der politischen Hochspannung

* Siehe oben S. 19f.

und ihren eigenen offensichtlich aggressiven Absichten unsere Einheiten an ihren Friedensflugplätzen hätten sitzen lassen. Tatsache ist, daß am 31. August keine einzige dienstfähige Maschine dort geblieben ist. In den vorausgehenden 48 Stunden waren wir alle auf Notflugplätze verlegt worden. Als Ergebnis schlug der einleitende deutsche Luftangriff völlig fehl.«[5]

So griff die Luftwaffe Flugplätze an, zerstörte Rollbahnen und Hangars und vernichtete bereits dienstuntaugliche Maschinen, sie fühlte sich in der Lage, bereits am 2. September zu melden, daß sie die polnische Luftwaffe vernichtet habe. Statt dessen warteten die Polen ab. Erst an den folgenden Tagen, als die Luftwaffe schon mit ihrer zweiten Aufgabe, der Sperre, beschäftigt war, machten sich die polnischen Flieger bemerkbar. Obwohl ihre Jäger durch die Me 109 schwer litten, trugen ihre Bomber dazu bei, den deutschen Vormarsch in den ersten Tagen aufzuhalten. Die Sperrschlachten der deutschen Luftwaffe hatten aber eine größere Wirkung, als erwartet worden war. Statt nur den Nachschub der Bodentruppen zu stören, gelang es ihr, auch den Nachschub und die Nachrichtensysteme der polnischen Luftwaffe in Unordnung zu bringen. Als Folge davon blieb die polnische Luftwaffe durch Mangel an Ersatzteilen an den Boden gefesselt, und die Befehle kamen so verzögert durch, daß die Angriffe viel zu spät angesetzt wurden, um noch Wirkung zu haben. Als Endergebnis wurden die noch verbliebenen Maschinen, 116 an der Zahl, am 17. September nach Rumänien geflogen und dort interniert.
Am Boden verliefen die Operationen geradliniger. Die Hauptstöße der Armeen wurden durch die Panzerdivisionen geführt, denen die motorisierten und die leichten Divisionen folgten. Wenn die Panzer durch Pak oder andere Hindernisse aufgehalten wurden, blieben sie stehen, bis die auf Lastautos transportierte Infanterie heran war. Wenn es nötig war, konnten sie die Luftwaffe zu ihrer Unterstützung rufen; zu diesem Zweck begleitete ein Offizier der Luftwaffe mit Funkverbindung zu der unterstützenden Luftwaffendivision jede mechanisierte Einheit. Hinter der mechanisierten Spitze folgten die konventionellen Infanteriedivisionen, deren Aufgabe es war, die Einbruchstellen zu erweitern. Für sie lohnten sich jetzt die langen harten Übungsmärsche während ihrer Ausbildung. Damit man hoffen konnte, mit den Panzern Schritt zu halten, erwartete man von ihnen, daß sie neben den Kämpfen am Tag 32–40 Kilometer zurücklegten.

Man darf aber nicht glauben, daß die Bodenoperationen völlig nach Plan abrollten und die mechanisierten Divisionen wie eine gut geölte Maschine funktionierten. Die meisten der teilnehmenden Soldaten hatten noch nie im Feuer gestanden, und während der ersten Tage gab es Fehler, Mißverständnisse und Zögern. Guderian nennt einige Beispiele bei seinem eigenen Korps. Er selbst wurde am ersten Tag beinahe durch die Artillerie einer seiner Panzerdivisionen getroffen, als er die Grenze überquerte, dabei hatte er der Artillerie ausdrücklich befohlen, nicht zu feuern. Die gleiche Division hatte Befehl erhalten, den Brahefluß 32 Kilometer hinter der polnischen Grenze zu überschreiten, dem ersten bedeutsamen Flußhindernis auf Guderians Vormarschstraße. Am Nachmittag hatte der Divisionskommandeur jedoch befohlen, am diesseitigen Ufer zu rasten, weil er nicht glaubte, an diesem Tag einen Flußübergang erzwingen zu können.

»Während der Nacht machte sich die Nervosität des ersten Kriegstages noch mehrfach geltend. So meldete die 2. (mot.) Division nach Mitternacht, daß sie gezwungen sei, vor polnischer Kavallerie zurückzugehen. Ich war zunächst sprachlos, faßte mich dann aber und fragte den Divisionskommandeur, ob er schon je gehört habe, daß pommersche Grenadiere vor feindlicher Kavallerie ausgerissen seien. Er verneinte und versicherte nun, seine Stellungen halten zu können.«[6]

Von Mellenthin, der Nachrichtenoffizier des III. Korps, das südlich von Guderians Korps operierte, berichtet von einer ähnlichen Erfahrung.

»Eine niedrig fliegende Maschine umkreiste damals unseren Korps-Gefechtsstand und jeder schoß auf sie mit allen Waffen, die nur eben zur Hand waren. Unterdes rannte ein Verbindungsoffizier der Luftwaffe von Gruppe zu Gruppe und versuchte, das Gewehrfeuer zu stopfen, indem er den aufgeregten Soldaten zuschrie, das Flugzeug sei eine deutsche Verbindungsmaschine, einer der guten alten ›Fieseler-Störche‹! Kurz darauf landete die Maschine. Und heraus stieg der für unsere Luftwaffenunterstützung verantwortliche General. Er zeigte wenig Verständnis für diesen Spaß.«[7]

Zumindest Guderian aber wußte, auf diese Anzeichen von Nervosität richtig zu reagieren. Er war der Ansicht, daß der Kommandeur einer mechanisierten Einheit die Ereignisse nur dann beeinflussen konnte, wenn er weit mit vorn war.

»Bei dieser Gelegenheit sei erwähnt, daß ich als erster Kommandierender General gepanzerte Befehlswagen benutzte, um meine Panzer auf das Gefechtsfeld begleiten zu können. Sie waren mit Funkgerät ausgestattet und ermöglichten ständige Verbindung zum Korpsgefechtsstand und den unterstellten Divisionen.«[8]

Auf diese Weise war er als Kommandeur stets auf dem laufenden über die neueste Situation und hatte gleichzeitig die Möglichkeit, an Brennpunkten die Situation persönlich zu beeinflussen. In Bewegungsschlachten mit rasch wechselnden Situationen sind die Informationen, die ins Hauptquartier zum Kommandeur gelangen, oft schon veraltet, bis sie dort eintreffen. Es ist schwierig für ihn, vernünftige Entscheidungen zu treffen, wenn er sich dabei nur auf möglicherweise überholte Informationen und die Landkarten verlassen kann. Seine Entscheidungen werden um so richtiger ausfallen, je genauer er die betreffende Situation selbst überblickt. (Bei den Sturmtruppen von 1918 hatte man das Problem dadurch gelöst, daß man untergeordneten Führern Entscheidungsbefugnisse an der Front überließ. Es blieb einfach nichts anderes übrig, wenn man den Schwung des Angriffs beibehalten wollte.) Guderians Führungsstil beschwor natürlich erhebliche Gefahren herauf. Wenn die Funkverbindung unterbrochen war, verlor er die Kommandogewalt. Außerdem bestand stets die Gefahr, daß er sich dazu verleiten ließ, die Befehlsgewalt von Kompanieführern an sich zu reißen, oder den Überblick einbüßte. Rommel, der die gleiche Methode in Nordafrika anwandte, ist z.B. kritisiert worden, weil er oft keine Funkverbindung zu seinem eigenen Hauptquartier hatte und deshalb jüngere Stabsoffiziere gezwungen waren, Entscheidungen zu fällen, die er eigentlich selbst hätte treffen müssen. Dennoch haben alle Panzerkommandeure und später auch die alliierten Kommandeure von Panzereinheiten, vor allem Patton, diese Führungsform übernommen. Oft wurden ganze Divisionen und sogar Korps von einem General an der Front kommandiert.
Trotz verschiedener Mängel und der Unerfahrenheit der Truppen, funktionierte der deutsche Plan. Am 6. September hatte Rundstedts Heeresgruppe Süd drei polnische Armeen durchbrochen oder umgangen und raste über die polnische Ebene auf Warschau zu. Im Norden hatten die

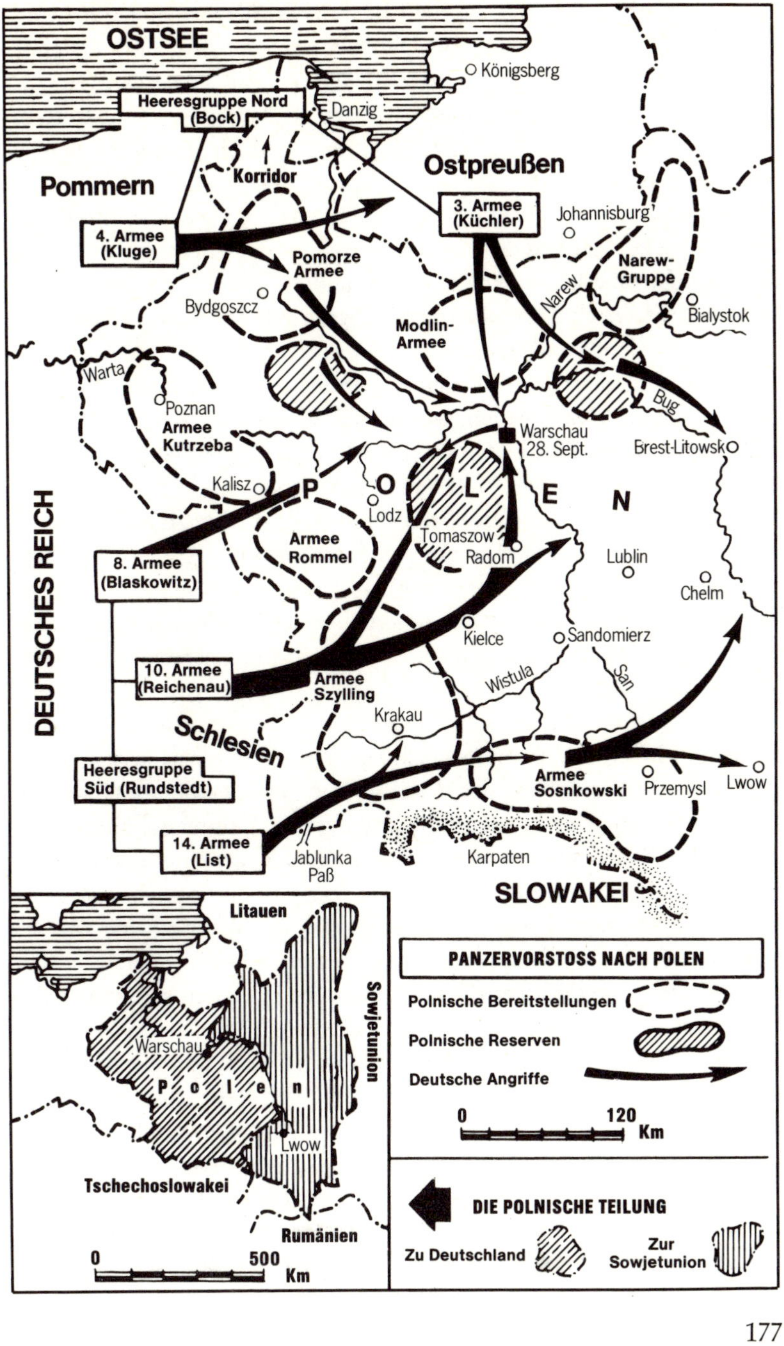
OSTSEE
Königsberg
Heeresgruppe Nord (Bock)
Danzig
Korridor
Ostpreußen
Pommern
3. Armee (Küchler)
Johannisburg
4. Armee (Kluge)
Pomorze Armee
Narew-Gruppe
Narew
Bialystok
Bydgoszcz
Modlin-Armee
Warta
Poznan
Armee Kutrzeba
Bug
Warschau 28. Sept.
Brest-Litowsk
Kalisz
P O L E N
Lodz
Tomaszow
DEUTSCHES REICH
Armee Rommel
Radom
Lublin
8. Armee (Blaskowitz)
Chelm
Kielce
Sandomierz
10. Armee (Reichenau)
Armee Szylling
Wistula
San
Schlesien
Krakau
Heeresgruppe Süd (Rundstedt)
Armee Sosnkowski
Przemysl
Lwow
14. Armee (List)
Jablunka Paß
Karpaten
SLOWAKEI
Litauen
Sowjetunion
Warschau
Polen
Lwow
Tschechoslowakei
Rumänien
0 500 Km
PANZERVORSTOSS NACH POLEN
Polnische Bereitstellungen
Polnische Reserven
Deutsche Angriffe
0 120 Km
DIE POLNISCHE TEILUNG
Zu Deutschland
Zur Sowjetunion

beiden Armeen von Bocks, die von Guderians XIX. Korps angeführt wurden, den Korridor von polnischen Truppen geräumt und damit Ostpreußen mit dem Reich verbunden. Jetzt stießen sie östlich der Weichsel nach Süden vor. Bei einem Treffen mit Guderian zeigte Hitler sich überrascht, welche Wirkung Guderians Panzer erzeugten und wie gering die eigenen Verluste waren.

Dennoch gab es eine Neigung, die Panzer etwas zu bremsen. Wenn die Panzer sich zu weit von der Hauptmasse der Truppen entfernten, wurde das deutsche Oberkommando nervös. Die Schlagkraft der Panzer wurde zwar dadurch beschränkt, aber dieses Zögern war durchaus verständlich, wenn man bedenkt, daß die Hauptmasse der Truppe zu Fuß vorrückte, was die Geschwindigkeit ihres Vormarschs erheblich einschränkte. Wenn die Panzer zu weit voraus waren, bestand die ernste Gefahr, daß sie abgeschnitten wurden. Eine beschränkte Zeit lang konnte das gutgehen, aber bald wären sie durch Treibstoff- und Munitionsmangel hilflos gewesen. Im Mai 1940 sollte sich dieses Problem noch deutlicher zeigen. Dennoch hatte die Vierte Panzerdivision in von Reichenaus 10. Armee am 8. September eine Lücke in der polnischen Abwehr dazu benutzt, den Truppen weit vorauszueilen. Nachdem sie innerhalb einer Woche mehr als 200 Kilometer vorgerückt war, erreichte sie die Außenbezirke von Warschau.

Am 10. September hatte die Armeegruppe Süd zwei größere polnische Konzentrationen östlich und südlich von Warschau umschlossen. Während die 4. Armee entlang der Weichsel vorstieß, überquerte Guderians Panzerkorps, das jetzt direkt der Armeegruppe Nord unterstellt und durch eine zweite Panzerdivision verstärkt worden war, die eine ihrer motorisierten Divisionen ersetzte, etwa 100 Kilometer nordöstlich von Warschau den Narew und stieß auf Brest Litovsk vor. Am nächsten Tag gab Marschall Rydz-Smigly den polnischen Truppen Befehl, sich nach Südosten zurückzuziehen, aber für viele polnische Einheiten kam dieser Befehl zu spät. Am 17. September traf Guderian bei Wlodawa am Bug auf die Panzerspitzen der Armeegruppe Süd und die Polen waren eingeschlossen. Die Deutschen brauchten jetzt nur noch den Kessel zu vernichten.

Jegliche Hoffnung, die die Polen gehabt haben mochten, den Kampf noch zu verlängern, wurde zerschlagen, als am 17. September die Russen die polnische Grenze von Osten her überschritten. Stalin, der von dem schnellen deutschen Vormarsch überrascht war und der Hitler trotz des abgeschlossenen Nichtangriffspakts mißtraute, wollte nicht, daß sich

deutsche Truppen an der russischen Grenze festsetzten. Er brauchte ein Stück Polen als Puffer.
Obwohl sich Warschau bis zum 27. September hielt, war der polnische Feldzug praktisch nach drei Wochen zu Ende. Der Blitzkrieg war seinem Namen gerecht geworden. Die Polen hatten eine Armee von fast 800000 Mann verloren und ihre Luftwaffe war entweder interniert oder lag vernichtet auf polnischer Erde. Die Deutschen hatten lediglich 40000 Mann verloren, darunter etwa 8000 Gefallene. Sie hatten nicht mehr als 285 Flugzeuge und 217 Panzer eingebüßt – ein kleiner Preis für einen so gewaltigen Sieg. Die Ideen, die von Liddell Hart, Fuller, Guderian, de Gaulle, Tuchatschewski und anderen Rufern in der Wüste gepredigt worden waren, hatten sich völlig bestätigt.

Die Besetzung Norwegens und der Fall Frankreichs

Die Reaktionen auf die Art, wie Hitler Polen überrannt hatte, waren im Westen seltsam gedämpft. Großbritannien und Frankreich hatten Deutschland am 3. September den Krieg erklärt. Bei der britischen Öffentlichkeit, die zwanzig Jahre lang mit dem Ruf genährt worden war, »Die Bomber kommen immer durch!«, herrschte starke Besorgnis, daß Hitler einen Luftkrieg nach den Ideen Douhets gegen London und andere Großstädte entfesseln würde. Polen war weit, genauso wie es die Tschechoslowakei gewesen war, und nur wenige glaubten, daß es möglich sei, dem Land direkt beizustehen.
Französisch-britische Stabsbesprechungen hatten im Sommer 1939 der Hoffnung Ausdruck verliehen, daß Polen in der Lage sein würde, etwa 35 deutsche Divisionen zu binden, während England und Frankreich mobilisierten und ihre Truppen entfalteten; in den ersten Kriegstagen war die britische Regierung hinsichtlich der Ereignisse in Polen sehr optimistisch. Noch am 11. September, dem Tag, an dem Rydz-Smigly den Befehl zum Rückzug nach Südostpolen gab, berichtete Ironside, der Chef des britischen Empire-Generalstabs dem britischen Kabinett:

»Die Polen liefern einen guten Kampf und verteidigen Warschau energisch. Ihre Hauptarmee ist noch intakt. Acht Divisionen stecken in dem Posener Kessel, man kann aber hoffen, daß einige davon durchbrechen können. An der Weichsel wurde eine Verteidigungslinie aufgebaut.«[9]

Erst am 14. September änderte sich der Ton von Ironsides Berichten. Bei den meisten war die schnelle Niederlage Polens noch nicht durchgedrungen. Liddell Hart, der sich schmerzlich bewußt war, daß sowohl Walter von Reichenau als auch Guderian, die beiden herausragenden deutschen Armeeführer in Polen, seine Bücher genau kannten, schrieb am 11. September beklommen an seinen Verleger:

»Die zur Zeit vorherrschende Stimmung und der ziemlich allgemeine Verlust des Sinnes für die Realitäten der Lage erwecken den Eindruck, in einem Irrenhause eingesperrt zu sein. Es ist offensichtlich unmöglich, die Wahrheit und sonst etwas zu schreiben, das einen nicht zum Mitschuldigen der Nährung gefährlicher Illusionen macht. So ist es besser, zu schweigen. . .«[10]

Fast die gleiche Haltung war in Frankreich anzutreffen. Als Daladier sich darüber Gedanken machte, ob er den Krieg erklären solle oder nicht, drückte Gamelin die optimistische Meinung aus, daß Polen lange genug Widerstand leisten würde, um zu verhindern, daß die Masse der deutschen Truppen vor dem Frühjahr 1940 nach Westen gedreht werden konnte. Tatsächlich aber begann die Verlegung bereits Ende September.

Inzwischen fuhren die Briten und Franzosen damit fort, ihre Truppen zu entfalten. Ausführliche Stabsgespräche zwischen Briten und Franzosen hatten erst begonnen, nachdem Hitler in die Tschechoslowakei einmarschiert war. Vorher hatte die britische Regierung, die weiter ihre Beschwichtigungspolitik verfolgte, die Bildung einer Art militärischer Allianz mit Frankreich nicht bekannt werden lassen wollen. Trotzdem hatte sie sich schon vor den Stabsgesprächen bereit erklärt, im Rahmen ihrer »begrenzten Verpflichtungen« britische Bomber von französischem Boden aus gegen Deutschland operieren zu lassen, bis genügend britische Langstreckenbomber zur Verfügung standen; als Beitrag zu den Landstreitkräften wollte sie sich jedoch nur zu zwei regulären Divisionen verpflichten. Bei der ersten Stabssitzung kamen die beiden Partner überein, daß die erste Phase des Krieges im Westen gegen einen Gegner, der an Land- und Luftstreitkräften erheblich überlegen, zur See und in der Wirtschaft aber schwächer war, naturgemäß defensiv sein müsse. Man würde Zeit brauchen, um eine entsprechende Kriegsmaschine in Gang zu setzen, das konnte aber nur geschehen, wenn man einen größeren deutschen Einfall in Frankreich verhindern konnte.

»Mit anderen Worten, sie mußten annehmen, daß die Alliierten Deutschland zu einer Wiederholung der statischen Kriegführung von 1914–18 zwingen konnten und zwar trotz der Tatsache, daß die Mechanisierung, die Panzer und die Luftstreitkräfte das Schrittempo des Ersten Weltkriegs überholt hatten.«[11]

Als den schwachen Punkt der französischen Verteidigung hatte man die französisch-belgische Grenze erkannt, die durch die Maginotlinie nicht gedeckt war. Es war daher durchaus wahrscheinlich, daß die Deutschen gegen Holland und Belgien losschlugen, statt sich auf die starke Maginotlinie zu werfen. Obwohl man nichts unternehmen konnte, um Holland zu retten, würde es möglich sein, jedem deutschen Angriff durch Belgien zu begegnen, ehe er französisches Gebiet erreichte, indem man ihn an der Linie des Albertkanals aufhielt. Die Schwierigkeit lag darin, daß Belgien seit 1914 eine neutrale Haltung einnahm und auf keinen Fall damit einverstanden sein würde, französische und britische Truppen auf sein Gebiet zu lassen, ehe es tatsächlich angegriffen worden war. So mußten sich die britischen und französischen Armeen damit begnügen, eine Vormarschbewegung gegen Belgien vorzubereiten, ohne eine Aufklärung durchführen oder die Stellungen vorbereiten zu dürfen, die sie besetzen mußten, wenn die deutsche Armee in diese Richtung marschierte.

Die Franzosen erwarteten, etwa 85 Divisionen mobilisieren zu können, von denen 15 zur Besetzung der Maginotlinie gebraucht wurden. Weitere 12 waren notwendig, um die französisch-italienische Grenze zu schützen. Damit blieben 58 Divisionen, die den erwarteten Vorstoß durch Belgien aufhalten sowie eine Reserve bilden sollten. Zusätzlich erklärten sich die Briten im April 1939 bereit, ihren Beitrag auf vier reguläre Divisionen zu erhöhen. Zu dieser Zeit wurde in Großbritannien die allgemeine Wehrpflicht mit dem Ziel eingeführt, eine Armee von 32 Divisionen zu schaffen.

Großbritannien hatte versprochen, seine beiden Panzerdivisionen zur Verfügung zu stellen, die erste davon wurde aber erst 1939 einsatzbereit. Bei der Unterstützung des Britischen Expeditionskorps (British Expeditionary Force – BEF) sollte auch eine Einheit der RAF mitwirken. Sie sollte aus zwei leichten Bombergeschwadern, sechs Heeres-Unterstützungsgeschwadern mit der Aufgabe der Aufklärung und vier Jagdgeschwadern, die den Luftraum schützen sollten, bestehen. Der andere RAF-Beitrag – die vorgeschobene Luftflotte – wurde durch das Bomberkommando in England kontrolliert und sollte seine Angriffe auf die deutschen Nachschublinien konzentrieren, falls die Deutschen angriffen. Diese Advanced Air Striking Force sollte aus zehn Bomber- und zwei Jagdgeschwadern bestehen. Die französische Luftwaffe umfaßte bei Ausbruch des Krieges etwa 1300 Maschinen aller Typen, aber nur 50% davon konnten als modern gelten und nur 11 waren Bomber. Sie konnte nicht mehr tun als versuchen, den Luftraum über Frankreich zu verteidigen. Man schätzte, daß Deutschland etwa 3700 Maschinen aller Typen ins Feld schicken konnte und Italien, wenn es in den Krieg eintrat, weitere 1400.

An dem Tag, an dem England den Krieg erklärte, wurde Lord Gort, ein Gardist, der sich im Ersten Weltkrieg besonders ausgezeichnet hatte, zum Befehlshaber der BEF ernannt, und die Truppenbewegung über den Kanal begann. Zwei Tage später näherten sich die Franzosen so, wie es in den Stabsbesprechungen festgelegt worden war, vorsichtig der deutschen Grenze. Zweck dieses Vorgehens war es, den Druck auf die Polen etwas zu mildern, die um einen Bombenfeldzug gegen Deutschland baten, was aber auf taube Ohren stieß. Weder die Franzosen noch die Briten waren bereit, Ziele in Deutschland zu bombardieren, und zwar aus zwei Gründen: Erstens einmal schien es, daß die Deutschen sehr darauf geachtet hatten, daß sich ihre Bombenangriffe nur auf militärische Ziele beschränkten. Diese Annahme war richtig, ein Bombenangriff auf Warschau erfolgte erst, nachdem der Stadt ein Ultimatum zur Kapitulation gestellt worden war. Zweitens wollten die Alliierten, und speziell die Franzosen, in dieser Phase des Krieges keine Vergeltung in der Form von Luftangriffen auf zivile Ziele herausfordern. Auf jeden Fall hatten die Luftstab-Bewertungen in den dreißiger Jahren festgestellt, daß das Bomberkommando erst beträchtliche Zeit nach Ausbruch des Kriegs in der Lage sein würde, eine strategische Luftoffensive gegen Deutschland zu beginnen. Tatsächlich begnügte sich die Vorgeschobene Luftflotte ursprünglich damit, Flugblätter über Deutschland abzuwerfen. Am 11. September kam der französische Vormarsch zum Stehen, die Franzosen waren an den Westwall herangerückt, das deutsche, wenn auch nicht so kunstvoll ausgebaute Gegenstück zur Maginotlinie. Der »Sitzkrieg« hatte begonnen.

Hitler hatte gehofft, die schnelle Niederlage Polens würde die westlichen Alliierten vielleicht doch noch einlenken lassen. Anfang Oktober ging er sogar so weit, Friedensfühler auszustrecken. Als darauf aber keine Reaktion erfolgte, entschloß er sich, bei der frühesten Gelegenheit im Westen anzugreifen. Seine ersten Instruktionen dazu erteilte er in der Weisung

Nr. 6 vom 9. Oktober 1939. Der Plan führte den Namen »Fall Gelb«. Wie die Alliierten in ihren Stabsbesprechungen vor dem Krieg richtig geschlossen hatten, plante Hitler eine Wiederholung des Schlieffenplans von 1914, der einzige Unterschied war der, daß sich Hitler mehr Ellbogenfreiheit verschaffte, indem er nicht nur Belgien und Luxemburg, sondern auch Holland in den Angriff einschloß. Die Offensive sollte »so stark und so frühzeitig als möglich geführt werden«.[12]
Die drei Ziele der Offensive waren die Niederlage der alliierten Streitkräfte und die Gewinnung von möglichst viel holländischem, belgischem und nordfranzösischem Raum »als Basis für eine aussichtsreiche Luft- und Seekriegsführung gegen England und als weites Vorfeld des lebenswichtigen Ruhrgebietes«. Die Aufgaben der Luftwaffe waren rein taktischer Natur, die Luftdeckung und die aktive Unterstützung der Bodentruppen, die Verhinderung von britischen Landungen und der Einrichtung anglo-französischer Luftbasen in Belgien und den Niederlanden. Von Angriffen auf die alliierte Kriegsindustrie war keine Rede, wie das vor dem Polenfeldzug der Fall gewesen war. Ein derartiger Angriff hätte nur eine Langzeitwirkung haben können, die vor Ende des kurzen Feldzugs, den sich Hitler vorstellte, noch nicht eingetreten wäre. Auf jeden Fall hätte eine Vernichtung dieser Kriegsindustrie ihre Benützung durch die Deutschen unmöglich gemacht, wenn sie sie einmal erobert hatten. »Der Zeitpunkt des Angriffs ist Abhängig von der Verwendungsbereitschaft der Panzer und Mot.-Verbände, die unter Anspannung aller Kräfte zu beschleunigen ist.« Obwohl mehrere Divisionen schon während des Polenfeldzugs nach dem Westen verlegt worden waren, rückten die motorisierten Einheiten erst Anfang Oktober ab. So erfolgreich sie aber bei ihrem Debut gewesen waren, brauchten sie doch mehrere Wochen, ehe sie für den Feldzug im Westen bereit waren. Die Fahrzeuge mußten überholt werden und ihre Besatzungen brauchten Ruhe. Wichtiger waren jedoch Änderungen in der Organisation und der Ausrüstung. Die Hauptlektion aus dem Polenfeldzug war, daß die leichten Divisionen den Anforderungen nicht genügt hatten. Für die Aufklärung waren sie zu schwerfällig, sie hatten aber nicht genug Panzer, um zu etwas anderem von Nutzen zu sein. Man traf daher die Entscheidung, sie in Panzerdivisionen umzuwandeln.
Das bedeutete, daß im »Fall Gelb« zehn derartige Divisionen zur Verfügung standen. Die ehemaligen leichten Divisionen waren aber an Panzern schwächer als die echten Panzerdivisionen, sie hatten nur drei Panzerabteilungen und im Fall der 9. Panzerdivision sogar nur zwei, im Gegensatz

zu den ursprünglichen sechs Panzerdivisionen, die jeweils vier Abteilungen Panzer besaßen.
Man hatte auch festgestellt, daß die motorisierten Divisionen ebenfalls zu unhandlich waren, sie wurden um je ein Regiment verkleinert. Ein Teil der Infanterie, die zu den Panzerdivisionen gehörten, erhielt statt der Lastautos Halbkettenfahrzeuge, damit sie den Panzern besser folgen konnten. Polen hatte auch gezeigt, daß der PzKw I, von dem es zu Beginn des Feldzugs 1400 gegeben hatte, im modernen Kampf nutzlos war, weil er zu leicht gepanzert war und nur über zwei 7,92 mm-Maschinengewehre verfügte. Der PzKw war nur zur Aufklärung zu verwenden und daher war es wichtig, den Panzerdivisionen mehr Schlagkraft zu geben. Natürlich wäre es sinnvoll gewesen, die Produktion auf den PzKw IV mit seiner 75 mm-Kanone zu verlegen, die Entscheidung fiel aber zugunsten des PzKw III mit der kleineren 50 mm-Kanone. Zusätzlich standen auch tschechische 35 t- und 38 t-Panzer zur Verfügung, die mit einer 37 mm-Kanone bewaffnet waren. Mit diesen Panzern wurden die neuen Panzerdivisionen ausgerüstet.
All das erforderte natürlich Zeit, aber Hitler war ungeduldig. Er hatte in einem geheimen Memorandum, das zur gleichen Zeit wie die Weisung Nr. 6 veröffentlicht wurde, klargemacht, daß er sich darauf verließ, daß die Panzerdivisionen den Durchbruch erzielten. Er legte auch fest, wie die Panzerwaffe eingesetzt werden sollte:

»Sie darf unter keinen Umständen in dem Gewirr der endlosen Häuserzeilen belgischer Städte verloren gehen. Es ist daher auch nicht wichtig, daß sie selbst eine Stadt angreift, sondern . . . die operative Vorwärtsbewegung des Heeres in Fluß hält bzw. durch das massierte Durchstoßen von als schwach erkannten Stellen eine Erstarrung der Fronten verhindert.«[13]

Die Generale waren jedoch pessimistisch, sie glaubten nicht, daß die Wehrmacht vor Ende 1939 bereit sein oder daß Hitlers Plan erfolgreich sein würde. Hitler schrieb ihnen jedoch das Gesetz des Handelns vor und befahl bei einer Besprechung am 27. Oktober, daß der »Fall Gelb« am 12. November in die Tat umgesetzt werden sollte.
Am 28. Oktober entschied Hitler, daß die Niederwerfung der englisch-belgischen Streitkräfte den Vorrang vor der Eroberung des Landes haben solle. Obwohl das immer noch durch einen Angriff durch die Niederlande

erreicht werden sollte, wurde der Hauptstoß, der auf der Linie Brüssel–Gent–Brügge geplant war, jetzt geteilt. Der Nordarm sollte jetzt nördlich von Lüttich zuschlagen, während der südliche westlich und südlich von Lüttich mit dem Ziel vorstoßen sollte, die alliierte Front in Richtung Reims und Amiens zu durchbrechen. Die Heeresgruppe B unter von Bock erhielt bei diesem Plan die Führungsrolle, ihr wurden alle Panzer zugewiesen. Von Rundstedts Heeresgruppe A sollte Bocks Südflanke decken, während sich von Leebs Heeresgruppe C mit einem Scheinangriff auf die Maginotlinie zufriedengeben mußte.

Von Manstein, Rundstedts Stabschef, widersprach diesem Plan, weil er der Ansicht war, daß Zentralbelgien stark verteidigt werden würde und die Alliierten den Hauptstoß durch die Niederlande erwarteten. Er vertrat die Ansicht, daß ein weit wirkungsvollerer Stoß durch die Ardennen, nördlich von Sedan, geführt werden könnte. Er wollte die Front der Alliierten aufspalten. Guderian, der aufgefordert wurde, den Plan zu billigen, stimmte zu. Obwohl die Ardennen für Panzer unpassierbar galten, schien es ihm möglich, hier einen Panzerstoß anzusetzen, vorausgesetzt, daß ihm alle Panzer zugewiesen wurden.

In der Zwischenzeit hatte Hitler eine Nebenaktion in dieser Richtung in Betracht gezogen, man stimmte zu, daß von Rundstedt eine Panzerdivision erhalten solle. Gleichzeitig gab Hitler Befehle heraus, in denen der Angriff jeweils um eine Woche verschoben wurde, weil er vielleicht erkannt hatte, daß die Wehrmacht noch nicht bereit war. Diese Befehle gipfelten in der Weisung Nr. 8 vom 20. November, in der kein neues Angriffsdatum genannt, sondern lediglich befohlen wurde, daß die Streitkräfte in höchster Alarmbereitschaft bleiben sollten. Ein Hinweis auf die wachsende Bedeutung des Mansteinplans war ein Zusatz zu dem Operationsbefehl vom 29. Oktober.

»Es sind alle Vorkehrungen zu treffen, um den Schwerpunkt der Operarasch von der H.Gr.B zur H.Gr.A zu verlegen, falls dort, wie es die augenblickliche Kräfteverteilung des Gegners vermuten lassen könnte, raschere und größere Erfolge eintreten sollten als bei der H.Gr.B.«[14]

Einige Tage zuvor hatte sich Hitler bereit erklärt, Guderians XIX. Korps, das jetzt aus drei Panzerdivisionen und einem Schützenregiment (mot.) bestand, von Rundstedt zuzuteilen.

Von Manstein war immer noch nicht zufrieden. Er ersuchte, daß die Rolle des Flankenschutzes für die Heeresgruppe B aufgegeben und daß der Heeresgruppe A eine weitere Armee unterstellt werden solle. Diese beiden Anträge wurden abgeschlagen. Obwohl Manstein die Unterstützung Rundstedts besaß, hatte er sich beim Oberkommando so mißliebig gemacht, daß er von seinem Posten als Stabschef der Heeresgruppe A abgelöst und zu einem Infanteriekorps versetzt wurde. Am 28. Dezember erteilte Hitler schließlich den Befehl, daß der Feldzug am 17. Januar 1940 beginnen solle.

Dann aber flog am 10. Januar ein Stabsoffizier der Luftflotte 2 in Münster zu einer Besprechung in Köln, um die Wege und Mittel zu erörtern, die 7. Fallschirmjäger-Division und die 22. Luftlandedivision zu entsetzen, wenn sie die Befestigungen von Gent, das Fort Eben Emael und die Brükken über den Albertkanal genommen und damit ihre Aufgaben im Rahmen des »Falles Gelb« gelöst hatten. Obwohl das Wetter neblig war, flog der Offizier mit einer Me 108-Verbindungsmaschine. Unglücklicherweise verfranzte sich der Pilot im Nebel, erlitt einen Maschinenschaden und sah sich gezwungen, in der Nähe von Mecheln in Belgien notzulanden.

Unter den Papieren, die der Offizier bei sich führte, war auch der Befehl der Luftflotte 2 für den »Fall Gelb«. Obwohl er versuchte, dieses Dokument und auch die anderen Geheimpapiere, die er bei sich trug, zu verbrennen, hatte er nur teilweise Erfolg, und sie fielen in die Hand der belgischen Behörden. Als Hitler davon hörte, war er wütend und befahl die Verschiebung des Angriffs auf unbestimmte Zeit. Trotzdem änderte er den Gesamtplan nicht sofort. Erst nach einer Reihe von Planspielen im Januar und Februar und nachdem von Manstein persönlich Bericht erstattet hatte, beschloß er, daß der Angriff über Sedan der richtige Weg war.

Der endgültige Plan wurde am 24. Februar 1940 herausgegeben. Neues Ziel war es jetzt, die Alliierten nördlich der Somme zu trennen und zu vernichten. Während die Heeresgruppe B mit einer Panzer-, einer motorisierten und vierundzwanzig Infanteriedivisionen Holland und Nordbelgien überrennen sollte, sollte die Heeresgruppe A mit sieben Panzer-, drei motorisierten und vierunddreißig Infanteriedivisionen auf einer Front südlich von Aachen bis Luxemburg vorrücken, zwischen Namur und Sedan in Frankreich einbrechen und dann die Gegner durch die Eroberung von Amiens und Abbeville an der Somme nördlich des Flusses abschneiden. Der Heeresgruppe C mit sieben Infanteriedivisionen blieb ihre Aufgabe, nämlich die, einen Scheinangriff auf die Maginotlinie durchzuführen.

Zusätzlich gab es eine Reserve von vierundfünfzig Infanterie- und einer Infanteriedivision (mot). Unterstützt wurden die Heeresgruppen A und B durch die Luftflotten 2 und 3 unter dem Befehl von Kesselring beziehungsweise Sperrle. Die kombinierte Stärke der beiden Luftflotten betrug am 10. Mai 1940 1120 Bomber, 324 Sturzkampfbomber, 1264 Jäger, ergänzt durch Aufklärer und Transportmaschinen.
Die Hauptsorge der Briten und der Franzosen während der Herbsttage des Jahres 1939 war es, wie weit die Alliierten in Belgien vorrücken sollten, wenn die Deutschen einmal den Angriff begannen. Die an dieser Aktion beteiligten Truppen sollten aus drei französischen Armeen und dem britischen Expeditionskorps (BEF) bestehen. Die Franzosen kamen zu dem Schluß, daß ihnen nur zwei Wege offenstanden: Sie konnten bis zur Schelde vorrücken, was als Plan E bekannt war, oder sie konnten zur Dyle, bis Wavre, Namur und zur Maas vorstoßen (Plan D). Plan D war attraktiver, da dabei eine kürzere Linie zu halten und die Möglichkeit zur Tiefenverteidigung gegeben war, außerdem wurde ein größerer Teil Belgiens gedeckt. Tatsächlich entschied man dann, es hänge alles von dem Ausmaß des Widerstands ab, den die Belgier den Deutschen leisteten, obwohl Plan D bevorzugt wurde, »falls die Umstände es gestatteten«. Es ist bezeichnend, daß man nie einen anderen deutschen Plan in Betracht zog. Selbst der Mecheln-Zwischenfall, der Belgien näher an England und Frankreich hätte binden sollen, änderte nichts. England und Frankreich hielten die erbeuteten Dokumente für eine Fälschung und ignorierten die Möglichkeit eines deutschen Vorgehens durch die Ardennen. In der Zwischenzeit verstärkten die Briten laufend ihr Expeditionskorps (BEF) und bauten Verteidigungsstellungen auf, während die Franzosen lediglich abwarteten.
Hitler hatte befohlen, daß die Umgruppierung für die endgültige Version des »Falles Gelb« am 7. März beendet sein solle. Ehe er sich jedoch für ein endgültiges Angriffsdatum entscheiden konnte, ergab sich ein weiteres drängendes Problem. Die Sowjetunion, die Polen mit Deutschland geteilt hatte, wollte auch an ihrer Nordflanke für den Fall eines Angriffs aus dem Westen eine Pufferzone schaffen. Nachdem sie die baltischen Staaten Lettland und Estland praktisch annektiert hatte, richtete sie ihr Augenmerk auf Finnland. Sie forderte eine Dreißig-Jahrespacht der Insel Hangö am Eingang des Finnischen Meerbusens, den westlichen Teil der Rybači-(Fischer)-Halbinsel, die sich in die Barentsee erstreckte, und einen Teil der Karelischen Landenge nördlich von Leningrad.
Die Besetzung dieser Gebiete hätte den Russen bessere Möglichkeiten ge-

geben, einen Angriff aus dem Baltikum oder um Nordskandinavien herum abzuwehren. Die Finnen lehnten diese Forderungen ab und die Russen griffen am 30. November längs ihrer ganzen gemeinsamen Grenze an. Die Finnen waren eins zu zehn unterlegen, sie hielten sich aber ausgezeichnet gegen die Russen. Wenn nichts sonst, so zeigten diese Kämpfe die Auswirkungen der Säuberungen auf die Sowjetstreitkräfte. Die Tapferkeit der Finnen erregte die Phantasie der Briten und Franzosen. Der einzige Weg, auf dem sie materielle Hilfe leisten konnten, war aber der durch Skandinavien, und hier speziell durch Norwegen, das zu diesem Zeitpunkt neutral war. Gleichzeitig sorgte man sich im Lager der Alliierten wegen des norwegischen Eisenerzes, das nach Deutschland gebracht wurde, und der möglichen Benützung norwegischer Seebasen durch die Deutschen, was die britischen Handelsrouten nach Nordamerika bedroht hätte. In der Tat hatte Admiral Raeder Hitler schon seit Oktober 1939 zur Errichtung von U-Boot-Basen in dieser Richtung gedrängt.

Als der Norweger Quisling mit Raeder Kontakt suchte, ließ Hitler eine Studie über eine mögliche Invasion in Norwegen ausarbeiten. Er nahm die Sache aber erst im Dezember 1939 ernst, als es klar wurde, daß die Briten und die Franzosen Norwegen als Basis für die Unterstützung der Finnen ausbauen wollten. Nach dem Mecheln-Zwischenfall und der Entscheidung, die Gewichte im Fall Gelb zu verlagern, übernahm Hitler, der jetzt reichlich Zeit hatte, persönlich die Verantwortung für die Planung der »Weserübung«, wie der Angriff genannt werden sollte. Am 1. März 1940 erließ Hitler eine detaillierte Weisung, die auch die Besetzung von Dänemark vorsah, die notwendig war, um die Nachschublinien nach Norwegen zu sichern.

Die Alliierten hatten die Absicht gehabt, Ende März in Norwegen zu landen und dann den Finnen zu Hilfe zu kommen. Dieser zweite Teil des Plans scheiterte jedoch, als die Finnen am 31. März vor den Russen kapitulierten. Trotzdem bestand noch Sorge, daß die Deutschen die norwegischen Erzminen beschlagnahmten. Die Verminung der norwegischen Gewässer war für den 5. April vorgesehen, einige Tage später sollten Landungen in Norwegen erfolgen.

Am 1. April traf Hitler die Entscheidung, daß die »Weserübung« am 9. April vonstatten gehen sollte. Ein französisches Zögern war die Ursache, daß die alliierte Operation um drei Tage verschoben wurde. Das ermöglichte es Hitler, zuerst loszuschlagen.

Das war eine andere Form von Blitzkrieg. Zwei seiner wesentlichen Bestandteile, Schnelligkeit und Überraschung, waren vorhanden, aus offensichtlichen Gründen war diese Operation aber für mechanisierte Einheiten ungeeignet. Sie stützte sich auf eine massive Konzentration der Luftwaffe, den Einsatz von Luftlandetruppen und eine begrenzte Präsenz der Marine. Es war jedoch die Luftwaffe, die den Ausschlag gab – nicht mit ihrer physischen, sondern ihrer psychologischen Wirkung, die den Gegner lähmte. Tatsächlich hatte Hitler in seiner Weisung vom 1. März spezifiziert: »Von der Luftwaffe sind Fliegerverbände in erster Linie zu Demonstrationszwecken und für Flugblattabwurf vorzusehen.«[15]

Da die Luftwaffe wie ein Damoklesschwert über Dänemark schwebte, konnten die Deutschen drei kleine Transportfahrzeuge beim ersten Tageslicht in den Hafen von Kopenhagen einlaufen lassen und eine Landungstruppe ohne Widerstand durch die verwirrten Dänen an Land setzen. Obwohl die durch französisch-britische Streitkräfte unterstützten Norweger einen gewissen Widerstand leisteten, ermöglichten es Schnelligkeit, Überraschung und Bluff den Deutschen, von Anfang an wichtige Häfen und Bevölkerungszentren in Norwegen zu besetzen.

Die Alliierten hätten mehr erreicht, wenn sie die deutschen Seeverbindungen über das Skagerrak abgeschnitten hätten, die Anwesenheit der Luftwaffe brachte die britische Admiralität jedoch davon ab, andere Kriegsschiffe als U-Boote zu schicken. Die letzten alliierten Truppen wurden am 7. Juni aus Norwegen evakuiert, die Deutschen hatten den Kampf aber praktisch schon in den ersten Stunden für sich entschieden.

Die einzige für die Alliierten vielleicht günstige Auswirkung der »Weserübung« bestand darin, daß Hitler seinen Einfall in die Niederlande nochmals hinausschieben mußte. Die Alliierten, die einen Vormarsch nach Belgien unternehmen sollten, für den wenige Vorbereitungen vor dem deutschen Angriff getroffen werden konnten, zogen aber nur geringen Nutzen daraus.

Die alliierten Dispositionen vom 10. Mai 1940 zeigten, daß sie noch fest der Vorstellung verhaftet waren, die Deutschen würden ihre Strategie vom August 1914 wiederholen. Bilottes Erste Armeegruppe mit dreiundzwanzig Divisionen, die aus drei französischen Armeen und dem britischen Expeditionskorps (BEF) bestanden, wartete darauf, zur Dylelinie vorzurücken, wo sie sich mit vierzehn belgischen Divisionen vereinigen sollten. Vor dieser Linie, am Albertkanal und an der Maas, standen weitere zehn belgische Divisionen. Am nördlichen Ende der Maginotlinie lag Huntzigers Zweite französische Armee mit sieben Divisionen. Die Bewa-

chung der Maginotlinie war zwei Armeegruppen, der Zweiten und der Dritten mit zusammen 50 Divisionen übertragen. Gamelin, der erwartete, daß die entscheidenden Kämpfe im Norden stattfinden würden, hatte die BEF und die beiden am besten ausgerüsteten und ausgebildeten französischen Armeen, Girauds Siebte und Blanchards Erste, in den Norden verlegt. Der schwache Punkt lag bei Coraps Neunter Armee, die die Südflanke schützen sollte, wenn sich Billotte in Bewegung setzte und in der Zweiten Armee. Beide hatten einen hohen Prozentsatz minderwertiger Reservedivisionen. So spielte Plan D den Deutschen in die Hände, indem er die besten alliierten Truppen wie »der Mantel eines Matadors«, wie Liddell Hart es nannte, so tief nach Belgien lockte, daß es ihnen unmöglich war, ihren schwächeren Waffenbrüdern zu Hilfe zu kommen, als diese die Hauptlast des deutschen Angriffs zu tragen hatten. Die Situation wurde durch Gamelins Entscheidung, man müsse den Holländern Hilfe bringen, weiter erschwert. Zu diesem Zweck sollte sich die Siebte Armee über »die Dylelinie hinaus« nach Holland – und damit auf einen dünnen Ast vorwagen. Die Alliierten hatten stärkere Panzerkräfte als die Deutschen. Diese setzten etwa 2570 von verfügbaren 3380 Panzerfahrzeugen ein. Von diesen waren knapp 1000 mit einer Kanone von 37 mm oder mehr ausgestattet. Die Franzosen stellten 3285 Panzer ins Feld, ein Drittel davon waren in Panzerbataillone zur Infanterieunterstützung aufgeteilt. 110 waren unter die fünf Pferdekavalleriedivisionen (Divisions Cuirassés) verteilt, während die drei leichten mechanisierten Divisionen (DLM) 582 erhielten.
Im Mai 1940 existierten jedoch drei französische Panzerdivisionen (DCR), und eine vierte wurde eben aufgestellt. Jede bestand aus zwei Halbbrigaden; jede hatte ein Bataillon mit 34 Chars B, dem gleichen Panzer, den Estienne schon 1921 entworfen hatte, und eines mit leichten Hotchkiss-Panzern mit 37 mm-Kanonen. Diese zwei Halbbrigaden wurden durch ein motorisiertes Schützenbataillon und zwei 12-Geschütze-Gruppen motorisierter Artillerie unterstützt. Die Panzerdivisionen wurden als Teil der alliierten Reserve von 22 Divisionen zurückgehalten. Das geschah aber keinesfalls, weil man an de Gaulles Konzept eines massierten Einsatzes von Panzerkräften geglaubt hätte. Man hatte vielmehr Probleme: Zwei Divisionen waren erst im Januar und eine sogar erst im April aufgestellt worden. Die Ausbildung war noch nicht abgeschlossen und die Ausrüstung unvollständig, man hielt es daher nicht für angebracht, sie weiter nach Norden zu schicken. Die Aufgabe der DLMs und der Kavalleriedivisionen waren die Vorhut und die Deckung für jede Armee.

Das britische Expeditionskorps war hinsichtlich der Panzer in einem noch schlechteren Zustand. Im Mai 1940 übte die 1st Armoured Division, die das Rückgrat seiner Panzerkraft bilden sollte, noch in England. Damit bestand die Masse der verfügbaren Panzer in sieben Regimentern Kavallerie und Yeomanry, ausgestattet mit leichten Panzern Mark VI, die für Aufklärungszwecke lediglich mit Maschinengewehren bewaffnet waren. Bis zur ersten Maiwoche gab es nur eine einzige andere Einheit, die sich einer stärkeren Waffe brüsten konnte: das 4th Royal Tank Regiment, das 50 Infanteriepanzer Mk 1 besaß, jenes Geistesprodukt von Elles, als dieser Generalzeugmeister war. Das Regiment war ein Teil der 1st Army Tank Brigade, die nominell aus drei Regimentern bestand und die Infanterie unterstützen sollte.* Die Verzögerung bei den beiden anderen Bataillonen hatte ihren Grund in der langsamen Produktion des Infanteriepanzers Mark II, der im Gegensatz zu dem 0,50-zölligen MG des Mark I mit einer Zweipfünderkanone bewaffnet war. Gerade vor der deutschen Invasion traf das zweite Regiment der Brigade, das 7th Royal Tank Regiment mit sieben leichten Panzern, 27 Mark I und 23 Mark II in Frankreich ein. Diese letzteren waren alles, was die BEF den PzKw III und IV gegenüberstellen konnte. Erschwerend kam hinzu, daß die langsamen Infanteriepanzer die Beweglichkeit der Brigade beeinträchtigten. Während die Alliierten so ihre Panzer auf der ganzen Front verteilten, hielten die Deutschen 70% ihrer Panzer für ihren Hauptstoß durch die Ardennen bereit.

Die Verteilung der Panzerkräfte war nicht der einzige Nachteil, unter dem die Alliierten litten. Das alliierte Oberkommando war für die schnellen Entscheidungen, die in einem Bewegungskrieg nötig waren, zu schwerfällig. Gort, der die BEF befehligte, mußte praktisch durch zwei Zwischenhauptquartiere, die von Billotte und Georges (die den Kriegsschauplatz Nordost befehligten), gehen, ehe er Gamelin erreichen konnte. Dieser verließ sich allein auf das zivile Telefonsystem für seine Verbindung mit Georges' Hauptquartier. Außerdem sah sich Gamelin lediglich als Berater, und als er einmal den Befehl gegeben hatte, die belgische Grenze zu überschreiten, war er der Ansicht, daß er die Befehlsfunktionen völlig seinen Untergebenen überlassen könne. Die französische Ausbildung hatte soviel Wert auf eine methodische Vorbereitung der Schlacht gelegt, daß nur wenige Kommandeure fähig waren, in »Panzerzeiten« zu denken.

* Die brit. »Brigade« entspricht etwa dem dt. Regiment, das brit. »Regiment« einem dt. Bataillon.

Auch bei der Organisation der alliierten Luftstreitkräfte war die Befehlsstruktur unbefriedigend. Luftmarschall Barratt, der die Kräfte der RAF in Frankreich kommandierte, befand sich in einem Dilemma. Obwohl er für die Kampfverwendung der Flieger unter dem Befehl Gorts stand, erwartete man von ihm auch, daß er eng mit General Vuillemin zusammenarbeitete, der die französische Luftwaffe befehligte. Gleichzeitig wurde die Bomberflotte der Advanced Striking Force von London aus kontrolliert. Streitigkeiten zwischen dem Luftfahrt- und dem Kriegsministerium, wie sie eingesetzt werden sollte, steigerten die Verwirrung. Die französische Luftwaffe war ähnlich gespalten. Der nordöstliche Luftraum war in »Operationsbereiche« aufgeteilt, die den Grenzen der Armeegruppen folgten. Diese standen unter dem Befehl des Generals Têtu, dem Offizier, der die Air Cooperation Forces kommandierte. Sein Hauptquartier war nahe dem des Generals Georges. Die Folge davon war, daß die Einheiten der Luftwaffe oft zweierlei und manchmal sich widersprechende Befehle von Vuillemin wie von Têtu erhielten. Die mangelnde Beachtung, die man der Boden/Luftzusammenarbeit in den Jahren vor 1939 geschenkt hatte, trug auch nicht zur Besserung der Lage bei.
Der Sitzkrieg hatte auf die französischen Truppen demoralisierend gewirkt. In vielen Einheiten wurde nicht weiter ausgebildet. Man hatte wenig getan, um die Truppen zu beschäftigen. Das führte zu Langeweile, zu Unzufriedenheit und Drückebergerei. Der Kommandeur des II. britischen Korps beschrieb eine Parade, zu der er im November 1939 von General Corap, dem Befehlshaber der Neunten französischen Armee eingeladen worden war:

». . . Corap bat mich, ich sollte mich neben ihn stellen, während die aus Kavallerie, Infanterie und Artillerie bestehende Ehrenformation vorbeizog. Ich kann noch jetzt diese Truppen sehen. Ich habe selten etwas Schlampigeres erlebt. Unrasierte Männer, ungepflegte Pferde, Uniformen und Sattelzeug, die nicht paßten, schmutzige Fahrzeuge und ein völliger Mangel an Stolz auf sich und die eigene Einheit. Was mich jedoch am meisten erschütterte, waren der Ausdruck in den Gesichtern der Männer und die mißvergnügten und unverschämten Blicke; obwohl der Befehl, ›die Augen links‹ gegeben worden war, bemühte sich kaum einer, ihm zu gehorchen.«[16]

Das waren die Truppen, die den deutschen Hauptstoß hätten auffangen

sollen. Auch die Briten verwendeten mehr Zeit darauf, Verteidigungsstellungen zu bauen, als eine bewegliche Kriegführung zu üben. Da mindestens ein Drittel der Truppen aus Berufssoldaten bestand, war das ein gravierender Fehler. Außerdem war eine der BEF-Divisionen nur teilweise ausgerüstet. Man hoffte, daß ihre Ausrüstung sie in Frankreich erreichen würde. In der Zwischenzeit wurde sie auf den Verbindungslinien verteilt, wo man sie vor einem plötzlichen deutschen Angriff für sicher hielt.
Nach mehreren Verschiebungen in letzter Minute gab Hitler am Abend des 9. Mai das Kennwort »Danzig« heraus. Kurz nach dem Empfang von »Danzig« schrieb der Kommandeur der 7. Panzerdivision, ein ehemaliger Infanterist namens Erwin Rommel, einen kurzen Brief an seine Frau:

»Liebste Lu,
endlich packen wir. Hoffen wir, nicht umsonst! In den nächsten paar Tagen wirst Du alles Kommende aus den Zeitungen erfahren. Sorg Dich nicht. Alles wird gutgehen.«[17]

Am 10. Mai um 03.00 Uhr morgens überflogen deutsche Bomber die Grenze; eine Stunde später wurde gemeldet, daß sie holländische und belgische und kurz darauf Flugplätze um Arras angriffen. Die erste Phase der Luftwaffenoperationen, der Kampf um die Luftherrschaft, war in vollem Gange. Um 06 Uhr 30 befahl Gamelin die Durchführung von Plan D.
Holland mit seinen zahlreichen Deichen und Gräben war kein günstiges Panzergelände; der Erfolg hing hier von den Anfangsunternehmungen von General Students 7. Fallschirmjägerdivision, der einzigen, die Deutschland damals besaß, sowie von dem der 22. Division ab, die aus der Luft abgesetzt werden sollte. Ihre Aufgabe war es, wichtige Brücken an den Hauptstraßen Hollands zu besetzen und sie lange genug zu halten, bis die Verbindung mit den Bodentruppen der Heeresgruppe B hergestellt war. Gleichzeitig sollten sie den Sitz der holländischen Regierung in Den Haag erobern. Sie sollten also die Bewegungsfähigkeit der führenden Teile der Heeresgruppe B und insbesondere der Speerspitze, der 9. Panzerdivision, sichern, und die holländische Kampfführung ausschalten. Diese letzte Aufgabe erinnerte an das Hauptziel von Fullers Plan 1919, der die Dislozierung der feindlichen Befehlsstruktur noch vor Beginn des Hauptangriffs forderte.
Tatsächlich wurde die Mehrzahl der Brücken genommen und gehalten, und bereits am Nachmittag des 13. Mai näherte sich Hubickis 9. Panzer-

division dem Stadtrand von Rotterdam. Das Unternehmen gegen Den Haag schlug hauptsächlich deshalb fehl, weil die Holländer, die sich an die deutsche Luftoperation in Norwegen erinnerten, die Vorsichtsmaßnahme getroffen hatten, Hindernisse auf den Flugplätzen aufzubauen, auf denen die 22. Division aus Ju 52 gelandet werden sollte. Das führte bei den Deutschen zu schweren Verlusten. Die Schnelligkeit des deutschen Vorgehens machte zusammen mit der von den Luft- und Luftlandeangriffen verursachten Lähmung das Unternehmen jedoch ohnehin überflüssig. Der Schlußakt war die Bombardierung von Rotterdam am 14. Mai, die angesichts der Tatsache, daß bereits Kapitulationsverhandlungen zwischen General Schmidt, dem Befehlshaber des XXXIX. Panzerkorps, und den holländischen Behörden im Gang waren, nicht hätte stattfinden dürfen. Verursacht wurde der Bombenangriff durch ein Mißverständnis zwischen den Befehlshabern der Landstreitkräfte und der Luftflotte 2, die alle Holland so schnell wie möglich erledigen wollten, um dem Hauptangriff weitere Truppen zuführen zu können. Trotz des Angriffs auf Rotterdam, der die Altstadt völlig zerstörte, erfolgte die holländische Kapitulation noch am Abend des 14. Mai.

Im Süden schlossen die Alliierten zur Dyle-Linie auf; sie hofften, daß sich die Belgier am Albertkanal lange genug halten konnten, bis sie in Stellung gegangen waren. Das war aber nicht der Fall. Der Schlüssel der belgischen Verteidigung an der Linie Albertkanal – Maas, das Fort Eben Emael südlich von Maastricht, wurde von den Alliierten für uneinnehmbar gehalten; es wurde jedoch durch eine kleine Schar von Luftlandepionieren erobert. Gleichzeitig wurden die zwei Hauptbrücken über den Albertkanal unversehrt durch Luftlandepioniere genommen. Vierundzwanzig Stunden später hatten die Angreifer Verbindung mit der 3. und der 4. Panzerdivision der 6. Armee unter von Reichenau, dem südlichen Flügel der Heeresgruppe B, hergestellt.

Das zwang die Belgier zum Rückzug, gerade als Billottes Truppen an der Dyle eintrafen. Obwohl die Alliierten am 15. Mai noch die Dyle-Linie hielten, überzeugte sie der hastige Rückzug der Belgier noch mehr, daß der deutsche Hauptangriff hier erfolge. Sie blickten weiterhin auf die Dyle, während sie sich längst Sorgen über die Ardennen im Süden hätten machen sollen.

Die sieben Panzerdivisionen der Heeresgruppe A waren in drei Panzerkorps aufgeteilt. Das XIX. Panzerkorps (Guderian mit der 1., 2. und 10. Panzerdivision) hatte die Hauptaufgabe, die Maasübergänge bei Sedan zu erobern. Nördlich davon war das XII. Panzerkorps unter Reinhardt (6. und 8. Panzerdivision), das bei Montherme über die Maas gehen sollte. Beide Korps unterstanden der Panzergruppe Kleist, die ihrerseits der Zwölften Armee verantwortlich war. Hinter ihnen folgte von Wietersheims XIV. Motorisiertes Korps mit fünf Infanteriedivisionen (mot.). Zu ihrer Rechten sollte Roths XV. Panzerkorps (5. und 7. Panzerdivision) einen Nebenstoß auf die Maas zwischen Givet und Namur führen – gleichzeitig aber auch die linke Flanke der Panzergruppe Kleist schützen. Wenn die Panzer einmal die Maas überschritten hatten, sollten sie die Infanterie beim Übergang unterstützen. Darüber hinaus hatten sie keine Befehle, wenn auch der allgemeine Plan für die Heeresgruppe A ein Eindrehen in den Rücken von Billottes Streitkräften mit dem Ziel vorsah, sie abzuschneiden.

Für Guderian war es wesentlich, die Maas zu erreichen, ehe die Franzosen zu einer Reaktion Zeit hatten. Wenn er einmal dort war, rechnete er stark auf die fortdauernde Hilfe von Lörzers II. und Teilen von Richthofens VIII. Fliegerkorps, die die Hauptunterstützung der Luftwaffe darstellten. Zu diesem Zweck hatte er darauf bestanden, daß die Luftwaffe in allen Phasen der Planung eng beigezogen wurde. Statt seine Luftunterstützung zu einem massiven Schlag gegen die französische Verteidigung an der Maas anzusetzen, einigten sich Guderian und der Kommandeur der ihn unterstützenden Fliegertruppe Lörzer, in Übereinstimmung mit einem detaillierten Feuerplan fortlaufende Angriffe durchzuführen. Guderian wollte seine Flugzeuge als Luftartillerie einsetzen, die nach dem gleichen Feuerplan arbeitete, wie seine Artillerie am Boden. Guderians Vorgesetzter Kleist andererseits wollte nur einen »einmaligen Luftangriff«, um die Sache dann den Panzern zu überlassen. Zu Guderians großer Erleichterung griffen die verschiedenen Luftwaffengruppen zu verschiedenen Zeiten an.

Am Abend des 12. Mai waren die Panzerdivisionen an die Maas herangerückt. Coraps 9. Armee verteidigte sich tapfer, das schnelle deutsche Vorgehen war jedoch, zusammen mit den dauernden Stukaangriffen, die Sirenen benützten, um den Terroreffekt zu steigern, zu viel. Jedesmal, wenn die Panzerdivisionen auf Widerstandsnester stießen, wurden diese mit Luftangriffen und Artilleriefeuer belegt, während die Aufklärungseinheiten Umgehungsrouten erkundeten. Wenn der Widerstand aufgeweicht war, griffen wieder die Panzer und die motorisierte Infanterie an.

Das Erfolgsgeheimnis der Panzerdivisionen bestand zum größten Teil darin, daß sie in der Lage waren, sehr schnell große Feuerkraft zu entwikkeln. Rommel schrieb: »Unsere sofortige Feuereröffnung führte stets zu einem hastigen Rückzug der Franzosen.« Immer wieder stellte er fest,

». . . daß bei Begegnungsgefechten der Tag dem gehört, der den Gegner zuerst mit Feuer eindeckt. Der Mann, der sich duckt und die Entwicklung abwartet, ist gewöhnlich Zweiter . . . Es ist grundsätzlich falsch, zu halten und Deckung zu suchen, ohne das Feuer zu eröffnen oder zu warten, bis Verstärkungen herankommen und an der Aktion teilnehmen.«[18]

Es war nicht nötig, daß dieses Feuer besonders genau war, solange es nur in die allgemeine Richtung des Gegners abgegeben wurde. Solange es den Feind zwang, den Kopf einzuziehen, verhinderte es gewöhnlich ein wirksames Gegenfeuer. Der Schlüssel zum Erfolg war es, »den Finger schneller am Abzug zu haben«. Darin waren die Panzereinheiten gut, weil sie dazu ausgebildet waren, schnell zu reagieren – viel schneller als ihre Gegner.
Aber selbst in diesen ersten Tagen gab es Anzeichen der Nervosität bei den höheren deutschen Befehlsstellen – ähnlich denen im Polenfeldzug. Guderian berichtet, daß von Kleist in der Nacht vom 10./11. Mai plötzlich wegen einer Bedrohung von Guderians linker Flanke durch französische Kavallerie alarmiert wurde, die von Longwy heranrückte. Kleist befahl Guderian, die 10. Panzerdivision in diese Richtung abzudrehen. Guderians Meinung nach stellte Kavallerie keine schwere Bedrohung für Panzer dar, während das Abdrehen eines Drittels seiner Streitmacht vom Hauptziel die Erfüllung seiner Aufgabe ernstlich gefährden konnte. Tatsächlich zog er die 10. Panzerdivision lediglich dichter an seine Hauptvormarschachse heran.
Trotzdem bestand bei den höheren Kommandostellen ein echter Grund zur Besorgnis. Die linke Flanke der Heeresgruppe A wurde immer exponierter, je weiter die Invasion Fortschritte machte. Der Plan beruhte immer noch auf der Fähigkeit der konventionellen Infanteriedivisionen, im Fußmarsch schnell genug voranzukommen, daß sie diese Flanke decken konnten. Es war auch bekannt, daß die Franzosen Panzerdivisionen (DCR) besaßen, und es bestand immer die Gefahr, daß ein entschlossener französischer Angriff die Panzer von der Infanterie abschnitt. Tatsächlich hatten die Franzosen begonnen, ihre Panzerdivisionen zum Einsatz zu bringen, zwei davon waren aber zur Unterstützung Billottes abkommandiert, wodurch zunächst nur die 3. DCR im Süden blieb.

In der Zwischenzeit waren de Gaulles Ideen zum Teil erkannt worden. Hauptsächlich war das seinem politischen Verbündeten Paul Reynaud zu danken, der seit Ende März Ministerpräsident war. Reynaud hatte de Gaulle kurz nach seinem Amtsantritt versprochen, daß er ihm die 4. DCR anvertrauen werde, die gerade aufgestellt wurde. Am 11. Mai erhielt er Befehl, diese neue Division zu übernehmen, die sich aber noch immer im Aufbau befand.

In der Luft versuchten die Alliierten ihr Bestes, um den Panzerstoß durch die Ardennen zu bremsen. Aber die Verwirrung über die Befehlszuständigkeit und die jeweiligen Aufgaben, der Mangel an geeigneten Maschinen und die ersten schweren deutschen Luftangriffe auf die Flugplätze brachten sie von Anfang an in Nachteil. Das dafür vielleicht tragischste Beispiel war der Einsatz der britischen Fairey Battle-Staffeln. Die Fairey war ein dreisitziger, einmotoriger leichter Bomber, mit dem gleichen Motor wie die Hurricane-Jäger, aber mit dem doppelten Gewicht. Es war vielleicht der Maschinentyp in der RAF, der den Stukas am nächsten kam, denn er war als Tagbomber geplant und wurde zur Unterstützung im Erdkampf verwendet; hier war die Ähnlichkeit jedoch schon zu Ende. Er hatte keine Fähigkeit für den Sturzkampfeinsatz und wurde schon 1937 als für einen Krieg gegen Deutschland ungeeignet angesehen.

Obwohl die acht Battle-Staffeln in der Vorgeschobenen Luftflotte den Deutschen etwas Ärger bereiteten, verloren sie allein in den ersten fünf Kampftagen 35 der eingesetzten 63 Maschinen. Die meisten Angriffe waren auf Brücken längs der deutschen Vormarschlinien gerichtet, aber die deutsche Luftüberlegenheit und die Wirksamkeit der örtlichen Luftabwehr ließen nur wenige Erfolge zu. Den alliierten Sperrangriffen fehlte auch die Jagdunterstützung. Die französischen Jäger waren fast ausschließlich zur Bekämpfung von Bombenangriffen auf Flugplätze und Nachschubzentren eingesetzt, so daß nur wenige Hurricane-Staffeln den alliierten Bombenoperationen Unterstützung gewähren konnten. Die Nachfrage nach ihnen war so groß, daß Dowding immer mehr seiner kostbaren Jagdeinheiten abgeben mußte, die zur Verteidigung Großbritanniens bestimmt waren.

Am 13. Mai gelang es den Deutschen, ihre Brückenköpfe westlich der Maas zu errichten. Das Unternehmen war jedoch nicht leicht und drei der sieben geplanten Übergänge durch die drei Panzerkorps schlugen fehl. Den Franzosen war es gelungen, alle Brücken zu sprengen, und die Deutschen mußten Schlauchboote benützen, um auf dem Westufer Fuß zu fas-

sen. Trotzdem hatten alle Korps am Abend des 13. Mai Brückenköpfe errichtet, obwohl diese noch schwach waren und keine Panzer übergesetzt werden konnten.
Jetzt wäre der Augenblick für einen französischen Gegenangriff gekommen gewesen, und in der Tat wurden am Abend des 13. Mai entsprechende Befehle erlassen. Unglücklicherweise hatten jedoch sechs Stunden einer schweren Bombardierung aus der Luft ihre Wirkung auf die Moral der Franzosen gehabt, und schon waren Gerüchte im Umlauf, daß die Deutschen Panzer herübergebracht hätten. Die französische Front begann zu zerbrechen; am 14. konnten die Deutschen trotz alliierter Artillerie und Luftangriffen auf die Pontonbrücken ihre Panzer übersetzen.
An diesem Tag versuchten die Franzosen, ein mechanisiertes Korps angreifen zu lassen. Flavignys XXI. Korps, das aus der 3. Panzerdivision (DCR), der 3. Leichten Mechanisierten und der 5. Kavalleriedivision bestand, erhielt früh am 14. Befehl, das zerschlagene X. Korps gegenüber Sedan abzulösen. Man plante einen Gegenangriff gegen Guderians Streitkräfte; dieser Gegenangriff fand jedoch nie statt. Die langsame Durchgabe der Befehle und die äußerst lange Zeit, die für das Auftanken der 3. DCR benötigt wurde, waren die Ursache, daß die 3. DCR um vier Stunden verspätet in der Ausgangsstellung anlangte. Zu diesem Zeitpunkt hatte Flavigny seine Meinung geändert und befohlen, daß das Korps an Ort und Stelle Verteidigungsstellungen beziehen sollte. Selbst die mechanisierten Einheiten waren jedoch nicht in der Lage, mit der Schnelligkeit zu denken und zu handeln, wie das in der schnellbeweglichen mechanisierten Kriegführung nötig war. Die Chance, Guderian über die Maas zurückzuwerfen, war vertan.
Im ersten Morgenlicht des 15. Mai war Guderian bereit, aus seinen Brükkenköpfen auszubrechen. Er war von Wietersheim eingeholt worden, dessen motorisierte Divisionen den Brückenkopf übernehmen sollten. Die 10. Panzerdivision ließ Guderian zurück, um seine linke Flanke zu sichern, bis genügend Einheiten von Wietersheim heran waren, um diese Aufgabe zu übernehmen. Er selbst schickte sich zum weiteren Vorstoß an.
In diesem Augenblick gab es einen weiteren Hinweis für die Nervosität in den höheren deutschen Kommandostellen. Von Kleist gab Befehl, daß es keinen weiteren Vormarsch und keinen Versuch geben solle, den Brükkenkopf auszuweiten. Nach einer wütenden Auseinandersetzung konnte Guderian einen Kompromiß erzielen, der ihm gestattete, weitere vierundzwanzig Stunden vorzustoßen, um mehr Raum für die ihm folgenden

motorisierten Infanteriedivisionen zu schaffen. In Montcornet vereinigte sich Guderian mit Reinhardts linker Panzerdivision, der 6., und erteilte der 1. und 2. den Befehl vorzustoßen, solange der Sprit reichte. Am Abend, als die Panzer trockenliefen, hatten sie 64 Kilometer gewonnen. Der französische Widerstand war völlig gebrochen worden, und die Panzerdivisionen konnten fast nach Belieben herumstreifen – vorausgesetzt natürlich, daß der Sprit- und Munitionsnachschub aufrechterhalten blieb.

An diesem Tag, dem 16., hatte de Gaulles 4. DCR den ersten Zusammenstoß mit dem Feind. Symbolisch war es, daß er mit der Speerspitze Guderians in Montcornet zusammentraf. De Gaulle war am 15. in Laon in Stellung gegangen und erwartete die letzten Einheiten seiner Division. Er erkannte, daß er die Deutschen in der Flanke fassen konnte, und griff am nächsten Tag an. Er führte den Stoß mit drei Panzerbataillonen, die Montcornet erreichten, dort aber von den Deutschen aufgehalten wurden. Da er keine Infanterie zur Unterstützung hatte, sah er sich gezwungen, sich zurückzuziehen und mußte dabei eine Panzerkompanie in den Händen der Deutschen lassen. Von Kleists Befürchtungen wegen der langen offenen Flanke wurden durch diesen französischen Gegenangriff aber offensichtlich verstärkt, denn früh am 17. Mai befahl er Guderian, sich persönlich bei ihm zu melden. Kategorisch erteilte er ihm den Befehl, seinen Vormarsch nicht fortzusetzen. Guderian bat, in Wut geraten, auf der Stelle um seine Ablösung. Es wurde jedoch bekannt, daß der Befehl von Hitler selbst gekommen war. Von Rundstedt, der von Guderians Stellungnahme hörte, war damit einverstanden, daß er seine »gewaltsame Erkundung« fortsetzen durfte, vorausgesetzt, daß sein Hauptquartier an seinem gegenwärtigen Platz verblieb. Guderian übernahm wieder sein Kommando; er betrachtete das als Erlaubnis weiterzumachen. Was Hitler eigentlich Sorge machte, war die Tatsache, daß die Panzerdivisionen so schnell vorankamen, daß es der Masse der Infanteriedivisionen einfach unmöglich wurde, mit ihnen Schritt zu halten. Deshalb setzte er Rundstedt immer mehr unter Druck, das Tempo zu verlangsamen. Er bekam tatsächlich Angst vor seinem eigenen Erfolg. Trotz Hitlers Ängsten drängte Guderian jedoch weiter.

Um die französisch-britischen Armeen in Belgien gefesselt zu halten, befahl Hitler in seiner Weisung Nr. 11 vom 14. Mai, daß die Heeresgruppe B stärkeren Druck anwenden solle, obwohl er bestätigte, daß die Heeresgruppe A den Hauptangriff führte. Ihr sollten alle Panzer- und mechanisierten Divisionen zugewiesen werden, sobald sie verfügbar wurden. Dadurch, daß Billotte in Belgien festgehalten wurde, bestand keine Chance mehr, daß die Zweite und die Neunte französische Armee verstärkt wurden; die Panzerdivisionen der Heeresgruppe A konnten dagegen in den Rücken Billottes gelangen und ihn von Frankreich abschneiden.

Obwohl die Siebente französische Armee schnell aus Holland hinausgedrängt wurde, hielten sich die Alliierten bis zum 15. an der Dyle, an dem Tag erhielten sie den Befehl, sich langsam an die Schelde zurückzuziehen. Als man allmählich erkannte, daß die deutschen Hauptanstrengungen im Süden gemacht wurden, wurde die Siebente französische Armee hinter die BEF geschickt, um die Drohung aus dieser Richtung abzuwehren. Das war angesichts des wachsenden Drucks von Hoths Panzergruppe auf die französische Erste Armee zur Rechten der BEF nötig geworden; am 17. wurde sie von der BEF am Canal du Nord zurückgestaffelt. An diesem Tag erkannte General Georges, daß zwischen Douai, wo der Sektor der Ersten Armee endete, und der Somme eine gähnende Lücke klaffte. Alles, was erübrigt werden konnte, um diese Lücke zu schließen, waren zwei schlecht ausgerüstete britische Territorialdivisionen. Beiden fehlte die volle Mannschaftsstärke und jegliche eigene Artillerie, abgesehen von dreizehn »erbettelten« Fünfundzwanzigpfündern. Am Abend des 18. Mai gingen fünf deutsche Panzerdivisionen tief gestaffelt gegen diese Lücke vor. Obwohl die beiden britischen Divisionen tapferen Widerstand leisteten, existierten sie am Abend des 19. nicht mehr. Die 1. Panzerdivision hatte Amiens genommen und blickte nach Süden, während sich Rommels 7. anschickte, Arras zu nehmen. Der 2., der 6. und der 8. Panzerdivision blieb es überlassen, zur Kanalküste zwischen Abbeville und Etaples zu stürmen und so Billottes Streitkräfte abzuschneiden.

Gamelin war endlich zu dem Schluß gekommen, der einzige Weg, die Panzer zu besiegen, seien koordinierte Panzerangriffe von den Briten und Franzosen im Norden und von de Gaulle im Süden. Sein letzter Befehl, ehe er am 19. Mai durch Weygand ersetzt wurde, ging in diese Richtung. De Gaulle hatte Guderians linke Flanke mit begrenztem Erfolg belästigt, zu der Zeit aber, als Gamelin seinen Befehl gegeben und Weygand die Zügel ergriffen hatte, war die Lücke zu breit und eine Koordination mit dem kopflastigen alliierten Oberkommando unmöglich geworden.

Der 20. war ein entscheidender Tag. Während die drei deutschen Panzerdivisionen ihren Sturmlauf zur Küste fortsetzten und tatsächlich Abbeville erreichten, erhielt Lord Gort aus England den Befehl, von Amiens

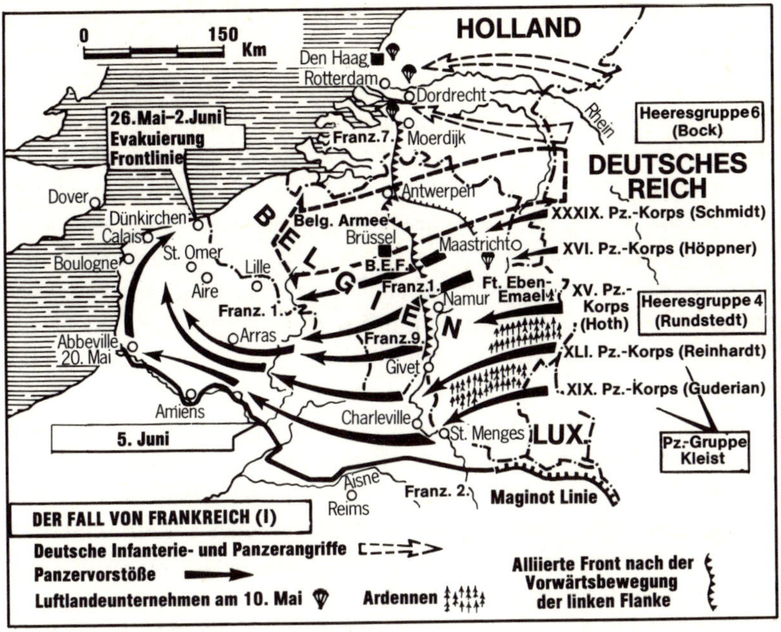

nach Süden zu stoßen und jeden Feind anzugreifen, den er traf. Diesen Befehl hatte Ironside, der Chef des Generalstabs, persönlich überbracht. Aber Gort, der jetzt besorgt war, daß seine Rückzugslinie zum Kanal abgeschnitten werden könnte, zog es vor, den Befehl zu ignorieren. Rommel war indessen vor Arras langsamer geworden. Seine Panzer waren seiner eigenen motorisierten Infanterie weit vorausgeeilt, und den Franzosen war es gelungen, in seine Nachschublinien einzudringen. Daher hatte sein Angriff am 20. Mai keinen Erfolg. Gort, der sich klar war, daß Arras gehalten werden mußte, damit seine Truppen nicht völlig abgeschnitten wurden, befahl dem Kommandeur in Arras, General Franklyn, die Straßen südlich von Arras zu sperren, um Rommels Nachschub aus dem Osten zu blockieren. Franklyn hatte zwei schwache Infanteriedivisionen und die 1st Army Tank Brigade zu seiner Verfügung. Eine der beiden Infanteriedivisionen, die 50th Northumbrian TA, wurde von General Martel geführt. Sein Einsatz wurde zur einzigen bedeutsamen britischen Panzeraktion dieses Feldzugs.

Die Tragödie des Gegenangriffs bei Arras, wie er genannt wurde, lag darin, daß die 1st Army Tank Brigade für den Typ von Operation, die sie durchführen sollte, völlig ungeeignet war. Speziell für die Infanterieunterstützung ausgebildet, waren ihre Offiziere, wie die der Franzosen, auf gut geplante Angriffe mit methodischer Vorbereitung trainiert. Bei Arras war die Brigade eben am Ende eines frustrierenden Fünftagemarsches über 190 Kilometer angelangt – über Straßen, die mit Flüchtlingen überfüllt waren. Franklyn hatte verlangt, daß der Angriff am 21. um 05.00 Uhr erfolgen sollte, als aber der letzte Panzer erst um diese Zeit in Vimy, dreizehn Kilometer von der Ausgangsstellung entfernt, anlangte, war klar, daß das unmöglich war. Martel, der den Angriff führen sollte, konnte nur zwei Panzer- und zwei Infanteriebataillone zusammenscharren. Er versuchte, sie in zwei Kampfgruppen, mit je einem Panzerbataillon, einem Bataillon Infanterie, einer Feldbatterie, einer Batterie Pak und einer Maschinengewehrkompanie zu organisieren. Mit Pratt, der die 1st Army Tank Brigade führte, kam er überein, daß der Angriff vor 15.00 Uhr nicht möglich sei – besonders weil eine Zeit für Rast, Überholung der Fahrzeuge und Aufklärung nötig war. Franklyn bestand jedoch darauf, daß die Angriffszeit vorverlegt werden müsse, und so einigte man sich auf 14.00 Uhr, obwohl die Infanterie nicht rechtzeitig eintraf und Martel die Panzer allein losschicken mußte.

In der ersten Phase stieß man 16 Kilometer vor, in der zweiten fünf. So gelang es, mit nur 70 langsamen Infanteriepanzern, etwa 100 Quadratkilometer Gelände zu erobern. Martels Angriff traf Rommel, als dieser eben aufbrach, um Arras im Nordwesten zu umgehen.

». . . das feindliche Panzerfeuer hatte bei unseren Truppen in dem Ort Chaos und Verwirrung verursacht. Mit den Fahrzeugen verstopften sie Wege und Höfe, statt mit jeder verfügbaren Waffe den angreifenden Gegner zu bekämpfen. . . Etwa 1200 Meter westlich von unserer Stellung hatten die führenden feindlichen Panzer, darunter ein schwerer, die Eisenbahn Arras – Beaumetz überschritten und einen unserer Panzer III zerschossen. Gleichzeitig gingen mehrere feindliche Panzer die Straße von Bac du Nord herunter und über die Bahn auf Wailly zu vor. Es war eine sehr gefährliche Situation, da mehrere feindliche Panzer auch auf der Nordseite Wailly nahe gekommen waren . . . Da der Feind so nahe war, konnte nur ein Schnellfeuer aus allen Geschützen die Lage retten.«*[19]

Rommel überwachte persönlich die Aufstellung der Pak, der es gelang, die führenden englischen Panzer abzuschießen. Anderswo hatte eines seiner

* Infanteriepanzer Mark II »Matilda«

motorisierten Infanteriebataillone ebenfalls schwer gelitten und sich gezwungen gesehen, zusammen mit anderen Einheiten der Division nach Süden zurückzufallen.
Nur durch das Feuer der Divisionsartillerie und der 88 mm-Flak, die sich bald einen Namen als Panzerabwehrwaffe machen sollte, war er in der Lage, den britischen Angriff zu stoppen. Dann setzte er sein 25. Panzerregiment, das bereits sein Ziel im Nordwesten von Arras erreicht hatte, zum Gegenangriff nach Südwesten an. Wieder spricht er davon, daß das Regiment auf eine »überlegene Streitmacht schwerer und leichter Panzer« gestoßen sei. Es gelang ihm jedoch, die Reste der 1st Army Tank Brigade nach Arras zurückzutreiben, allerdings um den Preis von drei PzKw IV, sechs PzKw III und einer Anzahl leichter Panzer.
Auf der anderen Seite berichtete Pratt nach dem Gefecht:

»Wir kamen etwa sechseinhalb Kilometer voran, ehe unsere Infanterie auftauchte. In dieser Zeit ließen wir die Hölle gegen viele Motorfahrzeuge und ähnliches der Boches los . . . Nachdem ihre Pakbedienungen etwas geschossen hatten, gingen sie durch und ließen ihre Geschütze im Stich. Keine ihrer Pakgranaten durchschlug einen unserer Mark I oder II. Der Hauptwiderstand kam von den deutschen Feldgeschützen, von denen einige über offenes Visier feuerten. Auch die Sturzkampfbomber griffen die Infanterie an, das aber störte die Panzer natürlich nicht sehr . . .
Die ganze Vorstellung wurde von den ›Oberen‹ erschreckend schlecht geleitet. Wir lernten aber, daß unsere Panzerung im Augenblick gut ist und daß unsere Zweipfünder für den Augenblick ebenfalls genügen . . .
Hätte man uns nur erlaubt, eine methodische Schlacht mit einer Reihe von vernünftigen Nahzielen mit etwas Artillerie- und vielleicht sogar etwas Luftunterstützung ohne verzweifelte Hast zu schlagen, hätten wir viel mehr erreicht und das Leben vieler Burschen geschont, deren Verlust wir uns nicht leisten können.«[20]

Dieser letzte Satz zeigt Pratt als typischen alliierten Panzeroffizier, der in der Infanterieunterstützung im Gegensatz zu einer selbständigen Panzertaktik ausgebildet war. Die Art von Schlacht, die er sich vorstellte, hatte wenig Ähnlichkeit mit der schnellbeweglichen Schocktaktik, wie sie Liddell Hart, Fuller, Hobart und sogar Martel gepredigt hatten. Seine Haltung war typisch für die starre Geisteshaltung der Alliierten, die sie so schlecht mit einem Blitzkriegangriff fertig werden ließ.

Trotz des geringen Umfangs des Angriffs klang das Echo bis in Hitlers Hauptquartier nach und hatte den größten Schock der Deutschen während des ganzen Feldzugs zur Folge. Wie schon zuvor war es die Angst, die Panzerdivisionen hätten die Infanterie zu weit hinter sich gelassen und seien in Gefahr abgeschnitten zu werden. Die Bremse wurde angezogen und verlangsamte das Tempo des Vorrückens auf den Kanal; das wieder gab den Briten eine wertvolle Atempause, in der sie den Perimeter von Dünkirchen befestigten, in den sich die BEF jetzt mit dem Ziel der Evakuierung zurückzog. Das war aber noch nicht alles, die Panzerdivisionen, die an den Perimeter von Dünkirchen heranrückten, erhielten Befehl, nicht anzugreifen. Die Aufgabe, die alliierten Streitkräfte in Dünkirchen zu vernichten und die Evakuierung zu verhindern, wurde gänzlich der Luftwaffe überlassen. Das Heer sollte lediglich in der kürzestmöglichen Zeit die verbliebenen Feindkräfte in Frankreich vernichten.[26]

Der Grund dafür war nicht so sehr die Tatsache, daß die Umgebung von Dünkirchen für Panzerangriffe ungeeignet war. Es war auch nicht so, daß die Panzerverluste durch Feindeinwirkung oder durch mechanische Pannen bedrohlich hoch gewesen wären, so daß die Panzerdivisionen eine Pause machen mußten, ehe sie nach Süden drehten, um den Rest von Frankreich zu erledigen. Diese Gründe trugen dazu bei, waren aber weniger wichtig. Göring war auf die Erfolge des Heeres in den letzten zwei Wochen eifersüchtig geworden. Ihm schien, daß die Luftwaffe eine zweitrangige Rolle gespielt habe und ihren rechtmäßigen Anteil an dem Rampenlicht erhalten müsse. Am 23. Mai sah er seine Chance, Hitler zu überreden. Dann kehrte er in sein Hauptquartier zurück und informierte Milch: »Wir haben es geschafft! Die Luftwaffe vernichtet die Engländer dort am Strand. Ich habe Hitler überreden können, daß das Heer angehalten wird.«[22]

Das Ganze erwies sich als ein kostspieliger Fehler. Drei Tage Nebel zu Beginn der Operation, die Tatsache, daß die Flugplätze der Luftwaffe zu weit von Dünkirchen entfernt waren und die Luftüberlegenheit, die die Spitfire gegen die Me 109 erlangten, ermöglichten es den Briten, 338000 britische und 139000 alliierte Soldaten bis zum 4. Juni von dem Strand von Dünkirchen nach England zu evakuieren, obwohl sie gezwungen waren, ihre gesamte Ausrüstung zurückzulassen. Die Luftwaffe hatte lernen müssen, daß sie nicht ganz allein eine feindliche Armee vernichten konnte. Es war ein weiterer Nagel für den Sarg des Douhetismus.

Gerade bei Beginn der Evakuierung erschien endlich die 1st Armoured Di-

vision auf dem Schlachtfeld. Es war jedoch nicht die gleiche Division, wie sie Ende 1937 geplant worden war. Sie war auf nur zwei Panzerbrigaden reduziert worden und eine von deisen, die 3rd Armoured Brigade, hatte nur zwei statt der üblichen drei Panzerbataillone. Fast 50% der Panzer der Division waren leicht, viele der »Kreuzer« waren erst kurz vorher produziert worden; ihnen fehlten noch so wichtige Dinge wie Funkgeräte und Geschützvisiere. Was noch schlimmer war, man hatte der Division die Infanterie und die Feldartillerie weggenommen, was sie neben den Panzern besaß, war lediglich ein kombiniertes Pak- und Flakregiment.
In Verbindung mit de Gaulles 4. DCR erhielt die 1st Armoured Division Befehl, auf St. Pol vorzustoßen, um den Druck von Dünkirchen wegzunehmen. Anfänglich ging alles gut, sobald man jedoch auf Widerstand stieß, befahl der französische General, unter dessen Befehl sie stand, eine Verteidigungsstellung zu beziehen. Andere französische Versuche, die deutschen Brückenköpfe jenseits der Somme zu verkleinern, schlugen in den nächsten paar Tagen ebenfalls fehl, wenn es de Gaulle auch gelang, die Deutschen bei Abbeville 14 Kilometer zurückzuwerfen. Obwohl er keine Luftunterstützung hatte, machte er etwa 500 Gefangene. Ein Deutscher schrieb, den Soldaten sei »ein tiefer Panzerschreck in die Knochen gefahren«.[23]
Am 5. Juni begannen die Deutschen mit der »Operation Rot«, die das Ziel hatte, die restlichen alliierten Kräfte in Frankreich zu vernichten. Das XI. Panzerkorps überschritt die Somme und hatte bis zum 19. Juni die Normandie und die Bretagne gesäubert, die Evakuierung der britischen 1st Armoured Division erzwungen und unter den anderen Formationen auch die Kapitulation der 51st Highland Division entgegengenommen, die seit Beginn des Feldzugs den Franzosen unterstellt gewesen war. Die Panzergruppe Kleist mit dem XIV. und dem XVI. Panzerkorps stießen über die Aisne nach Süden, während die Panzergruppe Guderian (XXXIX. und XLI. Panzerkorps) hinter die Maginotlinie eindrehte und die französische 2. Armeegruppe in einer Wiederholung des deutschen Siegs bei Sedan im Jahre 1870 einkesselte. In einem Versuch, die Deutschen zu stoppen, hatte Weygand am 26. Mai Befehl erteilt, daß es keinen Rückzug mehr geben dürfe.
Unglücklicherweise gab das den deutschen Panzerdivisionen noch mehr Bewegungsfreiheit, weil die Franzosen keine Panzer zu Gegenstößen hatten. Die Panzer umfuhren die Widerstandsnester in der üblichen Art und überließen es der nachfolgenden Infanterie, sie auszuräumen. Am 25. Juni

hatten die Franzosen genug und unterzeichneten einen Waffenstillstand. In etwas weniger als sieben Wochen hatten die Deutschen Holland, Belgien und den nördlichen Teil von Frankreich überrannt. Sie hatten die Briten über den Kanal zurückgetrieben und die Maginotlinie zur Kapitulation gezwungen, deren Geschütze kaum einen Schuß abgefeuert hatten. Es war eine blendende Leistung, welche die Deutschen nur 156000 Mann Verluste gekostet hatte im Vergleich zu den 2300000 der Alliierten.
Die Tatsache, daß die deutschen Verluste verhältnismäßig gering waren und daß zwei Millionen der alliierten Verluste Gefangene waren, bewies mehr als alles andere, daß es die psychologische Dislozierung der Alliierten gewesen war, die zu ihrer Niederlage geführt hatte. Diese psychologische Wirkung auf die höheren Kommandostellen beschrieb André Beaufre, ein jüngerer Stabsoffizier im Hauptquartier von General Georges.

»An der Telefonzentrale, die die schlechten Nachrichten in einem monotonen Ein-Minuten-Intervall entgegennahm, erfolgte keine Reaktion mehr; ein Offizier bestätigte die Meldungen mit einer ruhigen, sanften Stimme, ein anderer mit einem fast hysterischen Kichern –
›Oh ja, Ihre linke Flanke wurde eingedrückt; oh, ich verstehe, sie sind hinter Ihnen. Ich werde es notieren.‹ Alle anderen in dem Raum saßen niedergeschlagen und stumm in den Klubsesseln herum.«[24]

Die Wurzel des Problems war die, daß sich die Alliierten im Gegensatz zu den Deutschen darin geschult hatten, eine »langsame Schlacht« zu schlagen. Deshalb waren sie unfähig, in dem erforderlichen Tempo zu denken, um auf die deutschen Schachzüge rechtzeitig zu reagieren.
Lord Gort schrieb in seinem offiziellen Bericht über den Feldzug bedauernd, der deutsche Erfolg beweise, »daß der Vorteil dem Befehlshaber zuwachse, der es am besten versteht, seine Zeit zu nutzen und der die Zeit zu seinem Diener und nicht zu seinem Herrn macht.«[25]
Anders als sein Vorgänger im Jahr 1914 hatte der deutsche Kriegsplan wie ein Uhrwerk funktioniert. Der Polenfeldzug hatte die Deutschen, besonders auf dem Gebiet der Logistik, viel gelehrt. Um den schnellen Vormarsch der Panzerdivisionen unterstützen zu können, übernahmen sie die Versorgung aus der Luft. In der Erinnerung daran, wie sie ihre Ju 52 in Spanien eingesetzt hatten, benützten sie diese Maschinen, um Sprit und Munition zu den vorgeschobenen Flugplätzen zu fliegen, wo sie von den Lastautos der Panzereinheiten abgeholt werden konnten. Wegen der vie-

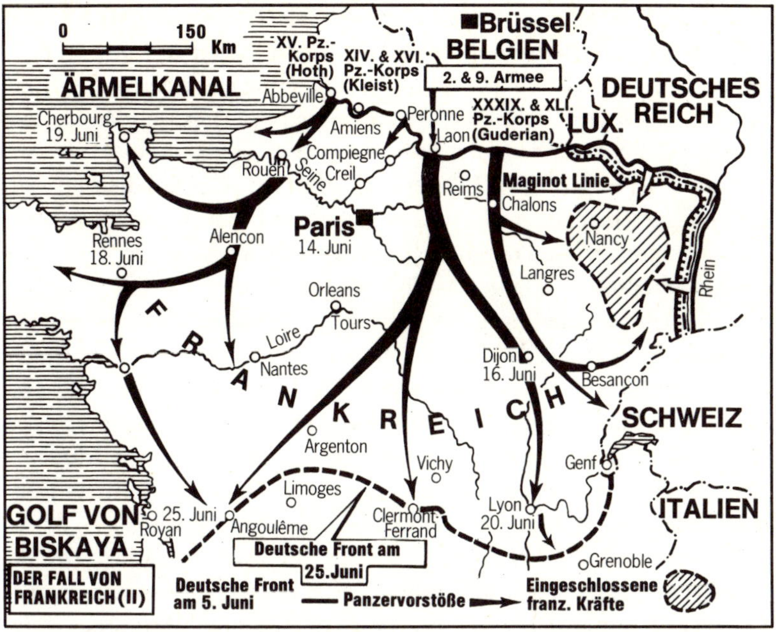

len Pannen beim Einmarsch in Österreich hatten die Panzerdivisionen jetzt mobile Feldwerkstätten erhalten, die es ermöglichten, daß Panzer in kürzester Zeit überholt und repariert wurden.

Die einzige Unsicherheit in der deutschen Operationsführung war die Angst bei den höheren Kommandobehörden, daß die Panzerdivisionen abgeschnitten werden könnten, weil sie der Masse der Infanterie zu weit voraus waren. Diese Befürchtungen waren nicht ganz unbegründet. Der britische Gegenangriff bei Arras und de Gaulles Angriff bei Abbeville hatten gezeigt, daß die deutschen Soldaten nicht gegen alles, was gegen sie geworfen wurde, unempfindlich waren. Wegen der alliierten Unfähigkeit, schnell zu denken und genügend Kräfte rechtzeitig zu konzentrieren, waren diese Angriffe lediglich Nadelstiche und brachten die Deutschen nur zeitweilig aus dem Gleichgewicht. Trotzdem ließen diese Gegenangriffe erkennen, was man tun konnte, um einen Blitzkrieg zu kontern.

Die Luftwaffe hatte gut gearbeitet. Obwohl sie keine Erfahrung in dieser Taktik hatte, hatte sie oft die langen exponierten Flanken geschützt, die durch die Schnelligkeit der Panzerangriffe entstanden waren und hatte sogar Gegenangriffe vereitelt. Ihr einziger, wenn auch großer Fehler, war es, daß sie die Evakuierung von Dünkirchen nicht verhindert hatte. Die

Schuld dafür lag bei Göring. Es war ganz einfach eine Sache der Eifersucht, daß er das Gefühl hatte, das Heer bekomme alle »Publicity« und die Luftwaffe, deren Rolle es war, das Heer zu unterstützen, »spiele lediglich die zweite Geige«. Die Verluste in der Luft waren jedoch bei beiden Parteien viel ausgeglichener als auf der Erde, die Luftwaffe verlor etwa 1300 Maschinen im Vergleich zu 1500 bei den Alliierten. Obwohl die Luftwaffe die Luftüberlegenheit errang, mußte sie darum kämpfen, sich zu behaupten, und in den Kämpfen zwischen der Luftwaffe und der RAF über Dünkirchen blieben die Erfolge ziemlich ausgeglichen.

Nach der Unterzeichnung des Waffenstillstands trat eine Pause ein, in der Hitler darauf wartete, daß England mit sich reden ließ. Nur die Luftwaffe attackierte die britische Schiffahrt im Kanal. In Großbritannien selbst bereitete sich Churchill, der am 10. Mai den kränkelnden Chamberlain ersetzt hatte, auf die Schlacht vor, die, wie er wußte, kommen würde.

Jenseits des Ozeans erwachten die Amerikaner langsam aus ihrem Isolationsschlaf. Der Ausbruch des Krieges hatte Roosevelt veranlaßt, die reguläre Armee und die Nationalgarde geringfügig zu verstärken. Der Polenfeldzug hatte den Amerikanern gezeigt, daß ihre militärischen Konzepte überholt waren. Das Ergebnis war die Durchführung der ersten Korpsmanöver seit 1918.

Diese Manöver fanden im April/Mai 1940 in Louisiana statt. Unter den beteiligten Einheiten war eine improvisierte Panzerdivision, die aus Chaffees 7th Mechanised Cavalry Brigade und einer provisorischen motorisierten Panzerbrigade bestand, die von der Infanterie gestellt wurde. Von der Dritten Armee durchgeführt, war es das Ziel des Manövers, Doktrin, Organisation und Bewegung über weite Entfernungen gegen einen beweglichen Feind sowie die Zusammenarbeit zwischen mechanisierten Kräften und der Luftwaffe zu prüfen. Einer der Schiedsrichter war Patton, er sah mit eigenen Augen, wie die mechanisierten Kräfte die Pferdekavallerie völlig ausmanövrierten. General Embick, der Kommandeur der Dritten Armee empfahl, daß als Ergebnis der Manöver die zwei mechanisierten Brigaden zu Panzerdivisionen erweitert wurden. Auch Patton wandte den Blick wieder dem Panzer zu.

Mitte Juli, als der Fall Frankreichs die Überzeugung bekräftigt hatte, daß die Mechanisierung für den modernen Krieg wesentlich sei, wurde Chaffee zum Kommandeur des neugebildeten 1st Armoured Corps ernannt. Dieses Korps bestand aus der 1st und der 2nd Armoured Division. Zu seiner Begeisterung erhielt Patton den Befehl über eine Brigade, die aus zwei leichten und einem mittelschweren Panzerregiment, einem Feldartillerieregiment und einem Pionierbataillon bestand. Seine erste Reaktion, nachdem er den Befehl übernahm, war:

»Die ganze Sache ist höchst interessant, da die meisten Taktiken erst ausgearbeitet werden müssen und eine große Chance für Erfindung und Führung besteht.«[26]

Luftschlacht um England

Nachdem Hitler versucht hatte, England zu einem Friedensschluß zu bewegen und zu diesem Zweck sogar erfolglos die Dienste der USA, Schwedens und des Vatikans beansprucht hatte, entschied er mit einem gewissen Zögern am 16. Juli, daß keine andere Alternative als eine Invasion Englands blieb. Aus einer Denkschrift Jodls vom Ende Juni wußte er: »Eine Landung in England kann erst ins Auge gefaßt werden, wenn die Luftherrschaft durch die deutsche Luftwaffe erkämpft ist.«[27]
Am 16. Juli nannte Hitler Einzelheiten des »Unternehmens Seelöwe«, wie der Tarnname lautete. Während sich die Wehrmacht auf den tatsächlichen Übergang über den Kanal konzentrieren sollte, sollte die Kriegsmarine die für die Invasion nötigen Mittel bereitstellen; in Zusammenarbeit mit der Luftwaffe und den Italienern sollte sie die Meerenge von Dover an beiden Enden verminen und die britische Flotte in der Nordsee und im Mittelmeer festhalten. In Hitlers Augen oblag die Hauptaufgabe jedoch der Luftwaffe. Ehe der Versuch einer Invasion unternommen wurde, mußte die vollkommene Luftherrschaft errungen werden. Hitlers Weisung Nr. 17 vom 1. August erklärte, wie die Luftwaffe diese erringen sollte, die Weisung war zugleich der Ausführungsbefehl, daß die Schlacht um England zu beginnen habe.

»Die deutsche Fliegertruppe hat mit allen zur Verfügung stehenden Kräften die englische Luftwaffe möglichst bald niederzukämpfen . . .
Die Angriffe haben sich in erster Linie gegen die fliegenden Einheiten, ihre Bodenorganisation und Nachschubeinrichtungen, ferner gegen die Luftrüstungsindustrie einschließlich der Industrie zur Herstellung von Flakgerät zu richten.«[28]

Bei den früheren Operationen hatte die Luftwaffe die Luftherrschaft lediglich dadurch errungen, daß sie versucht hatte, die feindliche Luftmacht auf den Flugplätzen zu zerstören. Das war eine Aufgabe für eine strikt taktische Luftwaffe, die Zerstörung der Flugzeugindustrie forderte von der Luftwaffe jedoch eine strategische Kapazität, die sie gar nicht besaß. Das war auch der wesentliche Grund, warum die Deutschen die folgende Schlacht verloren.
Die 1936 getroffene Entscheidung, die Entwicklung der viermotorigen »Uralbomber« zugunsten der Sturzkampfbomber einzustellen, rächte sich jetzt. Die Do 17, He 111 und Ju 88 waren zu leicht, ihre Bombenlast und auch ihr Aktionsradius waren zu gering, um die Aufgaben wirksam zu lösen, die Hitler ihnen jetzt stellte. Den deutschen Jägern wiederum fehlte die Reichweite, um gleichzeitig die Bomber zu schützen und die RAF in der Luft zu bekämpfen.
Es gab aber auch andere Gründe. Göring änderte dauernd das taktische Ziel der Operationen und verstieß damit gegen ein elementares Prinzip der Kriegführung. Zuerst griff er die Radarstationen längs der Südküste an, da er völlig richtig erkannt hatte, daß hier der Schlüssel zu Großbritanniens Luftverteidigung lag; ehe diese Aufgabe jedoch gelöst war, wechselte er zu Angriffen auf die Flugplätze über. Nachdem die Luftwaffe dann irrtümlich die Vorstädte von London angegriffen hatte und die Air Force das durch einen Angriff auf Berlin rächte, befahl Hitler der Luftwaffe, auf direkte Angriffe gegen London überzugehen, zuerst bei Tag und später, als Folge der hohen Verluste bei Tagangriffen, bei Nacht. Versuche, die britische Flugzeugproduktion zu stoppen, versagten kläglich. Die Produktion stieg sogar unaufhörlich, und es waren nicht die Verluste an Maschinen, sondern die an Piloten, die für die RAF kritisch wurden.
Obwohl die Schlacht noch bis ins Frühjahr 1941 andauerte, hatten die Deutschen sie praktisch bereits im September 1940 verloren. Die Bombardierung der Städte dämpfte die Moral der Briten, aber sie zerbrach nicht; wie schon durch Guernica so wurde jetzt wieder bewiesen, daß Douhets Theorie der gegenwärtigen Situation nicht gewachsen war.

Wüstenkrieg

Die britische Aufmerksamkeit richtete sich jetzt auf Nordafrika, wo die Italiener, die im Juni 1940 in den Krieg eingetreten waren, Ägypten und den Suezkanal den Engländern entreißen wollten, um ihr nordafrikanisches Reich zu vergrößern. Der nordafrikanische Feldzug, der die nächsten drei Jahre andauern sollte, war in seiner Anlage wie in seiner Durchführung einzigartig. Obwohl er ein Krieg der mechanisierten Truppen und der Luftstreitkräfte war, war es kein typischer Blitzkrieg.

Die Geographie Nordafrikas, mit dem Mittelmeer auf einer und einer fast unpassierbaren Wüste 150 Kilometer landeinwärts auf der anderen Seite, bot ein langes, aber nur sehr schmales Operationsgebiet. Obwohl Luft- und Landstreitkräfte eng zusammenarbeiteten, lag die Priorität der Luftstreitkräfte nicht im unmittelbaren Kampfraum. Der Feldzug war nämlich vor allem eine Schlacht um den Nachschub. Wieder und wieder konnte der Nachschub mit dem Tempo des Vormarschs nicht Schritt halten; die Anstrengungen der Marine waren darauf gerichtet, die eigenen Nachschublinien offen zu halten und die des Gegners zu stören. Die Wüste selbst bot ein ideales Gelände für die Panzerkriegführung, die Infanterie aber mußte sich darauf beschränken, das Gelände zu halten. Obwohl besonders die Briten diese taktische Erfahrung gewannen, waren die Feldzugsbedingungen taktisch irreführend, wenn man sie in dem Kontext eines europäischen Schlachtfelds sah. Sie kamen der Panzerkriegführung am nächsten, an die Martel 1916 mit seinen »an Land kämpfenden Flotten« gedacht hatte.

Die Panzerdivisionen wurden die entscheidenden Formationen, und 1942 zeigten die britischen Panzerdivisionen eine bemerkenswerte Ähnlichkeit mit den deutschen. 1940 war die Organisation mit nur zwei verlasteten Infanteriebataillonen gegenüber sechs Panzerbataillonen zu unausgeglichen gewesen. Diese bildeten, zusammen mit einer Abteilung Feldartillerie, Pionieren und einem Panzerabwehrbataillon die »Unterstützungsgruppe«. 1942 wurde das alles geändert, als man erkannte, daß der Kampf in Tunesien und die Aussicht, daß die Alliierten früher oder später den Kontinent betreten würden, einen höheren Anteil der Infanterie notwendig machten. Die zweite Panzerbrigade wurde so durch eine motorisierte Infanteriebrigade mit drei Bataillonen ersetzt. Nach dem Fall Frankreichs war jede Panzerbrigade durch ein Infanteriebataillon verstärkt worden, eines davon kam aus der Unterstützungsgruppe. Das Bataillon wurde in der einen verbleibenden Panzerbrigade zurückgehalten, so erreichte man ein Verhältnis von vier Infanterie- zu drei Panzerbataillonen. Des weiteren wurde eine zweite Feldartillerieabteilung hinzugefügt.

Die Vorkriegspläne, die Mehrzahl der Panzer der Infanterie zuzuteilen und nur drei Panzerdivisionen zu schaffen, wurden revidiert. Das unmittelbare Ziel waren neun, denen langfristig noch weitere folgen sollten. Hobart, der die 7th Armoured Division so erfolgreich ausgebildet hatte, wurde aus seiner Pensionierung geholt, wo er sich als Obergefreiter der Home-Guard gelangweilt hatte; jetzt sollte er diese neuen Divisionen aufstellen und ausbilden.

Bezeichnender war jedoch die Zusammenlegung der britischen Achten Armee und der Desert Air Force. Diese wurde eine richtige taktische Waffe. Nachdem Montgomery im August 1942 den Befehl über die Achte Armee übernahm, wurden die Hauptquartiere der Armee und der Air Force zusammengelegt, um die engstmögliche Zusammenarbeit zu gewährleisten. Das stand in einem völligen Kontrast zu der Haltung des Luftfahrtministeriums im Jahre 1940.

6 Unternehmen »Barbarossa«

Hitler hatte schon immer die Niederwerfung Rußlands und die Annexion seines Gebiets als Lebensraum für das deutsche Volk als sein letztes Ziel vor Augen gehabt. Das hatte er schon in *Mein Kampf* klargemacht. Im Oktober 1939 hatte er die Wehrmacht instruiert, Polen als Aufmarschgebiet für zukünftige Operationen zu betrachten. Einen Monat später sagte er seinen Generalen: »Wir können Rußland nur entgegentreten, wenn wir im Westen frei sind.«[1] Im Juli 1940 hatte er seinen Kommandeuren erklärt, daß er einen Angriff auf Rußland im Herbst 1940 in Betracht ziehe, falls das »Unternehmen Seelöwe« nicht verwirklicht werden konnte.

Der Generalstab sah als militärisches Ziel die Vernichtung der Roten Armee und die Inbesitznahme von so viel Land, daß die Luftwaffe die sowjetische Industrie hinter dem Ural angreifen und gleichzeitig verhindern konnte, daß russische Bomber Deutschland erreichten. Man schätzte, daß der Feldzug vier bis sechs Wochen dauern würde und daß 110 Infanterie-, 24 Panzer- und 12 motorisierte Divisionen erforderlich seien. Während diese Schätzung vorgenommen wurde, erreichte die Schlacht um England ihren Höhepunkt, es war aber bereits zu spät, um in diesem Jahr noch einen Angriff im Osten zu beginnen. Trotzdem waren Ende November als Teil der Vorbereitungen mehrere Divisionen aus Frankreich nach Polen verlegt worden.

Der ursprüngliche Plan, der von General Marcks von Hitlers eigenem Stab (OKW) entworfen worden war, sah zwei Hauptvorstöße vor. Der nördliche sollte gegen Moskau gerichtet werden, während der südliche durch die Ukraine auf Kiew als Endziel führen sollte. Zwei Nebenoperationen sollten einmal die baltische Küste bis Leningrad säubern und zweitens von Rumänien aus durch Bessarabien vorgehen, um sich mit dem Südangriff auf Kiew zu vereinigen. Wenn Moskau und Kiew genommen waren, sollten die zwei Heeresgruppen nach Süden und Norden eindrehen, um die

russischen Armeen in einem gewaltigen Kessel einzuschließen. Marcks legte seinen Plan dem Oberkommando des Heeres (OKH) vor, das die Lage selbständig beurteilt hatte. Während das OKH Moskau und Kiew als den Hauptzielen zustimmte, fügte es noch ein drittes – Leningrad – hinzu, obwohl es Moskau als das Hauptziel ansah und den zentralen Vorstoß als Hauptangriffsache bezeichnete.
Am 17. Dezember wurde der Plan Hitler vorgelegt; am folgenden Tag erließ er seine eigene Weisung Nr. 21 für den »Fall Barbarossa«. Über Nacht hatte er an dem Plan einige radikale Änderungen vorgenommen. Statt Moskau als Hauptziel beizubehalten, legte er fest, daß die Heeresgruppe Mitte, wenn sie einmal Smolensk erreicht hatte, einen Teil ihrer Kräfte nach Norden zur Unterstützung des Angriffs auf Leningrad abgeben solle. Erst wenn Leningrad gefallen war, sollte Moskau genommen werden. Hier lag der erste fatale Fehler in der Führung des Feldzugs durch Hitler. Moskau als Regierungssitz und Kommunikationszentrale hätte, wenn es erobert wurde, für Rußland einen viel ernsteren Verlust bedeutet als jedes andere Ziel. Die Tatsache, daß die Deutschen 1941 Moskau nicht nehmen konnten, bedeutete, daß die Stadt zu einem Symbol wurde, das die Russen während des Winters 1941–42 zu erneuten Anstrengungen anspornte.
In seiner Weisung legte Hitler seine Absicht wie folgt fest:

»Die im westlichen Rußland stehende Masse des russischen Heeres soll in kühnen Operationen unter weitem Vortreiben von Panzerkeilen vernichtet, der Abzug kampfkräftiger Teile in die Weite des russischen Raumes verhindert werden.«

Endziel sollte eine »Abschirmung gegen das asiatische Rußland aus der allgemeinen Linie Wolga – Archangelsk sein«; Hitler war der Ansicht, daß das genüge, um russische Luftangriffe auf Deutschland zu verhindern. Wenn diese Linie einmal erreicht war, konnte sich die Luftwaffe mit den Industriezentren im Ural befassen. Aber:

»Um alle Kräfte gegen die feindliche Luftwaffe und zur unmittelbaren Unterstützung des Heeres zusammenfassen zu können, ist die Rüstungsindustrie während der Hauptoperationen nicht anzugreifen. Erst nach dem Abschluß der Bewegungsoperationen kommen derartige Angriffe, in erster Linie gegen das Uralgebiet, in Frage.«[2]

So konnten die Russen weiter Kriegsmaterial herstellen, ohne gestört zu werden – ein weiterer Beitrag dazu, daß Hitler in Rußland schließlich besiegt wurde. Mehr als je sollten die Deutschen das Fehlen einer strategischen Luftwaffe bedauern.
Die umfassende Weite der geplanten Operationen bedeutete, daß die zehn Panzerdivisionen, die nach dem Frankreichfeldzug existierten, nicht mehr genügten. Im September 1940 wurde eine schnelle Ausweitung der Panzerwaffe gefordert, der Mangel an einer genügenden Zahl von Panzern bedeutete jedoch, daß neue Divisionen nur gebildet werden konnten, wenn man in einigen anderen die Zahl der Panzerabteilungen von vier auf zwei reduzierte. Das Infanterieregiment wurde in zwei motorisierte Schützenbataillone umgegliedert, die zwar auf Lastwagen transportiert wurden, zum Kampf aber absitzen mußten. Hinzugefügt wurde eine Abteilung Feldartillerie und eine Flakabteilung, die mit 88 mm-Flaks ausgerüstet war. Obwohl die Deutschen im Juni 1941 21 Panzerdivisionen hatten, wodurch sie die Zahl vom vergangenen Jahr verdoppelten, wurden die 35 Panzerabteilungen von 1940 nur um 11 vermehrt. Trotzdem waren die neuen Panzerabteilungen stärker als ihre Vorgänger, weil sie jetzt mit den PzKw III und IV ausgerüstet waren, die PzKw II wurden lediglich bei den Divisionsaufklärungsabteilungen beibehalten. Gleichzeitig wurde die Zahl der motorisierten Divisionen vermehrt. Auch hier wurden die Divisionen von 1940 der Stärke nach verkleinert, im Juni 1941 gab es jedoch immerhin vierzehn. Die Masse der Wehrmacht bestand aber weiterhin aus Infanteriedivisionen, die sich, 163 an der Zahl, immer noch auf ihre Beine und den Pferdetransport verließen.
Hitlers Weisungen hatten gefordert, daß alle Vorbereitungen Mitte Mai 1941 beendet sein sollten. Das war entscheidend. Die Dauer des russischen Sommers war einerseits durch das Frühjahrstauwetter begrenzt, was bedeutete, daß das Land bis Ende Mai nur ungenügend abgetrocknet war, auf der anderen Seite durch die Herbstregen, die gewöhnlich im Oktober begannen und andauerten, bis der Winter anbrach. Es war daher entscheidend, daß sich die Deutschen bis Ende September an ihrem Endziel, der Linie Wolga – Archangelsk, festgesetzt hatten. Wenn man berechnete, daß sie dazu neunzehn Wochen brauchen würden, blieb ihnen genau diese Zeitspanne und nicht mehr. Unglücklicherweise für sie erzwangen Ereignisse anderswo eine Verschiebung des Angriffs um fünf Wochen.
Mussolini hatte bei seinem Kriegseintritt einen Teil des Balkans als Einflußsphäre für sich gefordert. Hitler war ebenfalls an diesem Raum inter-

essiert, besonders an Rumänien, dessen Ölfelder für die deutschen Kriegsanstrengungen lebenswichtig waren. Im August schickte Hitler, der Mussolini gewarnt hatte, sich nicht im Balkan einzumischen, Truppen nach Rumänien. Mussolini, den das zur Wut reizte, begann Ende Oktober einen Angriff gegen Griechenland, um die Besetzung Rumäniens auszugleichen. Binnen einer Woche hatte die hartnäckige griechische Verteidigung die italienische Invasion nicht nur aufgehalten, sondern sogar nach Albanien zurückgeworfen. Zur gleichen Zeit hatte Mussolini auch in Nordafrika eine Niederlage erlitten, wo seine Armee durch O'Connors kleine Western Desert Force zu einem Rückzug gezwungen worden war, der Anfang Februar 1941 zu dem Debakel von Beda Fomm führte.

Im Februar beschloß Hitler, den Italienern eine kleine Streitmacht in Albanien und in Nordafrika eine weitere unter Rommel zu Hilfe zu schicken. Gleichzeitig befahl er Vorbereitungen für einen Plan zu treffen, den er schon im November in der Absicht formuliert hatte, Bulgarien und Griechenland zu besetzen, um die rumänischen Ölfelder vor Angriffen durch die RAF aus ihren Basen im östlichen Mittelmeer zu schützen. Er hatte gehofft, daß die Besetzung ohne oder nur unter geringen Kämpfen stattfinden könne.

Ende Februar akzeptierten die Griechen jedoch Churchills Vorschlag, ihnen aus Nordafrika Truppen gegen die Italiener zu Hilfe zu schicken. Ende März erfolgte dann ein deutschfeindlicher Staatsstreich in Jugoslawien, das bisher den Achsenmächten freundlich gesinnt war. Hitler beschloß sofort, Jugoslawien mit einem blitzartigen Schlag zu erledigen und dann nach Griechenland vorzustoßen.

Die an dieser Operation beteiligten Truppen mußten von denen weggenommen werden, die sich auf die Invasion in Rußland vorbereiteten. Die Zweite und die Zwölfte Armee wurden zusammen mit der Panzergruppe Kleist für den Angriff auf Jugoslawien bereitgestellt, das nur wenig moderne Ausrüstung besaß. Wie in Polen und Frankreich wurde die deutsche Streitmacht von Richthofens VIII. Fliegerkorps unterstützt. Die Invasion begann am 6. April, die Zwölfte Armee und die Panzergruppe Kleist griffen Jugoslawien und Thrazien von Bulgarien aus an. Zwei Tage später begann die Zweite Armee ihren Vorstoß gegen Jugoslawien im Norden, von Österreich aus. Jugoslawien, das schlecht ausgerüstet und politisch zerrissen war, kapitulierte am 17. April. Von Mellenthin, der im Stab der Zweiten Armee war, stellte fest:

Aus deutscher Sicht gesehen war die Eroberung Jugoslawiens . . . nicht viel mehr als eine ausgedehnte Felddienstübung im scharfen Schuß mit anschließender Feldparade.«[3]

Griechenland war eine härtere Nuß. Nach ihren Erfolgen gegen die Italiener war die griechische Armee psychologisch in guter Verfassung. Dazu war sie durch eine australische, eine neuseeländische Division und eine britische Panzerbrigade verstärkt worden. Das überwiegend gebirgige Gelände war zudem für eine Verteidigung ideal geeignet. Unglücklicherweise hatten die Griechen ihre Hoffnungen aber auf die Metaxas-Linie gesetzt, die ihre gemeinsame Grenze mit Bulgarien deckte. Die Grenze gegen Jugoslawien besaß nur wenige Verteidigungsstellungen; während die Masse der Zwölften Armee die Metaxaslinie angriff, drückte die 2. Panzerdivision deren linke Flanke ein und bedrohte die griechischen Streitkräfte, die den Italienern in Albanien gegenüberstanden, im Rücken. Die Alliierten hofften dann, die Deutschen in dem schwierigen Gelände um den Olymp aufhalten zu können; die brillante Führung der 2. Panzer- und der 6. Gebirgsdivision ermöglichte es den Deutschen jedoch, die australischen und neuseeländischen Stellungen zu überflügeln. Die britische Feindaufklärung schrieb in einem Bericht: »Das deutsche Pz.Rgt. 3 kennt keine Wegeschwierigkeiten und findet sich erfolgreich mit Gelände ab, das als absolutes Panzerhindernis gegolten hatte.« Im offiziellen neuseeländischen Bulletin, das nach dem Krieg verfaßt wurde, hieß es:

»Nur selten im Kriege sind Panzer gezwungen gewesen, solch schwieriges Gelände zu durchqueren. Selten auch haben zu Fuß angreifende Soldaten, die bereits einen Marsch von mehr als 500 km hinter sich hatten, so schnell unter so fürchterlichen Bedingungen vorgehen müssen. Dies war eine Leistung, auf die jeder Soldat stolz sein kann.«[4]

Obwohl die Griechen am 23. April einen Waffenstillstand unterzeichneten, konnten die Deutschen nicht verhindern, daß die britischen und die Truppen aus Australien und Neuseeland durch die Royal Navy trotz der überwältigenden Überlegenheit der Luftwaffe evakuiert wurden. Die Briten hielten jedoch noch Kreta, und es war die Aufgabe der Luftwaffe, diese wichtige Insel zu erobern. Der Luftlandeangriff, der am 20. Mai gestartet wurde, kam für die Briten als vollkommene Überraschung, in elf Tagen waren sie von der Insel vertrieben. Die deutschen Verluste aber waren sehr schwer, und obwohl Fallschirmjägerdivisionen für den Rest des Kriegs Teil der deutschen Wehrmacht blieben, wurden sie nie wieder in einem so großen Ausmaß eingesetzt. Der Verlust an Transportflugzeugen sollte sich ebenfalls auf die Ereignisse in Rußland auswirken.

Nachdem der Balkan jetzt gesichert war, konnte sich Hitler wieder der Sowjetunion zuwenden. Ende April sah er sich jedoch gezwungen, das Invasionsdatum auf den 22. Juni zu verschieben, um die auf dem Balkan verwendeten Truppen neu entfalten zu können.

Die Deutschen hatten für das Unternehmen *Barbarossa* 105 Infanterie-, 17 Panzer- und 12 motorisierte Divisionen vorgesehen. Sie waren wie folgt aufgeteilt:

Heeresgruppe Nord (von Leeb)	
Achtzehnte Armee (von Küchler) Sechzehnte Armee (Busch)	20 Divisionen
4. Panzergruppe (Höpner)	3 Panzer- und 3 motorisierte Divisionen
Luftflotte 1 (Keller)	400 Maschinen (5 Gruppen Ju 87, eine Gruppe Me 109F, ein Stuka-Geschwader und verschiedene Aufklärer)
Heeresgruppe Mitte (von Bock)	
Neunte Armee (Strauss)	12 Infanteriedivisionen
3. Panzergruppe (Hoth)	4 Panzer- und 3 motorisierte Divisionen
Vierte Armee (von Kluge)	21 Infanteriedivisionen
2. Panzergruppe (Guderian)	5 Panzer-, 3 motorisierte und 1 Kavalleriedivision
Luftflotte 2 (Kesselring)	1000 Maschinen (3 Gruppen Ju 87, 2 Gruppen Me 109E/F, 2 Gruppen Me 110, eine mit Ju 52, eine mit Do 17Z, 1 Gruppe Ju 88 und 1 Gruppe He 111)
Heeresgruppe Süd (von Rundstedt)	
Sechste Armee (von Reichenau)	12 Infanteriedivisionen
Panzergruppe 1 (Kleist)	5 Panzer-, 3 motorisierte Divisionen

Siebzehnte Armee (von Stülpnagel)	13 Infanteriedivisionen
Elfte Armee (von Schobert)	13 Infanteriedivisionen
Dritte / Vierte Rumänische Armee	14 Infanteriedivisionen
Luftflotte 4 (Löhr)	600 Maschinen (3 Gruppen Ju 88, 3 Gruppen Me 109E/F, 2 Gruppen Ju 52 und 2 Gruppen He 111)

Die Panzergruppen waren direkt den Stäben der Heeresgruppen unterstellt, zum Zweck einer engen Unterstützung waren ihnen Staffeln der Luftflotte zugeteilt. Am stärksten war die Heeresgruppe Mitte, von ihr wurde aber schließlich erwartet, daß sie Kräfte einschließlich beider Panzergruppen gegen Leningrad abgab.
Am Vorabend der Invasion schätzten die Deutschen, daß die Rote Armee in Westrußland etwa 154 Schützen (Infanterie)- und 25 Kavalleriedivisionen umfaßte. Über die sowjetische Panzerorganisation war nur wenig bekannt, man glaubte aber, daß 10 Panzerdivisionen und 37 mechanisierte Brigaden eine ziemlich zutreffende Schätzung seien.
Nach den Angaben Marschall Schukows betrug die Stärke der Roten Armee in den Grenzdistrikten gegen Deutschland, Ungarn und Rumänien 150 Divisionen, einschließlich 36 Panzer-, 18 motorisierter Schützen- und 8 Kavalleriedivisionen, die allerdings nur jeweils halb so stark waren wie die deutschen Divisionen.[5]
Die Rote Luftwaffe sollte etwa 4000 Maschinen der ersten Linie im Westen haben. Damit wurde aber ihre Stärke, die wahrscheinlich 6000 betrug, erheblich unterschätzt. Ursprünglich war die Rote Armee in vier »Fronten« organisiert: die Nordfront unter Popow, die Leningrad und die finnische Grenze umfaßte; die Nordwestfront (Kusnezow); das Baltikum, die Westfront (Pawlow)*, Bjelorußland nördlich der Pripjetsümpfe und die Südwestfront (Kirponos), die Ukraine.
Man hat viel darüber geschrieben, wie unvorbereitet die Russen auf den deutschen Angriff gewesen seien. Von Anfang 1941 an hatten sowohl die britische Regierung wie die sowjetischen Spionageringe im besetzten Europa und anderswo wiederholt Nachrichten nach Moskau gesandt, wo sie aber anscheinend bei Stalin auf taube Ohren stieß. Tatsächlich hat man

* Der General, der in Spanien gewesen war und aus den dortigen Kämpfen die falschen Schlüsse gezogen hatte.

Stalin sogar beschuldigt, daß er sich nicht gegen eine Invasion vorbereitet habe, weil er gefürchtet habe, daß er in einen Krieg mit Deutschland hineingezogen werde und daß jede Defensivvorbereitung in Hitlers Augen provozierend wirken könne. Eine detaillierte Erörterung der Haltung Stalins geht über den Rahmen dieses Buches hinaus. Die Tatsache bleibt jedoch, daß die abwartende Haltung der Russen den Deutschen in die Hände spielte.

Verteidigungsstellungen an der Grenze zu dem von Deutschland besetzten Polen bestanden nicht, nur der Bug bildete hier ein natürliches Hindernis. Eine Verteidigungslinie, die Stalinlinie, war Ende der dreißiger Jahre längs der Westgrenze vor 1939 errichtet worden. Abgesehen von Bessarabien lag sie jedoch 480 Kilometer hinter der neuen Grenze und konnte in den Anfangsstadien des Kriegs keine Rolle spielen.

Das Problem, daß die Russen keine Verteidigungsstellungen aufgebaut hatten, wurde noch dadurch vergrößert, daß sie die Hauptmasse ihrer Streitkräfte in den Grenzdistrikten entfalteten, statt die Tiefe ihres Landes zu nützen und die deutschen mechanisierten Formationen so tief ins Land zu locken, bis ihre Nachschublinien überdehnt waren, und dann erst zum Gegenangriff anzusetzen.

Ein ehemaliger General der Roten Armee drückte das so aus:

»Hinter den Truppen an der Front waren keine Reserven gestaffelt, weil man eine Verteidigung in der Tiefe als blanken Unsinn ablehnte. Defensive Kriegspläne wurden weder gemacht noch auch nur in Betracht gezogen. Riesige Vorratslager, die bis zum Bersten mit Waffen, Treibstoff und Munition angefüllt waren, wurden nicht in sicherem Abstand, sondern direkt an der Front in Reichweite der deutschen schweren Artillerie angelegt.«[6]

Man muß aber den Russen gegenüber fair bleiben und feststellen, daß sie der deutsche Angriff inmitten einer Umgliederung traf. Aufgrund der Schwierigkeiten, die sie mit den Finnen gehabt hatten, aber auch wegen der deutschen Erfolge in Polen und Frankreich, erkannte die Rote Armee, daß sie aus Spanien in der drastischen Umgliederung ihrer Panzerkräfte, die zur Zeit von Stalins Säuberungen stattfanden, die falschen Schlüsse gezogen hatte. Die Panzer, die man der Infanterie unterstellt hatte, wurden nicht wieder abgezogen, in der zweiten Hälfte 1940 stellten die Russen aber Panzer- und motorisierte Schützendivisionen auf. Entsprechend

Tuchatschewskis Konzepten und deutschen Vorbildern bestanden die Panzerdivisionen aus zwei Panzerregimentern zu je drei Bataillonen, unterstützt von drei motorisierten Schützen- und drei Feldartilleriebataillonen. Die motorisierten Schützendivisionen waren ähnlich aufgebaut, nur hatten sie zwei motorisierte Schützen- und nur ein Panzerregiment. Zwei Panzerdivisionen und eine mechanisierte Schützendivision sollten ein Panzerkorps bilden. Die Organisation der Panzerdivisionen war im Juni 1941 in den Grenzdistrikten nur teilweise abgeschlossen, obwohl einige in mechanisierte Korps zusammengefaßt waren, gab es noch eine Mischung von Panzer- und mechanisierten Brigaden. Einige waren noch in mechanisierten Korps alten Stils (eine Mischung von mechanisierten und Panzerbrigaden) zusammengefaßt, aber sonst unabhängig.

Man hatte geplant, bis zum Herbst 1941 zwanzig mechanisierte Korps neuen Stils zu bilden, die industrielle Kapazität konnte jedoch diesen Anforderungen nicht gerecht werden. Während die Infanterieeinheiten die jetzt veralteten T 28, T 35 und BT-Modelle behalten sollten, hoffte man, die neuen Formationen zu einem guten Teil mit dem T 34, einem mittelschweren Panzer mit einer 76 mm-Kanone (der sich als einer der besten Panzer des Zweiten Weltkriegs erweisen sollte), und den überschweren Modellen der KV-Serie ausrüsten zu können.

Obwohl im Juni 1941 etwa 1000 T 34 und 400 KV-Panzer zur Verfügung standen, konnten die Lieferungen die Anforderungen nicht erfüllen. Deshalb waren viele der Panzerdivisionen hoffnungslos unterbesetzt. So standen ein mechanisiertes Korps an der Westfront Guderian und Hoth mit insgesamt 508 BT-Panzern gegenüber, obwohl seine Ausstattung aus 1025 Panzern, darunter 420 T 34 und 126 KV-1 bestehen sollte. Weiter gab es Schwierigkeiten in der Ausbildung, die in den bestehenden Panzereinheiten seit dem Ausscheiden Tuchatschewskis und seiner Schüler ungenügend gewesen war. Die massive Ausweitung der Panzerstreitkräfte verlangte eine rasche Vermehrung der Soldaten, die die Panzer bemannen sollten, und das wiederum senkte den niedrigen Ausbildungsstand noch mehr. Bei Ausbruch der Feindseligkeiten war es nicht ungewöhnlich, daß ein Panzerfahrer nicht mehr als zwei Stunden Fahrausbildung gehabt hatte, auch die Panzerkommandanten hatten nur wenig oder keine Praxis in der Handhabung der Panzer.

Die Rote Luftwaffe befand sich in einer ähnlichen Verfassung. Die wichtigsten Jäger waren immer noch die Polikarpows 115 und 116, die im Spanischen Bürgerkrieg von der Me 109 deklassiert worden waren. Die Yak 1,

Lagg 3 und Mig 3 wurden eben erst in Dienst gestellt, aber auch sie waren der Me 109 unterlegen.
Obwohl die Rote Luftwaffe jetzt eine taktische Luftwaffe war, deren Einheiten unter dem Kommando der Armee standen und zu deren Unterstützung da waren, besaßen sie immer noch die plumpen schweren TB-Bomber der frühen dreißiger Jahre, wenn auch hauptsächlich in der Rolle als Transporter. Als Bomber verließ man sich auf die Mittelstreckler SB 1 und SB 2, die in Spanien zufriedenstellend gearbeitet hatten. Die Patliakow P 2, die im Aussehen der Me 110 ähnelte, tauchte eben bei der Luftwaffe auf; außerdem auch die »Stormowik«, die Iljuschin IL 2,* das sowjetische Erdkampfflugzeug. Wie die Panzerwaffe wurde auch die Rote Luftwaffe im Juni 1941 in der Umrüstung überrascht, aber in einem sehr frühen Stadium und mit noch sehr vielen veralteten Maschinen.
Am Abend des 21. Juni scheint Stalin endlich nachgegeben zu haben; er befahl, alle Truppenteile warnen zu lassen, daß die Deutschen am nächsten Morgen angreifen würden. Gleichzeitig wurden angesichts der bereits erkannten Taktik der Luftwaffe, die Flugplätze anzugreifen, alle Einheiten der Roten Luftwaffe angewiesen, ihre Maschinen zu tarnen. Diese Befehle sollten aber die Befehlsstellen an der unmittelbaren Front nicht mehr erreichen.
Auf der deutschen Seite blieb alles still, die Angriffstruppen hielten sich in ihren Bereitstellungsräumen dicht an der Grenze verborgen. Am 22., um 2.00 Uhr, ratterte ein sowjetischer Getreidezug, der letzte von so vielen seit der Unterzeichnung des russisch-deutschen Handelsabkommens im Februar 1939 bei Brest Litowsk über den Bug. Eineinhalb Stunden später eröffnete die deutsche Artillerie das Feuer. Fünfzehn Minuten später begann die Invasion.
Obwohl einige Teile der russischen Front von Anfang an wütend kämpften, wurden andere von dem deutschen Feuer völlig überrascht. General Blumentritt, der Stabschef von Kluges Vierter Armee, berichtet:

»Fast sofort fing unser Funkabhördienst einen russischen Funkspruch ab. ›Wir werden beschossen. Was sollen wir tun?‹ Er hörte auch die Antwort

---

* Der Ausdruck »Stormowik« wurde von dem deutschen Wort »Sturm«-Angriff abgeleitet. Man bezeichnete damit sowohl die Yak 1 und Pe 1 wie auch die IL 1. Alle drei ähnelten im Aussehen der Hurricane. Spätere Modelle der IL 2 hatten jedoch eine Besatzung von 2 Mann, die Maschine glich deshalb der Fairey Battle, aber mit einer besseren Leistung, Bewaffnung und Panzerung. Ihre Spitzengeschwindigkeit von 450 km/h erlaubte ihr nur eine Rolle in der Bodenunterstützung, wo sie sich aber einen beträchtlichen Ruf erwarb.

der höheren Kommandostelle, an die diese Bitte um Befehle gerichtet war. ›Sie müssen verrückt sein. Und warum ist Ihr Funkspruch nicht verschlüsselt?‹«[7]

Fast alle Brücken über den Bug wurden unversehrt genommen, viele blieben von Anfang an unverteidigt. Die Luftwaffe, deren erste Angriffe zur gleichen Zeit begonnen hatten wie die Beschießung, trafen die gleiche Situation an, als sie Flugplätze attackierte und dort auf Flugzeuge stieß, die ohne jeden Versuch einer Tarnung in Reihen aufgestellt waren. Die Russen selbst gaben zu, daß bis zum Mittag dieses Tages 1200 Maschinen vernichtet wurden, von denen 800 nicht zum Start gekommen waren.
Die Heeresgruppe Nord hatte die Aufgabe erhalten, den Gegner in den baltischen Staaten zu vernichten und sich dann mit den Finnen zu vereinigen. Von Leeb, der nur über eine Panzergruppe verfügte, ließ ihre beiden Korps auf gleicher Höhe vorgehen, jeder sollte eine Infanterie-Armee folgen. In den ersten Tagen ging alles gut, dann aber kam es zu Reibungen zwischen Hitler, von Leeb und Hoepner. Hitlers Weisung Nr. 21 hatte festgelegt, daß dem Überrennen der baltischen Staaten die Einnahme von Leningrad folgen sollte. Von Leeb verstand diesen Befehl so, daß er die erste Aufgabe vollenden und dann erst gegen Leningrad vorgehen sollte. Deshalb schlug er eine Pause vor, damit seine Infanteriedivisionen, die jetzt durch Litauen, Lettland und Estland verteilt vorrückten, aufholen konnten.
Man muß sich daran erinnern, daß von Leeb ein konservativer Infanterist war, der 1938 aus der Wehrmacht ausgeschieden war. Er war auch der Autor des Buchs *Die Abwehr*, das bereits erwähnt wurde. Da er sich der Existenz der russischen Panzerkräfte bewußt war, wollte er sich nicht aus dem Gleichgewicht werfen lassen. Obwohl er das Potential seiner eigenen Panzerkräfte sah, begriff er es in Wirklichkeit nicht.
Während er daher entschied, die baltischen Staaten gegen Rußland abzuriegeln, befahl er, daß Hoepner nach Nordosten durch Sümpfe und Wälder zum Ilmensee vorstieß, um etwaige russische Gegenangriffe abzuwehren. Hoepner war von dem Gedanken, Panzer durch ein derartiges Gelände zu schicken, entgeistert. Er war der Ansicht, daß jeder weitere Vormarsch seiner Panzergruppe gegen Leningrad, das nächste Ziel, gerichtet sein sollte. Zur gleichen Zeit mischte sich Hitler in die Operationsführung der Heeresgruppe Nord ein; wie in Frankreich sorgte er sich darüber, daß Hoepner die Infanterie zu weit zurücklasse. Tatsächlich durfte Hoepner

nach einigen Tagen Aufschub weiter gegen Leningrad vorstoßen, während die zwei Infanteriearmeen wegen Hitlers Sorge, daß die Ostseehäfen nicht schnell genug genommen würden und der Sorge von Leebs, daß sie zu weit auseinandergezogen seien, in den baltischen Staaten blieben. Die Verzögerung, die Tatsache, daß keine Infanterie folgte, und der wachsende russische Widerstand raubten Hoepner die Chance, Leningrad zu nehmen, das auch später nicht mehr in deutsche Hand fiel. Es war ein klassisches Beispiel dafür, was geschieht, wenn Befehlshaber auf verschiedenen Ebenen sich widersprechende Ansichten über die Operationen haben.

Auch bei den beiden anderen Heeresgruppen gab es Meinungsverschiedenheiten. Im Zentrum stellte sich Hitler vor, daß Guderian und Hoth 400 Kilometer vorstoßen sollten, bis sie die Höhe von Minsk erreichten. Dann sollten sie gegeneinander eindrehen und so einen gewaltigen Kessel bilden, der dann durch die nachfolgende Infanterie ausgeräumt werden konnte. Der Befehlshaber der Heeresgruppe, von Bock, war mit seinen Panzerkommandeuren darin einig, daß der Kessel nicht tief genug sei, er hatte Hitler empfohlen, daß das 320 Kilometer östlich gelegene Smolensk den östlichen Rand des Kessels bilden sollte. Sein Argument war, je flacher der Kessel sei, desto weniger Truppen würden darin eingeschlossen, desto weniger Territorium überrannt und der Vormarsch auf Moskau verzögert werden; der Roten Armee wurde zudem die Möglichkeit gegeben, sich umzugruppieren. Von Bock hatte diese Ansicht bereits im Januar 1941 vorgetragen, er konnte aber vom OKH keine klare Antwort erhalten und hatte diese nicht einmal, als der Feldzug begann.

Wie die Heeresgruppe Nord hatten Hoth und Guderian bei ihren jeweiligen Angriffen wenig Schwierigkeiten. Guderian hatte zu der anfänglichen Überraschung beigetragen, indem er Panzer mit Schnorchelgeräten, die ursprünglich für das Unternehmen »Seelöwe« entworfen worden waren, durch den Bug geschickt hatte. Aber Guderian hatte nicht ohne weiteres durchsetzen können, daß seine Panzerdivisionen den Angriff anführen durften. Bei den Planspielen zum Fall »Barbarossa« hat es mehrfach Auseinandersetzungen über diese Frage gegeben:

»Die nicht aus der Panzertruppe stammenden Generale neigten zu der Ansicht, den ersten Einbruch mit Infanterie-Divisionen unter starker Artillerievorbereitung vorzunehmen und die Panzer erst einzusetzen, wenn der Einbruch eine gewisse Tiefe erreicht hatte und sich zum Durchbruch ausgestaltete.«[8]

Die *Risikoflotte* bei der Parade. Vorbeiflug von He 111s während des Besuchs des Prinzen Paul von Jugoslawien in Deutschland, Juni 1939. *Barnaby's Picture Library*

CINZANO

rst Charles de Gaulle und seine Offiziere vom 507.
zerregiment. *ECPA*

s 3 bei einer Parade anläßlich des Staatsbesuchs
g Georgs VI. in Paris, Juli 1938. *Barnaby's Picture*
ry

eral Adna Chaffee, Kommandeur des 1. US-Panzer-
s mit Kriegsminister Stimson, 1940. *Keystone Press*
cy

eral Heinz Guderian. *IWM*

PX

940. Die Luftwaffe erringt die Luftüberlegenheit. Auf
ı französischen Flugplatz liegen die Trümmer einer
ıeim IV. *Zeitgeschichtliches Bildarchiv (ZB)*

-airey-Battle. Dieser Typ erlitt bei den Angriffen auf
aasübergänge schwere Verluste. *Royal Aeronautical
ty*

ɪr im Angriff, Mai 1940. T 38-Panzer der Škoda-Werke
cht 9,7 Tonnen, Geschwindigkeit 34 km/h, 37 mm-
ıe und zwei Maschinengewehre, vier Mann Besat-
, aufgenommen aus Rommels Befehlspanzer.
ed Rommel

940. Mechanisierte und motorisierte Infanterie von
ıels 7. Panzerdivision an der Somme. In der Luft ein
ɪr Storch. *Manfred Rommel*

◄
Aufgegebener Infanteriepanzer Mk II des 7. Royal Tank Regiments, Arras, Mai 1940. Die Besatzung des führenden Panzers hatte diesen in Brand gesteckt, nachdem sie den folgenden Panzer nicht hatte abschleppen können. *ZB*

Abgeschossener Char B, ein Opfer von Rommels 7. Panzerdivision. *Manfred Rommel*
▼

▲
»Bomben frei!« Eine Stuka Ju 87 im Angriff. Die mittlere Bombe ist eine 500 Pfund-Bombe, die anderen sind 100 Pfund-Bomben. Die Ju 87 konnte auch eine 1000-Pfund-Bombe tragen. *IWM*

►
Becks »Entscheidungsmasse« in Frankreich, Sommer 1940. *ZB*

▲

41. Abgeschossene russische Panzer vom Typ BT-7. *RAC Museum, Bovington*

ıßland 1941. Eine Pause beim Vormarsch auf Moskau. PzKw II und SdKfz 250 Halbkettenfahrzeuge. Im vorderen Fahrzeug ıd Geschoßeinschläge zu sehen. *Centres des Recherches et D'Etude de la Seconde Guerre Mondiale, Brüssel*

ıßland 1942. Panzergrenadiere im Angriff, unterstützt von SdKfz 251 mit 37 mm- und 20 mm-Kanonen. *IWM*

ır T 34, der sich den deutschen Panzern in Rußland mehr als gewachsen zeigte. (Gewicht 28 Tonnen, Geschwindigkei km/h, vier Mann Besatzung, 76 mm-Kanone und zwei Maschinengewehre). *RAC Museum Bovington*

◄
Stormowik IL 2 in Aktion. Die Fähigkeit, eine Vielzahl von Waffen zu tragen – Kanonen, Raketen, Sprengbomben, Panzer- und Splitterbomben – machten die Stormowiks für die Bodenunterstützung sehr wertvoll. *Nowosti Presseagentur*

▼
Alliierte »Luftartillerie« (1). »Fliegende Festungen« im Formationsflug. *IWM*

►
Alliierte »Luftartillerie« (2). Britische Hawker Typhoons. *RAeS*

►▼
1944. Im Kessel von Falaise, nach einem Luftschlag der Alliierten. Trotz aller Mechanisierung blieb die deutsche Wehrmacht bis zuletzt von Transportpferden abhängig. *IWM*

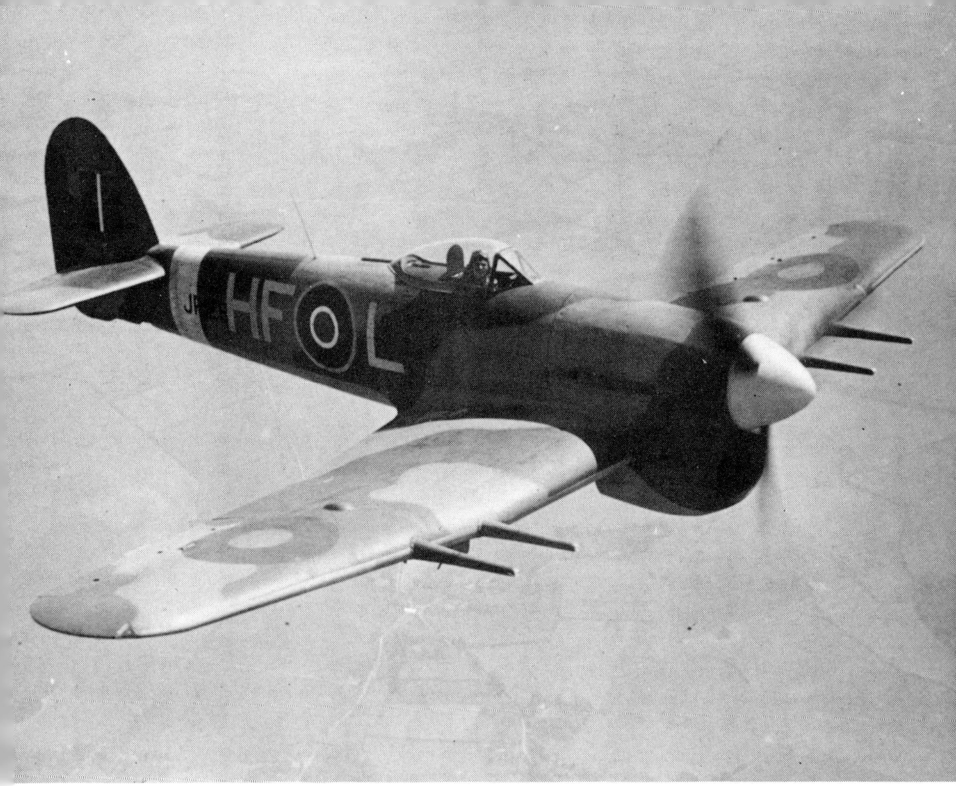
HF
L

◀
General George Patton. *IWM*

▼
Der Blitzkrieg der Alliierten: Eine Gruppe britischer M 4 Shermans erwartet den Befehl zum Vorstoß über die Seine, August 1944. Der zweite Panzer ist ein Firefly mit beträchtlich längerem Kanonenrohr. *IWM*

▶
Da sie die belgischen und holländischen Häfen nicht kontrollierten, wurden die Nachschublinien der Alliierten imme länger. Diese in Kanada gebauten Dodge-3-Tonner-Lwks versorgten das britische XXX. Korps. *IWM*

▶▼
Die letzte Offensive: Ein zerschossener *Panther* in den Ardennen, Dezember 1944. *IWM*

A
A

12

◀
Dan Tolkowski, der sich für eine strikt taktische israelische Luftwaffe entschied. *Israelisches Verteidigungsministerium (IVM)*

Erbeutetes ägyptisches Kriegsgerät im Gazastreifen 195
Links zwei in England hergestellte 17-Pfünder der Archer-Panzerabwehrkanonen auf Selbstfahrlafette. Rechts ein in Rußland gebautes SU 100 Geschütz auf Selbstfahrlafette. Dahinter: Russische BTR 152 Mannschaftsträger. *Radio Times Hulton Picture Library*
▼

ni 1967. Israelische Shermans mit 90 mm-Kanonen
ßen zum Suezkanal vor. *Central Press Photographs
nited*

chstagekrieg. Die israelische Luftwaffe schlägt zu. Eine
schin Il-28 der ägyptischen Luftwaffe verbrennt auf dem
lfeld. *IVM*

▲
Centurions, das Rückgrat des israelischen Panzerkorp
Central Press Photographs Limited

◀
Oktober 1973. General Arik Sharon nach seinem dram
tischen Übergang über den Suezkanal. *Camera Press*
Limited

Die gleiche Diskussion sollte fünfzehn Jahre später wiederholt werden, als die Israelis den ersten ihrer Angriffe auf der Halbinsel Sinai planten. Schließlich konnte sich Guderian aber doch durchsetzen. Der einzige bedeutende Stützpunkt, den er umgehen mußte, war die Festung Brest Litowsk, deren Verteidiger so fanatisch kämpften, daß die Festung erst Mitte Juli fiel. Guderians Vormarsch erfolgte so rasch, daß er die Beresina, etwa 400 Kilometer von seiner Ausgangslinie, binnen sechs Tagen erreichte.
Hitler bestand jetzt darauf, daß sich Guderian mit Hoth bei Minsk statt bei Smolensk vereinigte. Wieder zeigte er Anzeichen der gleichen Nervosität, die ihn schon in Frankreich befallen hatte. Man schätzte, daß zwanzig Divisionen zwischen Hoth und Guderian gefangen saßen. Hitler sorgte sich jetzt, daß sie hinter den Panzergruppen ausbrechen und diese von der Hauptmasse abschneiden könnten. Zögernd gehorchte Guderian dem Befehl, und die Russen waren jetzt in zwei Kesseln eingeschlossen, der eine wurde durch die Infanterie der Heeresgruppe Mitte in dem Raum Bialystok-Nowogrodek geschaffen, ein weiterer größerer Kessel wurde westlich von Minsk durch die Panzergruppen geschlossen.
Die Schaffung dieser Kessel an der russischen Westfront bewies überzeugend den Fehler, den die Russen gemacht hatten, als sie ihre Truppen so weit nach vorn entfalteten. Pawlow erschwerte die Situation noch mehr, indem er alle seine Reserven nach vorn beorderte, um den Druck auf den Byalistoker Kessel zu mildern; er erkannte dabei aber nicht, daß er gerade dadurch um Minsk ein Vakuum entstehen ließ und seine ganze Front zur Einkesselung verdammte. Wegen seiner Fehler wurde er am 30. Juni seines Kommandos enthoben, nach Moskau befohlen, vor ein Kriegsgericht gestellt und erschossen. Die Russen machten trotzdem entschlossene Ausbruchsversuche, diese waren jedoch kaum koordiniert. An einer Stelle ging die russische Infanterie Schulter an Schulter und ohne jede Unterstützung durch Panzer, Artillerie oder Flugzeuge vor. An einer anderen Stelle wurde sogar ein Panzerzug, ein Relikt aus dem Bürgerkrieg, eingesetzt. Anderswo starteten die Russen Panzerangriffe. Bei einem von ihnen stieß Guderians 18. Panzerdivision zum ersten Mal mit T 34 zusammen. Der T 34 erwies sich den deutschen Panzern in jeder größeren Entfernung als 200 Meter überlegen. Es erstaunt daher nicht, daß ein deutscher Bericht von einer Wunderwaffe sprach, »die Entsetzen verbreitete und überall gefürchtet wurde, wo sie sich bewegte.«[9]
Weil die russischen Panzer aber selbständig ohne Infanterieunterstützung gegen die deutschen Einheiten mit ihren kombinierten Waffen antraten

und zudem der Ausbildungsstand der russischen Panzerbesatzungen so niedrig war, konnten die Deutschen diese Vorstöße trotz der T 34 und ihrer schweren KV-1-Kompanien aufhalten und zerschlagen. Die Rote Luftwaffe, die sich etwas von dem anfänglichen Angriff der Luftwaffe erholt hatte, flog Bombenangriffe gegen die einkreisenden Deutschen; da sie aber nicht von Jägern geschützt waren, erwiesen sie sich als eine leichte Beute für die Me 109. So griff am 30. Juni Welle um Welle von Bombern die Panzertruppen um Minsk an, sie wurden jedoch von Oberst Werner Mölders Jagdgeschwader 51 zurückgeschlagen, das 114 Bomber abgeschossen haben soll. Kein Wunder, daß die deutschen Jägerasse im Osten so hohe Abschußzahlen erreichten.

Am 3. Juli kapitulierten die Russen in dem Byalistoker Kessel vor der Neunten Armee, die die Aufgabe hatte, den Kessel auszuräumen. Die Gesamtbeute allein aus diesem Kessel belief sich auf 290000 Gefangene, 2500 eroberte oder zerstörte Panzer und 1500 Geschütze.

In der Zwischenzeit waren die zwei Panzergruppen zur leichteren Führung in die Vierte Panzerarmee unter dem Oberbefehl von Kluges umgegliedert worden und bereiteten sich auf den Vorstoß zum Dnjepr vor. Guderian, der seit der Vereinigung bei Minsk ungeduldig auf einen weiteren Angriff gedrängt hatte, hatte wiederholt Panzereinheiten in diese Richtung geschickt, was zu Auseinandersetzungen mit von Kluge führte. Trotzdem stießen Guderian und Hoth, trotz der widersprüchlichen Befehle von oben, die Hitlers Sorge widerspiegelten, die Russen im Minsker Kessel könnten entkommen, wenn die Panzer weiter nach vorn drängten, ehe die deutschen Infanteriearmeen aufgeholt hatten, am 2. Juli weiter zum Dnjepr vor. Sie hatten jedoch einige Einheiten zurückgelassen, um den Kessel zu bewachen. Glücklicherweise wurden sie durch den wachsenden russischen Widerstand vor der Düna und dem Dnjepr verlangsamt; dadurch erhielt die deutsche Infanterie Zeit aufzuholen, und auch die restlichen Panzereinheiten konnten wieder zu ihren Gruppen aufschließen, ehe deren Vormarsch zu weit gediehen war.

Inzwischen hatte Timoschenko die Westfront als Kommandeur übernommen. Er hatte aus Pawlows Fehlern gelernt und befohlen, daß sich der Rest seiner Truppen und Budjonnys Reservearmee längs der Stalinlinie konzentrierten. Der sowjetische Widerstand hatte sich merklich versteift, und Guderian, der Smolensk als sein nächstes Ziel sah, zögerte, eher er seine Truppen über den Dnjepr warf, auf den sich die Stalinlinie stützte.

Auf der einen Seite war es notwendig, Smolensk so bald wie möglich zu erreichen, damit man Moskau noch vor dem Einsetzen der Herbstregen angreifen konnte. Guderian wußte, daß die Russen Reserven hinter der Stalinlinie massierten und es bestand auch Gefahr, daß seine Panzerformationen abgeschnitten wurden, besonders nachdem die Russen noch starke Stellungen westlich des Flusses hatten. Die Alternative war die, die Infanterie abzuwarten und sich von ihr den Weg freikämpfen zu lassen, was ihm gleichzeitig eine Basis gegeben hätte, von der aus er operieren konnte. Er schätzte aber, daß es 14 Tage dauern würde, bis die Infanterie nachkam, und in dieser Zeit wäre die Verteidigung der Stalinlinie unermeßlich stärker geworden. Da er glaubte, daß die Schnelligkeit der entscheidende Faktor war, entschloß er sich zum Angriff. Von Kluge, der mitten in Guderians Angriffsvorbereitungen eintraf, war wütend und befahl, den Angriff abzusagen. Guderian erklärte, daß die Vorbereitungen zu weit gediehen seien und wies darauf hin, daß die Operation entscheidend für eine Beendigung des russischen Feldzugs noch im Jahr 1941 sei. Von Kluge gab grollend nach. Er bemerkte: »Ihre Operationen hängen immer an einem seidenen Faden.«[10]

Am 10. und 11. Juli ging Guderian verhältnismäßig leicht über den Dnjepr und rückte schnell auf Smolensk vor; einen russischen Gegenangriff aus dem Süden schlug er ohne Mühe ab. In der Zwischenzeit war Hoth durch Witebsk vorgestoßen und war am 15. in der Lage, Smolensk von Norden her einzuschließen. Am nächsten Tag erreichte Guderian Smolensk von Süden her und wieder reichten er und Hoth sich die Hand, um einen gewaltigen Kessel zu bilden.

Das ursprüngliche Ziel der Heeresgruppe Süd war Kiew, die Hauptstadt der Ukraine. Der Hauptstoß sollte durch die Panzergruppe 1 und die Sechste und die Siebzehnte deutsche Armee erfolgen. Durch die Pripjetsümpfe im Norden und die Rumänen im Süden gedeckt, sollten sie nach Osten vorgehen.

Von Rundstedt hatte von Anfang an zwei Probleme. Aus politischen Gründen sollte er zu Beginn keine Operationen von Rumänien aus durchführen, und das beengte natürlich seine Vormarschachse. Zweitens hatte er, anders als die Heeresgruppe Mitte, nur eine Panzergruppe als Zange anzusetzen, mit der er Kirponos Südwestarmee vor Kiew einzukesseln hoffte. Der andere Zangenarm sollte von Schoberts Elfte Armee sein, die – aus Infanterieeinheiten bestehend – natürlich nicht so beweglich war. Obwohl die ursprüngliche Einbruchsoperation erfolgreich war, war sein Vormarschtempo naturgemäß viel langsamer als das von Bock. Die sowjetischen Einheiten in der Ukraine waren zudem besser ausgebildet und auch moderner ausgerüstet als ihre Kameraden im Norden. Auf vielerlei Art überraschte das keineswegs, denn schließlich war die Ukraine Rußlands Hauptkornkammer und so für das Überleben des gesamten Landes von entscheidender Bedeutung. So sehr sich von Rundstedt auch bemühte, gelang ihm keine größere Einschließung. Die Russen fochten mit großer Hartnäckigkeit, sie entwischten aber immer gerade noch, ehe die Falle zuschnappte. Budjonny, Kirponos Vorgesetzter, übernahm am 10. Juni den Oberbefehl über den südwestlichen Kriegsschauplatz; er setzte die gute Arbeit fort und begann eine Reihe von Gegenangriffen, um die Deutschen aus dem Gleichgewicht zu werfen und sie zu verlangsamen. Erst Mitte Juli boten sich vor Kiew Aussichten für einen großen Kessel. Hitler selbst hatte fast die Hoffnung aufgegeben, daß das noch eintreten würde und hatte versucht, von Rundstedt zu überreden, er solle seine Panzerkräfte teilen, um statt eines großen Kessels eine Reihe von kleineren zu bilden. Mitte Juli also arbeitete sich die Heeresgruppe Nord stetig gegen Leningrad vor. Die Heeresgruppe Mitte stand bereit, um den gewaltigen Smolensker Kessel auszuräumen und bei von Rundstedt hatte es den Anschein, als ob er endlich seinen Kessel vor Kiew bilden könne.

Hitler erließ jetzt eine weitere Weisung, Nr. 33, für die Fortführung des Feldzugs. Das geschah nicht zu früh. Während die Panzergruppenkommandeure im Norden und in der Mitte darauf gedrängt hatten, die in Hitlers ursprünglicher Weisung festgelegten Ziele zu erobern, hatten ihre Vorgesetzten, Hitler eingeschlossen, hier mehrfach gebremst, weil sie fürchteten, die Panzer würden sich allzusehr exponieren.

In der Tat schien es so, als ob Hitler nach Beginn des Feldzugs seine Weisung ignoriert und sich darauf verlassen habe, täglich telefonische Befehle an seine Heeresgruppenkommandeure zu schicken, die der jeweiligen Lage angepaßt waren. Während so die Panzergruppenkommandeure glaubten, ihre Ziele genau zu kennen, wurden ihre Vorgesetzten weiterhin im Zweifel gehalten. Nirgends sah man die Auswirkung so deutlich wie in dem Versagen, den Stoß gegen Leningrad fortzusetzen.

Das Gesamtziel der Weisung Nr. 33 war noch das gleiche wie das ihrer Vorgängerin Nr. 21. Es war immer noch die Vernichtung der sowjetischen Streitkräfte und betonte, daß weiterhin größere Kräfte des Feindes daran gehindert werden müßten, sich in die Tiefe des russischen Raums abzusetzen. Hier aber war die Ähnlichkeit praktisch zu Ende. Hitler befahl, daß die Heeresgruppe Mitte Truppen nach Süden entsenden solle, um von

Rundstedts Kessel zu erweitern. Er erwartete auch, daß von Bocks Heeresgruppe Mitte weitere Kräfte nach Norden abzweige, um die Heeresgruppe Nord bei der Eroberung Leningrads zu unterstützen. Die Heeresgruppe Mitte ihrerseits sollte, nur mit Infanterieeinheiten, den Vormarsch auf Moskau fortsetzen. Die einzige Unterstützung für diese Heeresgruppe war Hitlers Befehl, Moskau zu bombardieren.

In Wahrheit fühlte sich Hitler aus wirtschaftlichen Gründen zur Ukraine hingezogen. Obwohl von Brauchitsch als Oberbefehlshaber des Heeres, von Bock und von Rundstedt dagegen Einwände erhoben, daß Moskau nicht mehr das Hauptziel war, blieb Hitler unnachgiebig. Die Vierte Panzerarmee wurde aufgelöst und Hoth nach Norden und Guderian nach Süden geschickt. Guderian hatte aber noch eine Karte auszuspielen. Er ließ sich Ende Juli in eine Schlacht südöstlich von Smolensk verwickeln und das hinderte ihn eine Weile daran, sich mit von Rundstedt zu vereinigen. Das gab von Bock, Hoth und ihm Zeit, Hitler zu überreden. Aber erst am 6. September befahl Hitler in Weisung Nr. 35, daß die Aufmerksamkeit wieder auf die Heeresgruppe Mitte gerichtet werden solle.

Inzwischen war die Heeresgruppe Nord in den Sümpfen und Wäldern steckengeblieben, die den Zugang nach Leningrad absperrten. Hoepners Panzergruppe fand es fast unmöglich, in diesem Gelände zu operieren. Da sie kaum Infanterie bei sich hatte, um die Russen aus den Wäldern zu vertreiben, kam sie schließlich zum Stehen. Daraufhin befahl Hitler der Luftwaffe, Leningrad ebenso zu zerstören wie Moskau.

Die Luftwaffe war jetzt in größten Schwierigkeiten, weil sie immer mehr zu einer taktischen Haltung übergegangen war. Während sie 1940 ihre volle Aufmerksamkeit auf England hatte richten können, weil das Heer nicht mehr an aktiven Operationen beteiligt war, war die Lage jetzt, beim Angriff auf Moskau und Leningrad, völlig anders. Weil es die primäre Aufgabe der Luftwaffe war, das Heer zu unterstützen, das in heftige Kämpfe verstrickt war, waren die Bombengeschwader auf die Luftflotten verteilt worden. Als Folge davon war es unmöglich, genügend Kräfte zu konzentrieren, um die Angriffe wirksam durchzuführen. So wurde der erste Angriff auf Moskau in der Nacht des 22. Juli 1941 von lediglich 121 Maschinen geflogen, einem Bruchteil dessen, was bei Angriffen auf London eingesetzt wurde.

Sowohl die Kommandeure des Heeres wie die der unterstützenden Luftwaffe lehnten es ab, mehr Maschinen zur Verfügung zu stellen, weil sie ihre eigenen Abschnitte für wichtiger hielten. Nach den ersten Nächten sank die Zahl der Bomber unter hundert und dann noch mehr ab. Schließlich wurde 1941 die Situation erreicht, daß 59 Angriffe von nicht mehr als zehn oder noch weniger Maschinen ausgeführt wurden. Die massiven Bodenoperationen an der mittleren und der südlichen Front sogen einfach alle verfügbaren Kräfte der Luftwaffe auf. Bei den Angriffen auf die russische Industrie, die Hitler ebenfalls befohlen hatte, war das Bild das gleiche. Wieviele Flugzeuge und Panzer auch durch die Deutschen zerstört wurden, die russische Industrie in ihren fast geschützten Städten jenseits des Urals stellten mehr als genug her, um sie zu ersetzen. Wieder bedeutete der begrenzte Aktionsradius der deutschen Bomber, daß sie nur eine beschränkte Zahl vorgeschobener Feldflugplätze benutzen konnten, um

strategische Ziele wie Moskau oder das Industriegebiet in und hinter dem Ural anzugreifen. Hitlers ursprüngliche Weisung für »Barbarossa« hatte vorgesehen, daß strategische Ziele erst angegriffen werden sollten, wenn die Ziele am Boden erreicht waren. In diesem Fall wäre der Ural in Reichweite gewesen. Jetzt aber wurde die Luftwaffe zu einer strategischen Kriegführung gezwungen, bei der sie diese Ziele von sich aus erreichen sollte. Da sie aber keine echten »strategischen Bomber« besaß, war sie nicht in der Lage, diese Aufgabe zu erfüllen. Eine weitere Erschwernis war die schwindende Zahl der einsatzfähigen Maschinen an der Ostfront. Der Mangel an brauchbaren Ersatzteilen hatte dazu geführt; verursacht war er vor allem durch eine schlechte Verteilung. Milch, der eine Rundreise an der Ostfront unternahm, war entsetzt über die Menge der nutzlosen Ersatzteile, die bei den Geschwadern gestapelt lagen, die gleichzeitig nach anderen wesentlichen Teilen verlangten.
Im August richtete sich das Interesse auf die Südwestfront. Von Rundstedt, der seine drei Infanteriearmeen und Kleists Panzergruppe einsetzte, verriegelte Anfang des Monats den Kessel südwestlich von Kiew. Obwohl an die 100000 Gefangene gemacht wurden, gelang es vielen Sowjetsoldaten, zu neuen Kämpfen nach Osten auszubrechen. Von Rundstedts Truppen erreichten jedoch rasch den Dnjepr, wo er südöstlich von Kiew in einer Schleife nach Südosten biegt. Das gab den Deutschen die Möglichkeit, alle verbliebenen russischen Streitkräfte um Kiew selbst einzuschließen. Zu diesem Zweck wurde der protestierende Guderian schließlich vom Oberkommando zum Abmarsch nach Süden gezwungen. Von Rundstedt hatte jetzt eine Panzerzange – Guderian kam von Norden und Kleist von Süden.
Das sowjetische Oberkommando in Moskau, das anscheinend nichts von Guderians Abmarsch nach Süden wußte, spielte den Deutschen in die Hände, indem es den Befehl gab, Kiew und die Dnjeprlinie um jeden Preis zu halten. So sahen sich all die Truppen Kirponos, die der ersten Einkesselung entgangen waren oder sie durchbrochen hatten, dazu verdammt, dieser neuen Drohung zu erliegen. Guderian und Kleist vereinigten sich am 10. September bei Secha, 160 Kilometer östlich von Kiew, weit im Rücken der Sowjets.
Die Russen taten ihr Bestes, den Deutschen den Übergang über den Dnjepr von Westen zu verwehren, waren aber gegen die Einkesselung machtlos. Während der nächsten zehn Tage wurde der Kessel, trotz wiederholter und manchmal fanatischer Anstrengungen der Russen, ihn von Osten her

aufzubrechen, ausgeräumt, dabei wurden 450000 Mann gefangen genommen. Der Kessel war noch größer als der von Smolensk, der am 5. August mit 350000 Gefangenen aufgelöst worden war. Der Erfolg von Kiew war spektakulär: Die Deutschen hatten die Ukraine erobert und der Weg zur Krim und zum Donezbecken lag frei. Andererseits hatten sie den Vormarsch auf Moskau, den Guderian für den Schlüssel zum Sieg hielt, bis Anfang Oktober aufschieben müssen.

Während die Schlacht um Kiew ausgetragen wurde, hatte sich die geschwächte Heeresgruppe Mitte in harten Abwehrkämpfen gegen wütende Angriffe von Timoschenkos Westfront wehren müssen. Obwohl Timoschenko abgewiesen wurde, hatten die deutschen Infanteriedivisionen schwer gelitten, es stand kein Ersatz zur Verfügung, um sie wieder zur vollen Stärke aufzufüllen. Auch die Ausrüstung war nach 640 Kilometern Marsch schwer mitgenommen. Obwohl die Panzergruppen den mehr als doppelten Weg wie die Masse der Infanterie zurückgelegt hatten, waren sie besser ausgerüstet; denn im August 1941 hatte Hitler der Panzerproduktion Priorität vor allem anderen gegeben. Während die durchschnittliche Stärke der Panzerdivisionen an Panzern Ende August auf unter 50% abgesunken war, betrug sie einen Monat später bereits wieder 75%. Ende September waren die Truppen über drei Monate im Gefecht gewesen, allmählich setzte Erschöpfung ein. Aus diesem Grund, und weil bekannt war, daß der Wetterumschlag Anfang Oktober eintreten würde, worauf sechs Wochen Frost folgten, ehe es Anfang Dezember schneite, war es entscheidend wichtig, von Smolensk aus die 320 Kilometer nach Moskau vorzustoßen, so schnell das möglich war.

Zwischen Moskau und Smolensk lagen schätzungsweise achtzig sowjetische Infanterie- und neun Kavalleriedivisionen mit elf Panzereinheiten von Brigade- oder Divisionsstärke. Hitler, der jetzt begrenzte Einkesselungen im Gegensatz zu tieferen bevorzugte, bei denen zu viele Russen entkommen waren, entschied nun, daß diese Streitkräfte vor Erreichen Moskaus vernichtet werden müßten. Deshalb befahl er, daß ein Kessel mit dem Ostrand bei Wjasma, zweihundert Kilometer westlich von Moskau und 120 Kilometer hinter der sowjetischen Front, gebildet werden sollte. Wieder einmal verwendete er die beiden schon bekannten Panzerspitzen. Der nördliche Zangenarm wurde von Hoths 3. Panzergruppe und Strauss' Neunter Armee gebildet, während der südliche Hoepners 4. Panzergruppe und von Kluges Vierte Armee umfaßte. Guderians 2. Panzergruppe, die jetzt wieder in 4. Panzerarmee umbenannt werden sollte, sowie von

Weichs Zweite Armee, die noch in der Ukraine beschäftigt waren, sollten nach Nordosten vordringen und Moskau von Süden her bedrohen. Gleichzeitig sollte Hoth, wenn der Kessel von Wjasma einmal ausgeräumt war, in den Norden von Moskau vorstoßen, um es von Leningrad abzuschneiden, während Hoepner von Westen heranrückte. Guderian sollte am 30. September aufbrechen, während die anderen zwei Tage später folgten. Die Luftunterstützung sollte von 1000 Maschinen von Kesselrings Luftflotte 2 gestellt werden.

Hitler hatte sich damit abgefunden, daß die Eroberung Leningrads mißglückt war, er befahl daher, daß die Stadt von Infanteriedivisionen, die der Heeresgruppe Nord verblieben waren, eng belagert wurde, während die Panzergruppe der Heeresgruppe Mitte zugeteilt wurde. Auch im Süden wurden die Bremsen angezogen. Obwohl Rundstedt seine Panzergruppe behalten durfte, hatte er eine seiner Infanteriearmeen verloren. Trotzdem war er in der Lage, Anfang Dezember die Zugänge zur Halbinsel Krim zu erobern.

Obwohl der Kessel bei Smolensk und die deutschen Luftangriffe auf Moskau die Russen veranlaßt hatten, einen Vormarsch gegen die Stadt seit Ende Juli zu erwarten, war ihre Aufmerksamkeit durch die deutschen Bemühungen vor Leningrad und noch mehr durch die Operation um Kiew abgelenkt worden. In der Folge hatten sie weitere Gegenangriffe durchgeführt, deshalb wurden sie durch Guderians Vordringen am 30. September überrascht. Ihre Truppen waren zu weit vorne entfaltet und gerieten aus dem Gleichgewicht, als die Deutschen angriffen, deshalb fielen sie wieder der deutschen Taktik zum Opfer. Als die Operation »Taifun«, wie der Angriff auf Moskau genannt wurde, einmal in Gang war, erhielten die russischen Einheiten Befehl, zu stehen und zu kämpfen wo sie waren – was wiederum das Entstehen von Kesseln begünstigte. Gleichzeitig führten sie aber Reserven zusammen, um eine Verteidigung in der Tiefe zu ermöglichen. Guderians Angriff kam gut voran, allein am ersten Tag legte er 80 Kilomter zurück. Am 5. Oktober war er hinter den Rücken von zwei Sowjetarmeen gekommen, und indem er sich nördlich von Brjansk mit von Weichs vereinigte, hatte er den Kessel am 9. Oktober geschlossen.

Obwohl seine Verluste verhältnismäßig leicht waren, waren seine Truppen ständigen Angriffen von kleinen Gruppen der Roten Luftwaffe ausgesetzt. Am 6. Oktober hatte sein XIV. Panzerkorps auch einen harten Zusammenstoß mit einer Brigade von T 34 und KV–1, die von Infanterie unterstützt wurden. Guderian fühlte sich zu der Bemerkung veranlaßt:

»Gegen den T 34 hatten unsere damaligen Abwehrwaffen nur unter besonders günstigen Umständen Wirkung. Mit der kurzen 7,5 cm-Kanone des Panzers IV mußte man den T 34 von rückwärts angreifen, um ihn durch die Gratings über dem Motor zu erledigen. Ihn schußgerecht vor das Rohr zu bekommen, war ein Kunststück. Die Russen griffen uns frontal mit Schützen an und setzten die Panzer gegen unsere Flanken an, und zwar in Massen, Sie hatten etwas gelernt . . .
Die beiderseits ausgefallenen Panzer standen noch an Ort und Stelle. Die Beschädigungen der Russen waren wesentlich geringer als die der unseren.«[11]

Gleichzeitig fiel zusammen mit schwerem Regen der erste Schnee dieses Winters; das machte Guderian auf ein weiteres Problem aufmerksam, das alle Landstreitkräfte in Rußland betraf (nicht aber die Luftwaffe, die dank Milch die nötigen Vorkehrungen getroffen hatte): Die Armee war ohne Winterkleidung nach Rußland marschiert. Das deutsche Oberkommando war sich so sicher gewesen, daß der Feldzug im Herbst beendet sein würde, daß man keine Vorkehrungen getroffen hatte, um die deutschen Truppen vor der russischen Kälte zu schützen. Des weiteren stellte Guderian fest, daß selbst die besten seiner Offiziere und Mannschaften unter der physischen wie seelischen Erschöpfung zu leiden begannen. Schwierigkeiten beim Nachschub von Munition, Treibstoff und Ersatzteilen machten sich bemerkbar und Guderian mußte sich mehr und mehr auf die Dienste der Luftwaffe verlassen, damit seine Panzer genügend Nachschub erhielten, um weiter vordringen zu können. Alle diese wachsenden Probleme verhießen nichts Gutes für die Zukunft des Unternehmens »Taifun«.
Im Norden von Guderian begann der Hauptangriff am 2. Oktober, die beiden Zangenbacken drangen vor und schlossen sich am 7. Oktober bei Wjasma. Auch hier waren die Russen überrascht worden, der Widerstand war schwach und nur wenige verstreute Gegenangriffe wurden versucht. Während der nächsten Wochen wurde dieser Kessel, in dem die Hauptteile von fünf Sowjetarmeen eingeschlossen waren, ausgeräumt. Das erbrachte die Rekordzahl von 650000 Gefangenen. Das Ausräumen von Guderians eigenem Kessel erforderte wegen der dortigen Urwälder und Sümpfe mehr Zeit.
Am 14. Oktober erließ das OKH Befehle für eine zweite und endgültige Phase. Das OKH verlangte, daß Moskau eingeschlossen und nicht durch einen direkten Angriff von Wjasma aus genommen werden sollte. Von

Bock protestierte, daß seine Truppen dadurch auf eine Front von 950 Kilometern auseinandergezogen würden, auch würde die Einnahme der Stadt verzögert. Hitler entschied sich aber, die Stadt zu umzingeln, statt sie zu nehmen.
In der Zwischenzeit trafen die Russen verzweifelte Vorbereitungen zur Verteidigung von Moskau. Schukow hatte den Befehl über die Operationen übernommen; er sammelte die Reste der Westfront in der hastig ausgeworfenen Moschaisk-Linie, 130 Kilometer westlich der Stadt. Weitere Truppen wurden von der Fernostarmee herbeigeholt, andere Verbände kamen von der Nord- und der Südwestfront. Aber schon am 18. Oktober hatten die Panzer Guderians die Moschaisk-Linie an drei Stellen durchbrochen. Es schien nur mehr eine Frage der Zeit zu sein, bis die Hauptstadt fiel.
In dieser Phase setzten jedoch die Herbstregen in voller Stärke ein und die deutsche Offensive blieb buchstäblich im Schlamm stecken. Die 112. Infanteriedivision, die als Teil der Zweiten Panzerarmee operierte, meldete:

»Am 22. Oktober 1941 begann der Vormarsch und damit die Zeit der größten Wegeschwierigkeiten, die die 112. I. D. je erlebt hat. Obgleich die Division schon reiche Erfahrungen mit schlechten Wegeverhältnissen gemacht hatte, überstieg das, was jetzt verlangt wurde, alles bisher Dagewesene um ein Vielfaches. Eine Beschreibung der völlig aufgeweichten Waldwege, der Sumpfstellen und des zähen Lehms im freien Gelände ist nicht möglich . . . Sämtliche mot.-Fahrzeuge waren hoffnungslos steckengeblieben. Was nicht im Sumpf oder auf tiefen Wegen festsaß, konnte wegen Betriebsstoffmangels nicht mehr weiter. Die Infanterieregimenter waren zu endlos langen Kolonnen auseinandergezogen; die schweren Fahrzeuge kamen nicht mit und mußten durch vielfachen Vorspann und Schieben mit Menschenkraft vorwärts bewegt werden. Am schlimmsten war es bei der Artillerie, von der nach und nach immer mehr Geschütze zurückblieben. Eine normale Versorgung der Truppe mit Verpflegung, Futter und Betriebsstoff war ausgeschlossen . . . Die mot.- und Panzereinheiten der Panzerarmee waren durch die aufgeweichten Wege fast völlig liegengeblieben, so daß allein noch die Infanteriedivisionen die Vorwärtsbewegung aufrechterhalten hatten.«[12]

Anfang November war Guderian drei Kilometer vor Tula am Don stehengeblieben. Überall war es das gleiche, und die Infanterie, die jetzt vor den

Panzern und von ihnen getrennt war, hatte große Schwierigkeiten, das Gelände, das sie bereits erobert hatte, angesichts der russischen Gegenangriffe mit Panzern und Infanterie zu halten. Das schlechte Wetter hinderte auch die Luftwaffe am Fliegen. Ohne die mobile Feuerkraft der Panzer und Flieger blieb der Blitzkrieg zum ersten Mal liegen. Damit hatte die Rote Armee eine wertvolle Atempause gewonnen, um sich gründlicher auf die entscheidende Schlacht bei Moskau vorzubereiten.
Am 7. November setzte der Frost ein und machte die Wege wieder für Fahrzeuge passierbar; am 7. traf man auch die Entscheidung, weiter anzugreifen. Zu diesem Zeitpunkt machte sich aber bei den deutschen Kommandeuren ein gewisser Pessimismus bemerkbar. Guderian schrieb:

»Der beste Wille scheitert an den Elementen. Die einzigartige Gelegenheit, einen ganz großen Schlag zu führen, entschwindet immer mehr und ich weiß nicht, ob sie je wiederkehrt. Wie das noch werden soll, weiß Gott allein. Man muß hoffen und den Mut nicht sinken lassen, aber es ist gegenwärtig eine harte Prüfung.«[13]

Bei einer Konferenz, die am 13. November im Hauptquartier der Heeresgruppe Mitte unter dem Vorsitz Halders, des Chefs des Heeresgeneralstabs, abgehalten wurde, erklärten die Stabschefs der Heeresgruppen Nord und Süd, die Zeit sei gekommen, an allen Fronten bis zum Frühling zu halten. Nur die Heeresgruppe Mitte, deren führende Einheiten jetzt knapp 50 Kilometer vor Moskau standen, behauptete, der Angriff müsse fortgesetzt werden. Das sei besser, als in den schneeigen Weiten zu stranden, wenn die Beute schon fest im Griff war. Angesichts dieser Haltung stimmte Halder dem Vorstoß auf Moskau zu. Am 16. traten die Panzergruppen wieder zum Angriff an. Anfänglich konnten die Russen den deutschen Angriff nicht aufhalten. Im Lauf des November sanken aber die Temperaturen gewaltig, der russische Widerstand, der durch weitere sibirische Divisionen verstärkt worden war, verhärtete sich immer mehr. Ein deutscher Leutnant schrieb seiner Mutter:

»Am 3. (Dezember) griffen wir zuletzt an, eine Höhe – die sogenannte Birnenhöhe, ein Dorf, das den Namen Lenino führt. Es gelang mit Hilfe der Artillerie und der Nebelwerfer, die Höhe ganz, das Dorf halb zu nehmen. Aber wir mußten es nachts wieder aufgeben, um uns gegen die ständigen russischen Gegenangriffe besser verteidigen zu können. Es fehlten

noch zwölf Kilometer, um die Hauptstadt unter Artilleriefeuer nehmen zu können, aber es ging nun nicht mehr.«[14]

Als die Deutschen nur noch dreißig Kilometer vor Moskau standen, mußte von Bock am 1. Dezember Halder berichten, daß eine weitere Offensive angesichts der wachsenden Stärke der russischen Streitkräfte nicht in Frage komme. Es bestand keinerlei Chance mehr, die Ziele zu erreichen. Erst am 8. Dezember stimmte Hitler jedoch zu, Unternehmen »Taifun« anzuhalten, als er in Weisung Nr. 39 befahl, seine Streitkräfte sollten zur Defensive übergehen; die Schuld für den Fehlschlag der Operation gab er dem Wetter:

»Der überraschend früh eingebrochene strenge Winter im Osten und die dadurch eingetretenen Versorgungsschwierigkeiten zwingen zu sofortiger Einstellung aller größeren Angriffsoperationen und zum Übergang zur Verteidigung.«[15]

Obwohl es das Wetter war, das sich als unmittelbarer Sieger über den Blitzkrieg erwies, gab es noch eine Vielzahl anderer Gründe, die für sein Ende verantwortlich waren. Schon Hitlers ursprüngliches, in der Weisung Nr. 21 festgelegtes Ziel war falsch, weil es die Vernichtung der russischen Streitkräfte forderte. Das war die »direkte Methode«, die nicht in Rechnung stellte, daß man den Blitzkrieg am besten zur psychologischen Dislozierung des Gegners benützte, dem dann die Vernichtung seiner Streitkräfte automatisch folgte. Obwohl die Einschließungstaktik, die angewendet wurde, zur Vernichtung eines großen Teils der russischen Streitkräfte im Westen geführt hatte, konnten sie sich allmählich erholen, weil die zentrale Kommando- und Kontrollstruktur in Moskau noch funktionierte. Dann wieder änderte Hitler während des Feldzugs seine Ziele, er wurde erst durch Leningrad abgelenkt, dann wieder dachte er an die wirtschaftlichen Vorteile, die in Südrußland zu erzielen waren. Das führte zu einer Verwirrung auf den verschiedenen Kommandoebenen.
Noch viel entscheidender war jedoch, daß die Deutschen nicht die Kräfte für ein so gewaltiges Unternehmen besaßen. Die Luftwaffe und die Wehrmacht waren in den dreißiger Jahren nur für einen Krieg gegen die Nachbarländer aufgebaut worden. Hitler mag immer die Eroberung Rußlands im Auge gehabt haben, in seinen ersten Jahren an der Macht war das jedoch keinesfalls ein unmittelbares Ziel. Viele Jahre wären nötig gewesen,

um eine Waffe zu schaffen, die es mit den ungeheueren Weiten der Sowjetunion hätte aufnehmen können. Eine Luftwaffe, die an die taktischen Schürzenbänder der Wehrmacht gebunden war, hatte sich schon gegen Großbritannien als ungeeignet erwiesen, sie war noch weniger fähig, strategische Aufgaben in einem Land zu übernehmen, das vielmals größer war. Obwohl die Wehrmacht ausgezeichnet für die verhältnismäßig begrenzten Feldzüge gegen Polen und die Niederlande strukturiert war, war sie schlecht ausgerüstet, um gegen einen schwergewichtigen Gegner wie die UdSSR anzugehen. Das Verhältnis zwischen den mechanisierten Streitkräften und der Masse der Fußtruppen der Infanterie war zu unausgeglichen. Die einen waren nicht stark genug, um von sich aus zu erreichen, was nötig war, während die anderen zu langsam waren, um den notwendigen Schwung aufrechtzuerhalten. Obwohl daher die Panzerkräfte die gewaltigen Kessel schaffen konnten, waren sie nicht in der Lage, sie von sich aus auszuräumen und mußten ihre Zeit vergeuden, indem sie auf ihre langsameren Kameraden warteten, die manchmal fast zwei Wochenmärsche zurücklagen. Es ist aber wahrscheinlich, daß Hitler das im Unterbewußtsein klar war; daher stammte wohl sein Zögern, die Panzerkommandeure, die mehr als andere wußten, wie ein Blitzkrieg geführt werden mußte (oder das wenigstens glaubten), von sich aus zu weit vorprellen zu lassen.

Weiter war da das Problem des Nachschubs. Die Verbindungslinien waren im Vergleich zu denen, die die Deutschen früher benützt hatten, unverhältnismäßig lang. Der Nachschub an Treibstoff, dem wesentlichsten Element, um einen Blitzkrieg aufrechtzuerhalten, an Munition und Ersatzteilen, blieb immer mehr zurück, je weiter die gepanzerten Speerspitzen in Rußland vordrangen. Das schwache Straßen- und Eisenbahnnetz war zusammen mit dem mangelhaften Nachschubdienst der Luftwaffe dafür die Ursache. Als das Wetter schlechter wurde, vertraute man die Versorgung immer mehr der Luftwaffe an, aber hier standen nicht die notwendigen Maschinen zur Verfügung; hauptsächlich wegen der schweren Verluste während des Angriffs auf Kreta und der hohen Quote an nicht einsatzfähigen Flugzeugen. Auch die mangelhafte Voraussicht in der Bereitstellung der notwendigen Vorräte und Ausrüstung trugen dazu bei. Das alles war aber ein Teil des fast träumerischen Optimismus, der während der Planung und der Durchführung von »Barbarossa« in Hitlers Hauptquartier geherrscht hatte. Die feste Überzeugung, daß das Unternehmen »Barbarossa« noch vor dem Herbst erfolgreich beendet werden könnte, hatte jegliche Bemühung, die Bedeutung der für Rußland typischen geographischen und meteorologischen Faktoren genau zu studieren, vereitelt.

Die deutschen Angriffe vor Moskau waren kaum erlahmt, als die Russen schon ihre erste große Gegenoffensive begannen. Diese Gegenoffensive war das Geistesprodukt Schukows und wurde hauptsächlich mit Divisionen durchgeführt, die frisch aus Fernost kamen. Am 5. Dezember führte Konjew den ersten Schlag bei Kalinin, nordwestlich von Moskau. Sein Ziel war es, den von der Panzergruppe 3 gebildeten nördlichen Keil zu zerschlagen. Konjew gelang es, zwischen der Panzergruppe 3 und der Neunten Armee im Norden durchzudringen. Am nächsten Tag wurde die Panzergruppe 4 nördlich von Moskau ebenso angegriffen, während Guderian unter dem Druck weiterer Angriffe gezwungen wurde, sich auf den Don zurückzuziehen.

Im Abschnitt der Heeresgruppe Süd sah sich deren nördlichste Armee, die Zweite, ebenfalls durch einen Angriff längs ihrer Nordflanke im Rücken bedroht. In allen Sektoren mußten sich die Deutschen zurückziehen, eine Gefechtsart, an die sie nicht alle gewöhnt waren. General Schaal, der Befehlshaber des LVI. Panzerkorps der Panzergruppe 3, berichtet:

»... die Disziplin beginnt sich zu lockern, es mehren sich die zu Fuß zurückgehenden Soldaten, die ohne Waffe, ein Kalb am Strick, einen Schlitten mit Kartoffeln hinter sich, ohne Führung nach Westen ziehen. Die von Fliegerbomben getöteten Soldaten werden nicht mehr begraben. Die oft führerlosen Trosse geben auf der Straße den Ton an, während die fechtende Truppe aller Waffen, einschließlich Flak, mit letzter Kraft vorn hält. Der gesamte Anhang der Truppe – soweit dieser nicht fest geführt wird – ergießt sich fluchtartig nach hinten. Eine Psychose, fast eine Panik, hat die Trosse ergriffen, die bisher nur stürmischen Vormarsch gewohnt waren. Ohne Verpflegung, frierend, kopflos geht es rückwärts. Verwundete darunter, die vorn nicht mehr abbefördert werden konnten. Wagenbesatzungen, die die Verkehrsstockungen nicht mehr im Freien abwarten wollen und in die nächste Ortschaft gehen. Die schwerste Stunde für das Panzerkorps ist angebrochen.«[16]

Die Notwendigkeit, sich in geeignete Stellungen zurückzuziehen, um die russischen Angriffe und den russischen Winter zu überleben, gewannen entscheidende Bedeutung.

Das russische Oberkommando erkannte die Lage, in der sich die Deutschen befanden, und beschloß, die Operation, die lediglich zur Sicherung Moskaus bestimmt gewesen war, in eine Gegenoffensive mit dem Ziel umzuwandeln, die Heersgruppe Mitte östlich von Smolensk einzukesseln. Im Süden sollten Schukow und Tscherewitschenko auf Wjasma und Smolensk eindrehen, während im Norden zwei Speerspitzen, die eine unter Konjew, die andere tiefere unter Korutschkin, die Einkesselung vollenden sollten. Der Druck sollte auch vor Moskau aufrechterhalten werden, um die Deutschen von einem Rückzug abzuhalten. Zum ersten Mal hatte die Rote Armee die Gelegenheit, Tuchatschewskis Einkesselungsdoktrin gegen die Deutschen anzuwenden.

Von Brauchitsch hatte Hitler empfohlen, angesichts des russischen Drucks und der Erschöpfung der Deutschen einen Rückzug auf eine durchgehende Front östlich von Wjasma, 145 Kilometer westlich der Linie ihres weitesten Vordringens, durchzuführen. Diese Front konnte im Winter bis zu neuen Angriffsvorbereitungen im Frühjahr gehalten werden. Hitler war über diesen Vorschlag empört. Er befahl, daß alle Truppen halten und dort, wo sie standen, kämpfen sollten. Rückzug sollte es keinen geben. Er entließ von Brauchitsch und übernahm selbst das Kommando. Von Brauchitsch war nicht der einzige, der gehen mußte, denn von Kluge löste von Bock ab, der erkrankt war, und auch von Leeb und von Rundstedt blieben auf der Strecke. Der russische Druck hielt an und zwang die Deutschen stetig zurück, in mehreren Fällen gerieten sie dabei in Kessel. Guderian, der geschickt gegen überlegene russische Kräfte gekämpft hatte, überwarf sich mit von Kluge, der ihn beschuldigte, eine Stadt unnötigerweise geräumt zu haben. Als Ergebnis wurde auch Guderian seines Kommandos enthoben und zur Offiziersreserve versetzt.

Die russische Gegenoffensive dauerte drei Monate. Obwohl die Russen in einigen Abschnitten mehr als 200 Kilometer vorankamen, gelang ihnen keine große Einkesselung. Der Grund dafür war doppelter Natur. Erstens verhinderte Hitlers Befehl, sich nicht freiwillig zurückzuziehen, daß der Angriff an Schwung gewann. Die Deutschen hielten viele wichtige Städte (wie Wjasma) und nahmen hin, daß die Russen zu beiden Seiten vordrangen. Das hatte zur Folge, daß die sowjetischen Nachschublinien weiterhin bedroht blieben und die Vormarschachse beengt wurde. Die Deutschen hatten dadurch zudem die Möglichkeit, in den Rücken der Russen zu kommen.

Zweitens wurde Stalin von den Anfangserfolgen seiner Gegenoffensive

fortgerissen und befahl willkürliche Angriffe längs der ganzen Frontlinie. Diese Angriffe wurden immer weniger koordiniert, was zu einer Verzettelung der Kräfte führte. Die Deutschen konnten standhalten. Sie mußten dafür allerdings einen hohen Preis zahlen. Die Verluste an Menschen und Material waren schwer, und der Ersatz hielt mit den Verlusten auf keine Weise Schritt. Die ersten fünf Monate hatten die Deutschen 742000 Mann an Toten und Verwundeten gekostet, und die Verluste in den nächsten vier Monaten bis zum 1. April betrugen weitere 376000. In der gesamten Zeit erhielten sie nur 450000 Mann Nachersatz. Viele Divisionen mußten von nun an nur mit einem Bruchteil ihrer Sollstärke kämpfen.
Auch die Luftwaffe litt schwer. Die Winterverhältnisse und die Tatsache, daß es mehrere deutsche Kessel gab, die aus der Luft versorgt werden mußten, stellten erhöhte Ansprüche. Gleichzeitig führte die extreme Kälte dazu, daß jeweils nur 25% der Maschinen an der Ostfront einsatzfähig waren. Trotzdem gelang es der Luftwaffe, alle Kessel zu versorgen – allerdings auf Kosten ihrer Einsatzstärke. Andererseits brauchte das Heer verzweifelt die aktive Unterstützung der Flieger, um die Russen zurückhalten zu können. Da die Stukas nicht in der Lage waren, diesen Anforderungen zu entsprechen, mußten die Bomber zur engen Unterstützung auf dem eigentlichen Schlachtfeld eingesetzt werden, was sie daran hinderte, die wichtigere Funktion der Sperre hinter der feindlichen Front auszuführen.
Die Planung für die Offensive für 1942 hatte bereits im November 1941 begonnen, während die Deutschen noch gegen die Tore von Moskau hämmerten. Erst im März kristallisierten sich diese Pläne endlich heraus. Das Ausführungsdokument, Hitlers Weisung Nr. 44, trug das Datum des 5. April 1942. Hitler akzeptierte, daß man 1941 in der Mitte gescheitert war und befahl, das Augenmerk 1942 auf den Süden zu richten, wo das Ziel die Eroberung der kaukasischen Ölfelder und der Pässe durch den Kaukasus war. Im Norden blieb das Ziel das gleiche wie im vergangenen Jahr: die Eroberung Leningrads und die Vereinigung mit den Finnen; das sollte jedoch nur als eine Nebenoperation angesehen werden. Die Mitte sollte im wesentlichen defensiv bleiben, man gab keinerlei Befehl für einen größeren Angriff zur Unterstützung der Operationen im Süden und Norden. Für den Angriff im Süden gab Hitler Befehl, die im Raum Woronesch, südlich, westlich und nördlich des Don stehenden Kräfte entscheidend zu schlagen und zu vernichten. Statt sich aber, wie im vergangenen Jahr, auf tiefe Einkesselungen zu verlassen, befand Hitler:

»Bei der nunmehr zur Genüge erwiesenen Unempfindlichkeit des Russen gegenüber operativen Einschließungen ist entscheidender Wert – ähnlich wie in der Doppelschlacht von Wljasma-Brjansk – darauf zu legen, die einzelnen Durchbrüche in die Gestalt enger Umklammerungen zu bringen. Es muß vermieden werden, daß durch zu spätes Einschwenken der Umklammerungsverbände dem Gegner die Möglichkeit offenbleibt, sich der Vernichtung zu entziehen. Es darf nicht vorkommen, daß durch ein zu schnelles und weites Ausgreifen der Panzer bezw. mot.-Verbände die Verbindung zu der nachfolgenden Infanterie abreißt, oder die Panzer- und mot.-Verbände selbst die Möglichkeit verlieren, den schwer vorwärts kämpfenden infanteristischen Kräften des Heeres durch ihr unmittelbares Einwirken in den Rücken der umklammerten russischen Armeen zu Hilfe zu kommen.«

Die Panzer sollten also viel strenger unter Kontrolle gehalten werden, und jetzt war kein Guderian mehr da, der hier protestiert hätte. Die Luftwaffe hatte wie früher ihre Hauptrolle in der Unterstützung der Bodenstreitkräfte. Hitler spezifizierte jedoch, der erste Schritt sei die Vernichtung der Roten Luftwaffe auf dem Kriegsschauplatz. Er legte auch eine Sperraufgabe fest:

»Werden Aufmarschbewegungen des Feindes erkannt, so sind seine Hauptverkehrswege und die in den Kampfraum hineinführenden Eisenbahnen weit im Hintergelände nachhaltig zu unterbrechen und hierzu in erster Linie Zerstörungsangriffe gegen die Eisenbahnbrücken über den Don zu richten.«[17]

Wegen der Verluste in den vergangenen neun Monaten mußte sich Hitler stärker auf die Streitkräfte seiner Verbündeten verlassen. Italienische, ungarische, rumänische und sogar eine spanische Division wurden beigezogen. Ihre Rolle war in erster Linie defensiv; sie sollten die Flanken sichern, während die deutschen Verbände angriffen.

Die Panzerdivisionen waren fast alle unter ihrer Sollstärke von 1941, nichtsdestoweniger wurden zwei weitere aufgestellt. Aber nur bei der Heeresgruppe Süd hatten die neun verfügbaren Panzerdivisionen je drei Panzerbataillone. Dazu mußten aber die Divisionen in den beiden anderen Heeresgruppen auf zwei und manchmal sogar auf ein schwaches Panzerbataillon reduziert werden. Sie stützten sich immer noch auf die PzKw

III und IV; daneben gab es aber einen neuen schweren Panzer, den »Tiger« mit seiner 88 mm-Kanone, der besonders zur Bekämpfung der T 34 entwickelt worden war und vom September an eingesetzt wurde. Auch die Luftwaffe war nicht so gut ausgerüstet wie 1941. Weil im Mittelmeer und angesichts der Bombenoffensive der RAF auf Deutschland auch für die Heimatverteidigung Maschinen gebraucht wurden, erhielt die Ostfront hinsichtlich der Ersatzgestellung an Flugzeugen nicht die Spitzenpriorität. Im Gegensatz zu den 2000 einsatzfähigen Maschinen im Juni 1941 standen jetzt nur noch 1750 Maschinen aller Typen zur Verfügung, die aber keineswegs alle einsatzbereit waren. Obwohl die Gesamtsumme im Mittsommer auf 2500 anstieg, waren davon nie mehr als höchstens 75% einsatzfähig.

Während die Ersatzlieferungen bei den Deutschen stockten, wuchsen die der Russen. In der Sicherheit des Urals hatte die russische Industrie 1941 nicht weniger als 3000 T 34-Panzer hergestellt. Wegen der unbefriedigenden Leistungen ihrer mechanisierten Korps und Panzerdivisionen hatten sich die Russen entschlossen, nicht die Panzerdivisionen, sondern die Panzerbrigaden zu ihrer Grundeinheit zu machen. Diese bestand ursprünglich aus zwei oder drei kleinen Panzerbataillonen mit je 23 Panzern, einem motorisierten Schützenbataillon sowie unterstützenden Waffen und Diensten. Man hoffte, damit den Befehlsstandard und die taktische Führung der Panzerformationen zu bessern.

Gleichzeitig übertraf die russische Flugzeugindustrie ihren Gegner ohne Mühe. Das Schwergewicht der Anstrengungen lag hier auf dem Yak-Jäger und der Stormowik. Obwohl die Stormowik nicht die Sturzkampfeigenschaften der Stukas besaß, erwies sie sich als sehr wendige Waffe für den Tieffliegerangriff; sie war in der Lage, eine gemischte Bewaffnung aus Kanone, Raketen und Spreng- und Splitterbomben zur Bekämpfung von Panzern beziehungsweise Infanterie zu führen.

Während die Deutschen ihre letzten Vorbereitungen für den Angriff im Süden trafen, führten die Russen einen »Präventivschlag«. Ende März hatte Stalin eine Sitzung des Staatsverteidigungskomitees einberufen, um über den Feldzugsplan für 1942 zu entscheiden. Während Schukow und Schaposchnikow der Ansicht waren, daß sich die Russen mit einer aktiven Verteidigung begnügen sollten, bis sie stärker geworden wären, erklärte Stalin, der dabei von dem Rest des sowjetischen Oberkommandos unterstützt wurde, daß man die Deutschen angreifen müsse, solange sie in der Defensive waren. Man müsse sie treffen, ehe sie selbst wieder angreifen konnten. Als Ziel befahl er die Zurückeroberung von Charkow. Timoschenko, der jetzt die Südwestfront befehligte, wurde mit der Durchführung betraut. Timoschenko wollte nordöstlich und südöstlich von Charkow angreifen. Er setzte 14 der 20 zur Verfügung stehenden Panzerbrigaden neuen Stils ein, um die deutschen Panzereinheiten zu treffen, während sie sich zu ihrem eigenen Angriff formierten.

Am 12. Mai griff Timoschenko an. Anfänglich ging alles gut. Die russischen Panzer brachen sich, von 23 Infanterie- und 18 Kavalleriedivisionen unterstützt, ihren Weg durch die deutschen und rumänischen Divisionen, die alle ohne Panzer waren. Paulus, der Befehlshaber der deutschen Sechsten Armee, mußte all seine Reserven einsetzen und konnte selbst damit den russischen Ansturm nicht aufhalten. Die geplante Rolle der Armee von Paulus war es, als Nordarm einer deutschen Offensive zu fungieren, der den russischen Frontbogen südlich von Charkow wegnehmen sollte – eben den Raum, aus dem Timoschenko angriff. Den südlichen Zangenarm sollte von Kleists Erste Panzerarmee, unterstützt von Hoths Siebzehnter Armee, bilden. Der Angriff sollte am 18. Mai beginnen. Jetzt war es klar, daß Paulus seine Rolle bei dem Angriff nicht übernehmen konnte; um den Druck von ihm wegzunehmen, mußte Kleist allein angreifen. Das Angriffsdatum für den Schlag gegen Timoschenko wurde um einen Tag vorverlegt. Ziel der Offensive von von Kleists, die durch zwei Panzer-, einer motorisierten, acht Infanteriedivisionen, unterstützt von vier rumänischen Divisionen als linkem Flankenschutz, durchgeführt wurde, war es, Timoschenko in der Flanke zu treffen, die infolge seines weiten Vordringens äußerst exponiert war.

Schon am ersten Angriffstag durchstieß von Kleist zwei russische Armeen und drang bis zu einer Tiefe von 40 Kilometern in den Frontbogen ein. Timoschenko konnte wenig dagegen unternehmen, da seine Panzer bereits weit nach Westen vorgestoßen waren und er keine hinreichenden Reserven mehr hatte. Er bat das russische Oberkommando, die Stawka, um die Erlaubnis, seinen Angriff abblasen und sich nach Osten zurückziehen zu dürfen, ehe er abgeschnitten wurde, aber Stalin untersagte das. Als Ergebnis wurde die Masse seiner Truppen eingeschlossen, die Russen verloren allein an Gefangenen 214000 Mann, zusammen mit 1200 Panzern, von denen die meisten aus Mangel an Treibstoff nicht hatten entkommen können, sowie 2000 Geschütze. Es war eine Katastrophe erster Ordnung und bedeutete ein übles Omen für die Russen. Chruschtschow, der Vertreter des Politbüros in Timoschenkos Hauptquartier war, berichtet:

»Marschall Timoschenko sagte mir, die Armee sei vom Feind so wirkungsvoll zerschlagen worden, daß die Truppen sich, wenn überhaupt, dann nur vom Hunger getrieben um fahrbare Feldküchen sammeln würden . . . Wir schickten Feldküchen los und bauten . . . unsere Verteidigung wieder auf.«[18]

Ähnlicher Mangel an Selbstvertrauen zeigte sich im Juni, als von Kleist und Hoth bei einer Säuberungsaktion um Charkow weitere 40000 Gefangene machten und die sowjetischen Truppen sich hastig 50 Kilometer nach Osten zurückzogen.

Während die Schlachten um Charkow geschlagen wurden, hatte von Manstein die Krim besetzt. Die Szenerie für die letzte Blitzkriegoperation im Osten war fertig. Die Eroberung des Kaukasus, Hitlers Hauptziel für das Jahr 1942, erhielt den Decknamen »Unternehmen Blau«. Der Plan sah drei Angriffsphasen vor, die nacheinander von Norden her gestartet werden sollten. Das geschah, damit das Unternehmen so bald wie möglich (Hitler hatte Mitte Juni vorgesehen) und ohne lange Pause für eine Entfaltung beginnen konnte. Es bedeutete auch, daß sich die Luftwaffe auf jeweils einen Stoß konzentrieren konnte, statt ihre Kräfte auf das ganze Operationsgebiet verteilen zu müssen.

Um den Truppen besser ihre Aufgaben zuweisen zu können, teilte von Bock, der seit Januar 1942 die Heeresgruppe Süd führte, sein Kommando in die Heeresgruppe A im Süden und die Heeresgruppe B im Norden. Der erste Stoß sollte von Hoths Vierter Panzerarmee, von Weichs Zweiter und Janys Zweiter ungarischer Armee geführt werden. Insgesamt war diese Heeresgruppe aus drei Panzer-, zwei motorisierten und achtzehn Infanteriedivisionen zusammengesetzt. Ihr erstes Ziel war die Einnahme von Woronesch. Hoth sollte dann den Don abwärts nach Südwesten vordringen und sich mit dem zweiten Stoßkeil vereinigen, der von Charkow aus angesetzt wurde. Man hoffte so, die russische Südwestfront westlich des Dons einkesseln und vernichten zu können. Der zweite Angriff, der zwei Tage nach dem ersten beginnen sollte, würde Paulus' Sechste Armee mit zwei Panzer- und einer motorisierten innerhalb ihrer insgesamt achtzehn Divisionen durchgeführt werden. Wenn sich Paulus einmal mit Hoth vereinigt hatte, sollte er rechts von ihm vorgehen; dann sollten beide nach Süden weiterstoßen und sich mit einem dritten Angriff vereinigen, der einige Tage später begann. Ursprünglich war geplant, daß dieser Vorstoß von Taganrog am Nordufer des Asowschen Meers ausging. Im Raum von

Stalingrad sollte er sich mit den beiden anderen Stoßkeilen vereinigen. Bei weiteren Überlegungen entschied man jedoch, daß die Heeresgruppe A, die nur über vier Panzer- und zwei motorisierte Divisionen verfügte, nicht stark genug war, um so weit südlich von Paulus zu operieren; deshalb wurde ihre Angriffsache um 240 Kilometer nach Norden verlegt. Aber auch so mußte die Hälfte der Heeresgruppe A abgedreht werden, um die Südflanke zu decken; damit blieben von Kleist, der den Angriff führte, nur 15 Divisionen, darunter drei Panzer- und eine motorisierte Division. Nichtsdestoweniger setzten die Deutschen achtzig Divisionen ein, um einen Bogen herauszuschneiden, der, wenn alles gut ging, über 1500 Kilometer lang war. Da die Heeresgruppen Nord und Mitte 96 Divisionen benötigten, um ihre 2000 Kilometer Front zu halten, bestand die Gefahr, daß die deutschen Linien überdehnt wurden.
Zwei Faktoren ließen die Operationen auf »dem falschen Fuß« beginnen. Erstens einmal ließ sich Hitler immer mehr von der Einnahme von Stalingrad selbst hypnotisieren. Die Stadt war ein wichtiger Verkehrsknotenpunkt, aber ihre Eroberung trug wenig zum Hauptziel bei, und es war nicht wesentlich, daß sich die Stoßkeile ausgerechnet an diesem Punkt trafen. Es hat den Anschein, daß die Fixierung auf die Stadt psychologischer Natur war. Stalin hatte behauptet, er habe die Stadt, die damals Zarizin hieß, im Bürgerkrieg verteidigt. Hitler glaubte also, daß ihre Eroberung ein bitterer Schlag für Stalin persönlich sein würde. Daß er Stalingrad zum Schlüsselziel machte, sollte katastrophale Folgen für die deutsche Armee haben.
Der andere Faktor war unmittelbarerer Natur. Am 19. Juni wurde der Operationsoffizier der 23. Panzerdivision bei einem Erkundungsflug von den Russen abgeschossen und gefangen genommen. Unter seinen Papieren befand sich der Operationsbefehl des XL. Panzerkorps (zu dem die 23. Panzerdivision gehörte) für seine Rolle innerhalb des von Charkow ausgehenden Angriffs der Sechsten Armee. Obwohl die Sechste Armee noch in der gleichen Nacht verständigt wurde, bemühte man sich keineswegs, den Plan zu ändern. Am 21. Juni aber wußte die Stawka vermutlich, daß Woronesch das Angriffsziel war, und kannte den Plan für die Umfassung der Südwestfront.

Am 28. griff Hoth an, die Zweite Armee diente dazu, seine linke Flanke zu decken. Zu seiner Unterstützung hatte er die ganze Masse des VIII. Fliegerkorps sowie alle verfügbaren Aufklärungseinheiten, die direkt seinem Befehl unterstellt wurden. Von Kempfs XLVIII. Panzerkorps

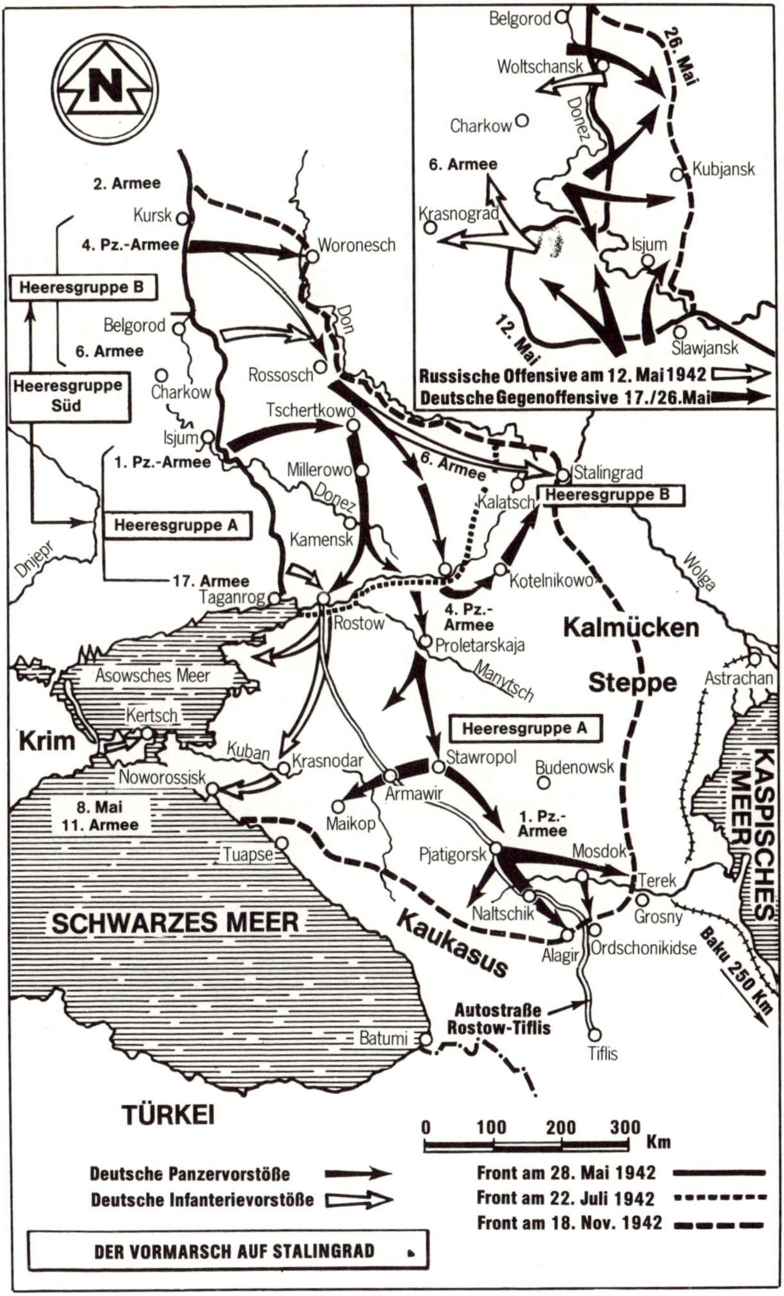
N
Belgorod
26. Mai
Woltschansk
Donez
Charkow
6. Armee
Kubjansk
Krasnograd
Isjum
12. Mai
Slawjansk
Russische Offensive am 12. Mai 1942
Deutsche Gegenoffensive 17./26.Mai
2. Armee
Kursk
4. Pz.-Armee
Woronesch
Heeresgruppe B
Belgorod
Don
6. Armee
Rossosch
Heeresgruppe Süd
Charkow
Tschertkowo
Isjum
1. Pz.-Armee
Millerowo
6. Armee
Stalingrad
Donez
Kalatsch
Heeresgruppe B
Heeresgruppe A
Kamensk
Dnjepr
Wolga
17. Armee
Kotelnikowo
Taganrog
4. Pz.-Armee
Rostow
Kalmücken
Proletarskaja
Steppe
Asowsches Meer
Manytsch
Astrachan
Kertsch
Heeresgruppe A
Krim
Kuban
Krasnodar
Stawropol
Budenowsk
KASPISCHES MEER
Noworossisk
Armawir
8. Mai
11. Armee
Maikop
1. Pz.-Armee
Tuapse
Pjatigorsk
Mosdok
Terek
Naltschik
Grosny
SCHWARZES MEER
Kaukasus
Alagir
Ordschonikidse
Baku 250 Km
Autostraße Rostow-Tiflis
Batumi
Tiflis
TÜRKEI
0 100 200 300 Km
Deutsche Panzervorstöße
Deutsche Infanterievorstöße
Front am 28. Mai 1942
Front am 22. Juli 1942
Front am 18. Nov. 1942
DER VORMARSCH AUF STALINGRAD

mit einer Panzer- und zwei motorisierten Divisionen geführt, war das Unternehmen zunächst sehr erfolgreich und erweckte Erinnerungen an 1940. Zwischen der Dreizehnten und der Vierzigsten Sowjetarmee wurde eine Lücke aufgerissen und beinahe wäre den Deutschen das Hauptquartier der Vierzigsten Armee in die Hände gefallen. Die einzigen Pausen wurden durch die Notwendigkeit aufzutanken und durch gelegentliche Regengüsse verursacht, aber selbst dann forderte das nur einen minimalen Zeitverlust; bei der frühestmöglichen Gelegenheit wurden die Kampfgruppen wieder weitergejagt. Die Luftaufklärung, die die sowjetischen Bewegungen schon frühzeitig meldete, sowie die Tatsache, daß die Russen ihre Panzer in kleinen Gruppen einsetzten, ermöglichte es Hoth, Gegenangriffe ohne Mühe abzuwehren. Am 2. Juli hatte er sich bei Starij Oskol mit Paulus vereinigt, der zwei Tage später angetreten war, und stieß weiter auf Woronesch vor. Vier Tage später hatte er den Don überschritten und nahm Woronesch, das von den Russen geräumt worden war.
Die Russen waren, obwohl der Operationsbefehl des XL. Panzerkorps erbeutet worden war, immer noch der Meinung, daß Moskau das Hauptziel sei. Erst die Einnahme von Woronesch veranlaßte sie, eine Panzer- und zwei Infanteriearmeen von Norden herunterzuschicken. Einen Nutzen hatten sie jedoch aus der Kenntnis des deutschen Angriffsplans: sie zogen die Hauptmasse ihrer Truppen zurück, ehe sie eingeschlossen werden konnten. So brachte der Kessel von Starij Oskol nur eine enttäuschend geringe Ausbeute an Gefangenen – bei den Deutschen aber steigerte sich das Gefühl, daß sie Schläge in die leere Luft führten.
Der ursprüngliche Plan hatte vorgesehen, daß Hoth und Paulus am Don nach Süden stoßen sollten, sobald Woronesch gefallen war. Schon am 3. Juli hatte Hitler, der sich über den schnellen Rückzug der Russen Sorgen machte, von Bock gesagt, daß die Einnahme von Woronesch nicht wesentlich sei. Aber von Bock war über die sowjetischen Truppenkonzentrationen beunruhigt und scheute sich, den Wünschen Hitlers entsprechend nach Süden anzugreifen. Nur ein Korps der Vierten Panzerarmee wurde nach Süden geschickt, aber es war nicht stark genug, um die russischen Kräfte südlich von Woronesch einzukesseln, auch sie konnten entkommen. Am 8. Juli wurden weitere Panzerformationen nach Süden geworfen, aber die logistische »Pipeline« war jetzt so überdehnt, daß die Panzer aus Mangel an Treibstoff zum Stehen kamen. Die Luftwaffe tat ihr Bestes, um den Russen zuzusetzen, als die den Don überquerten, aber es nützte nur wenig und die Hauptmasse der Südwestfront setzte sicher und in guter

Ordnung über; sie überließ den Deutschen nur etwa 30000 Gefangene.
In der Zwischenzeit hatte der dritte (von der Ersten Panzerarmee von Kleists geführte) Stoß am 9. Juli nördlich des Donez begonnen. Hitler, der befürchtete, sein Hauptziel, die Vernichtung der russischen Streitkräfte, nicht zu erreichen, änderte nun seinen ursprünglichen Plan drastisch. Seine einzige Chance, sein Ziel trotzdem zu erreichen, sah er darin, bei Kamiensk, 300 Kilometer westlich von Stalingrad, einen weiteren Kessel zu bilden. Er entließ von Bock, weil er gezögert hatte, von Woronesch nach Süden aufzubrechen, und ersetzte ihn durch von Weichs. Dann befahl er Hoth, das Kommando über Paulus' einziges Panzerkorps zu übernehmen und sich bei Kamiensk mit von Kleist zu vereinigen. So gab er den Plan eines großen Kessels mit dem Scheitel bei Stalingrad in dem Versuch, seine Verluste zu verringern, zugunsten eines kleineren auf. Aber sowohl die russischen Gefangenen als auch die Luftaufklärung bestätigten, daß nur noch wenige russische Truppen westlich des Don geblieben waren; der »Kessel« von Kamiensk war ein Schlag ins Wasser gewesen, der den Russen eine wertvolle Atempause zur Umgruppierung verschafft hatte.
Der Fehlschlag veranlaßte Hitler zu noch verzweifelteren Angriffen. Die Operationen konzentrierten sich jetzt auf den unteren Don. Hoth wurde jetzt Lists Kommando unterstellt und erhielt Befehl, nach Süden auf Rostow vorzugehen, während von Kleist den Donez überquerte und dann fast umkehrte, um Rostow von Osten her anzugreifen, dabei folgte er dem Nordufer des unteren Don. In der Zwischenzeit erwartete man, daß Paulus, immer noch ohne Panzer, auf Stalingrad vorging. Erst als das Wetter umgeschlagen war und die Bewegung der Panzer zeitweilig verlangsamte, hörte Hitler auf seinen Stab und gab Paulus ein Panzerkorps.
Zweifellos war der Fehlschlag der ersten Phase der Operation der Tatsache zuzuschreiben, daß die Russen, im Gegensatz zur Vergangenheit, nur selten stehengeblieben waren und gekämpft hatten. Dieses Mal hatte die Stawka entschieden, daß es besser sei, sich zurückzuziehen und die Deutschen ihre Energie durch einen Stoß ins Leere vergeuden zu lassen. Die russischen Rückzüge erfolgten für die geringe Zahl der deutschen mechanisierten und motorisierten Einheiten zu rasch, und je weiter die Deutschen vorstießen, desto ernster wurde ihre Nachschubsituation, auf der der Blitzkrieg ja basierte. Die Sowjets hatten erkannt, daß man den Blitzkrieg nur dadurch erfolgreich abfangen konnte, daß man von der statischen zur beweglichen Defensive überging und die Deutschen ähnlich in die Falle lockte, wie Kutusow 1812 Napoleon in die Falle gelockt hatte.

Hitlers frühere Opfer waren der Überzeugung gewesen, sie könnten es sich nicht leisten, Territorium preiszugeben, um das zu erreichen. Die endlosen russischen Steppen aber waren für diesen Zweck ideal geeignet.

Diese neue Sowjetstrategie hatte rasch ihre Wirkung auf Hitler. Immer häufiger mischte er sich in die kleinsten Kleinigkeiten der Operationen ein. Halder faßte am 23. Juli in seinem Tagebuch die Atmosphäre in Hitlers Hauptquartier zutreffend zusammen:

»Es wird immer unerträglicher. Von ernster Arbeit kann nicht mehr die Rede sein. Krankhaftes Reagieren auf Augenblickseindrücke und völliger Mangel in der Beurteilung des Führungsapparates und seiner Möglichkeiten geben dieser sog. ›Führung‹ das Gepräge.«[19]

Eine gewisse Ironie bestand darin, daß Stalingrad noch im Juli hätte genommen werden können, wenn Hitler seinen ursprünglichen Plan weiter durchgeführt hätte. Vielleicht wäre es dann nicht zu der Katastrophe gekommen, die später im Jahr eintrat.

In der Zwischenzeit hatte Hitler den Blick auch noch weiter nach Süden gerichtet; am 11. Juli befahl er von Manstein, an der Ostküste des Schwarzen Meeres vorzustoßen. Das sollte ein erster Schritt zur Eroberung des Kaukasus sein. Acht Tage später widerrief er jedoch den Befehl und entschied statt dessen, das sei eine Aufgabe für die Rumänen.

Am 23. Juli erließ er dann die Weisung Nr. 45 für die »Operation Braunschweig«. In der Einleitung stellte er fest: »Nur schwachen Kräften der Heeresgruppe Timoschenko ist es gelungen, der Einkesselung zu entgehen und das andere Ufer des Don zu erreichen. Wir müssen erwarten, daß sie vom Kaukasus her verstärkt werden.« Das paßte jedoch nicht zu den Tatsachen, die hinzunehmen sich Hitler weiterhin weigerte. Er befahl der Heeresgruppe A, die Einkesselung der feindlichen Kräfte um Rostow zu vollenden, die Ostküste des Schwarzen Meers zu besetzen, die Pässe durch den Kaukasus zu erobern und dann längs des Kaspischen Meers anzugreifen, um Baku zu überrennen.

Gleichzeitig sollte die Heeresgruppe B den oberen Don sichern, Stalingrad erobern, den Don und die Verbindungen zwischen Wolga und Don sperren. Die Priorität in der Luftunterstützung erhielt zunächst die Heeresgruppe B. So bewegten sich die beiden Heeresgruppen in divergierende Richtungen, zwischen ihnen sprang eine klaffende Lücke auf. Diese Teilung der Kräfte sollte sich als verhängnisvoll erweisen. Was noch schlimmer war, die fatale Anziehungskraft, die Stalingrad auf die Deutschen hatte, sollte sie in einen zähen Häuserkampf in den Straßen der Stadt lokken, wo ihre mechanisierten und Panzerkräfte kaum von Nutzen waren. Hitler, der sich voll bewußt war, daß die Russen die Stadt verteidigen wollten, schickte seine Truppen in eine Schlacht, die er in der Vergangenheit selbst als aussichtslos erkannt hatte.

Am 25. Juli begann das »Unternehmen Braunschweig«. Der Befehlshaber der Heeresgruppe A, Feldmarschall von List, hatte eine Gesamtstärke von drei Panzer-, zwei motorisierten-, elf Infanterie- und drei rumänischen Kavalleriedivisionen und stand vor der entmutigenden Aufgabe, 1100 Kilometer auf einer Front vorzurücken, die sich 1300 Kilometer längs des Kaukasusgebirges erstreckte.

Ursprünglich wollte sich die sowjetische Südfront unter Malinowski an Ort und Stelle verteidigen. Das spielte von List in die Hände, und bald war eine 80 Kilometer tiefe und 260 Kilometer breite Bresche geschlagen. Am 9. August war von List 320 Kilometer vorgedrungen und stand in den Vorbergen des Kaukasus. Hier aber verlangsamte sich sein Vordringen. Es war die alte Geschichte: Der Nachschub konnte mit dem Vormarschtempo nicht Schritt halten, und die Panzer mußten anhalten. Zudem mußten die Deutschen feststellen, daß sie an diesem Frontabschnitt nicht mehr die Luftüberlegenheit besaßen. Viele der Luftwaffeneinheiten, die von List unterstützt hatten, wurden allmählich nach Norden zu der großen Schlacht um Stalingrad abgezogen.

Die Russen hatten neue Verbände aufgestellt, und je näher die Deutschen den Bergen kamen, desto günstiger wurde das Gelände für den Verteidiger. Die Deutschen konnten nie die Pässe besetzen, obwohl eine kleine Gruppe den Gipfel des Elbrus erreichte. Die einzige Einheit, die bis zum Kaspischen Meer vorstieß, war eine Aufklärungseinheit der 16. Infanteriedivision (mot.), die im September eine wagemutige Erkundungspatrouille bis Astrachan durchführte. Von List mußte versagen, weil ein immer größerer Teil des für ihn bestimmten Nachschubs nach Stalingrad abgedreht wurde, das immer mehr zu Hitlers Hauptziel wurde.

Von Paulus' Angriff auf Stalingrad machte nicht die gleichen schnellen Fortschritte wie der Stoß der Heeresgruppe A nach Süden. Obwohl er als Ersatz für sein eigenes XL. Panzerkorps, das er an Hoth abgegeben hatte, das XIV. und das XXIV. erhielt, brachte er seinen Vormarsch erst Anfang August wieder richtig in Gang, weil die Hauptmasse der Lufttransportkräfte gemäß der Weisung Nr. 45 der Heeresgruppe A zur Verfügung gestellt worden war. Was den Treibstoff anlangte, saß Paulus buchstäblich auf dem Trockenen. Als der Verteilungsplan hier geändert wurde, waren alle sowjetischen Streitkräfte, abgesehen von einem großen Kessel im Don-Knie, gerade gegenüber Stalingrad, sicher über den Don gelangt. Stalingrad selbst wurde von vier Sowjetarmeen einschließlich einer beträchtlichen Zahl von Panzern und mindestens zwölf Infanteriedivisionen gehalten.

Stalin hatte am 29. Juli einen Befehl erlassen, daß es keine weiteren Rückzüge mehr geben dürfte. So fiel der Kessel wie eine reife Pflaume in von Paulus' Schoß. Mit der üblichen doppelten Umfassung bereinigte er den Kessel am 15. August und machte etwa 50000 Gefangene. Im Vergleich mit den Gefangenenzahlen von 1941 war das nicht viel, es bedeutete aber doch einen günstigen Beginn der Offensive gegen Stalingrad, zumal die Beute größer war als alle anderen seit Beginn der Offensive des Jahres 1942. Tatsächlich flößte der Erfolg den Deutschen einen gefährlichen Optimismus ein, der sich in einem merklichen Nachlassen des Schwungs bei den deutschen Panzerbesatzungen manifestierte, die wohl dachten, daß die Stadt ohnehin fallen würde und in einer vorsichtigen, fast an Trägheit grenzenden Art vorgingen.

Am 30. Juli hatte Hitler entschieden, daß Stalingrad das Hauptziel sein sollte. Zu diesem Zweck wurde Hoth am 1. August der Heeresgruppe B unterstellt und erhielt den Befehl, längs der Bahnlinie Noworossijsk – Stalingrad nach Nordosten vorzugehen. Wieder kam man anfänglich gut voran. Am 5. August hatte Hoth eine Bresche in die äußere Verteidigung von Stalingrad geschlagen, gegen den sich versteifenden russischen Widerstand kam sein Vorstoß jedoch vier Tage später zum Stehen. Trotzdem waren die Deutschen jetzt in der Lage, Stalingrad aus zwei Richtungen, von Nordwesten und Südwesten anzugreifen. Je näher die Deutschen jedoch von jetzt an der Stadt kamen, desto härter wurde die russische Verteidigung. Anfang September fanden die Kämpfe in Stalingrad selbst statt, sie nahmen allmählich den Charakter der Schlacht um Verdun im Jahre 1916 an. Beide Seiten warfen immer mehr Menschen in den »Fleischwolf«. Es gab jedoch einen gewaltigen Unterschied. Die Russen konnten sich wegen ihrer großen Menschenreserven diese Art von Kampf leisten. Die Deutschen hatten diese unbegrenzten Reserven nicht.

Eine detaillierte Beschreibung der Kämpfe um Stalingrad mit den russischen Gegenangriffen auf die Rumänen zu beiden Seiten der Stadt, die folgende Einschließung der Armee von Paulus und dessen schließliche Kapitulation würden den Rahmen dieses Buches sprengen. Zwei Aspekte können jedoch nicht ignoriert werden. Stalingrad war zweifellos der Wendepunkt des Kriegs an der Ostfront. Von nun an wurden die Deutschen in die Defensive gezwungen. Ein Gegenmittel gegen den Blitzkrieg war gefunden worden, nicht weil er durch eine überlegene Taktik überwunden worden wäre, sondern weil er in den grenzenlosen russischen Weiten »verschluckt« worden war. Die deutsche Front in Rußland war im Herbst 1942 überdehnt worden, weil Hitler zu viele Ziele auf einmal in Angriff genommen hatte. Stalingrad erschwerte die Situation lediglich dadurch, daß der Verlust von 300000 Mann unerträglich war, wenn Anfang November 1942 weniger als 3000000 Mann zur Verfügung standen, um eine Front von einer Länge von 3200 Kilometern zu halten. Man hat argumentiert, Hitler habe recht gehabt, als er Paulus befahl, durchzuhalten, als er sich noch aus der Einkesselung hätte lösen können, da die Deutschen dadurch die Zeit gewannen sich umzugruppieren und eine Verteidigungsfront zu bilden. Es ist aber unwahrscheinlich, daß Hitler das gedacht hat. Er war von Stalingrad in einem Maße hypnotisiert, daß er es gar nicht freiwillig aufgeben konnte. Er wurde auch durch Görings Erklärung ermutigt, Paulus könne aus der Luft versorgt werden, ein Versprechen, das völlig über die Kapazität der Luftwaffe hinausging und lediglich zu weiteren starken Verlusten an Transportmaschinen führte, die sich für den Blitzkrieg als so entscheidend wichtig erwiesen hatten.

Die Russen, die durch ihre übliche Taktik, zu stehen und um jeden Preis zu kämpfen, dem deutschen Blitzkrieg in die Hände gespielt hatten, ertappten die Deutschen jetzt bei dem gleichen Fehler. Zudem hatten die Russen – obwohl sie es (abgesehen von dem Rückzug der Südwestfront im Mittsommer) nicht geplant hatten – erkannt, daß die deutschen Linien überdehnt waren. Während sie noch den Kessel von Stalingrad zerschlugen, begannen sie mit den Angriffen auf die Heeresgruppe A, die gezwungen war, den ganzen Kaukasus zu räumen, als ein russischer Vorstoß auf Rostow ihren Rücken bedrohte.

Die russischen Gegenangriffe bei Stalingrad und im Kaukasus bewiesen, daß sie viel gelernt hatten. Zu Anfang erkannten die Russen, daß die Schwäche in der deutschen Verteidigung bei deren Verbündeten lag, deren Einheiten nicht so gut ausgerüstet und ausgebildet waren. Sie richteten ihre Angriffe daher gegen die Stellen, die von anderen als deutschen Truppen gehalten wurden. Ihre vielleicht größte Kunst war die Infiltration. Sie nützten den Umstand aus, daß die Deutschen nicht genügend Truppen hatten, um durchgehende Verteidigungslinien zu besetzen, sondern sich auf Stützpunkte mit einer beweglichen Reserve verließen, schoben nachts Einheiten durch die deutschen Linien und hoben Stellungen aus, von denen aus sie am nächsten Tag angriffen. Obwohl diese Angriffe jedoch von den höheren Kommandostellen gut geplant waren, gab es auf den unteren Ebenen immer noch Schwächen.

»Die russische Taktik stellt eine sonderbare Mischung dar. Ungeachtet der Tüchtigkeit in der Kunst des Einsickerns und ihrer außergewöhnlichen Fähigkeit bei der Herstellung von Feldbefestigungen war doch die Starrheit russischer Angriffe beinahe sprichwörtlich – obwohl in einigen Fällen russische Panzerverbände bis hinunter zur kleinsten Einheit auch eine auffallende Ausnahme bildeten. Die törichte Wiederholung von schnell aufeinanderfolgenden Angriffen an immer der gleichen Stelle, die Starrheit des russischen Artilleriefeuers und die Auswahl des Angriffsgeländes zeigten einen völligen Mangel an Vorstellungskraft, Überlegung und geistiger Beweglichkeit. Unser Fernmelde-Nahaufklärungszug hörte in vielen Fällen immer wieder die verzweifelte Frage: ›Was sollen wir machen?‹ Nur wenige Kommandeure und Führer der unteren Führungsebene bewiesen ein unabhängiges Urteil, wenn sie sich unvorhergesehenen Situationen gegenübergestellt sahen. Bei vielen Gelegenheiten erlebten wir, daß ein erfolgreicher Angriff, ein Durchbruch oder eine erreichte Einschließung dann doch nicht ausgenutzt wurden, und zwar einfach deshalb nicht, weil niemand es bemerkt hatte!«[20]

Ende Januar 1943 war in der verhältnismäßigen Zusammensetzung der deutschen und der sowjetischen Armeen ein bemerkenswerter Wandel eingetreten. Als der Angriff auf Rußland im Juni 1941 begann, hatten die Deutschen über 3000 Panzer ins Feld stellen können. Achtzehn Monate später waren an der Ostfront nur mehr 485 schlachttauglich. Die meisten waren immer noch PzKw III und PzKw IV, die der großen Zahl der jetzt zur Verfügung stehenden T 34 und KV – 1 nicht gewachsen waren. Hitlers Weigerung, keine Division aus der Schlachtordnung streichen zu lassen, bedeutete, daß, statt die Stärke der Panzerdivisionen dadurch zu halten, daß man unterbesetzte Einheiten miteinander verschmolz, die Zahl der Divisionen – mit einer stark verringerten Zahl von Panzern – aufrechterhalten wurde. Die Russen andererseits verstärkten ihre Panzerbrigaden

im selben Maße wie jüngere Kommandeure an Erfahrung gewannen. Die Zahl dieser Brigaden schnellte auf weit über 100 empor, während im Jahr zuvor nur 20 zur Verfügung gestanden hatten.
Ein Bataillon innerhalb der deutschen Panzerdivision war jetzt auf Halbkettenfahrzeugen, normalerweise dem Sd Kfz 251 mit zwei Maschinengewehren und einer Besatzung von sechs Mann, motorisiert. Seit 1943 wurden die motorisierten Infanteristen »Panzergrenadiere« genannt. Trotz dieser geringfügigen Verbesserungen hatte man aber keinen Versuch unternommen, den Standard der Motorisierung innerhalb der gesamten Wehrmacht anzuheben. Die Rote Armee hingegen profitierte zusätzlich noch von dem amerikanischen »Pacht- und Leihvertrag«. Bis Ende des Krieges erhielt sie nicht weniger als 427000 Motorfahrzeuge.

»Dort wo die Rote Armee den Vierteltonner ›Jeep‹ als Befehls- oder Meldefahrzeug einsetzte, verwendeten die Deutschen noch das Pferd. Das Gegenstück des sechsräderigen Studebaker- oder Dodge-Lastwagens war bei den Deutschen der pferdebespannte Panjewagen.«[21]

Was die moderne Ausrüstung anlangte, so geriet die Wehrmacht schnell in Rückstand. Auch die Luftwaffe litt. Beide waren mit einer Menge von Vorkriegsmodellen belastet, die jetzt rasch veralteten. Obwohl die Deutschen noch genügend Flugzeuge produzieren konnten (allein im Februar 1943 waren es 1500), gab es keine klare Priorität, welcher Typ bevorzugt werden sollte. Man vergeudete zu viel Mühe auf unpraktikable Untersuchungen wie etwa den Versuch, die He 177, die die deutsche Antwort auf den Lancaster oder den amerikanischen B–17 hätte sein können, zu einem Sturzkampfbomber umzukonstruieren, was dazu führte, daß nur wenige je einen Einsatz flogen. Zusätzlich bestand ein gravierender Mangel an ausgebildeten Besatzungen für die neuen Maschinen; es wurde auch zu wenig Wert auf eine hinreichende Produktion von Treibstoff gelegt. Des weiteren wurde die deutsche Luftwaffe durch die Angriffe der RAF und der USAAF gezwungen, auf Kosten der russischen Front immer mehr Maschinen in Deutschland und im Westen zu halten. Das führte dazu, daß die Rote Luftwaffe immer überlegener wurde.
Im März 1943 verlief die deutsche Front in Rußland von Leningrad bis hinunter nach Rostow am Asowschen Meer. An dieser Front gab es zwei deutliche Bogen, der nördliche hatte Brjansk als Basis, der im Süden lag oberhalb von Rostow. Dieser letztere hätte noch viel weiter im Westen lie-

gen können, wenn von Manstein nicht bei Charkow einen brillanten Gegenschlag geführt hätte: Mitte Januar hatten die Russen eine Offensive gegen die ungarische Zweite Armee südlich von Woronesch eröffnet und eine 270 Kilometer breite Lücke aufgerissen, am 21. Februar hatten sie fast den Dnjepr in der Nähe von von Mansteins Hauptquartier bei Saporoschje erreicht. Trotz Hitlers Drängen, Charkow sofort wiederzunehmen, hatte Manstein abgewartet, bis seiner Meinung nach genügend sowjetische Kräfte durch die Bresche nach Westen passiert waren. Dann ließ er die Vierte Panzerarmee von Süden her angreifen. Die Russen wurden überrascht und verloren über 20000 Mann an Gefallenen, obwohl es nur 9000 Gefangene gab. Der Erfolg ermöglichte es den Deutschen, sich am Donez zur Verteidigung einzurichten, er brachte auch die russische Offensive von 1942–43 zum Stehen. Es war einer der letzten Schimmer des Blitzkriegs im Osten. Von Mellenthin zog den Schluß, daß er aus Gründen Erfolg hatte, die für das Wesen des »Blitzkriegs« typisch sind:

»Die oberste Führung . . . schränkte die Operationen der Panzerverbände in keiner Weise ein, sondern gab ihnen vielmehr lediglich klare Aufträge mit weitgesteckten Zielen. Die Panzerverbände hatten keine Sorgen um ihre Flanken, da die obere Führung über genügend und ausreichende Infanteriekräfte verfügte, um ihre Flanken zu decken. Alle Führer von Panzerverbänden, einschließlich Panzerkorps, führten die Operationen nicht vom Gefechtsstand weit rückwärts per Feldfernsprecher, sondern meistens aus ihren gepanzerten Funkstellen an vorderster Front. Der Angriff kam, was Zeit und Ort betrifft, als eine völlige Überraschung.«[22]

Als das Frühlingstauwetter kam, glaubte Hitler, der einzige Weg sich im Osten zu halten, sei der, zu einer begrenzten Offensive anzutreten, ehe die Russen die Zeit fanden, einen eigenen größeren Angriff vorzubereiten. Es war der gleiche Gedankengang, den die Stawka ein Jahr zuvor mit Timoschenkos vorzeitigem Angriff entwickelt hatte. Zudem bestand die Drohung, daß die Briten und die Amerikaner in Europa eine zweite Front errichteten. Wenn man die Front studierte, erwies sich der russischen Bogen um Kursk als logischer Ansatzpunkt für den Angriff. Der Plan war einfach, Models Neunte Armee sollte von Norden angreifen, während die Vierte Panzerarmee ihr von Süden entgegenkam. Man hoffte, daß die Russen dabei so schwere Verluste erlitten, daß sie im Sommer zu keiner weiteren Angriffsoperation fähig waren.

Der Angriff war ursprünglich für Mitte April geplant. Verschiedene Umstände machten jedoch Verschiebungen nötig, die sich für das Unternehmen »Zitadelle«, wie das Ganze genannt wurde, als verhängnisvoll erweisen sollten.
Vor allem glaubte Model, er habe für seine Aufgaben nicht genügend Truppen. Er behauptete, man habe die russische Verteidigungskraft in dem Frontbogen unterschätzt. Das Ergebnis war, daß Hitler nicht weniger als zwölf Panzer- und sechs Panzergrenadier- neben 25 Infanteriedivisionen für die Offensive bereitstellte. Was die Panzer anlangte, so bedeutete das eine Gesamtzahl von 1900 oder mehr als zwei Drittel derer, die für die ganze Ostfront zur Verfügung standen.
Guderian, der jetzt wieder als Generalinspekteur der Panzertruppen eingesetzt war, war entsetzt, daß ein so großer Teil der existierenden Panzerkräfte für die Operation verwendet werden sollte, er versuchte, Hitler den Angriff auszureden. Hitlers Antwort: »Sie haben ganz recht. Mir ist bei dem Gedanken an diesen Angriff auch immer ganz mulmig im Bauch.«[23]
Trotzdem ließ er sich von seinem Entschluß nicht abbringen, und, was noch schlimmer war, er sah in der Offensive die Gelegenheit, neue Panzer und Sturmgeschütze auszuprobieren, die, wie er überzeugt war, den Ausschlag geben würden. Deshalb wurde die Operation weiter verschoben, während »Panther«, bei denen erst noch viele Schwierigkeiten auszubügeln waren, und »Ferdinands«, die zwar eine starke 88 mm-Kanone und eine dicke Panzerung, aber keine Maschinengewehre und nur geringe Schwenkfähigkeit besaßen (was sie für den Nahkampf untauglich machte), nach Rußland geschickt wurden. Das alles führte dazu, daß die Deutschen erst im Juli angriffsbereit waren. In der Zwischenzeit hatten die Russen von dem deutschen Plan Wind bekommen und nützten die Verzögerungen aus, um sich gründlich vorzubereiten. Sie entschlossen sich, den deutschen Angriff abzuwarten, statt ihm zuvorzukommen, da sie damit rechneten, daß die Offensive die Deutschen schwächen und dann ihre eigene umso erfolgreicher machen würde.
Innerhalb des Bogens selbst standen zwei Sowjetfronten, die Zentralfront mit sechs Armeen, einschließlich einer Panzerarmee und zwei selbständigen Panzerkorps; südlich davon stand die Woroneschfront mit vier Schützenarmeen in vorderster Linie und einer Schützen- und einer Panzerarmee zusammen mit zwei Panzer- und einem Schützenkorps als Reserve. Diese beiden Fronten errichteten ein ausgedehntes Befestigungssystem mit Panzerabwehrstützpunkten und Minenfeldern. Hinter dem Bogen

wurde eine weitere Verteidigungszone aufgebaut, die von Norden nach Süden verlief. Gehalten wurde sie von der neugebildeten Steppenfront mit fünf Armeen, darunter einer Panzerarmee, einem weiteren Panzer-, einem Schützen- und drei Kavalleriekorps. Der Plan war der, daß diese Front einen Gegenangriff in den Bogen führen konnte, anderenfalls aber weit genug von den Kämpfen entfernt war, daß sie nicht in sie verwickelt wurde, wenn sie das nicht beabsichtigte. Genaue Zahlen, wieviele Panzer und Flugzeuge den Russen zur Verfügung standen, sind nur schwer erhältlich, es scheint aber, daß die Russen etwa über 3000 Panzer und ebenso viele Flugzeuge verfügten. Die Deutschen hatten etwa 1900 Flugzeuge und etwa ebenso viele Panzer. So setzten die Deutschen ihre Panzer gegen ein Stellungssystem an, das an das von 1915–17 erinnerte. Einen Blitzkrieg konnte man die deutsche Offensive schwerlich nennen, denn die Überraschung war schon dahin.

Am 4. Juli griff die Vierte Panzerarmee nach einem kurzen, harten Vorbereitungsfeuer und heftigen Luftangriffen um 15.00 Uhr an. Man hatte diese Zeit dem Morgengrauen vorgezogen, um ein gewisses Überraschungsmoment doch noch zu wahren. Anfänglich ging alles gut, dem VIII. Panzerkorps gelang es, in die Stellungen der Sechsten Gardearmee einzubrechen. Die Russen reagierten nur langsam, ihre Artillerie eröffnete erst eine Stunde später das Feuer. Trotz dieses Feuers und eines nächtlichen Gewitters, das den Boden in Schlamm verwandelte, wurden die ersten Ziele erreicht. Aber jetzt forderten die russischen Stellungen und das Wetter ihren Zoll. Die Minenfelder verlangsamten den Angriff, während ihn die schweren Gewitter schließlich zum Stehen brachten. Am Ende des zweiten Tages hatte die Vierte Panzerarmee drei kleinere Einbrüche erzielt, von denen aber keiner mehr als zehn Kilometer betrug. Noch zwei Verteidigungszonen waren zu durchstoßen, ehe die Panzer ausbrechen und die Art von Schlacht liefern konnten, an die sie gewöhnt waren.

Im Norden war es das gleiche, dort griff Model zwölf Stunden nach der Vierten Panzerarmee an. Am ersten Tag konnte er auf einer Front von zweiunddreißig Kilometern 10 Kilometer tief eindringen, angesichts des wachsenden russischen Widerstands kam er aber nicht weiter. Am dritten Tag verknappte sich seine Panzermunition, und seine Panzerverluste stiegen. Besonders die »Ferdinands« gerieten in Schwierigkeiten, nachdem ihre Begleitpanzer, die sie während des Nahkampfs decken sollten, abgeschossen worden waren; sie wurden eine leichte Beute für die sowjetische

Infanterie. Das gleiche war bei den »Panthern« der Fall, die bei den leichtesten Treffern in Brand gerieten.

Im Süden drängten die Deutschen langsam weiter. Am 6. flog das VIII. Fliegerkorps fast 1700 Einsätze, um das XLVIII. und das II. SS-Panzerkorps zu unterstützen. Gegen den zunehmenden russischen Widerstand in der Luft hatte es jedoch nicht die Mittel, beide Korps gleichzeitig zu unterstützen. Am 12. Juli waren die beiden Korps etwa dreißig Kilometer vorgedrungen, sie waren aber immer noch 88 Kilometer von Kursk und noch 145 Kilometer von Model entfernt. In diesem Augenblick entschlossen sich die Russen zum Gegenangriff mit der Steppenfront. Angelpunkt der Schlacht wurde das Dorf Prochorowka, hier wurde die erbittertste Panzerschlacht des Zweiten Weltkriegs durchgekämpft. Rotmistrows Fünfte Gardepanzerarmee mit fast 1300 Panzerfahrzeugen griff Haussers II. SS-Panzerkorps an, während im Westen das XLVIII. Panzerkorps in erbittertem Ringen mit der Sechsten Garde- und der Ersten Panzerarmee lag. In der Luft trugen Stukas und Stormowiks zu dem Gemetzel bei. Rotmistrow gibt selbst einen Bericht von der Schlacht:

»Die Panzer bewegen sich in Rudeln unter dem Schutz kleiner Wäldchen und Hecken über die Steppe. Die Abschüsse der Geschütze vereinigen sich zu einem mächtigen, anhaltenden Dröhnen. Die sowjetischen Panzer stoßen in voller Fahrt auf die deutschen Vorausabteilungen und durchbrechen den deutschen Panzerschleier. Die T 34 schießen auf geringe Entfernung ›Tiger‹ ab, denen im Nahkampf ihre starke Bewaffnung und mächtige Panzerung keinen Vorteil mehr bringt. Die Panzer beider Seiten sind in engster Gefechtsberührung. Es ist weder Raum noch Zeit, sich vom Gegner zu lösen, die Gefechtsordnungen wiederherzustellen und zu operieren. Die aus nächster Entfernung abgeschossenen Granaten durchschlagen sowohl die Seiten- wie auch die Stirnpanzerung der Kampfwagen. Auf diese Entfernung gibt es keinen Panzerschutz mehr, und die Länge der Rohre ist nicht mehr entscheidend. Häufig explodieren dabei Munition und Betriebsstoff, und abgerissene Panzertürme werden Dutzende von Meter weit weggeschleudert. Über dem Gefechtsfeld entbrennen gleichzeitig erbitterte Luftkämpfe. Sowohl die sowjetischen als auch die deutschen Flieger wollen ihren Erdtruppen helfen, die Schlacht zu gewinnen. Die Bomber, Schlacht- und Jagdflugzeuge scheinen am Himmel über dem Frontabschnitt von Prochorowka festzuhängen. Ein Luftkampf folgt dem anderen. Bald ist das ganze Firmament vom schweren Rauch

der Brände überzogen. Auf der schwarzen, verbrannten Erde lodern die abgeschossenen Panzer wie Fackeln. Es ist schwer festzustellen, welche Seite angreift und wer sich verteidigt.«[24]

Obwohl die Deutschen die Vernichtung von über 2000 russischen Panzern meldeten, verloren sie selbst annähernd 1000. Der Unterschied lag aber darin, daß sich die Russen diese Verluste leisten konnten, die Deutschen jedoch nicht. Am 10. Juli waren die Alliierten in Sizilien gelandet; das bedeutete, daß die lange erwartete zweite Front in Europa jetzt Tatsache geworden war. Hitler erkannte, daß er seine Truppen in Italien und anderswo verstärken mußte. Es war klar, daß das Unternehmen »Zitadelle« gescheitert war, am 13. Juli gab er Befehl, die Operation zu beenden.
Es war das letzte Mal, daß die Deutschen im Osten eine größere Offensive unternahmen. Es war ein Spiel, das drastisch fehlschlug. Die Verluste an Panzern sollten nie wieder ausgeglichen werden, von jetzt an blieben die Deutschen ausschließlich in der Defensive. Kursk war zur absoluten Negierung des Blitzkriegs geworden. Die russische Verteidigung, gepaart mit dem Fehlen eines Überraschungsmoments, hatte den Panzerformationen keine Chance gelassen, den nötigen Schwung für die Durchführung ihrer Operationen aufzubringen. Das Ergebnis war eine Abnützungsschlacht, eben das, was der Blitzkrieg hatte vermeiden sollen.
Die Russen gingen sofort zur Offensive über; von jetzt an ließ der Druck auf die Deutschen nie mehr nach. Das strategische Ziel der Russen war nicht so sehr die Vernichtung der deutschen Streitkräfte in Rußland, sondern ihre Vertreibung aus der russischen Heimat. Wenn das einmal erreicht war, konnte die Vernichtung Hitlerdeutschlands erfolgen. Das Schema der russischen Operationen ist von Liddell Hart mit denen Fochs im Jahre 1918 verglichen worden.[25] Es bestand aus einer Reihe abgestimmter Angriffe, die laufend an der ganzen Front gestartet wurden. So blieben die deutschen Reserven gebunden, das wieder ermöglichte es den Russen, die Initiative zu behalten, denn die Deutschen konnten nie mit Sicherheit sagen, wo der nächste Angriff erfolgen würde. Die Angriffe selbst verliefen nach einem schon bekannten Muster. Einer massiven Artillerievorbereitung folgten die von Panzern unterstützten Infanterieangriffe, die den Einbruch in die deutsche Verteidigung erreichen sollten. Sie wurden durch massierte Infanterie und Panzer auf einem sehr schmalen Angriffsstreifen durchgeführt. Wenn der Angriff scheiterte, wurde er solange wiederholt, bis der Erfolg gewährleistet war. In der Zwischenzeit

wurde er durch die Rote Luftwaffe in der Form von Tieffliegerangriffen unterstützt. Es ist bezeichnend, daß die Versuche zu einer strategischen Bombardierung, ja auch einer »Sperre« sehr selten waren. Nur vereinzelt operierte die Rote Luftwaffe mehr als dreißig Kilometer hinter den feindlichen Linien.

Wenn einmal ein Durchbruch gelungen war, drängten weitere Panzer und Infanterie nach. Die Schützen saßen zumeist auf den Panzern auf, da den Russen gepanzerte Mannschaftswagen zunächst fehlten. Dieses Verfahren wurde fortgesetzt, bis der Angriff stockte. Dann wurde er angehalten und an einem anderen Frontabschnitt neu begonnen. Finesse bewies diese Taktik nicht. Sie verließ sich allein auf die Masse und hatte hauptsächlich deshalb Erfolg, weil die Deutschen wegen des reinen Übergewichts der Zahl, die gegen sie stand, weichen mußten.

Es kam zu Einkesselungen, aber sie nahmen keinen entscheidenden Platz in dem Schlachtplan ein – im Gegensatz zu den Theorien Tuchatschewskis, der die Einkesselung und das Ausräumen des Kessels vor einer Verfolgung verlangt hatte. Die Kessel wurden durch die Deutschen selbst gebildet, die sich auf Igelstellungen verließen, zwischen denen kleine mobile Kampfgruppen aller Waffengattungen operierten. Die Russen schlossen diese Verteidigungsnetze ein, um zu verhindern, daß diese sich in die Verfolgungsphase einmischten, die gleichzeitig mit der Einschließung begann. Weil bei den Deutschen der große Unterschied in der Beweglichkeit zwischen ihren mechanisierten Kräften und der Infanterie bestanden hatte, hatten sie jeweils halten müssen, bis ein Kessel ausgeräumt war, ehe sie weiter vorstießen. Die Russen hatten das nicht nötig, weil ihre Einzeloffensiven begrenztere Ziele hatten als die der Deutschen. Zudem war die Rote Armee später mit Hilfe der Amerikaner so weitgehend motorisiert worden, daß die nachsetzenden Kräfte mit den Panzern Schritt halten konnten. Da ihnen zudem viel mehr mechanisierte Einheiten zur Verfügung standen als den Deutschen, konnten sie sofort frische Kräfte ansetzen.

Die deutsche Verteidigung im Osten wurde in den letzten Perioden des Kriegs äußerst geschickt geführt. Wie im Ersten Weltkrieg bewiesen sie, daß sie immer noch die Meister des Gegenangriffs waren, besonders wegen ihrer Fähigkeit, auf eine gegebene Situation schnell zu reagieren und die nötigen Schritte zu unternehmen, um erfolgreich gegen die russischen Maßnahmen zu kontern. Obwohl die Zahl der Panzer in den Panzerverbänden immer mehr abnahm, wurden diese Einheiten mit sehr viel

Phantasie eingesetzt, sie griffen die tiefen Flanken der russischen Vorstöße an und schnitten sie ab. Unglücklicherweise wurde die erfolgreiche Führung der Operationen häufig durch Hitler vereitelt. Als die Verluste stiegen, entstand das dauernde Bedürfnis nach Frontverkürzungen. Der einzige Weg dazu waren Rückzüge. Hitler stimmte aber nur selten einer freiwilligen Aufgabe von Gelände zu. Immer mehr schien er sich auf seine eigenen beschränkten Erfahrungen im Schützengrabenkrieg zu verlassen. Gleichzeitig gab er häufig den Befehl, stehen zu bleiben und zu kämpfen, obwohl die betroffenen Einheiten in Gefahr waren, eingekesselt zu werden. Das wieder führte zu kostspieligen Einsätzen der Luftwaffe und der Panzerverbände, um diesen Einheiten beim Durchhalten in den Kesseln oder beim Ausbruch zu helfen, wenn Hitler endlich dazu die Erlaubnis gab. Vor allem aber war es die reine Wucht der russischen Kriegsmaschine, die jede Hoffnung der Deutschen vereitelte, die Ostfront mehr als nur zeitweilig zu stabilisieren. Nach der Invasion der Alliierten in der Normandie im Juni 1944 wurde diese Überlegenheit der Zahl noch deutlicher, und die Deutschen standen vor dem Dilemma, ob sie sich auf die Verteidigung im Osten oder im Westen konzentrieren sollten. Sie hatten aber nicht die Truppen, um beides erfolgreich zu tun.

7 Briten und Amerikaner proben den Blitzkrieg

Während die Deutschen und die Russen auf den Schlachtfeldern der Ostfront miteinander rangen, hatten Großbritannien und die Vereinigten Staaten den Weg für die Rückkehr auf den europäischen Kontinent vorbereitet. Nachdem Nordafrika und Sizilien von den Mächten der Achse gesäubert waren, erfolgte die Invasion in Italien; die Alliierten kämpften sich durch ein Gelände, das fast ausschließlich den Verteidiger begünstigte, langsam nach Norden. Aber während diese Feldzüge mehr an der Peripherie geführt wurden, gab es seit 1940 eine Offensive, die auf Deutschland selbst zielte: Das waren die strategischen Bombenangriffe. Die deutsche Luftwaffe hatte seit 1940 auf solche Angriffe verzichten müssen, die Sowjets hatten sie niemals versucht. Aber sie wurden sowohl von der RAF wie der USAAF durchgeführt, die beide – die eine dank Trenchard, die andere dank Mitchell – von Anfang an hauptsächlich für diese Rolle aufgebaut worden waren.
Seit dem Ende des Kriegs hat man hitzig darüber debattiert, welche Wirkung dieser strategische Bombenfeldzug gegen Deutschland gehabt habe. Ohne Zweifel ist er insofern gescheitert, als es nicht gelang, Deutschland mit den Bomben allein in die Knie zu zwingen. Soweit sie sich mit den Waffen der damaligen Zeit durchführen ließen, erwiesen sich die Theorien Douhets als falsch. Man kann sogar sagen, daß der Bombenkrieg bis zum Jahre 1943 den Deutschen nutzte, weil er sie zwang, die Industrie wirklich auf Kriegsbedingungen umzustellen; paradoxerweise erreichte die Panzer- und Flugzeugproduktion 1944 ihren Höhepunkt. Sicherlich war der dauernde Wechsel der Ziele ein Grund für die enttäuschenden Ergebnisse der alliierten Luftoffensive. Die Alliierten konnten sich einfach nicht entschließen, welche Ziele vor allem getroffen werden sollten. Eine Weile konzentrierten sich die Angriffe auf industrielle Objekte, dann wieder ging man (nach den Theorien Douhets) zu Terrorangriffen auf die Zivil-

bevölkerung über, wofür Hamburg und später Dresden die typischen Beispiele waren.

Unglücklicherweise wurden Harris und Spaatz, die die Offensive leiteten, oft von ihrer Industrieaufklärung in die Irre geführt; ihre Überschätzung des angerichteten Schadens veranlaßte sie, die Angriffe auf Zielkomplexe beenden zu lassen, ehe diese vollständig zerstört worden waren. Auch die Angriffe auf die Zivilbevölkerung hatten weniger Wirkung auf die deutsche Moral, als man erwartet hatte. Nach der Casablanca-Konferenz von 1943, als das Konzept der »bedingungslosen Kapitulation« formuliert worden war, sahen die meisten Deutschen nur noch zwei Alternativen: Sieg oder Vernichtung. Die Terrorangriffe, so entsetzlich sie waren, konnten nicht schlimmer sein als die Folgen einer Kapitulation; falls die Deutschen aber weiterkämpften, bestand immer noch die schwache Hoffnung, daß ein Wunder eintrat, das die Waagschale wieder zu ihren Gunsten ausschlagen ließ.

Damit soll nicht gesagt sein, daß der strategische Bombenfeldzug zum Sieg der Alliierten nichts beitrug. Erstens einmal gab er den westlichen Alliierten das Mittel, noch ehe sie bereit waren, die Operationen auf dem Kontinent wieder zu eröffnen, Schläge direkt gegen Deutschland zu führen. Der Bombenfeldzug widerlegte auch die russische Kritik, man zögere zu lange mit der Errichtung der »Zweiten Front«. Der Bombenkrieg trug nämlich insofern zum russischen Erfolg bei, als er Hitler zwang, Flieger und Artillerie von der Ostfront in die Heimat zu holen. Ein weiteres Resultat war, daß die Jäger in der Produktion den Vorrang vor den Bombern erhielten. Dadurch wurden die offensiven Kapazitäten der Luftwaffe vermindert. Schließlich trug er dazu bei, vor der Invasion die alliierte Luftüberlegenheit herzustellen, wenn auch um einen Preis an Maschinen und Besatzungen, der manchmal fast unerträglich war.

Die Invasion selbst und die folgenden Kämpfe vor dem Ausbruch aus der Normandie ließen nur wenig Chancen, die mobile Kriegführung zu praktizieren. Die Enge der »bocage« bedeutete, daß die Invasion zu einer Infanterieschlacht wurde – wobei die Panzer hauptsächlich zur Infanterieunterstützung eingesetzt wurden. Die Luftmacht spielte allerdings bei dem Erfolg der Landungen eine beträchtliche Rolle. Vom April 1944 an hatten die Alliierten eine Streitmacht von 2000 Jägern und 700 mittleren Bombern zusammengezogen, welche die Normandie vom übrigen Frankreich abriegeln sollten. Zusätzlich standen, trotz der Proteste der RAF, alle

1000 schweren Bomber des Bomberkommandos auf Abruf bereit. Die Deutschen unterstützten diesen Plan unfreiwillig, weil Hitler darauf beharrte, die Masse seiner Panzerdivisionen weit zurückzuhalten, statt sie dicht an der Küste zu entfalten. Als die Alliierten am 6. Juni landeten, waren die Panzerdivisionen daher nicht in der Lage, sofort in die Normandie zu rollen, um sie wieder in die See zu werfen, weil die Straßen- und die Bahnlinien zerstört waren. Es war ein klassisches Beispiel für die erfolgreiche Durchführung der »Sperre«.

Als sich die Alliierten endgültig in der Normandie festgesetzt hatten, wirkte sich ihre überwältigende Luftüberlegenheit freilich oft beinahe negativ aus. Die Verwendung der »Luftartillerie« wurde bis ins Extreme ausgenützt; Bodenziele wurden oft durch »Bombenteppiche« aufgeweicht, ehe ein Angriff begonnen wurde. Bei dieser Technik flogen die Bomber in einer engaufgeschlossenen Formation und pulverisierten das Ziel durch einen Massenabwurf von Bomben. Obwohl es die Moral der angreifenden Truppen stärken mochte, wenn sie Welle auf Welle von Bombern über ihre Köpfe wegfliegen sahen, arbeitete das, genauso wie die Trommelfeuer der Artillerie an der Westfront 1915–17, oft gegen sie. Der verursachte Schaden behinderte die Beweglichkeit der Angreifer, oft überlebte eine erstaunliche Zahl gegnerischer Truppen das Luftbombardement und brachte die Angreifer durch ihren überraschenden Widerstand aus dem Konzept. Ein weiterer Luxus, den sich die Alliierten leisten konnten, war das »Taxi«-System. Jäger und Jagdbomber flogen eine dauernde Patrouille über dem Schlachtfeld und konnten wie wartende Taxis sofort gerufen werden, wenn sich am Boden ein lohnendes Ziel zeigte. Dadurch wurde die Luftnahunterstützung viel flexibler – verglichen mit der der Deutschen, die dafür nie genug Maschinen besaßen.

In der Normandie kamen die deutschen Tiger endlich wirklich zur Geltung. Die leichteren alliierten Panzer waren den Tigern in keiner Weise gewachsen. Man rechnete, daß ein einziger Tiger einer ganzen Kompanie von Sherman-Panzern gleichwertig war. Nirgends wurde das besser illustriert als bei dem Unternehmen »Goodwood«, dem britischen Versuch, die verfügbaren deutschen Panzer auf sich zu ziehen, um den Amerikanern den Ausbruch aus ihrem Brückenkopf in der Normandie zu erleichtern.

Der Plan sah vor, daß drei britische Panzerdivisionen östlich von Caen nach Süden angreifen sollten, um den sanft ansteigenden, beherrschenden Bourgebus-Kamm zu nehmen, der das offene und daher für Panzer besonders geeignete Land im Süden der Normandie bewachte. Wenn sie den Kamm erobert hatten, sollten die Briten nach Süden gegen Falaise erkunden. Die Deutschen hatten in diesem Raum drei Panzerdivisionen mit etwa 400 Panzern sowie drei schwache Infanteriedivisionen. Der Angriff begann am 26. Juni um 7.45 Uhr nach einer intensiven Vorbereitung durch Artillerie und Bomber. Die Front war so schmal, daß nur eine Panzerdivision, die durch Hobart ausgebildete 11 th Armoured Division, in der ersten Linie angreifen konnte. Eine Feuerwalze lief vor dem Angriff her, die führende Brigade hatte ein Bataillon, das 3 rd Royal Tank Regiment, vorne. Ursprünglich verlief der Angriff gut. Die Deutschen waren durch die Artillerievorbereitungen wie betäubt. Nach einer Stunde, während der der Angriff etwa sieben Kilometer vorangekommen war, wurde der Widerstand aber steifer, je mehr sich die 11 th Armoured Divsion dem Bourgebus-Kamm selbst näherte. Die deutschen Tiger, Panther und Sturmgeschütze forderten ihren Tribut. Ein Offizier der führenden Brigade der 11 th Armoured Division schrieb über die Kämpfe:

»Wir waren etwa sieben Kilometer ohne viel Schwierigkeiten vorgestoßen und hatten die Haupteisenbahnlinie erreicht. Bisher also war alles gut gegangen! Wir hatten aber keine Luftunterstützung mehr, und das Trommelfeuer der Artillerie hatte aufgehört. Es galt daher, das offene Gelände zu überqueren, wobei die Deutschen vermutlich im Besitz des höheren Terrains, des Dorfs und anderer Deckungen waren, einschließlich einiger Gehölze und so weiter. Man mußte daher die Entscheidung treffen, entweder eine Schwadron rechts herum auf die Höhe oder nach links zu schicken, um das Dorf zu flankieren und Feuerschutz aus dieser Richtung zu gewinnen . . . Dort, wo wir waren, konnten wir nicht bleiben. Also wurde eine Entscheidung getroffen: Schwadron C sollte über den Hang einer leichten Steigung links in Richtung auf das Dorf Fours vorgehen.
Bill, mein Schwadronführer, gab seine Befehle mit erregter Stimme über den Sprechfunk, die Befehle waren aber völlig klar . . . Dann rollten wir an. Binnen weniger Sekunden wurde Peter Robins Panzer von einer 8,8 cm-Granate getroffen und ging in Rauch auf. Seine gesamte Besatzung konnte aber sicher aussteigen. Der Rest der Schwadron rollte weiter, und ich konnte hören, wie Jock Addison einen Panther am Ortsrand meldete, er versuche, ihn anzugreifen. Das war die letzte zusammenhängende Meldung, die von dem Rest der Schwadron zu hören war. Sie gerieten alle unter schweres und genaues Feuer, und binnen weniger Minuten

brannten fünf Panzer. Drei andere waren außer Gefecht gesetzt ... Alles war jetzt in einem Zustand des Chaos: die Schwadron zu unserer Rechten wurde ebenfalls in den Kampf gezogen und verlor schnell Panzer. Wir traten einen allgemeinen Rückzug auf die Bahnlinie an – aber es schien nur eine Frage der Zeit zu sein, bis der Rest des Regiments abgeschrieben werden mußte.«[1]

Der Angriff der 11 th Armoured Division war aufgehalten worden, am Ende des Tags hatte die Division nur noch weniger als 50% ihres Panzerbestandes, 126 waren außer Gefecht gesetzt worden. Die Guards Armoured Division, die in den letzten Kampfphasen links von der 11 th Armoured Division eingesetzt wurde, verlor ebenfalls etwa 60 Panzer. Der Angriff wurde am nächsten Tag fortgesetzt, man erzielte jedoch nur geringe Geländegewinne und erlitt weitere schwere Verluste an Panzern. Dem Angriff gelang es nicht, den Bourgebus-Kamm zu nehmen, er hatte aber insofern Erfolg, als er die Deutschen veranlaßte, sieben ihrer neun Panzerdivisionen in der Normandie zu konzentrieren, wodurch für die Amerikaner die Möglichkeit zum Durchbruch geschaffen wurde.

Der amerikanische Ausbruch aus St. Lô sollte zu Pattons großer Stunde werden. Nachdem er sich in Nordafrika und Sizilien als fähiger Kommandeur erwiesen hatte, war er nach dem berühmten »Ohrfeigenzwischenfall« für eine Weile in Ungnade gefallen, als er in den letzten Phasen des Sizilienfeldzugs einen Soldaten, der an Kampfmüdigkeit litt, in einem Feldlazarett ins Gesicht geschlagen hatte. Er erhielt die Aufgabe, in England die Dritte US-Armee aufzustellen, die vor dem Invasionstag eine »Geisterarmee« war, dazu bestimmt, die Deutschen glauben zu lassen, die Invasion werde statt in der Normandie im Pas de Calais erfolgen. Tatsächlich flog er erst am 7. Juli in die Normandie. Seine Dritte Armee sollte mit dem »Unternehmen Kobra«, wie der Ausbruch genannt wurde, betraut werden. Der Plan sah vor, daß Bradleys Erste US-Armee von St. Lô aus den ursprünglichen Durchbruch erzielte. Das Hauptziel war Avranches. Die Bedeutung dieser Stadt lag darin, daß sie nicht nur das Tor in die Bretagne bildete, sondern daß von hier aus gute Straßen nach Osten, zur Seine und nach Paris führten. Wenn Bradley einmal diese Absprungstelle gesichert hatte, sollte Pattons Dritte Armee die Bretagne säubern und dabei besonders auf die Häfen achten, die als Hauptnachschubplätze zur Versorgung der amerikanischen Armee in Frankreich dienen sollten; erst dann sollte er nach Osten eindrehen.

Das Gelände war schwierig für Bradley. Auf dem Weg nach Avranches gab es überhaupt nur zwei vernünftige Nord-Süd-Verbindungen. Um sich die Arbeit etwas zu erleichtern, beschloß er eine kleine Fläche von 2500 mal 6000 Metern mit Bomben zu »pulverisieren«. Auf diesem Weg hoffte er, sich buchstäblich einen Weg durch die deutsche Verteidigung sprengen zu können, die aus neun Infanterie- und zwei Panzerdivisionen bestand. Nicht weniger als 1887 Bomber und 559 Jagdbomber wurden für diese Aufgabe zur Verfügung gestellt. Ursprünglich sollte das Unternehmen am 24. Juli gestartet werden, das schlechte Wetter erzwang aber eine Verschiebung auf den 25. Juli.

Das massive Luftbombardement hatte die erwünschte Wirkung, wenn man von einigen Bomben absah, die zu kurz abgeworfen wurden und Schäden und Verluste bei Bradleys Armee verursachten* – eine weitere nachteilige Auswirkung der »Bombenteppiche«.

Die deutschen Truppen waren wie betäubt, und Bradley kam stetig voran. In der Zwischenzeit bereitete sich Montgomery darauf vor, durch die kanadische Erste Armee einen Angriff bei Falaise anzusetzen, um zu verhindern, daß die Deutschen Truppen in den Westen warfen. Am 28. Juli waren die Amerikaner sechzehn Kilometer weit nach Coutance vorgedrungen, das Rückgrat der deutschen Verteidigung war gebrochen. Drei Tage später eroberte ein Vorstoß der 4 th Armored Division Avranches und am nächsten Tag, dem 1. August, wurde Pattons Dritte Armee formell als Streitmacht statt einer Formation auf dem Papier aktiviert. Die Zeit für die alliierte Version des Blitzkriegs war gekommen.

Patton hatte seinen Vorstoß nach einer Michelin-Straßenkarte geplant. Er interessierte sich lediglich für die Straßen und die Schienenverbindungen sowie die Flüsse. Sein Plan war so einfach wie wagemutig. Als erstes wollte er von Avranches nach Süden, nach Rennes, vorstoßen, um so alle deutschen Streitkräfte auf der Bretagne-Halbinsel abzuschneiden. Dann wollte er eine Panzerdivision nach Brest schicken, um die Deutschen in die Häfen zu treiben, wo sie später von der Infanterie erledigt werden konnten. Wenn das erreicht war, wollte er seine drei Korps nach Osten zur Seine eindrehen lassen. In Wahrheit war er gar nicht daran interessiert, die Atlantikhäfen zu nehmen, um die Nachschublage zu erleichtern. Er wollte nichts Geringeres als die totale Vernichtung der deutschen Heeresgruppe

---

* Unter den Gefallenen war auch General McNair, der Kommandeur der AGF, der gerade die Normandie besuchte und herübergekommen war, um die Eröffnung des »Unternehmens Kobra« zu beobachten.

B. Dieses mangelnde Interesse für den logistischen Aspekt sollte später für die Alliierten noch ernste Probleme schaffen. Brest fiel erst Mitte September und die beiden anderen Häfen, Lorient und St. Nazaire, hielten sich sogar bis Ende des Kriegs. Auf der taktischen Ebene erkannte Patton die Notwendigkeit, den Schwung aufrechtzuerhalten. Er gab den Befehl, daß eine Vorhut, die auf den Feind stieß, diesen festhalten sollte, während eine andere Vorhut den Angriff fortsetzte. Dieses fortgesetzte »Bockspringen« sollte den Feind aus dem Gleichgewicht bringen und verhindern, daß er zu Gegenangriffen antrat. Wie Guderian bestand Patton darauf, daß die ihm unterstellten Kommandeure weit vorn führten. Er selbst tat das gleiche und hatte eine Spezialeinheit aufgestellt, die mit Funk ausgestattete Patrouillen ausschickte. Diese Patrouillen streiften vor seiner gesamten Front und meldeten direkt an ihn.*
Von dem Augenblick an, in dem er das Kommando übernahm, prägte Patton der Operation »Kobra« den Stempel seiner Persönlichkeit auf. Sein erstes Problem war die Entfaltung der beiden Panzerdivisionen, der 4. und der 6. des VIII. Korps, die das Unternehmen in der Bretagne durchführen sollten. In Avranches war nur eine Brücke unbeschädigt, zwei weitere waren durch den Bombenteppich schwer getroffen; außerdem setzten die Deutschen gerade jetzt einen ihrer wenigen großen Luftangriffe auf die Vormarschstraße der beiden Divisionen an. Das alles machte es fast unmöglich, die Panzer nach vorn zu bringen. Allein durch die Kraft seiner Persönlichkeit hatte Patton sie so schnell bereit, daß sie binnen 24 Stunden südlich von Avranches absprangen. Er selbst und seine ihm unterstellten Kommandeure dienten als »Verkehrspolizisten« . . . Die zwei Divisionen hatten die Bretagne in vier Tagen gesäubert. Sie vermochten aber nicht zu verhindern, daß sich die Deutschen in die Häfen zurückzogen und diese behaupteten. Die Amerikaner hatten nicht die Kraft, diese Häfen zu nehmen. Viele haben Eisenhower kritisiert, weil er darauf beharrte, die Atlantikhäfen zu besetzen, während die Gelegenheit, die Heeresgruppe B durch einen unmittelbaren Vorstoß zur Seine zu vernichten, einen viel größeren Gewinn gebracht hätte. Niemand äußerte sich bitterer als Wood, der Kommandeur der 4 th Armored Division, der feststellte:

»Bei unseren Spitzen bestand keine Konzeption weitreichender Panzeroperationen oder der nachschubmäßigen Versorgung solcher Vorstöße.

---

* Montgomery wandte das gleiche System bei »Phantom« an, außerdem hatte er Verbindungsoffiziere, die ihm persönlich verantwortlich waren.

Ich selbst unterstand noch der 5. Armee, und diese konnte nicht schnell genug reagieren. Als sie endlich reagierte, bestanden ihre Befehle darin, ihre beiden Panzerdivisionen an der Flanke um 180 Grad von dem eigentlichen Feind zurückzunehmen, damit sie die Belagerung von Lorient und Brest beginnen sollten.«[2]

Zweifellos befand sich Eisenhower in einem Dilemma. Er erkannte die Wichtigkeit, neue Häfen zu öffnen, um den alliierten Vorstoß durch Frankreich logistisch unterstützen zu können. Andererseits war da die Möglichkeit, die deutsche Heeresgruppe B abzuschneiden und zu vernichten. Am Ende versuchte er, beides zu tun. Weil er aber dadurch gezwungen war, seine Truppen zu teilen, hatte er für keine der beiden Aufgaben genug.

Am 3. August erhielt Patton endlich den Befehl, nach Osten zur Seine zu rollen. Man dachte, daß die alliierte Luftwaffe alle Brücken zerstört habe, so daß die Deutschen in der Falle säßen. Im Norden von Patton sollte Hodges, der jetzt an Bradleys Stelle die Erste Armee befehligte, parallel zu Patton vorgehen. Bradley war zum Befehlshaber der Zwölften Armeegruppe befördert worden, die aus der Ersten und Dritten US-Armee bestand. Patton gab seinem führenden, dem XV. Korps, Befehl, auf Le Mans vorzurücken, während die Loire das Ziel des XX. Korps im Süden war. In der Zwischenzeit sollte Hodges auf Alençon vorstoßen.

Am Abend des 6. August befanden sich die Erste und die Dritte US-Armee tief im Rücken der Deutschen, und da außerdem die Kanadier bei Falaise angriffen, bestand die Hoffnung, daß die Reste der Heeresgruppe B eingeschlossen und vernichtet würden. In diesem Augenblick entschlossen sich die Deutschen, die diese Drohung erkannten, zum Gegenangriff. Hitler befahl von Kluge, acht seiner neun Panzerdivisionen zu einem Angriff von Mortain aus auf den »Flaschenhals von Falaise« anzusetzen. Wegen der überwältigenden Überlegenheit der alliierten Luftstreitkräfte, die unaufhörlich die deutschen Nachschublinien behämmerten, konnte von Kluge nur vier Panzerdivisionen aufbringen, die insgesamt über 185 Panzer verfügten. Der Angriff begann kurz nach Mitternacht vom 6./7. August. Trotz einiger Anfangserfolge standen die Amerikaner aber fest und kämpften, besonders die 30 th Infantry Division, westlich von Mortain. Dann hoben sich am Mittag des 7. die Nebel und die tiefhängenden Wolken, die das Schlachtfeld bisher verhüllt hatten. Die alliierten Luftstreitkräfte griffen ein und nagelten die deutschen Panzer an Ort und Stelle fest.

Obwohl die Kämpfe noch zwei Tage andauerten, war das Schicksal des deutschen Gegenangriffs damit schon am ersten Tag besiegelt. Der deutsche General Westphal stellt fest: »Das war das erste Mal in der Geschichte, daß ein Angreifer allein durch Bomben aufgehalten wurde.«[3]
Am Ende der ersten Augustwoche waren zwei deutsche Armeen, die Fünfte Panzerarmee und die Siebte, in einer »Tasche« mit dem Scheitel bei Mortain und der Basis an der Linie Argentan – Falaise eingeschlossen. Die Erste US-Armee stand im Osten und hielt Avranches, während die britische Zweite Armee an der Nordseite der Tasche stand. In der Zwischenzeit waren die Kanadier von Caen aus nach Süden zum Angriff auf Falaise angetreten. Jetzt bot sich die Gelegenheit, die beiden deutschen Armeen viel dichter zusammenzudrücken, als man sich das bisher vorgestellt hatte. Daraufhin erhielt Patton Befehl, sein XV. Korps, das am 8. Le Mans genommen hatte, nach Norden zu schicken, wo es sich in Argentan mit den Kanadiern vereinigen sollte. Obwohl die Kanadier 1000 Bomber zur Verfügung hatten, die ihnen den Weg bahnen sollten, kam ihr Angriff nicht gut voran. Sie brauchten acht Tage harter Kämpfe, um Falaise zu erreichen, das nur etwa fünfundzwanzig Kilometer von ihrer Ausgangslinie entfernt war. Erst vier Tage später vereinigten sie sich schließlich mit Pattons Truppen östlich von Argentan. Das ermöglichte es der Fünften Panzer- und der Siebten Armee, sich aus der Schlinge zu ziehen. Man hat viel über das Versagen geschrieben, die Lücke früher zu schließen. Tatsächlich war Patton, als er von Bradley Befehl erhielt, bei Argentan zu halten, so wütend, daß er Bradley anrief und am Telefon im Scherz sagte: »Lassen Sie mich nach Falaise, und wir werden die Briten in einem neuen Dünkirchen ins Meer zurückjagen!«[4]
Zweifellos hätte er nach Falaise gelangen können, es gab aber Aspekte, die Bradleys Haltebefehl rechtfertigten. Erstens einmal hatte es Montgomery, der in der Schlacht befehligte, sehr deutlich gemacht, daß die Vereinigung in Argentan stattfinden sollte. Eine Änderung des Plans hätte sowohl die Kanadier wie die Amerikaner gezwungen, ihre Luft- und Artillerieunterstützung drastisch zu drosseln, damit sie einander keine Verluste zufügten. Zweitens wäre das XV. Korps stark auseinandergezogen worden und es wäre sehr fraglich gewesen, ob es einem entschlossenen deutschen Ausbruchsversuch hätte standhalten können. Wie die späteren Ereignisse bewiesen, gewannen die Alliierten in der Tat praktisch mehr dadurch, daß sie die Lücke nicht schlossen. Sie hätten wertvolle Zeit damit verloren, den Kessel auszuräumen. Es ist nämlich sehr wahrscheinlich,

daß die Deutschen energisch weitergekämpft hätten. Während sie jetzt zwar entkommen konnten, mußten sie doch den größten Teil ihrer Ausrüstung zurücklassen. Ein amerikanischer Offizier beschrieb die »Tasche von Falaise« folgendermaßen:

»Soweit mein Auge reichte, ... waren in jeder Richtung ... Fahrzeuge, Wagen, Panzer, Geschütze, Zugmaschinen, Limousinen, Feldküchen zu sehen ... Ich stieg über Hunderte von Gewehren, die im Schlamm steckten, und sah Hunderte weitere, die an den Schuppen aufgestapelt waren ... ich sah ungefähr 300 Feldgeschütze und Panzer mit großkalibrigen Kanonen, die keine Beschädigung zeigten.«[5]

Etwa 50000 Deutsche wurden gefangen, weitere 10000 fielen. Am 28. August zählte die Fünfte Panzerarmee nicht mehr als 1300 Mann und 28 Panzer. Die Siebte Armee war etwa in der gleichen Verfassung.

Die Alliierten begannen jetzt mit der spektakulärsten Phase des Feldzugs. Sie ähnelte in mancher Beziehung dem Blitzkrieg der Deutschen. Die beiden deutschen Armeen kämpften sich, dauernd aus der Luft angegriffen, so gut sie konnten, zur Seine zurück. Während der Kessel geschlossen wurde, hatte Pattons Dritte Armee ihren Vormarsch nach Osten fortgesetzt. Das XX. Korps hatte am 15. August Chartres befreit; im Süden hatte das XII. Korps, das am Nordufer der Loire vorging, am 16. August Orleans genommen. Zwei Tage vorher hatte Patton geprahlt: »Heute ist die Dritte Armee weiter und schneller vorgestoßen als irgendeine Armee in der Geschichte.«[6] Am 15. August war außerdem die Sechste Heeresgruppe, die aus einer französischen und einer amerikanischen Armee bestand, an der französischen Riviera gelandet und hatte den Vormarsch nach Norden begonnen.

Unter den Alliierten kam es jetzt zu großen Meinungsverschiedenheiten. Es ging um die Frage, ob man in breiter oder in schmaler Front vorrücken sollte. Montgomery, der immer noch nominell die Landstreitkräfte befehligte, war der Ansicht, daß nach dem Übergang über die Seine die 20. und die 21. Armeegruppe Seite an Seite, mit dem rechten Flügel an die Ardennen angelehnt, auf Antwerpen vorrücken sollten. Bradley hingegen schlug vor, aus Pattons Erfolgen Kapital zu schlagen und den Hauptstoß nach Osten zu führen; das Ziel war der Rhein südlich von Frankfurt. Eisenhower mußte vermitteln, er stand dabei vor zwei Problemen, einem politischen und einem logistischen. Wenn einer der Alliierten sich selbst die entscheidende Rolle zuteilte, war mit Schwierigkeiten im politischen

Lager des anderen zu rechnen. Zweitens stützten sich die Alliierten immer noch auf Cherbourg und die (künstlich angelegten) Mulberry-Häfen vor der Invasionsküste, über die ihr gesamter Nachschub lief. Es war klar, daß es nicht genügend logistische Möglichkeiten gab, um beiden Armeegruppen die Zügel freizugeben. Trotzdem wurde das Vormarschtempo sowohl Montgomerys wie Bradleys immer schneller. Eisenhower war daher bereit, die Entscheidung aufzuschieben, und zwar in der Hoffnung, daß das Vordringen südlich wie nördlich der Ardennen noch etwas anhalten würde. Er gab jedoch Montgomery auf Kosten Pattons eine gewisse Priorität im Nachschub, weil es besonders wichtig war, Antwerpen zu nehmen, um die überdehnten Nachschublinien kürzer zu machen.

Die 21. Heeresgruppe brauchte einige Tage, um sich nach der Beseitigung der Tasche von Falaise umzugruppieren; erst am 26. August rückte sie an die Seine heran. Am gleichen Tage waren Pattons Truppen, geführt von Le Clercs 2. französischer Panzerdivision, in Paris einmarschiert. Die Dritte amerikanische Armee hatte in sechsundzwanzig Tagen 640 Kilometer zurückgelegt, dem Gegner Verluste von 100000 Mann einschließlich der Gefangenen zugefügt und 500 Panzer und 700 Geschütze erbeutet oder zerstört. All das hatte die Amerikaner 16000 Mann gekostet. Es war in der Tat ein spektakulärer Erfolg. Pattons Energie hatten ihn mit an die Spitze der Kommandeure von mechanisierten Truppen gebracht. Zugegebenermaßen war ein großer Teil seiner Erfolge schwachem feindlichen Widerstand zu verdanken, das tat aber seiner vernünftigen Führung keinen Abbruch. Er hatte eines der Grundprinzipien des Blitzkriegs, die Beibehaltung des Angriffschwungs, erfaßt und genutzt.
Auch Montgomery bewies nun, daß er nicht nur der methodische vorsichtige Befehlshaber war, der er zu sein schien. Nachdem er die Seine erreicht hatte, war er für seinen Durchbruch bereit. Die Bahn sollte durch die britische Zweite Armee mit zwei Korps in vorderster Linie gebrochen werden. Das ursprüngliche Ziel war Amiens, als Endziel war Antwerpen vorgesehen.

»Jede Tendenz, ›kleben zu bleiben‹ oder vorsichtig zu sein, muß rücksichtslos ausgemerzt werden . . . Die richtige Taktik erfordert jetzt, daß starke gepanzerte und bewegliche Kolonnen die feindlichen Widerstandszentren passieren und kühn vorstoßen, um in dem rückwärtigen Raum des Gegners Schrecken und Angst zu verbreiten.«[7]

Das war ein Befehl, der auch aus der Feder Fullers, Liddell Harts oder Guderians hätte stammen können. Am 30. August brachen das XII. Korps, geführt von der 7 th Armoured Division, und das XXX. Korps, geführt von der 11 th und der Gardepanzerdivision, aus ihren Brückenköpfen an der Seine aus. Zuerst ging der Vormarsch angesichts des Fehlens von feindlichem Widerstand etwas vorsichtig vonstatten, schließlich war es aber auch die erste Gelegenheit, daß die britischen Panzerdivisionen die Möglichkeit hatten, außerhalb der »bocage« zu operieren. Es überrascht daher nicht, daß ihre »Gelenke noch etwas steif waren«.

Trotzdem erreichte man zwei Tage später Amiens, 112 Kilometer nördlich der Seine. Die Reste der deutschen Siebten Armee versuchten vergeblich, längs der Somme eine Widerstandslinie aufzubauen, die britischen Panzer waren zu schnell und überflügelten sie. Ein noch spektakuläreres Vordringen sollte jedoch erst noch kommen.

Am 2. September erhielt Horrocks, der Kommandeur des XXX. Korps, einen mit Bleistift geschriebenen Befehl von General Dempsey, dem Befehlshaber der Zweiten Armee. Er besagte: »Lieber Horrocks, Sie werden (a) Antwerpen und (b) Brüssel nehmen. M. C. Dempsey.«

Am Ende dieses Tages hatten die führenden Einheiten die Scarpe erreicht. Die 11 th Armoured Division stieß die Nacht durch weiter vor und erreichte Antwerpen am frühen Nachmittag des 3. September, während die Guards Armoured Division schon am Tag vorher Brüssel befreit hatte. Dieser Sprung nach vorn hatte in sieben Tagen 360 Kilometer bewältigt, was noch mehr beeindruckte als Pattons Vordringen zur Seine. Es gab jedoch einen wesentlichen Schönheitsfehler, der den Wert dieses Erfolges einschränkte: Obwohl die Stadt Antwerpen und ihre Hafenanlagen erobert wurden, traf man keine Anstalten, die Schelde zu räumen, die diese Hafenanlagen mit der See verband. Daher konnte der Hafen nicht als Nachschubbasis benützt werden. Der Hauptgrund war der, daß Montgomery den Blick bereits auf das Ruhrgebiet gerichtet hatte. Trotzdem sah er sich jetzt gezwungen, seine Truppen für drei Tage anzuhalten, um Atem zu holen und den Nachschub aufholen zu lassen. Das wiederum gab den Deutschen Gelegenheit, sich umzugruppieren; als Montgomery wieder antrat, waren sie stark genug, ihn zeitweilig an dem Maas-Schelde-Kanal, den er am 10. September erreichte, aufzuhalten.

Die Erste US-Armee hatte auf Eisenhowers Befehl mit den Briten Schritt gehalten und deren rechte Flanke gedeckt, obwohl sie nicht Montgomerys Befehl unterstand. Patton hatte seinen Vorstoß in den Süden der Arden-

nen fortgesetzt und am 31. August die Maas zwischen Sedan und Commercy erreicht.
Er bekam die Auswirkungen der überdehnten Nachschublinien noch vor Montgomery zu verspüren, denn Eisenhower hatte befohlen, daß Hodges Erste US-Armee die Masse des US-Treibstoffnachschubs erhielt, damit sie Montgomery unterstützen konnte. So bekam Patton am 30. August nur 32000 der 400000 Gallonen, die er angefordert hatte. Obwohl er damit die Maas überschreiten konnte, war es klar, daß er nicht in der Lage war, noch viel weiterzukommen. Er ließ sich aber dadurch nicht den Unternehmungsgeist rauben. Er war sich ziemlich sicher, daß Bradley schon etwas für ihn abzweigen würde, wenn er wirklich auf dem Trockenen saß. Zweitens hatte er etwa 1000000 Gallonen erbeutet, über die er jedoch schwieg. Außerdem lenkte er, wo er nur konnte, Treibstoff in die eigenen Tanks, der eigentlich Hodges zugedacht war. Er war fest entschlossen, zum Rhein vorzustoßen.
Zu diesem Zeitpunkt rief Eisenhower die obersten amerikanischen Befehlshaber nach Versailles zurück. Er befahl Patton, anzuhalten, während sich die ganzen Bemühungen auf den Norden konzentrierten. Patton konnte Eisenhower jedoch davon überzeugen, daß die Möglichkeiten der Dritten Armee zu gut waren, als daß man sie anhalten durfte. Daher erhielt er die Erlaubnis, zur Saar vorzugehen. Gleichzeitig drängte Montgomery ebenfalls auf einen einzigen Stoß auf das Ruhrgebiet und dann weiter nach Berlin. Tatsächlich mußte Patton, obwohl er jetzt den größeren Teil des logistischen Kuchens erhielt, feststellen, daß er selbst durch Gelände kam, das für Panzeroperationen größeren Maßstabs weniger geeignet war. Den Deutschen war es gelungen, genügend Truppen zusammenzukratzen, um seinen Vormarsch zu bremsen, der von nun an ziemlich schleppend voranging.
Montgomery, der durch den geringen Nachschub ebenso behindert wurde wie durch den wachsenden deutschen Widerstand, gruppierte seine Truppen jetzt für ein neues Unternehmen mit dem Kodenamen »Market-Garden« um. Als Trost dafür, daß er seine Idee eines einzigen Vorstoßes nach Berlin nicht weiterverfolgen konnte, hatte man ihm die Erste alliierte Luftlandearmee für ein Unternehmen zugeteilt, das es ihm erlauben würde, den deutschen Westwall zu umgehen und über den Rhein vorzustoßen. Die Luftlandetruppen waren seit der Invasion nicht mehr eingesetzt worden. Man hatte sie in England in Bereitschaft für eine Reihe von Operationen gehalten, von denen jedoch keine verwirklicht wurde, weil

die Bodentruppen schneller vorangekommen waren, als man gedacht hatte.
»Market-Garden« sah vor, daß drei Luftlandedivisionen gleichzeitig die Übergänge über die Maas und den Waal um Nijmwegen sowie eine Brücke über den Rhein bei Arnheim besetzen sollten. Das XXX. Korps sollte dann mit ihnen Verbindung herstellen. Es war ein phantasievoller Plan, und der Einsatz von Luftlandetruppen konnte dazu beitragen, die psychologische Dislozierung der Deutschen fortzusetzen. Dennoch wurde das Unternehmen ein Fehlschlag und endete mit großen Verlusten. Es dauerte zu lange – volle zehn Tage – bis das Unternehmen begonnen werden konnte, während denen auf die Deutschen vor der Front der 21. Heeresgruppe nur wenig Druck ausgeübt wurde. Das wieder gab ihnen Zeit, sich umzugruppieren. Das Bild, das der alliierte Nachrichtendienst von den Raum um Arnheim zeichnete, war allzu optimistisch. Meldungen aus dem holländischen Widerstand, daß zwei Panzerdivisionen in dem Raum neu ausgerüstet würden, wurden von den alliierten Nachrichtenstäben ignoriert. Zu beiden Seiten der Straße Lommel – Nijmwegen – Arnheim waren nur versumpfte Wiesen, die ein Vorankommen der Panzer erschwerten. Deshalb war der Vormarsch des Korps meistenteils auf diese Straße beschränkt. Wenn der führende Panzer in ein Gefecht verwickelt wurde, mußte die ganze Kolonne halten, bis der Widerstand neutralisiert war. Die Deutschen erkannten rasch, wie verwundbar dieser dünne, nadelartige Vorstoß war, sie störten ihn unaufhörlich, indem sie ihn von den Flanken angriffen. Trotzdem vereinigte sich das XXX. Korps mit der 101. US-Luftlandedivision, die die Brücken über den Wilhelminenkanal besetzt hatte, und mit der 82. Luftlandedivision, die im Raum von Nijmwegen gelandet war. Das eigentliche Ziel aber, der Übergang über den unteren Rhein, entglitt Montgomery, trotz der sehr tapferen Bemühungen englischer und polnischer Fallschirmjäger bei Arnheim.
Wenn das Unternehmen Erfolg gehabt hätte, wäre der Westwall wahrscheinlich umgangen worden, und die Alliierten hätten noch vor Ende des Jahres mit größeren Einheiten über den Rhein gehen können. Bei der chaotischen Nachschubsituation ist es jedoch höchst zweifelhaft, ob sie in der Lage gewesen wären, diese Situation voll auszunützen. So aber – und nachdem sich das Wetter und die Nachschublage verschlechterten – mußten die Briten ihre ganze Aufmerksamkeit auf die Räumung der Schelde konzentrieren, den Hafen von Antwerpen wieder verwendbar zu machen. Diese Aufgabe beschäftigte sie bis Ende Oktober.

Die Befreiung Frankreichs hatte den Alliierten die Gelegenheit gegeben, ihre Panzerwaffe und ihre Luftstreitkräfte so einzusetzen, wie es die Vorkriegstheoretiker gepredigt und die Deutschen praktiziert hatten. Obwohl die Planer vor der Invasion den Ablauf der Befreiung Frankreichs eher vorsichtig eingeschätzt hatten, hatten die britischen und amerikanischen Kommandeure – als sich einmal die Möglichkeit bot – bewiesen, daß die Nahkämpfe in der »bocage« der Normandie ihren Unternehmungsgeist nicht abgestumpft hatten. Besonders Patton und Montgomery hatten ihre Möglichkeiten genutzt und ebensoviel Schwung gezeigt wie Guderian und die anderen deutschen Panzerführer auf der Höhe ihrer Macht. Sie versagten aber aus logistischen und politischen Gründen darin, den Krieg noch 1944 zu einem Ende zu bringen. Während die meisten deutschen Kommandeure bestätigten, daß ein einziger wuchtiger Stoß genügt hätte, weil er den Deutschen keine Zeit gelassen hätte, eine starke Verteidigungsstellung aufzubauen, war dieser einzige Stoß politisch nicht akzeptabel und hätte schwierige logistische Probleme aufgeworfen. Der erste Punkt wurde bereits berührt. Eisenhower als der alliierte Befehlshaber hatte vor allem anderen den Zusammenhalt zwischen den Alliierten aufrechtzuerhalten. Da er es mit starken und eigenwilligen Persönlichkeiten wie Montgomery und Patton zu tun hatte, war seine Aufgabe auch in den besten Zeiten sehr schwierig. Der Stoß konnte nur von einem Manne geführt werden, und ob dieser nun ein Brite oder ein Amerikaner war, er hätte selbstverständlich gefordert, daß die Truppen seines Landes die führende Rolle spielten. So konnte nur ein Land in das Rampenlicht treten, was das andere verstimmen mußte. Eisenhower war daher zu einem Kompromiß gezwungen, und dieser Kompromiß sah so aus, daß er die Strategie der »Breiten Front« übernahm.

Der logistische Aspekt ähnelte dem, mit dem sich die Deutschen in Rußland konfrontiert sahen. Während aber die Deutschen die massiven logistischen Erfordernisse eines Blitzkriegs von vornherein unterschätzt hatten, lag der Fehler der Alliierten darin, daß sie vor dem Beginn des Feldzugs nicht erkannt hatten, daß die Möglichkeiten für einen Blitzkrieg so groß sein würden. Bis zur Seine hatte der Vorsprung der Truppen gegenüber den Planungen nur 13 Tage betragen. Aber während die alliierten Planer angenommen hatten, man werde die deutsche Grenze erst am dreihundertsten Tag nach der Invasion erreichen, stand Patton am D-Tag + 96 bereits an der Mosel. Man hatte sich vorgestellt, daß sich die Deutschen in einer geschlossenen Front zurückziehen würden, die von den Alliierten zurückgedrängt wurde. In diesem Fall hätten Cherbourg und die Mulberry-Häfen für den Nachschub genügt, weil die Nachschublinien dann nicht so plötzlich überdehnt worden wären.

Zugegebenermaßen hätten die Alliierten mit ihrer massiven Luftüberlegenheit mehr dazu tun können, die Panzerangriffe aus der Luft zu versorgen. Statt dessen aber war ein großer Teil der alliierten Lufttransportflotte für mögliche Luftlandeunternehmen reserviert. Die Deutschen erschwerten die Lage ebenfalls. Viele haben Hitler die Schuld gegeben, daß er unnötig Menschen vergeudete, indem er sie dazu verdammte, »Festungen« zu halten, nachdem diese von den alliierten Truppen schon lange umgangen worden waren. Dadurch aber war die Benützung der Bretagne- und der Kanalhäfen für die Alliierten während des entscheidenden Ausbruchs aus den Seinebrückenköpfen und noch lange nachher praktisch gesperrt. Die Situation wurde noch dadurch erschwert, daß es nicht gelang, den Hafen von Antwerpen zu räumen. Des weiteren mögen die so oft angewandten Bombenteppiche den Alliierten zwar Verluste erspart und den Widerstand der Deutschen geschwächt haben. Da ein großer Teil dieser Bombenteppiche jedoch gegen die deutschen Nachschublinien gerichtet war, arbeiteten sie auch gegen die Alliierten, als diese später die gleichen Nachschublinien benutzten.

Während des Herbsts und des Frühwinters rückten die Alliierten langsam an den Westwall heran, wie sie die Siegfriedlinie jetzt ebenfalls nannten. Das Wetter und die Geländebeschaffenheit gaben ihnen keine Chance, ihre Panzer massiert einzusetzen. Während der Monate Oktober und November benützten die Deutschen den langsamen Vormarsch der Alliierten, um einen Gegenangriff vorzubereiten.

Die Ursprünge der Ardennenoffensive oder der »Battle of the Bulge«, wie die Alliierten sie nannten, lagen in dem Anhalten Pattons Mitte September, während das Unternehmen »Market-Garden« vorbereitet wurde. Hitler war es in zunehmendem Maße klar geworden, daß bei der alliierten Forderung nach einer bedingungslosen Kapitulation ein Verbleiben in der Defensive im Osten wie im Westen den Krieg zwar verlängern konnte, aber doch zu einer Niederlage Deutschlands führen mußte. Er kam zu dem Schluß, daß er einen lähmenden Angriff gegen die westlichen Alliierten führen müsse, um anschließend so viele Truppen in den Osten verlegen zu können, daß dort seine Verteidigung hielt. Er erkannte die Bedeutung Antwerpens für die Briten und die Amerikaner, deshalb hielt er es für das geeignete Ziel eines Gegenangriffs, der die alliierte Offensive lahmlegen

sollte. Er hoffte darauf, daß er seine Offensive Mitte November beginnen könnte, so daß noch vor Weihnachten Truppen in den Osten verlegt werden könnten. Der Winter an der Ostfront war in der Tat nur langsam gekommen, deshalb konnte man erwarten, daß die Russen den nächsten großen Schlag nicht vor dem neuen Jahr führen würden, wenn der Boden hart genug war, um ihre Beweglichkeit nicht zu behindern.
Anfang September hatte Hitler die Aufstellung von 25 neuen Divisionen befohlen, die für die Westfront bestimmt worden waren. Schon vorher, im Juli, hatte er 18 aufstellen lassen, von denen zwei nach dem Westen gingen. Die Mannschaften für diese Divisionen und das Ersatzheer konnten freilich nur noch mit Mühe aus den Zivilberufen zusammengeholt werden. Die 27 für die Ardennen bestimmten Divisionen erhielten die beste Ausrüstung – mit Ausnahme der Transportmittel – hier waren sie auf Pferde und Fahrräder angewiesen. Während der Sommermonate waren 1500 Panzer produziert worden. Sie alle wurden dem Westen zugeteilt, wo die Panzerdivisionen, von denen neun für das Unternehmen bestimmt waren, langsam und verstohlen für die Neuausstattung zurückgezogen wurden. Zusätzlich wurden zehn Panzerbrigaden gebildet, deren Kernstück jeweils ein »Panther«-Bataillon war. Es war das einzige Mal während des Kriegs, daß die Deutschen selbständige Panzereinheiten unter der Divisionsebene aufstellten.
Obwohl Hitler sich im September entschlossen hatte, daß das Unternehmen stattfinden sollte, ließ er es streng geheimhalten. Erst Ende Oktober sprach er mit von Rundstedt, seinem Oberbefehlshaber West, darüber, nachdem sich dieser mehrfach erkundigt hatte, warum die 6. Panzerarmee laufend verstärkt und die 5. Panzerarmee zurückgenommen werden sollte. Die einzige Antwort, die er erhielt war die, sie sollten gegen eine erwartete alliierte Offensive im Raum Köln – Bonn eingesetzt werden.
Erst am 24. Oktober wurde von Rundstedt in das Geheimnis eingeweiht – und war entgeistert. Hitler hatte bestimmt, daß die Offensive durch die Nahtstelle zwischen der Ersten und Dritten US-Armee in den Ardennen geführt werden sollte. Von Rundstedt glaubte jedoch, daß das nur mit starken, gut ausgerüsteten Streitkräften und einer reichlichen Luftunterstützung geschehen könne. Bei der Verhandlung in Nürnberg erklärte er, seine gesamte Generalstabsausbildung habe gegen ein Unternehmen dieser Art revoltiert. Der Mangel an Truppen und Nachschub sei längst so groß gewesen, daß jeder Gedanke an einen Gegenangriff dieses Umfangs unsinnig war. Er habe das Unternehmen daher nicht befürworten

können. Besonders gravierend sei der Umstand gewesen, daß die Luftwaffe praktisch ausgeschaltet war und die Alliierten die völlige Luftherrschaft besaßen. Während sich die deutschen Truppen nur noch bei Nacht zu bewegen vermochten, konnte Patton seine Panzer nach Belieben bei Tag oder Nacht bereitstellen und vorgehen lassen. Ihm, Rundstedt, hätten nur noch ausgemergelte alte Männer und ausländische Hilfstruppen zur Verfügung gestanden, die den Kampf möglichst bald aufgaben.[8]

Aber durch solche Einwände ließ sich Hitler, der seine politische Lage durch einen verblüffenden militärischen Erfolg im Westen bessern wollte, nicht von seinem Plan abbringen. Er entsandte Jodl in das Hauptquartier von Feldmarschall Model, der jetzt die Heeresgruppe B befehligte, um ihm die Einzelheiten des Unternehmens mitteilen zu lassen.

Der Erfolg von Hitlers Gegenoffensive war von fünf Voraussetzungen abhängig. Erstens mußte von Rundstedt die Alliierten aufhalten, ohne auf die Truppen zurückzugreifen, die für die Offensive bestimmt waren. Diese war für den 25. November geplant. Eine vollständige taktische Überraschung mußte erreicht werden, zudem war eine mindestens zehntägige Schlechtwetterperiode nötig, um die alliierte Luftwaffe am Boden zu halten. Der Durchbruch mußte so schnell wie möglich ausgebeutet werden, und an den übrigen Fronten mußte relative Ruhe herrschen. Der Plan sah vor, schnell Brückenköpfe jenseits der Maas zu errichten und dann unter Umgehung von Brüssel auf Antwerpen vorzudringen. Gleichzeitig waren die Nachschublinien der Ersten US-Armee im Maastal sowie der 21. Armeegruppe mit Antwerpen zu durchschneiden und die Engländer von den Amerikanern zu trennen. In so mancher Hinsicht hatte der Plan eine große Ähnlichkeit mit Ludendorffs Konzept für die Märzoffensive 1918. Das Vertrauen auf das schlechte Wetter, um die feindliche Luftüberlegenheit zu neutralisieren, der Keil, der die alliierten Armeen aufspalten sollte, und die schnelle Ausbeutung des taktischen Erfolgs waren die gleichen Forderungen wie 1918.

Die Hauptarbeit sollte die Sechste Panzerarmee unter Sepp Dietrich übernehmen. Sie sollte zu beiden Seiten von Lüttich über die Maas gehen und dann den Albertkanal zwischen Maastricht und Antwerpen überschreiten, ehe sie in den Raum nördlich von Antwerpen vorrückte. Für diese Aufgabe wurden ihm vier SS-Panzerdivisionen, die – anders als die Divisionen der Wehrmacht – eine garantierte Stärke von zwei Panzerbataillonen und zwei zusätzlichen Panzergrenadierbataillonen besaßen, sowie zwei Infanteriedivisionen zugewiesen. Von Manteuffels Fünfte Panzerarmee sollte die Maas südlich von Sepp Dietrich überschreiten und dann seinen Rücken und seine linke Flanke längs einer Linie Dinant – Namur – Brüssel – Antwerpen decken. Schließlich sollte die von Brandenberger befehligte Siebte Armee mit ihrer einzigen Panzer- und sechs Infanteriedivisionen die Südflanke des Unternehmens decken und sich mit der Nordflanke der Heeresgruppe G südlich von Luxemburg verbinden. Die Nordflanke würde durch einen Nebenangriff gedeckt, den die Fünfzehnte aus Nordosten gegen Maastricht führen sollte.

Göring hatte versprochen, 3000 Flugzeuge bereitzustellen, und dazu sollten auch hundert Düsenjäger Me 262 gehören. Diese Maschinen mußten jedoch aus Gallands sorgfältig aufgebauter strategischer Jägerreserve für die Verteidigung Deutschlands gegen den strategischen Bombenfeldzug der Alliierten abgezweigt werden.

Anders als bei den Unternehmen im Jahre 1940 bestand Hitler darauf, daß die Infanterie den Einbruch in die feindlichen Linien ausführen sollte. Wenn der Einbruch einmal gelungen war, sollten die Panzer losgelassen werden. Hitler befahl auch, daß auf der ganzen Front eine dreistündige Artillerievorbereitung erfolgen sollte und die Angriffszeit nicht vor 11.00 Uhr angesetzt werden dürfe.

Die Generale, die mit der Durchführung beauftragt waren, waren alle über den Plan unglücklich. Sie glaubten, daß Hitler in Anbetracht der begrenzten zur Verfügung stehenden Kräfte zu viel verlangte. Tatsächlich hatte Model weniger Truppen als allein die Heeresgruppe A im Mai 1940 bei dem Angriff durch die Ardennen gehabt hatte. Ihm fehlte auch die Luftüberlegenheit, die von Rundstedt damals besaß, und er stand gegen einen starken und erfahrenen Gegner. Außer diesen Nachteilen hatten die Deutschen 1940 eine Reserve von 45 Divisionen bereitgestellt, während sie jetzt Mühe hatten, mehr als vier aufzubringen. Tatsächlich trat Model energisch für ein begrenzteres Unternehmen ein, das das Ziel hatte, die Amerikaner um Aachen abzuschneiden. Hitler verwarf jedoch alle Einwände. Die Heeresgruppenkommandeure konnten ihn lediglich überzeugen, daß der 25. November als Termin zu früh war, das Unternehmen wurde auf den 10. Dezember verschoben. Hitler stimmte auch zu, daß die Angriffszeit auf 05.30 Uhr vorverlegt wurde, um den angreifenden Truppen für den Einbruch das Licht des ganzen Tages zu lassen. Das vorbereitende Artilleriefeuer wurde auf eine Dreiviertelstunde verkürzt und sollte sich lediglich auf die Schlüsselpunkte wie Hauptquartiere und Verbin-

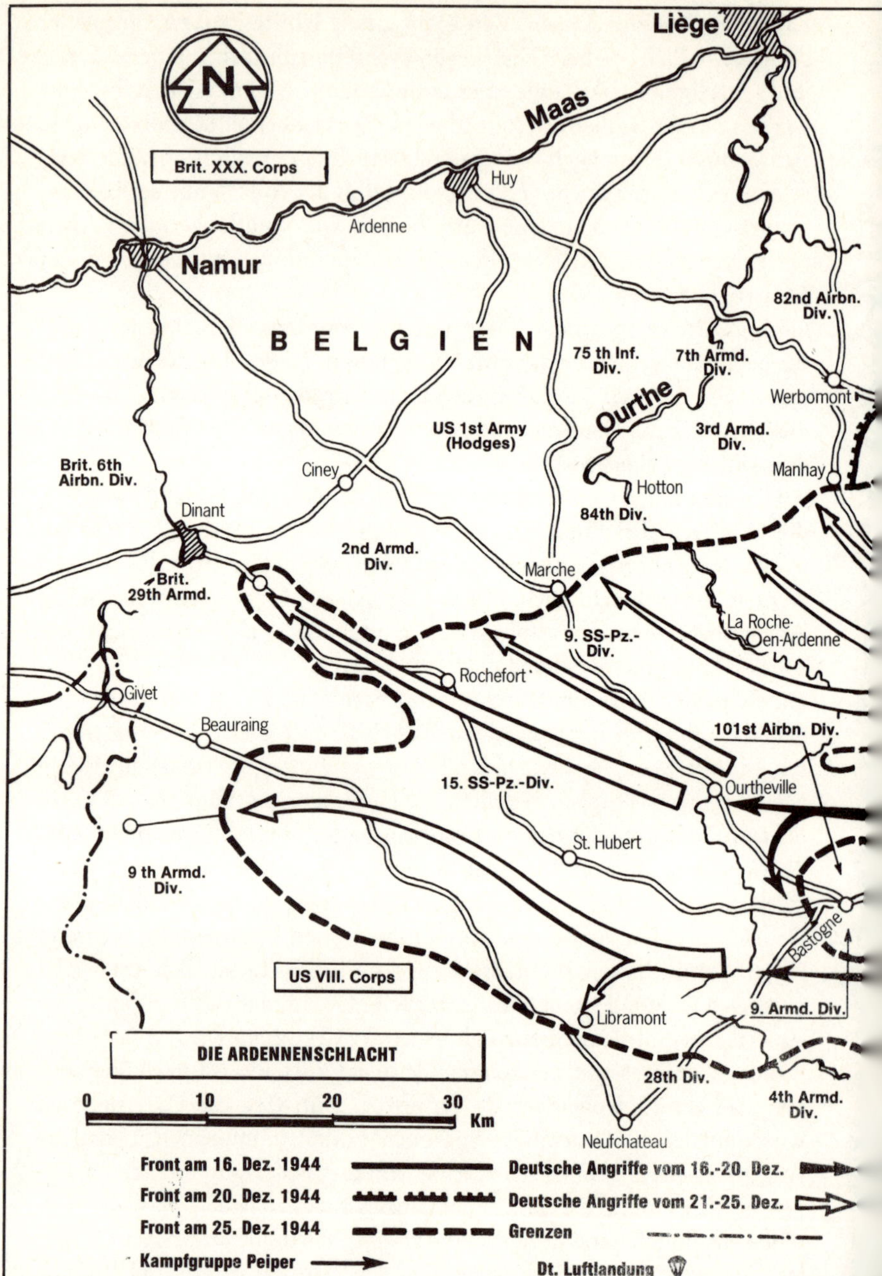

Liège
Maas
Brit. XXX. Corps
Huy
Ardenne
Namur
B E L G I E N
82nd Airbn. Div.
75 th Inf. Div.
7th Armd. Div.
Werbomont
Ourthe
US 1st Army (Hodges)
3rd Armd. Div.
Brit. 6th Airbn. Div.
Ciney
Manhay
Hotton
Dinant
84th Div.
2nd Armd. Div.
Marche
Brit. 29th Armd.
La Roche-en-Ardenne
9. SS-Pz.-Div.
Givet
Rochefort
Beauraing
101st Airbn. Div.
15. SS-Pz.-Div.
Ourtheville
St. Hubert
9 th Armd. Div.
Bastogne
US VIII. Corps
9. Armd. Div.
Libramont
DIE ARDENNENSCHLACHT
28th Div.
0 10 20 30 Km
4th Armd. Div.
Neufchateau
Front am 16. Dez. 1944
Deutsche Angriffe vom 16.-20. Dez.
Front am 20. Dez. 1944
Deutsche Angriffe vom 21.-25. Dez.
Front am 25. Dez. 1944
Grenzen
Kampfgruppe Peiper
Dt. Luftlandung

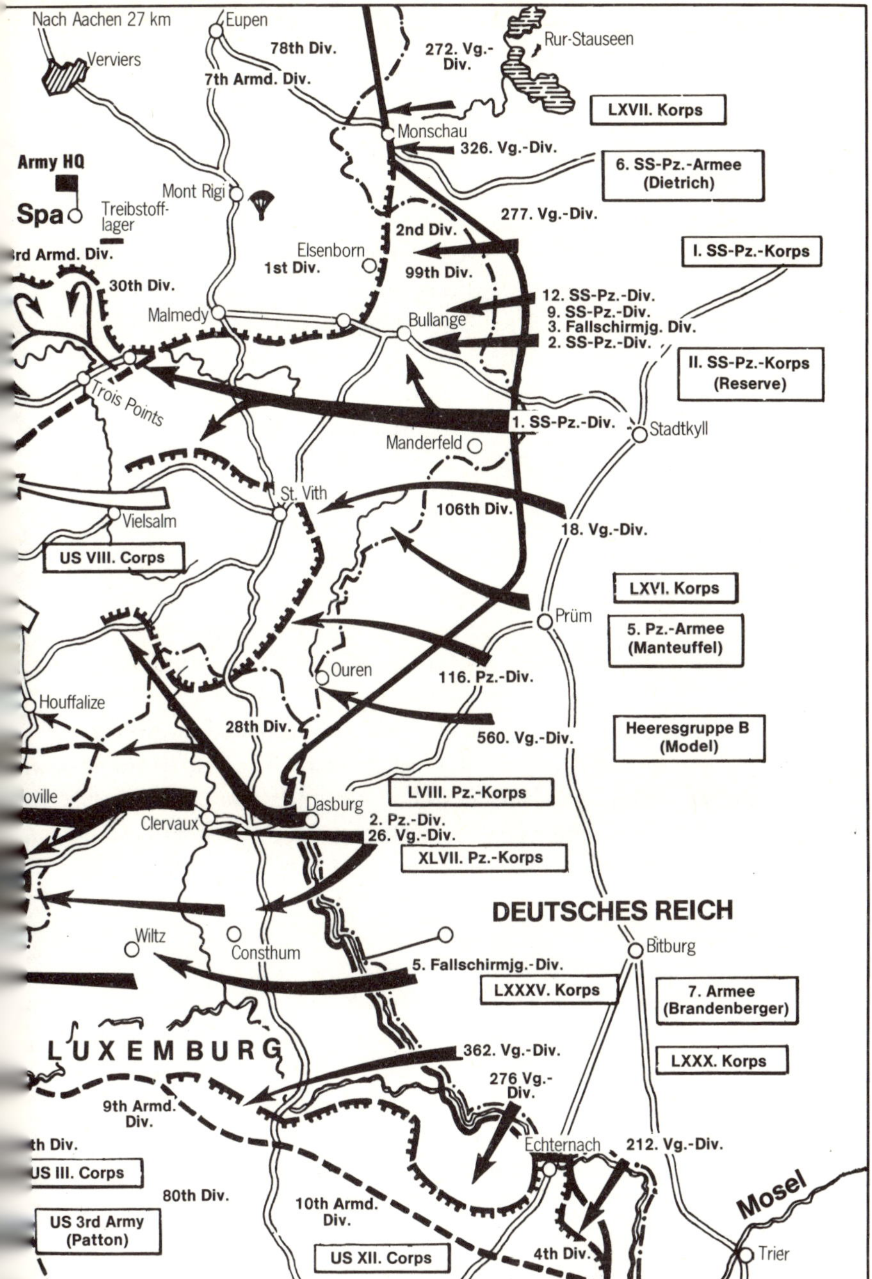
Nach Aachen 27 km
Eupen
Verviers
78th Div.
7th Armd. Div.
272. Vg.-Div.
Rur-Stauseen
LXVII. Korps
Monschau
326. Vg.-Div.
Army HQ
Spa
6. SS-Pz.-Armee (Dietrich)
Mont Rigi
Treibstoff-lager
277. Vg.-Div.
2nd Div.
Elsenborn
1st Div.
99th Div.
I. SS-Pz.-Korps
30th Div.
Malmedy
Bullange
12. SS-Pz.-Div.
9. SS-Pz.-Div.
3. Fallschirmjg. Div.
2. SS-Pz.-Div.
II. SS-Pz.-Korps (Reserve)
Trois Points
1. SS-Pz.-Div.
Stadtkyll
Manderfeld
St. Vith
106th Div.
18. Vg.-Div.
Vielsalm
US VIII. Corps
LXVI. Korps
Prüm
5. Pz.-Armee (Manteuffel)
Ouren
116. Pz.-Div.
Houffalize
28th Div.
560. Vg.-Div.
Heeresgruppe B (Model)
LVIII. Pz.-Korps
Dasburg
Clervaux
2. Pz.-Div.
26. Vg.-Div.
XLVII. Pz.-Korps
DEUTSCHES REICH
Wiltz
Consthum
Bitburg
5. Fallschirmjg.-Div.
LXXXV. Korps
7. Armee (Brandenberger)
LUXEMBURG
362. Vg.-Div.
LXXX. Korps
276 Vg.-Div.
9th Armd. Div.
Echternach
212. Vg.-Div.
US III. Corps
80th Div.
10th Armd. Div.
Mosel
US 3rd Army (Patton)
US XII. Corps
4th Div.
Trier

dungs- konzentrieren, um die amerikanische Kommandostruktur zu unterbrechen.

Während die Vorbereitungen für das Unternehmen »Wacht am Rhein«, wie es genannt wurde (obwohl man diesen Decknamen am 6. Dezember passenderweise in »Herbstnebel« änderte), im vollen Gange waren, hatten die Amerikaner auf der ganzen Front ihre Bemühungen fortgesetzt, noch vor Ende des Jahres zum Rhein zu kommen. Besonders heftig wurde um das Rurtal gekämpft, und die Schlacht im Hürtgenwald wurde mit dem Ringen um Verdun im Jahre 1916 verglichen.

Das Ergebnis war, daß den Deutschen angemessene Ruhe und Ausbildungsmöglichkeiten für viele ihrer Angriffsformationen versagt blieben. Nichtsdestoweniger wurden einige stark mitgenommene amerikanische Divisionen in die Ardennen in Ruhestellung verlegt; sie hatten keine Ahnung, was ihnen bevorstand. Tatsächlich war vom alliierten Standpunkt aus der bemerkenswerteste Aspekt der Schlacht das Versagen der alliierten Nachrichtendienste, die nicht erkannten, was die Deutschen vorhatten. Obwohl es genug Hinweise gab, wie etwa, daß zweitklassige Divisionen die Frontlinie hielten, daß Panzerbewegungen stattfanden usw., beachteten Eisenhowers Nachrichtenoffiziere diese Anzeichen nicht, sie waren der Ansicht, daß die Deutschen zu einer größeren Offensive nicht mehr fähig seien.

Als der Schlag daher endlich fiel, mußten vier ermüdete und ausgeblutete US-Divisionen den Angriff über sich ergehen lassen. Die Deutschen hatten sich äußerste Mühe gegeben, die Geheimhaltung zu wahren. Die teilnehmenden Truppen wurden erst im allerletzten Augenblick verständigt. Das Waldgelände der Eifel hinter den deutschen Linien war ein idealer Bereitstellungsraum, zudem wurden alle Bewegungen in die dunklen Stunden verlegt.

Der starke amerikanische Druck verursachte eine weitere Verschiebung des Angriffs auf den 16. Dezember. Die detaillierten Befehle legten ausdrücklich fest, daß die Panzer sich nicht an der Beseitigung isolierter Widerstandsnester beteiligen durften, sie sollten weiter vordringen. Neben der Beibehaltung des Schwungs hatte das auch einen logistischen Grund. Die Panzerdivisionen hatten nur für zwei Tage Treibstoff, und obwohl man hoffte, daß das genügte, um sie über die Maas zu bringen, mußten sie sich nachher auf erbeutete Vorräte stützen. Je länger sie brauchten, um über die Maas zu kommen, desto geringer war die Chance, diese Vorräte zu erobern. Die Deutschen wußten auch, daß die amerikanische Verteidigung auf einer Reihe von Stützpunkten basierte, die durch Artillerie und mechanisierte Gegenangriffskräfte verstärkt waren, die ideale Methode, um sich gegen einen Blitzkriegangriff zu wehren. Ein weiterer dunkler Punkt war der, daß die Luftwaffe nur einen Bruchteil der versprochenen Maschinen zur Verfügung stellen konnte; deshalb konnten die Angriffstruppen nur darauf hoffen, daß die Meteorologen mit ihrer Voraussage schlechten Wetters recht behielten.

Im Morgengrauen des 16. Dezember drangen nach einer dreiviertelstündigen Artillerievorbereitung Elemente der Fünften und der Sechsten Panzerarmee durch die amerikanischen Linien. Bei ihnen war auch eine Anzahl Deutscher in amerikanischen Uniformen. Sie sollten die Verwirrung ausnützen, die durch das Vorbereitungsfeuer verursacht worden war und alles tun, um die Amerikaner zu desorganisieren.

Um 7.30 Uhr, zwei Stunden nach der Artillerievorbereitung, begann der Hauptangriff. Die Wettervorhersagen waren richtig gewesen. Der dichte Nebel verhinderte den Einsatz der alliierten Luftwaffe. Andererseits hatte der russische Druck im Osten Hitler gezwungen, mehr Truppen dorthin zu verlegen, so daß der Nebenangriff der Fünfzehnten Armee nicht stattfinden konnte und die Stärke der Sechsten Armee reduziert wurde. So fand sich die Sechste Armee bald auf dem rechten Flügel aufgehalten, da die Amerikaner in der Lage waren, schnell von Norden her Reserven einzusetzen. Zudem war das Gebiet, über das Sepp Dietrich operieren sollte, kein gutes Panzergelände, es bestand aus Hochflächen, die von schmalen Flußtälern umgeben waren. Der Schlamm und der Schneematsch halfen auch nicht. Am Mittag des ersten Angriffstags lag so die Sechste Panzerarmee bereits hinter dem Zeitplan zurück. Von Manteuffel hatte mehr Erfolg. Er selbst drückte es so aus:

»Meine Sturmbataillone sickerten schnell in die amerikanische Front ein – wie Regentropfen. Um 4 Uhr nachmittags stießen die Panzer vor und drangen in der Dunkelheit mit Hilfe des ›künstlichen Mondlichts‹* durch.«[9]

Im Süden hatte jedoch Brandenberger ohne die eine Panzerdivision, die sich nicht materialisiert hatte, wenig Erfolg. Dadurch wurde Manteuffels rechte Flanke exponiert.

In den nächsten drei Tagen versuchten die Deutschen weiter vorzustoßen.

---

* Eine Methode, das Licht über dem nächtlichen Schlachtfeld zu verstärken, indem man Scheinwerferlicht von den Wolken reflektieren ließ. Diese Methode wurde auch von den Alliierten angewandt.

Unglücklicherweise begingen sie dabei aber zwei schwerwiegende Fehler. Hitler beharrte auf dem ursprünglichen Plan, der Sepp Dietrich die führende Rolle zuwies. Er weigerte sich, den Erfolg auszunützen, den von Manteuffel gehabt hatte. Zweitens war Bastogne zweifellos der Schlüsselpunkt im Abschnitt Manteuffels, der Hauptknotenpunkt im südlichen Schlachtraum. Ein alliierter Gegenangriff konnte nur durch diese Stadt erfolgen. Man hatte gehofft, Bastogne in den ersten vierundzwanzig Stunden des Angriffs zu erreichen, aber erst am 19. gelangte die Panzer-Lehr-Division, nachdem sie lange durch schlechte Wege aufgehalten worden war, in die Stadt. Der ursprüngliche Plan sah vor, daß die Panzer-Lehr-Division die Stadt umgehen sollte, die dann von der ihr folgenden Volksgrenadier-Division zu nehmen war. Jetzt aber war sich von Manteuffel nicht mehr so sicher.

»Bastogne zu belagern, hätte eine weitere Beanspruchung unserer bereits unzureichenden Kräfte bedeutet. Bastogne in amerikanischer Hand aber wäre ein Magnet für die feindlichen Kräfte und somit eine dauernde Gefahr für uns geblieben, da die belagerte Stadt, wenn sie sie entsetzten, einen ausgezeichneten Absprungplatz bot, von dem aus sie unsere ganzen Offensivoperationen hätten gefährden können. Wenn wir andererseits jetzt das gesamte XLVII. Panzerkorps zur Eroberung von Bastogne eingesetzt hätten, hätte das bedeutet, daß wir – bestenfalls zeitweilig – unsere Offensivpläne hätten aufgeben müssen, da das jedem weiteren Vorstoß nach Westen ein Ende gemacht hätte.«[10]

Wie es in ähnlichen Situationen oft geschieht, entschloß sich von Manteuffel zu einem Kompromiß. Die Panzer sollten weiter vorstoßen und es der Infanterie überlassen, Bastogne zu nehmen. Das war die schlechtere der beiden Alternativen, denn die Panzer hatten jetzt keine Unterstützung, und die Infanterie war gegenüber der 101. US-Luftlandedivision und den Teilen der 10th Armored Division, die die Stadt hielten, nicht stark genug. Die Verteidigung der Stadt wurde zu einem Ruhmesblatt in der amerikanischen Kriegsgeschichte. Mit dem Dorn Bastogne im Rücken war von Manteuffel, wie er gefürchtet hatte, am Ende. Der westlichste Punkt, den er erreichen konnte, war immer noch acht Kilometer von der Maas entfernt. Zu diesem Zeitpunkt war Pattons Dritte Armee schon sprungbereit, um von Süden her Bastogne zu entsetzen. In der Zwischenzeit verteidigte sich Gerows V. US-Korps hartnäckig an der nördlichen

Flanke und hielt so Sepp Dietrichs Bewegungsfreiheit in engen Grenzen. Die Gruppe Peiper hatte den Auftrag, vor dem Hauptangriff vorzustoßen, um die Maasübergänge zu besetzen, sie eroberte Stavelot und hätte um ein Haar die amerikanischen Treibstofflager in Spa erbeutet.

Nach zwei Tagen verzogen sich allmählich die tiefhängenden Wolken und der Nebel, der die Lufttätigkeit der Alliierten behindert hatte. Im Verlauf der nächsten Tage wurden die deutschen Nachschublinien immer mehr unter Druck gesetzt. Zusätzlich waren die Amerikaner, auch wenn sie umgangen wurden, nicht in Panik geraten, sondern hatten in isolierten Widerstandsnestern weitergekämpft und ihre Treibstoffvorräte zerstört. Als Folge davon ging den Panzerdivisionen allmählich der Sprit aus, während die nachfolgende Infanterie die Nester ausräumen mußte und so die Panzer nicht unterstützen konnte.

Zunächst gab es eine Meinungsverschiedenheit zwischen Montgomery und Bradley, wie man gegen den deutschen Angriff vorgehen solle. Montgomery wollte die Deutschen kommen lassen, bis sie ihre Nachschublinien überdehnt hatten, ehe man der Offensive das »Haupt abschlug«. So hätten sich die Alliierten Verluste erspart und wären in der Lage gewesen, einen tödlichen Schlag gegen die Wehrmacht zu führen. Seine Erfahrungen in Nordafrika zusammen mit der Erkenntnis, daß zu große Verluste in dieser Phase den Endkampf nur verlängern würden, warnten ihn vor einem überstürzten Gegenangriff. Die Amerikaner dachten anders. Für sie war es eine Ehrensache, daß sie einen sofortigen Gegenangriff durchführten, um das verlorene Gelände zurückzuerobern. Die Verluste waren für sie nicht so wichtig, weil noch mehrere amerikanische Divisionen auf den europäischen Kriegsschauplatz unterwegs waren.

In einem gewissen Ausmaß folgten beide ihren Meinungen. Montgomery machte nur wenig Anstrengungen zu einem Gegenangriff, er entfaltete seine Kräfte lediglich in Riegelstellungen, während Patton im Süden seine ganze Armee um 90 Grad drehte, nach Norden vorstieß und Bastogne am 26. entsetzte. In mancher Hinsicht war sein Gegenstoß enttäuschend. Er hatte gehofft, den deutschen Keil glatt durchstoßen zu können; er hatte es jedoch mit dem Angriff so eilig, daß seine Vorbereitungen und seine Planung kaum ausreichend waren. Das führte zu einer beträchtlichen Verwirrung, die den Gegenangriff verlangsamte. Trotzdem hatten die Deutschen am 26. Dezember erkannt, daß ihre Offensive fehlgeschlagen war. Die gewaltige Luftmacht der Alliierten, die die Luftwaffe schnell von dem Himmel über den Ardennen vertrieben hatte, hielt sie in Schach. Sie waren knapp an Treibstoff und Munition und konnten nicht weiter. Model empfahl Hitler daher, er solle lediglich seine Gewinne konsolidieren. Hitler, dessen ursprüngliches Ziel Antwerpen nicht erreicht worden war, war jedoch entschlossen, es anderswo zu versuchen. Während er Models Vorschlag zustimmte, befahl er, daß ein weiteres Unternehmen im Süden, im Elsaß, begonnen werden sollte.

Als »Operation Nordwind« bekannt, wurde der Angriff am 31. Dezember mit acht Divisionen begonnen, kam aber nur wenig voran, obwohl er einen Streit zwischen Eisenhower und de Gaulle wegen der beabsichtigten Räumung Straßburgs verursachte. Tatsächlich vergeudete er nur weitere deutsche Reserven und lenkte dringend nötigen Nachschub aus dem Ardennenbogen ab. Hier nahmen am 3. Januar Montgomerys Truppen an dem Gegenangriff teil, und noch am gleichen Tag stimmte Hitler zögernd einem Rückzug zu. Dieser Rückzug wurde von den Deutschen langsam und geschickt durchgeführt, sie konnten jetzt die Verteidigungsmöglichkeiten des schwierigen Geländes ausnützen, über das sie angegriffen hatten. Dabei half ihnen auch die Tatsache, daß schlechtes Wetter die alliierte Luftwaffe wieder auf den Boden zwang.

Der endgültige Schlag erfolgte jedoch im Osten, als Konjew am 12. Januar die lange erwartete Offensive aus dem Baranow-Brückenkopf begann. Jetzt wurde es nötig, alle verfügbaren Truppen in den Osten zu werfen. Die Sechste Panzerarmee wurde fast augenblicklich abgezogen. Das bedeutete das Ende der Schlacht in den Ardennen; sechs Wochen später verlief die Front wieder genauso wie vor Beginn der Offensive.

Die deutsche Offensive war gescheitert, weil Hitler ihr ein Ziel gesetzt hatte, das 1944 weit über die Kräfte seiner Truppen hinausging. Was im Mai 1940 möglich gewesen war, war viereinhalb Jahre später nicht mehr zu leisten. Die Deutschen standen jetzt einem gut ausgerüsteten und erfahrenen Gegner gegenüber, der auch dann nicht in Panik geriet, wenn er mit offenem Visier überrascht wurde. Guderian hatte bewiesen, daß die Ardennen im Sommer für Panzer passierbar waren, daraus folgerte jedoch nicht, daß das mitten im Winter auch möglich war. Den Deutschen fehlten zudem zwei wesentliche Elemente des Blitzkriegs, die sie im Mai 1940 besessen hatten – die Luftüberlegenheit und ausreichende Mengen Treibstoff. Des weiteren zeigte Hitler einen Starrsinn, der völlig im Widerspruch zu der Idee des Blitzkriegs stand, als er sich weigerte, von Manteuffel bei dessen anfänglichen Erfolgen auf Kosten Sepp Dietrichs zu stärken. Obwohl die Deutschen den Alliierten Verluste in Höhe von etwa

76000 Mann zufügten und den Endkampf um wenige Wochen hinausschoben, waren ihre eigenen Verluste von 100000 Mann, 1500 Flugzeugen und etwa 600 Panzern nicht mehr zu ersetzen. Diese Verluste machten die Verzögerung der endgültigen Niederlage wett, die durch die Offensive »Herbstnebel« erreicht worden war.

Die Kämpfe an der europäischen Westfront im Jahre 1944 hatten gezeigt, daß die Briten und Amerikaner aus den deutschen Erfahrungen gelernt hatten. Der Ausbruch aus den Landezonen der Normandie bewies erneut, welche Erfolge mit dem kombinierten Einsatz von Panzern und Flugzeugen erreicht werden konnten. Aber der Spätsommer des Jahres 1944 bestätigte auch, daß die Westalliierten bestimmte Aspekte dieser Kriegführung ebensowenig erkannt hatten wie die Deutschen. Vor allem die Logistik des Nachschubs wurde für die Briten und Amerikaner fast ebenso zum Problem wie für die Deutschen in Rußland. Der Krieg kam nur deshalb nicht schon 1944 zum Abschluß, weil die Briten und Amerikaner lange Zeit hindurch ihren Kampftruppen keinen ausreichenden Nachschub liefern konnten. Zwar hätte man mit einem raschen Vorstoß auf schmaler Front vielleicht schon im Herbst 1944 den Rhein erreichen können, aber es scheint doch recht zweifelhaft, ob dann tatsächlich bis Ende des Jahres der Krieg zu Ende gewesen wäre, wie Montgomery meinte. Sowohl im 1. als auch im 2. Weltkrieg hatten die Deutschen gezeigt, daß sie in der Abwehr schnell reagierten, besonders mit Gegenangriffen. Sie wären sicher in der Lage gewesen, einem schmalen Vorstoß das Haupt abzuschlagen, zumindest östlich des Rheins.

Der anglo-amerikanische Vormarsch verlor seinen Schwung nach dem Scheitern des Unternehmens »Market-Garden«, weil man sich nicht genug darum bemühte, die Häfen von Antwerpen und am Kanal zu öffnen. Der Blitzkrieg beruht zwar auf Geschwindigkeit, Überraschung, Konzentration und Beibehaltung des Schwungs, und deshalb kann es notwendig sein, Widerstandsnester zunächst zu umgehen und in die Tiefe zu stoßen, damit ein Maximum an psychologischer Dislozierung erreicht wird. Wie sich für die Alliierten am Beispiel der Kanalhäfen und für die Deutschen am Beispiel von Bastogne zeigte, gibt es aber Ausnahmen zu dieser Regel: Befestigte Stellungen, die den Nachschub beeinträchtigen oder in der Hauptangriffsrichtung liegen, müssen rasch geräumt werden, selbst wenn dabei der Vormarsch zeitweilig gebremst wird.

Völlig verschieden war der Einsatz der Luftwaffe bei den Deutschen und den Westalliierten. Die deutsche Luftwaffe war ein erstklassiges taktisches

Instrument, aber wie sich in Rußland gezeigt hatte, konnte sie keine strategische Sperre herstellen, d. h. sie war nicht in der Lage den Nachschub an seiner Quelle zu unterbrechen. Die RAF und die USAAF waren strategische Luftwaffen, die in der Normandie zeitweilig taktisch eingesetzt wurden. Sie bewährten sich in ihrer Sperrfunktion, als es ihnen gelang, die deutschen Truppen in der Normandie nach der Invasion abzuriegeln. Beim taktischen Einsatz zur Vorbereitung des Ausbruchs aus den Brükkenköpfen der Normandie aber erwiesen sie sich als zweischneidiges Schwert. Dennoch forderten die Bodentruppen die Bombergeschwader auch dann noch als »Luftartillerie« an, als diese gar nicht mehr Eisenhowers unmittelbaren Befehl unterstanden. Der alliierte Luftstab, der an die strategische Aufgabe der alliierten Luftflotte glaubte, war aber immer weniger bereit, seine strategischen Bomber für taktische Aufgaben abzuzweigen. Wo der Bombenteppich als Sperriegel eingesetzt wurde, zeigte sich rasch, daß damit auch Nachschubwege zerstört wurden, welche die alliierten Truppen nach erfolgtem Vormarsch selbst brauchten. Das läßt nur den Schluß zu, daß weder die taktisch orientierte Luftwaffe noch die gewaltigen strategischen Bomberflotten der Alliierten die ideale Lösung darstellten. Die Antwort ist auch hier in der Mitte zu suchen, im Gleichgewicht zwischen beiden.

Ende Februar hatten die Briten und die Amerikaner den Westwall durchstoßen und näherten sich schnell dem Rhein. Die ersten, die ihn überschritten, waren die Amerikaner, die am 7. März die Brücke bei Remagen eroberten, ehe sie gesprengt werden konnte; wegen des Geländes östlich des Flusses konnte dieser Erfolg jedoch nicht ausgebeutet werden, obwohl er ein entscheidendes Loch in die deutsche Verteidigung geschlagen hatte. Trotzdem gelang es Hodges, genügend deutsche Kräfte auf sich zu ziehen, die den Brückenkopf wieder zerschlagen wollten. Dadurch wurde die Verteidigungsfront längs des Rheins auch anderswo entscheidend geschwächt. Drei Wochen später ging Montgomery südlich von Wesel über den Strom. Patton und Patchs Siebter US-Armee gelang dasselbe südlich von Mainz. Während Bradley und Montgomery das Ruhrgebiet einschlossen, drang Devers Sechste Heeresgruppe nach Südosten auf die österreichische Grenze vor. In der Zwischenzeit hatten die Russen am 11. April die Elbe knapp hundert Kilometer östlich von Berlin erreicht.

Zwei Wochen später hatten sie Berlin eingeschlossen und den westlichen Alliierten an der Elbe die Hände gereicht. Am 8. Mai fanden die Kämpfe in Europa ihr Ende.

8 Durch die Wüste und über den Suezkanal

Seit 1945 bestand die Mehrzahl der Kriege aus Anti-Guerillaaktionen; sie folgten dementsprechend den vier klassischen Phasen der revolutionären Kriegführung: Vorbereitung, aktiver Widerstand, Aufstand, offene Offensive. Dabei gab es auch Ausnahmen. Der Koreakrieg hatte zwar als Bewegungskrieg begonnen, dann stabilisierten sich aber die Fronten bald und ähnelten stark der Westfront von 1914–18. Die Gründe dazu waren einmal das Gelände, das die Verteidigung begünstigte, und zweitens die Politik der Vereinten Nationen, die nach der Gegeninvasion in Nordkorea im Jahre 1950 strikt defensiv war. Der indisch-pakistanische Krieg von 1965 wurde an sehr begrenzten Fronten ausgetragen. Obwohl beide Parteien mechanisierte Kräfte einsetzten, war keine bereit, für andere als eng umgrenzte Ziele zu kämpfen.

Nur im Nahen Osten gab es eine Ähnlichkeit zu den Blitzkriegoperationen des Zweiten Weltkriegs. Hier fochten die Israelis vier Kriege gegen ihre arabischen Nachbarn und wandten in jedem dieser Feldzüge viele Prinzipien des Blitzkriegs an. Dabei ist klar, daß die Israelis keineswegs nur das Instrument aufgenommen haben, das die militärischen Denker 1919–1939 erdachten und das 1939–1945 zuerst die Deutschen und dann die Alliierten einsetzten. Als sie 1948 die Unabhängigkeit erlangten, fehlten den Israelis die Grundlagen einer Blitzkriegstrategie völlig. Sie mußten von Grund auf beginnen und benutzten dabei als Ausgangsbasis nicht die Theorie, sondern die hart errungene praktische Erfahrung.

Die Anfänge der israelischen Streitkräfte sind in der Bildung von Wachen zum Schutz der jüdischen Siedlungen in Palästina vor plündernden Arabern zu suchen. Das war Ende des vergangenen Jahrhunderts, als Palästina noch unter türkischer Herrschaft stand. 1907 wurden diese Wachen in einer Hashomer (Wachmänner) genannten Truppe organisiert. Nach dem Ersten Weltkrieg wurde diese Truppe erheblich erweitert und durch ständige Kader verstärkt. Bekannt wurde sie unter dem Namen *Haganah*. Sie blieb aber eine Polizei-Truppe und war keine militärische Organisation. Die arabischen Aufstände von 1929 und 1936 zwangen die Haganah jedoch, mehr Aufmerksamkeit auf die militärische Ausbildung zu richten. Das geschah in völliger Geheimhaltung. Während sie bisher eine strikt defensive Organisation gewesen war, begann sie nun in kleinem Maßstab mit der Offensive gegen die Araber.

Der Mann, der diese Veränderungen herbeiführte, war Orde Wingate, ein Offizier der britischen Armee, der später, 1943–44, als Führer der Chindits in Burma großen Ruhm erwarb. Er organisierte die sogenannten »Special Night Squads«, deren Ziel es war, die arabischen Überfälle durch Terrorangriffe zu kontern. Die SNS bestanden aus einer Mischung von Haganah-Mitgliedern, Palästinapolizisten und britischen Soldaten. Sie waren so erfolgreich, daß die Moral der jüdischen Siedler beträchtlich wuchs und Wingate selbst zu einem Volkshelden wurde. Den israelischen Streitkräften hinterließ er das Erbe der Kommandounternehmen, die inzwischen zur Tradition der Israelis gehören. Als die Arabische Rebellion 1939 zu Ende ging, wurde die Haganah von der britischen Schutzmacht verboten und mußte in den Untergrund gehen. Als jedoch Rommel 1941 an die Tore von Kairo zu pochen schien, und der deutsche Einfluß im Irak und in Syrien seinen Höhepunkt erreichte, durfte die Haganah wieder öffentlich arbeiten. Für den Fall, daß die Briten Palästina räumen mußten, wollten sie eine »Fünfte Kolonne« zurücklassen, um den Deutschen zuzusetzen. Die Haganah schien für diese Rolle wie geschaffen zu sein. Später wurde im Rahmen der britischen Armee eine jüdische Brigade aufgestellt, die 1944–45 in Italien kämpfte.

Als 1945 der Friede kam, ging die Haganah freiwillig in den Untergrund, sie war fest entschlossen, für die Unabhängigkeit zu kämpfen. Bis 1947 war die jüdische Politik jedoch defensiv und die Jewish Agency, die inoffizielle Regierung bis zur Erlangung der Unabhängigkeit, konzentrierte sich darauf, das von den Juden gehaltene Gebiet zu konsolidieren und illegale Einwanderer nach Palästina zu schleusen. In der Zwischenzeit befaßte sich die Haganah mit der militärischen Ausbildung und unternahm einige Angriffsaktionen, diese aber nur, um den Briten Waffen abzunehmen.

Am 29. November 1947 nahmen die Vereinten Nationen nach einer Debatte von sechs Monaten eine Resolution an, die Palästina in einen jüdischen und einen arabischen Staat teilte. Jerusalem sollte dabei einer internationalen Kontrolle unterstellt werden, wobei die Vereinten Nationen

die Verwaltungsbehörden stellten. Außerdem wurde beschlossen, daß das britische Mandat über Palästina auslaufen sollte und die britischen Truppen bis zum 1. August 1948 abrücken müßten.
Die Resolution wurde gegen den erbitterten Widerstand der Araber beschlossen, die eine Teilung Palästinas und die Errichtung eines jüdischen Staats konsequent ablehnten. Daraufhin entschlossen sich die Araber, die sich in der politischen Arena matt gesetzt sahen, ihr Ziel eines unabhängigen, arabisch regierten Palästina mit Gewalt durchzusetzen. Der Krieg, der jetzt ausbrach, dauerte bis zum Frühling 1949. Er bestand aus vier Phasen, während dieser Zeit entwickelte sich die Haganah aus einer irregulären Guerillastreitmacht zu einer konventionellen Armee.
Solange die britische Besatzungsmacht im Lande blieb, waren die arabischen Staaten, Ägypten, Transjordanien, der Irak, Syrien und der Libanon, nicht bereit, in Palästina zu kämpfen. Statt dessen gab es eine Periode kleinerer Gefechte um die Kontrolle von Straßen und Stützpunkten, bei denen die Briten mehr und mehr die Rolle der untätigen Zuschauer übernahmen. Die Hauptaufgabe der Haganah war es, entlegene Siedlungen zu behaupten und die Konsolidierung der Gebiete fortzusetzen, die von Juden bewohnt waren. Gleichzeitig bemühte sie sich, in keine größere Konfrontation mit den Briten oder den Arabern gezogen zu werden. Gleichzeitig mußte die Haganah angesichts der arabischen Invasion, die sicher erfolgen würde, wenn die Briten einmal abzogen, auf einen regelrechten Krieg vorbereitet werden. Diese Aufgabe war die schwerste. Obwohl die Haganah im Mai 1948 an die 35 000 Mitglieder zählte, waren nur für 20 000 Mann Handfeuerwaffen vorhanden, schwere Waffen standen überhaupt nicht zur Verfügung. Es gab auch Auseinandersetzungen darüber, welche Organisationsform die Haganah annehmen sollte.
Hier bildeten sich zwei extreme Meinungen heraus. Diejenigen, die aus den Reihen der Jüdischen Brigade kamen, waren der Ansicht, die Organisation solle sich nach konventionellem europäischem Muster vollziehen. Die andere Meinung, die sich auf den offiziellen militärischen Arm der Haganah, den Palmach, stützte, plante eine kommandoartige Form; sie neigte politisch nach links und zeigte wenig militärische Disziplin. Das einzige gemeinsame Band der beiden war Wingates militärisches Erbe.
Wenn die Situation, der sich der neugebildete Staat Israel gegenübersah, nicht so ernst gewesen wäre, hätte die Debatte sicher noch eine Weile gedauert. Wie die Dinge jedoch lagen, tendierte Ben Gurion, die führende politische Gestalt Israels, mehr zu einer Armee nach konventionellem

Muster, obwohl die Taktik der Israeli Defence Force (IDF) kaum etwas mit dem zu tun hatte, was die Jüdische Brigade in den relativ statischen Verhältnissen des Italienfeldzugs kennengelernt hatte.
Anfang Mai 1948 hatten sich die Briten vollständig zurückgezogen und jetzt kam die Zeit für »Phase Zwei«. Israel sah sich jetzt einer Invasion durch fünf arabische Armeen ausgesetzt, die auf vier Fronten angriffen. Ganz offensichtlich war die IDF nicht in der Lage, erfolgreich eine Form der statischen Verteidigung zu übernehmen, da sie dazu weder die nötige Zahl Soldaten noch das Material hatte. Trotzdem gelang es ihr zu verhindern, daß die Araber wesentliche Fortschritte auf israelischem Territorium machten. Sie erreichte das nicht, indem sie die arabischen Armeen schlug, sondern indem sie sie bremste und eine konzertierte Aktion der Armeen verhinderte. Dazu gehörten die Behauptung von taktisch wichtigen Stützpunkten an der arabischen Vormarschachse und blitzschnelle Überfälle mit sofortigen Rückzügen.
Es ist unwahrscheinlich, daß es den Israelis möglich gewesen wäre, diese Methode lange durchzuhalten, in diesem Fall wurden sie jedoch gerettet, als die UN am 11. Juni einen Waffenstillstand erzwang. Dieser Waffenstillstand gewährte der IDF eine wertvolle Atempause. Ihre Stärke wuchs, und sie erhielt jetzt auch in steigendem Maß Waffen von jüdischen Sympathisanten in Europa und Amerika. Die Pause dauerte jedoch nur vier Wochen und trotz der Bemühungen der UN, den Waffenstillstand zu verlängern, nahmen die Araber am 7. Juli ihre Offensive wieder auf. Trotz der kurzen Ruhepause hatte die IDF jedoch ihre Taktik weiter entwickelt und setzte zu einer Reihe sehr begrenzter Gegenoffensiven an, wobei sie das Gewicht dauernd zwischen den vier Fronten verlagerte. Das brachte die Araber aus dem Gleichgewicht und verhinderte abermals eine entscheidende Invasion.
Zehn Tage später berief sich die UN auf Absatz VII der UN-Charta und befahl allen Parteien, von militärischen Aktionen Abstand zu nehmen. Die Folge war ein weiterer Waffenstillstand, der länger dauerte als der erste und der IDF wertvolle Zeit zur Organisation gab.
Die IDF war in der Zwischenzeit auf eine Stärke von 60000 Mann angewachsen, und es gab jetzt genügend Waffen für alle. Das Land wurde in vier Befehlsbereiche gegliedert, die alle eine eigene bewegliche Kampfgruppe besaßen. Gleichzeitig erhielten die Israelis Artillerie, einige Flugzeuge und einige Panzer. Zusätzlich hatten sie eine bunte Mischung von Halbkettenfahrzeugen, Lastwagen und behelfsmäßigen Panzerfahr-

zeugen bekommen, die ihre Beweglichkeit verbesserten. Der Krieg trat in seine Endphase ein, als die Kämpfe großen Maßstabs in der Negevwüste, nordöstlich des Gebiets ausbrachen, das später als der Gazastreifen bekannt wurde. Die Hauptwirkung der begrenzten israelischen Offensiven während dieser Phase Drei war es, die Araber in die Defensive zu drängen. Als die Kämpfe wieder ausbrachen, waren es die Israelis, die in einer Reihe begrenzter Operationen zur Offensive übergingen. Die erste dieser Offensiven, die als Operation YOAV (›die zehn Plagen‹) bekannt wurde, hatte den Entsatz des jüdischen Negev zum Ziel, der während der ersten ägyptischen Offensive im Mai von dem übrigen Israel abgeschnitten worden war. Die Ägypter hatten natürlich eine derartige israelische Operation erwarten müssen und daher umfassende Verteidigungsmaßnahmen getroffen. Wo immer die Israelis angreifen wollten, mußten sie frontal vorgehen. Alle ägyptischen Stellungen waren jedoch nur von geringer Tiefe, sie bestanden aus einer Reihe von Streifen, die im Westen durch das Meer, dem »Sandwich« zwischen Israel und dem belagerten Negev in der Mitte und den Bergen von Judäa im Osten begrenzt wurden. Daher beschlossen die Israelis, diese Stellungen zu durchbrechen, indem sie die Verbindungslinien durchtrennten. Zu diesem Zweck wurde die embryonale israelische Luftwaffe IAF (Israeli Air Force) dazu eingesetzt, vor Beginn des Unternehmens eine israelische Streitmacht in den Negev zu transportieren. Am 16. Oktober, als der israelische Angriff begann, gelang es diesen Einheiten, die ägyptischen Stellungen im Küstenstreifen abzuschneiden und damit zu lähmen. Am Tag zuvor hatte die IAF auch die ägyptischen Flugplätze auf der Halbinsel Sinai angegriffen und damit die Luftüberlegenheit während des Unternehmens gesichert. Außerdem wurden die Ägypter durch eine Reihe von Kommandounternehmen im Bereich El Arisch erheblich gestört. Im Osten besetzte eine weitere Kampfgruppe beherrschende Punkte in den Vorbergen und bedrohte so den Verteidigungssektor im Osten. Damit war der Zeitpunkt gekommen, um von Norden den Hauptangriff zu beginnen. Er sollte von Infanterie und Panzern durchgeführt werden.

Das einzige damalige IDF-Panzerbataillon war in aller Eile während des ersten Waffenstillstands zusammengestellt worden. Es bestand aus zwei Kompanien; die eine war mit zehn alten französischen H 35 ausgerüstet, die zweite mit zwei britischen Cromwells und einem amerikanischen Sherman. Neben dem Problem der verschiedenen Typen gab es auch Sprachschwierigkeiten. Der Bataillonskommandeur sprach nur Polnisch

und Russisch und seine Besatzungen eine Mischung aus fast allen europäischen Sprachen. Seine Feuertaufe hatte das Bataillon beim Angriff auf den Flugplatz Lod erhalten, bei der Operation Yoav sollten die Panzersoldaten nun zeigen, was sie zu leisten vermochten. Sie erhielten Befehl, ein befestigtes Dorf anzugreifen, das von einer ägyptischen Kompanie verteidigt wurde. Der Angriff verlief von Anfang an katastrophal.
Keiner der H 35 erreichte das Ziel, da sie in einen Panzergraben gerieten, während die zwei Cromwells kaum in das Dorf eingedrungen waren, als sie auch schon abgeschossen wurden. Es war ein wenig verheißungsvoller Beginn.
Nach zwei Tagen harter Kämpfe im Mittelabschnitt gelang der IDF der Durchbruch und die Vereinigung mit den Kräften im Negev. Die Operation wurde damit abgeschlossen, daß sich die Ägypter wegen der Bedrohung ihrer rückwärtigen Verbindungen aus dem nördlichen Teil des Küstenstreifens zurückzogen und aus den Bergen südlich von Jerusalem vertrieben wurden. Schließlich stürmten die Israelis auch noch Bersheba. Ihre militärischen Erfolge wurden dadurch politisch gesichert, daß die UN eine Reihe von Waffenstillstandsabkommen erzwang.
Der Hauptteil der Aktionen war binnen sechs Tagen beendet, und das war typisch für die Kampfweise der Israelis. Denn ihre Ziele waren von Natur aus begrenzt. Man machte keine Versuche, die arabischen Armeen zu vernichten. Das Moment der Überraschung wurde maximal ausgenützt, die vorbereitenden Aktionen hatten alle den Zweck, den Feind aus dem Gleichgewicht zu werfen, indem sie ihn aus verschiedenen Richtungen bedrohten und seine Befehls- und Nachschubsysteme dislozierten.
Es war die Strategie der »indirekten Methode« und General Yadin, der Generalstabschef, erkannte das auch an, als er sich daran machte, die Lektionen des Krieges zu analysieren. Im September 1949 schrieb er:

»Es besteht kein Zweifel, daß die indirekte Methode die einzig gesunde Strategie ist . . . Um die Prinzipien des Krieges für unsere Zwecke zu nutzen und mit Hilfe der strategischen ›indirekten Methode‹ den eigenen Erfolg schon vor Beginn der Kämpfe sicherzustellen, ist es notwendig, die drei folgenden Ziele zu erreichen:
(a) die Verbindungslinien des Feindes zu zerschneiden, und so den physischen Aufbau seiner Kräfte zu lähmen,
(b) ihn von seinen Rückzugslinien abzuschneiden, um seinen Willen zu untergraben und seine Moral zu zerstören,

(c) seine Versorgungszentren zu treffen und seine Verbindungen zu unterbrechen, um so die Verbindung zwischen seinem Gehirn und seinen Gliedern zu zertrennen!«[1]

Wingates »Erbe« der Überraschung und der Beweglichkeit verbunden mit der »indirekten Methode« gab den Israelis eine Blitzkriegstrategie in die Hand. Bezeichnenderweise hatte Liddell Hart bereits 1938 Kontakte zu den israelischen Führern gehabt. Auch Yadin hatte schon 1940–43 Liddell Harts Schriften, besonders seine *Strategy of the Indirect Approach* als Text für Schulungskurse der Haganah benutzt. Trotzdem wurden die Israelis in erster Linie von Wingate beeinflußt, Liddell Hart stellte nur den theoretischen Ansatz bereit.
Interessanterweise erbeuteten die Israelis in der Endphase der Operation Yoav von einem ägyptischen Fortkommandanten ein Exemplar der *Strategy of the Indirect Approach* in der erweiterten Ausgabe von 1946. Yadin schrieb dazu: ». . . glücklicherweise haben sie (die Ägypter) den Wesenskern des Buchs nicht erfaßt und waren daher durch unseren strategischen Plan, der auf den Prinzipien eben dieses Buchs beruhte, völlig überrascht.«[2]
Die Israelis verwandten die Lektion von 1949 als Basis für alle weiteren Planungen. 1949 war nur ein Waffenstillstand, nicht aber ein dauerhafter Frieden erreicht worden, und die Israelis waren sich bewußt, daß sie weiterhin von mehreren Seiten bedroht waren. Sie hatten weder die Soldaten noch das Material, um an ihren langen Grenzen etwa befestigte Stellungen nach dem Vorbild der Maginotlinie verteidigen zu können. Menschen und Material würden bei ihnen immer knapp sein, und die Israelis wußten, daß sie sich an beiden nur minimale Verluste leisten konnten. Verringert wurden diese Gefahren jedoch durch die Aussicht, daß jeder Krieg nur kurz sein würde. Nach Einstellung der Feindseligkeiten 1949 war eine UN-Waffenstillstandskommission (United Nations Truce Supervision Organisation – UNTSO) zusammengestellt worden, die Beobachter längs der Grenzen Israels patrouillieren ließ. Daher würde jeder Ausbruch von Feindseligkeiten schnell an die UN gemeldet werden, die das Gebiet als ständige Drohung für den Weltfrieden ansah. Natürlich würden die UN alles tun, um den Krieg einem schnellen Ende zuzuführen. (Später waren es allerdings weniger die UN, sondern die Weltmächte USA und UdSSR, die den nötigen Druck anwandten, um die Kämpfe zu beenden.) Wenn die Israelis das aber erkannten, würden es die Araber auch herausfinden und

es bestand immer die Gefahr, daß sie zu einem Überraschungsangriff ansetzten und dann das israelische Territorium, das sie dabei eroberten, den eingreifenden Mächten als *fait accompli* vorweisen. Die Israelis zogen daraus den Schluß, daß sie sich selbst ein Faustpfand verschaffen mußten, mit dem sie verhandeln konnten. So entstand die israelische Doktrin des Präventivschlags oder, wie sie es selbst nannten, des »vorwegnehmenden Gegenangriffs«.

General Allon, der später Generalstabschef und dann Kabinettsminister wurde, definierte das so:

»Operative Initiativen von israelischer Seite gegen eine Konzentration feindlicher Streitkräfte und Besetzung eines feindlichen Ziel-Territoriums mit entscheidender Sicherheitsfunktion in einem Zeitpunkt, wo der Feind seine Streitkräfte aufstellt – aber noch keine Zeit hat, seine Offensive tatsächlich zu beginnen.«[3]

Bei diesem Konzept mußte der israelische Vorwegangriff schnell ausgeführt werden und seine Ziele rasch erreichen – ehe noch der Feind oder die intervenierenden Mächte die Zeit hatten, das Geschehen zu verhindern. Der Angriff mußte nach den Prinzipien der Blitzkriegtechnik erfolgen. Nachdem die Israelis eine brauchbare Strategie entwickelt hatten, mußten sie sich jetzt die Werkzeuge schaffen, die für diese Art von Krieg notwendig waren.

Die israelische Luftwaffe, die aus einer bunten Mischung von Maschinen aus dem Zweiten Weltkrieg bestand, war 1948/49 zu den verschiedensten taktischen, strategischen und logistischen Aufgaben eingesetzt worden. Die Israelis hatten sehr früh die Bedeutung der Luftüberlegenheit über einem Schlachtfeld zu Lande erkannt, wie das Unternehmen »Yoav« gezeigt hatte. Das gleiche Unternehmen hatte bewiesen, daß die IAF Truppen auf den Kriegsschauplatz transportieren konnte. Sie hatte auch eine strategische Bombardierung, wenn auch nur in einem kleinen Maßstab, durchgeführt, als sie einen Luftangriff auf Kairo flog.

Tatsächlich hatten die Israelis 1948/49 mit einer ausgewogenen Luftstreitmacht operiert, nicht weil sie das so wünschten, sondern weil die Möglichkeiten durch die Auswahl an Maschinen beschränkt wurden, die sie sich hatten verschaffen können. In den Jahren unmittelbar nach dem Krieg von 1948/49 wurde allerdings klar, daß Israel nicht die Mittel besaß, um eine ausgewogene Luftwaffe von hinreichender Größe lange zu unterhalten. Israel würde niemals so viele strategische und taktische Maschinen besitzen, um die IAF in beiden Rollen stark genug zu machen. Andererseits war das Konzept einer strategischen Bombardierung für die israelische Verteidigungsdoktrin aber auch nicht relevant.

Der Zweite Weltkrieg hatte bewiesen, daß Bombenangriffe auf die Zivilbevölkerung im Stile Douhets wenig dazu beitrugen, um den Feind in die Knie zu zwingen. Eine strategische Bombenoffensive mußte eine gewisse Zeit lang durchgeführt werden, ehe sich ihre Wirkung bemerkbar machte. Eine Bombenoffensive wäre daher bei der Art von Krieg, wie ihn sich die Israelis vorstellten, überhaupt nicht recht zum Zuge gekommen. Der Einsatz gegen die Kriegsindustrie des Gegners war im Nahen Osten nicht anzuwenden, da es dort nichts gab, was diesen Namen verdient hätte, und sowohl die Araber wie die Israelis sich darauf verließen, ihre Waffen allein durch Import zu erhalten. Außerdem gab es ein psychologisches Argument: Guernica hatte gezeigt, daß der Bombenkrieg die Weltmeinung beeinflussen konnte. Um zu überleben, mußte Israel sich aber die Unterstützung und die Sympathie seiner Freunde in Europa und den Vereinigten Staaten erhalten. So entschied man, daß die IAF eine rein taktische Streitmacht sein sollte, aber erst im Jahre 1953 wurde ihre Rolle durch den neuen Chef der IAF, Dan Tolkowski, genauer bestimmt.

Tolkowski erklärte, daß die Aufgaben der IAF zunächst die Erringung und Behauptung der Luftherrschaft über dem Schlachtfeld sein solle; dann folgten die taktischen Schläge und die Aufklärung zur Unterstützung der Truppen am Boden. Deshalb bestimmte Tolkowski, daß sich die IAF mit einem Grundtyp, einem Mehrzweck-Jagdbomber ausrüsten solle. Es gab einige Debatten darüber, wie die Luftüberlegenheit erreicht werden sollte – ob in der Luft selbst oder durch Zerstörung der feindlichen Maschinen am Boden. Der Erfolg dieser letzteren Methode im Jahre 1948 zusammen mit dem größeren Überraschungsmoment, das dadurch erreicht wurde, war der Grund für die schnelle Annahme dieser Taktik. Neben dem Jagdbomber benützte die IAF auch Transportmaschinen, vor allem für Luftlandeunternehmen. Schon frühzeitig wurde eine Luftlandeeinheit aufgestellt, denn die Israelis hatten darin ein wichtiges Mittel erkannt, um die Dislozierung der feindlichen Verbindungen zu erreichen.

Die Entwicklung der richtigen Waffenmischung für die Armee verlief nicht so geradlinig, in mancher Hinsicht ähnelte sie den Debatten zwischen den Anhängern der Panzer und denen der Infanterie im England zwischen den Kriegen. Die Laskovgruppe, die für die Auswertung der Erfahrungen aus dem Krieg von 1948/49 verantwortlich war, erkannte die Bedeutung einer ausgewogenen Mischung verschiedener Waffensysteme. Sie war der Ansicht, daß es die Aufgabe der Panzer sei, tief in das Hinterland des Feindes einzubrechen und diesen im Rücken und an den Flanken zu stören, dabei aber Städte und befestigte Stellungen zu umgehen. Die Panzer sollten also in unabhängigen Operationen zur Unterstützung der Hauptmacht eingesetzt werden.

Die herrschende Meinung in der IDF aber entsprach den Ansichten der konservativen britischen Reformer in den zwanziger und dreißiger Jahren, die verlangt hatten, daß die mechanisierte Infanterie und nicht die Panzer die *arme blanche* sein sollte. Das Panzerdebakel beim Unternehmen »Yoav« hatte den Generalstab im negativen Sinne beeindruckt; man glaubte, daß die Rolle der Panzer allein auf die Infanterieunterstützung beschränkt werden sollte. Man argumentierte, daß die Beweglichkeit auf dem Schlachtfeld nach Laskovs Ansicht das wichtigste Charakteristikum der mechanisierten Streitkräfte war, und in dieser Hinsicht war ein Halbketten-Mannschaftswagen weit schneller und leichter zu manövrieren als der Shermanpanzer, mit dem das Panzerkorps Anfang der fünfziger Jahre überwiegend ausgestattet war. Der Panzer wurde also besser zur Feuerunterstützung eingesetzt, um der mechanisierten Infanterie bei ihren Vorstößen zu helfen. Die Hauptvertreter dieser Lehrmeinung waren General Yadin, der Generalstabschef in den ersten Jahren unmittelbar nach dem ersten arabisch-israelischen Krieg, und Moshe Dayan, der diese Position im Feldzug von 1956 einnahm.

Obwohl sich die Yadinschule ursprünglich durchsetzte, gab es auch noch zwei andere Lehrmeinungen. Die eine unterstützte die Schlußfolgerung Yadins, daß die Panzer abseits von der Hauptachse operieren und sich mit Streifzügen in der traditionellen Kavallerierolle begnügen solle. Hauptvertreter der dritten Lehrmeinung war Oberstleutnant Uri Ben Ari. Anders als die Mehrzahl seiner Landsleute hatte er die Operationen der Wehrmacht 1939–45 genau studiert. Als Ergebnis dieser Studien gelangte er zu der Überzeugung, daß der Panzer auf den nah-östlichen Schlachtfeldern die Hauptrolle spielen müsse. Weil aber nur wenige Israelis Erfahrung in der Panzerkriegführung hatten, fielen seine Thesen zuerst auf steinigen Boden.

1951 war Ari zum stellvertretenden Kommandeur der Brigade »S« ernannt worden, die aus zwei mechanisierten Infanteriebataillonen, einem Panzerbataillon sowie je einer Aufklärungs-, Mörser- und Pionierkompanie zusammengesetzt war. Das nächste Jahr gab ihm die Gelegenheit, seine Ideen zu demonstrieren. Während der IDF-Manöver im Jahre 1952 gelang ihm ein Nonstop-Durchbruch von 130 Kilometern tief hinter die »gegnerischen« Streitkräfte. Eigentlich wäre das Manöver damit vorzeitig zu Ende gewesen. Um es trotzdem »geordnet« weiterführen zu können, blieb der Manöverleitung nichts anderes übrig, als Ben Ari durch einen Stillhaltebefehl an weiteren »Eskapaden« zu hindern. Man zog auf der Karte einen Kreis um seine Stellung, den er nicht überschreiten durfte. Nach der Übung wurde die Brigade »S« vom Generalstabschef General Yadin scharf kritisiert. Im folgenden Jahr wiederholte Uri Ben Ari das Ganze, dieses Mal beobachtete aber der Ministerpräsident Ben Gurion das Manöver und war so beeindruckt, daß er eine Erweiterung des Panzerkorps befahl.

In der Zwischenzeit hatten die Vertreter der Panzeridee ihre Ansichten weiterentwickelt. Während die Mehrheit jetzt die Ansicht vertrat, daß die Panzer neben der Unterstützung der Infanterie auch unabhängig und abseits von der Hauptachse verwendet werden könnten, glaubte Ben Ari, die ganze IDF solle in Panzerbrigaden organisiert werden, die aus Panzern, mechanisierter Infanterie und Artillerie bestanden. Diese Brigaden sollten die feindlichen Linien durchbrechen und sie in Kessel aufteilen, die durch die nachfolgende motorisierte Infanterie ausgeräumt wurden, während die Panzer zum nächsten Ziel weiterjagten. Das war genau die Art, wie Guderian operiert hatte.

1952 stürzte eine Gruppe junger ägyptischer Offiziere die ägyptische Monarchie; ihr Ziel war es, die ägyptisch-arabische und schließlich die ganze islamische Gesellschaft zu reformieren. 1954 wurde Major Gamal Abdel Nasser ihr unumstrittener Führer. Sein erstes Ziel war es, Ägypten von der fortdauernden britischen Präsenz am Suezkanal zu befreien. Ein Jahr später unterzeichneten die Russen, die ihren Einfluß im Nahen Osten ausweiten wollten, ein Abkommen mit Nasser. Gegen die Lieferung von Baumwolle wollten sie die ägyptische Armee mit tschechoslowakischem Rüstungsmaterial ausrüsten.

Die Westmächte bemühten sich nicht, die Waffenlieferungen an Israel zu steigern. Israel mußte also rasch handeln, wenn es in der Rüstung nicht zurückfallen wollte. Im Juli 1956 verstaatlichte Nasser den Suezkanal. Die Briten und Franzosen vereinbarten daraufhin einen gemeinsamen Angriff, um ihn mit Gewalt zurückzuerobern. Die Israelis bekamen Wind von dem, was im Gange war, und fanden, daß jetzt die Zeit für den ersten ihrer »vorwegnehmenden Gegenangriffe« reif sei. Sie verließen sich darauf, daß die anglo-französische Intervention den Erfolg ihres eigenen Angriffs gewährleisten würde.

Dayans Operationsdirektive für den Feldzug vom Oktober 1956 legte drei Ziele fest. Das erste war die Eroberung der Meerenge von Tiran, die die Ägypter für die israelische Schiffahrt geschlossen hatten, wodurch sie den israelischen Hafen von Eilat am Ende des Golfs von Akaba lahmlegten. Außerdem sollte Gelände besetzt werden, das den Suezkanal bedrohte. Das dritte Ziel war . . . »die Organisation der ägyptischen Streitkräfte auf der Halbinsel Sinai zu verwirren und zum Zusammenbruch zu bringen«.[4] Das war bezeichnend.

Den Israelis war klar, daß sie die ägyptischen Streitkräfte auf Sinai nicht vernichten konnten, denn das hätte sie vermutlich größere Verluste gekostet, als sie sich leisten konnten, während man annahm, daß es nicht lange dauern würde, bis die Ägypter ihre Streitkräfte wieder aufgebaut hatten. Die Dislozierung der ägyptischen Truppen hätte es jedoch erleichtert, die beiden territorialen Ziele zu erreichen. Das war ein Hinweis, daß die Israelis die Strategie der »indirekten Methode« einsetzen wollten. Im Gegensatz zu Hitler, der zwar die richtigen Waffen eingesetzt, aber das Ziel allzuoft aus den Augen verloren hatte, wußten die Israelis genau, was sie wollten.

Im wesentlichen sah der israelische Plan vier voneinander getrennte Vorstöße durch Sinai vor, denen Fallschirmabsprünge tief in ägyptischem Gebiet vorausgingen, um hier Verwirrung zu schaffen. Im Gegensatz zu der üblichen Methode, eine sorgfältige Koordination zwischen den Vorstößen zu sichern, indem man Zwischenziele und Phasenlinien festlegte, erhielten die israelischen Kommandeure lediglich eine Angriffsachse und ein Endziel. Entsprechend ihrer Überzeugung, daß »Pläne nur die Basis für Veränderungen« seien, hielten es die Israelis für Zeitvergeudung, zu sehr in Einzelheiten zu planen. Außerdem war man der Ansicht, daß eine allzu starre Planung die Unterführer daran hindern könnte, Eigeninitiative zu zeigen. Zudem war der Hauptakzent auf die Schnelligkeit gelegt worden; die Kommandeure sollten daher nicht anhalten und weitere Befehle abwarten müssen, nur weil das Unternehmen vielleicht nicht ganz nach dem vorher festgelegten Plan lief.

Die IAF sollte die von Tolkowski für sie bestimmten Aufgaben lösen. Er verlangte, daß die ägyptischen Flugplätze von Anfang an zerstört werden sollten. Dayan unterstützte ihn dabei. Am 3. Oktober schrieb er in sein

Tagebuch: »Unser Plan wird fehlschlagen, wenn es nicht gleich am Anfang geling, die Ägypter zu überraschen und ihre Flugzeuge zu vernichten, solange sie noch am Boden sind.«[5] Ben Gurion verbot das jedoch und bestand darauf, daß die anglo-französische Luftwaffe dieses Problem lösen solle. Als Folge wurde die IAF von Anfang an zur engen Unterstützung der Bodenoperaionen bestimmt. Ein Teil mußte jedoch abgezweigt werden, um den Luftraum über Israel zu schützen. Die IAF war auch mit Sperraufgaben hinter der unmittelbaren Schlachtlinie beschäftigt.

In Übereinstimmung mit der Yadin-Dayan-Doktrin sollte die mechanisierte Infanterie das Rückgrat der Offensive bilden. Selbst jetzt war das Verhältnis der mechanisierten Infanterie zu den Panzerbataillonen noch 22 zu 5, und deshalb gab es, selbst wenn Dayan es gewollt hätte, nicht genug Panzer, um sie zur dominierenden Waffe zu machen.

Aber Dayan war zunächst ohnehin nicht bereit, seine Panzer überhaupt zu verwenden. Ben Ari hatte den Befehl über eine Panzerbrigade, die 7., erhalten, die aus einem Bataillon französischer AMX-13, einem leichten Tank mit einer 75 mm-Kanone, einem Bataillon Sherman-Fireflies und einem mechanisierten Infanteriebataillon bestand. In dem ursprünglichen Plan hatte diese Brigade die kleinere Aufgabe erhalten, einen Scheinangriff an der jordanischen Front durchzuführen, um die Ägypter vom Hauptangriff der IDF auf der Halbinsel Sinai abzulenken.

Erst nach langem Verhandeln Ben Aris und Laskovs, der jetzt das Panzerkorps befehligte, durfte die Brigade doch noch am Hauptangriff teilnehmen. Aber selbst jetzt hatte Dayan festgelegt, daß sie einer Infanteriebrigade folgen, ihre Panzertransporter benützen und erst dann losschlagen sollte, wenn die Infanterie einen Durchbruch durch die ägyptische Verteidigung erzielt hatte. Das war es aber nicht, was Ben Ari im Sinn hatte. Er war der Ansicht, daß die Panzer führen und die Infanterie die Kessel ausräumen sollte, während seine Panzer weiter zum Kanal vorstießen. Das war identisch mit dem, was Guderian während der Anfangsstadien des Unternehmens Barbarossa für seine Panzer verlangt hatte.

Die Israelis begannen ihren Angriff am 29. Oktober, und am 2. November hatten sie fast die ganze Sinaihalbinsel unter ihrer Kontrolle. Drei Tage später beherrschten sie den Zugang zum Golf von Akaba. In der Zwischenzeit hatten die Engländer und Franzosen mit dem Angriff auf militärische Ziele innerhalb Ägyptens begonnen. Am 2. November erfolgte die englisch-französische Landung im Raum von Port Said.

Der israelische Erfolg war verheerend gewesen. Die Ägypter waren, wie die Engländer und Franzosen im Mai 1940, darauf geschult, eine genau geplante Schlacht zu schlagen. Sie verließen sich auf eine statische Verteidigung, was den heranbrausenden israelischen Kolonnen in die Hände spielte. Bezeichnenderweise erzielte Ben Aris 7. Panzerbrigade den glänzendsten Erfolg. In flagranter Mißachtung seiner Befehle gelang es ihm, zur gleichen Zeit wie die Infanterie, der er hätte folgen sollen, vor der ägyptischen Front einzutreffen. Er überließ es der Infanterie, die ägyptische Verteidigung aufzurollen, während er selbst nach Westen weiterjagte. Er umging feste Stützpunkte und gelangte weit vor den anderen Stoßkeilen in Sichtweite des Suezkanals. Dieser Ungehorsam sollte eine radikale Auswirkung auf die israelische Panzerdoktrin haben.

Wie Israel erwartet hatte, griffen die Vereinten Nationen schnell ein. Die anglo-französischen Streitkräfte wurden zurückgezogen und durch UN-Truppen ersetzt; die IDF-Kräfte wurden nach Israel zurückbeordert, aber erst, nachdem Israel Garantien erhalten hatte, daß die Straße von Tiran für seine Schiffahrt offen bleiben würde. Um den Preis von 150 Gefallenen hatte Israel jede mögliche arabische Invasion verhindert. Israel hatte auch gewaltige Mengen an Kriegsmaterial erbeutet, das die erlittenen Verluste mehr als ersetzte.

Die Erfahrungen von 1956 wurden zusammen mit denen von 1948 verwertet, jetzt nahm man eine weitere Einschätzung vor. Die Strategie des Vorwegangriffs hatte sich für Israel als richtig erwiesen, von jetzt an nahm man an, daß

»die großen Schlachten auf feindlichem Boden stattfinden werden und die israelischen Streitkräfte daher so weit wie nötig vorrücken sollten, um die Niederlage der feindlichen Truppen sicherzustellen, um eine neue strategische Position einzurichten, die möglichen weiteren Angriffen begegnete, und um feindliches Territorium besetzt zu halten, bis der Friede erreicht und dauernde strategische Grenzen festgelegt waren.«[6]

Obwohl die IAF keine Gelegenheit gehabt hatte, ihren eigenen Vorwegangriff durchzuführen, glaubten ihre Kommandeure weiterhin, daß die Priorität der Rollen, wie sie Tolkowski festgelegt hatte, richtig war. Während 1956 Maschinen vom Typ »Vampir« und »Meteor« das Rückgrat der Luftwaffe gebildet hatten, wurden diese kurz darauf durch die moderneren französischen Mystère-IVA-Jäger und Ouragan-Jagdbomber ersetzt. Später wurde auch die Mirage in das Arsenal der IAF aufgenommen.

Beim Heer war die Situation nicht so klar. Obwohl der Plan von 1956 gut funktioniert hatte, war durch die blendende Leistung von Ben Aris Brigade bei den Anhängern der mechanisierten Infanterie Unsicherheit entstanden.

Bald gab es einen stetigen Strom von Offizieren, die sich von den anderen Waffengattungen zum Panzerkorps versetzen ließen. Das Panzerkorps, zuerst unter Ben Ari selbst, dann unter Bar-Lev und Elazar, machte sich daran, die Ideen Ben Aris zu entwickeln. Ende der fünfziger Jahre wurde die Doktrin aufgestellt, daß das Panzerkorps den ganzen gegnerischen Widerstand passieren und in seinen Rücken vorstoßen solle. Man ging davon aus, der Gegner müsse sich geschlagen geben, wenn das Panzerkorps in seinem Rücken auftauchte – so stark war die Drohung für ihn und sein logistisches System.

Der steigende russische Einfluß in Ägypten führte jedoch dazu, daß die Ägypter immer mehr die russische Taktik übernahmen, ihre Verteidigungsstellungen zwischen natürlichen Hindernissen zu errichten. Es war unwahrscheinlich, daß die offenen Räume, durch die die Panzer 1956 hatten vordringen können, noch vorhanden waren, wenn die nächste Runde begann. Tatsächlich mußte ein Einbruch erfolgen, ehe man die Panzer loslassen konnte. Der Streit, den Ben Ari gerade vor dem Feldzug von 1956 geführt hatte, setzte von neuem ein. Der Generalstab gab nur schrittweise seine Ansicht auf, daß der Einbruch immer noch eine Sache der Infanterie sei und nach Möglichkeit bei Nacht erfolgen müsse.

1964 übernahm General Tal das Kommando über das Panzerkorps. Er war unmittelbar nach 1956 zur Panzerwaffe übergetreten und fest davon überzeugt, daß der Panzer die »Königin des Schlachtfelds« sei. Von Anfang an verwarf er die allgemein akzeptierte Vorstellung, daß die Beweglichkeit auf dem Schlachtfeld direkt proportional zur Fahrzeuggeschwindigkeit sei. Wichtig war nur, sagte Tal, wie schnell man im feindlichen Feuer vorgehen könne. Als Ersatz für die alten Shermans erhielt das Panzerkorps Anfang der sechziger Jahre amerikanische Pattons (Gewicht 44 Tonnen, Spitzengeschwindigkeit 52 Kilometer, bewaffnet mit einer 90 mm-Kanone) und britische Centurion-Panzer (Gewicht 50 Tonnen, 34 km/h und eine 105 mm-Kanone). Während der Patton etwa 16 Stundenkilometer schneller war als der Sherman Firefly, war der Centurion langsamer, seine dickere Panzerung und seine stärkere Kanone gaben ihm jedoch in Tals Augen eine größere Beweglichkeit auf dem Schlachtfeld. Tal bewies auch, daß die Panzer Einbrüche durchführen konnten. In den Manövern von 1964/66 zeigte er das gegen Verteidigungsstellungen im russischen Stil. Infolgedessen war der Generalstab jetzt bereit, in den Panzern die entscheidende Waffe zu sehen. Sie sollten auch bald die Gelegenheit bekommen, ihren Wert zu beweisen.

In den sechziger Jahren verschlechterte sich die Lage im Nahen Osten zusehends. Im Norden wurde die IDF auf den Golanhöhen immer häufiger in Scharmützel mit den Syrern verwickelt, die das Leben in den israelischen Grenzsiedlungen störten. Das ging Hand in Hand mit dem Auftauchen der El Fatah-Organisation, die Israel den Palästinensern zurückgeben wollte. Im Süden war das Leben friedlicher geblieben. Nasser war immer noch mit seiner Intervention im Jemen beschäftigt, die durch den Sturz des reaktionären Imam von Jemen im Jahre 1962 herbeigeführt worden war. Die Ägypter versuchten, das daraus entstehende Vakuum aufzufüllen, sie hatten aber über fünf Jahre lang nur wenig Erfolg. Bei nicht weniger als drei Gelegenheiten kamen Klagen wegen Aggression zwischen Syrien, Jordanien und Israel vor den UN-Sicherheitsrat.

In den ersten Monaten des Jahres 1967 gab es immer wieder Berichte über Truppenaufgebote und -konzentrationen in Israel, Syrien oder Jordanien. Der Höhepunkt der Krise kam Mitte Mai, als die Ägypter den Abzug der Friedenstruppe der Vereinten Nationen (United Nations Emergence Force – UNEF) von ihrer Grenze mit Israel und aus der Umgebung des Golfs von Akaba verlangten. Der Generalsekretär der Vereinten Nationen stimmte zu, und schon am 22. Mai sperrten die Ägypter wiederum die Straße von Tiran für die israelische Schiffahrt.

Die Israelis sahen sich der Möglichkeit eines Dreifrontenkriegs gegenüber – im Norden gegen die Syrer, im Osten gegen Jordanien und im Süden gegen die Ägypter auf der Halbinsel Sinai. Sie verfügten lediglich über die Mittel, einen Präventivschlag in eine Richtung zu führen; ein Angriff dieser Art aber mußte erfolgen. Israel konnte es sich einfach nicht leisten, auf einen arabischen Angriff zu warten. Dabei war es von Anfang an klar, daß Ägypten die Hauptdrohung darstellte. Sein militärisches Potential war mehr als doppelt so groß wie das Syriens und Jordaniens zusammen. Der einleitende Angriff mußte daher gegen Ägypten erfolgen, während die IDF im Norden und Osten defensiv bleiben mußte.

Wie Dan Tolkowski immer wieder festgestellt hatte, bestand der Schlüssel zum Erfolg des Präventivschlags darin, die feindliche Luftwaffe gleich zu Beginn am Boden zu vernichten. Die Pläne für einen derartigen Schlag existierten bereits seit einigen Jahren, und die IAF hatte, besonders in den

Jahren von 1956–67, ihre Ausbildung darauf abgestellt, in rascher Abfolge mehrere Einsätze nacheinander zu fliegen. Man hatte berechnet, daß man nicht genügend Maschinen besaß, um alle arabischen Flugplätze gleichzeitig anzugreifen, deshalb mußte jede Maschine mehr als einmal aufsteigen. Je größer die Pausen zwischen den einzelnen Angriffen blieben, desto mehr Zeit hatte auch der Gegner, um sich zu erholen und um so geringer wurde das Moment der Überraschung, das bei Unternehmen dieser Art entscheidend für den Erfolg ist.

Die Schwierigkeit im Mai 1967 bestand darin, daß die Araber wegen der Schließung der Straße von Tiran vermutlich auf einen israelischen Gegenschlag vorbereitet waren. Yigal Allon schrieb:

»Die Möglichkeit einer strategischen Überraschung war geopfert worden, denn die feindlichen Armeen waren bereits alarmiert. Die einzige noch denkbare Form der Überraschung lag auf der operationellen und taktischen Ebene – im Feld, auf dem Kriegsschauplatz.«[7]

Für die IAF bedeutete das, daß die Araber irgendeine Form von Angriff erwarten konnten. Deshalb war nur eine taktische Überraschung möglich. Diese konnte aber nur in der Wahl der Zeit und der Richtung bestehen.

Am 5. Juni um 07.45 Uhr flog die erste Welle der IAF zehn ägyptische Flugplätze westlich des Suezkanals an. Ein großer Teil der ägyptischen Luftwaffe wurde am Boden überrascht. Diese so notwendige taktische Überraschung war auf zwei Wegen erreicht worden. Die Richtung des Angriffs war unerwartet. Statt sich den Zielen auf der direktesten Route zu nähern, was ein Überfliegen der Halbinsel Sinai und des Suezkanals erfordert hätte (dadurch wären die ägyptischen Verteidiger dort alarmiert worden, wo sie ohnehin schon besonders auf der Hut waren), flog die IAF über das Mittelmeer und näherte sich ihren Zielen von Nordwesten im Tiefflug. Die Überraschung war so groß, daß die Ägypter zunächst dachten, sie seien von Flugzeugen der Sechsten US-Flotte angegriffen worden, die sich zu der Zeit im östlichen Mittelmeer befand. Auch die Wahl des Zeitpunkts war bezeichnend. Das erwartete Vorgehen wäre es gewesen, den Angriff im ersten Tageslicht zu starten; man wußte jedoch, daß die Ägypter zu dieser Zeit stets mehrere MIG 21 startklar oder in der Luft hatten. Indem man die Angriffszeit um drei Stunden verschob, wurden die Ägypter mit ihren Einheiten am Boden überrumpelt. Die Patrouillen der Ägypter waren schon wieder gelandet, und nur vier unbewaffnete Schul-

maschinen befanden sich in der Luft, als der Angriff begann. Es war die Zeit, in der die meisten höheren ägyptischen Offiziere zum Dienst fuhren.
Als die ersten Ziele bombardiert waren, konzentrierten sich die Angriffe auf die Flugplätze auf der Halbinsel Sinai. Ausgenommen wurde dabei nur der von El Arisch, dessen Rollbahnen unbeschädigt blieben, damit die Israelis sie zur Versorgung ihrer Bodentruppen benutzen konnten. Erst am Mittag begannen die jordanische und syrische Luftwaffen mit Vergeltungsangriffen; aber nachdem die Angriffe auf die ägyptischen Flugplätze bereits beendet waren, konnte sich die IAF jetzt den Syrern und Jordaniern zuwenden. Später am Tag wurden nochmals die ägyptischen Flugplätze angegriffen und diese Attacken wurden auch in der Nacht fortgesetzt.
Am Ende des zweiten Tags erklärte die IAF, mehr als 400 arabische Flugzeuge vernichtet zu haben. Die Hauptleidtragenden waren dabei die Ägypter, die 300 ihrer 450 Flugzeuge verloren. Israels Luftherrschaft war um den Preis von etwa 30 eigenen Maschinen erkauft worden. Jetzt konnten die Landstreitkräfte ihre Operationen ohne feindliche Behinderung aus der Luft fortsetzen. Die Doktrin Tolkowskis hatte sich als richtig erwiesen. Selbst zu ihren besten Zeiten hatte die deutsche Luftwaffe keine solchen Erfolge gehabt.
Wie in der Luft war auch am Boden der Hauptschlag gegen die Ägypter gerichtet. Die ägyptische Verteidigung stützte sich auf die damaligen sowjetischen Theorien. Sie basierte auf einer Reihe von Infanteriestützpunkten, zu denen auch eingegrabene T 34 und JS-3-Panzer gehörten. Hinter diesen lag eine »Manövriermasse«, die aus etwa 450 modernen russischen T 54- und T 55-Panzern bestand. Sie waren in zwei Panzerdivisionen zusammengefaßt. Da sich die Infanteriestellungen gegenseitig deckten und zu einer Ringsumverteidigung bestimmt waren, bestanden die Lücken, die 1956 von den Israelis genutzt worden waren, jetzt nicht mehr. Die israelische Armee stand einer geschätzten Streitmacht von 100000 Mann gegenüber, die mit fast 1000 Panzern ausgestattet waren. Es war tatsächlich so, wie es General Tal ausdrückte:

»Im Verteidigungsfall blockierten die Ägypter durch massierte Truppenkonzentrationen und stark befestigte Stellungen, von denen manche in den letzten zwanzig Jahren gebaut worden waren, sämtliche Hauptvorstoßlinien durch die Wüste.«[8]

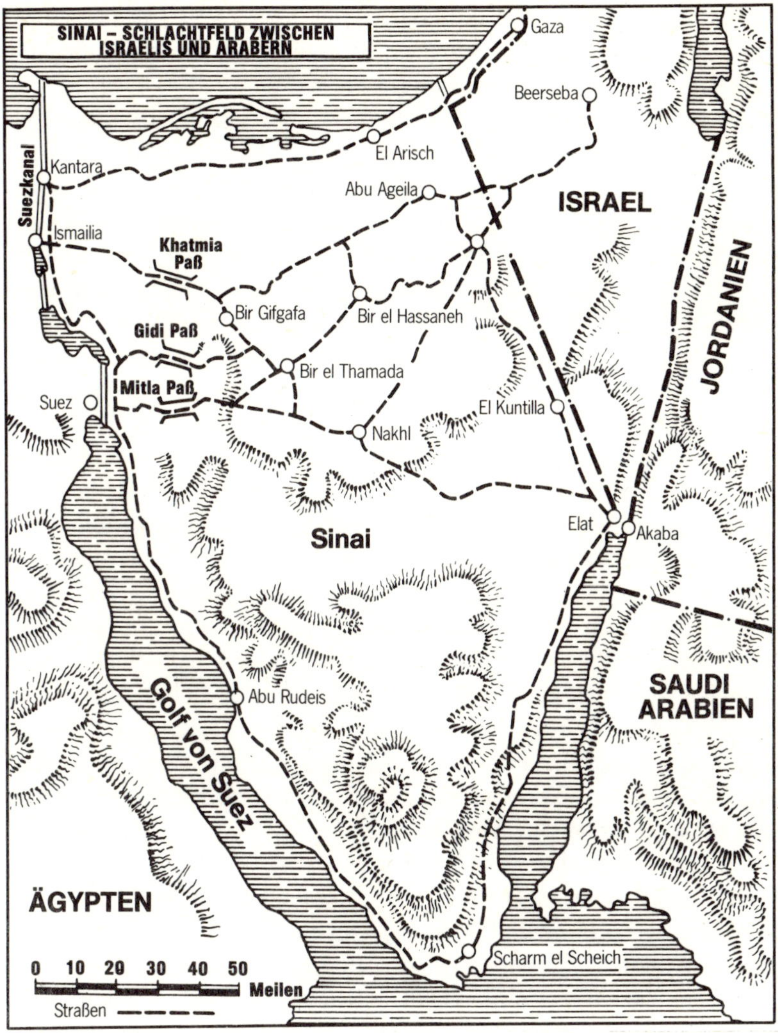

Angesichts dieser Situation entwickelten General Rabin, der Generalstabschef, und seine Mitarbeiter einen Drei-Phasen-Plan. Es war klar, daß die erste Phase – ob die Israelis das nun wollten oder nicht – ein Durchbruch sein mußte. Dafür wurden zwei Punkte ausgewählt, der eine lag bei Rafa im Gazastreifen, der andere war nach Süden auf Abu Agheila gerichtet. Wenn diese Operation geglückt war, sollte eine Panzerstreitmacht so rasch wie möglich auf die Berge östlich von Suez vorstoßen, die Pässe besetzen und so die ägyptische Rückzugstraße abschneiden. Die Parolen des Unternehmens sollten Schnelligkeit, Konzentration, Überraschung und Beibehaltung des Angriffsschwungs sein.

Dank Tal und anderen sah man bei der IDF im Panzerkorps die entscheidende Waffe. Die Mehrzahl seiner 800 Panzer (eine Mischung aus Centurions, Pattons AMX-13 und Shermans mit 105 mm-Kanone) waren jetzt in Panzerbrigaden organisiert, nur ein relativ kleiner Teil war zur Unterstützung der Infanterie abgezweigt. Tal selbst, der sich auf Guderians Lehren stützte, war jetzt fest überzeugt, daß die Panzer mit ihrer Flexibilität und Schockwirkung die notwendige Dislozierung der feindlichen Streitkräfte allein erzielen konnten. Tal sollte die nördliche Durchbruchsoperation bei Rafa befehligen und erhielt ein Drittel der Panzer der IDF zugeteilt. Statt jedoch den Einbruch der Infanterie zu überlassen, schlug er vor, auch für den Durchbruch seine Panzer »als eiserne Faust« zu verwenden. Er verließ sich dabei auf ihre Beweglichkeit auf dem Schlachtfeld, wie er sie definiert hatte. Die mechanisierte Infanterie sollte folgen und die Bresche erweitern und gleichzeitig eine Sicherung gegen etwaige Gegenangriffe bilden; die motorisierte Infanterie schließlich sollte sich mit der Vernichtung der Stützpunkte befassen, die man umgangen hatte. Das System sollte wie ein Fließband funktionieren, wobei kein Teil warten mußte, bis der nachkommende aufgeholt hatte. Das war das Ideal, das die Deutschen vergeblich angestrebt hatten: Der Unterschied zwischen ihnen und den Israelis bestand darin, daß die ganze IDF irgendwie mechanisiert oder motorisiert war, während das bei der Wehrmacht nur für einen kleinen Teil zutraf.

Die ägyptischen Stellungen um Rafa waren stark befestigt und durch ausgedehnte Minenfelder geschützt. Eine Ausnahme bildete nur der Norden, weil die Ägypter glaubten, daß die Sanddünen eine Verwendung von Panzern ausschlossen. Tal entschloß sich daher zu einem Zangenangriff, wobei er die Sanddünen für den Durchbruch benützte. Die Zangen sollten weit über die ägyptische Hauptverteidigungslinie vordringen, ihr erstes Ziel war die unterstützende ägyptische Artillerie (ein Anklang an Plan 1919). Wenn diese zum Schweigen gebracht war, sollten einige Panzer nach Süden und Norden eindrehen und die Hauptstellung von rückwärts aufrollen. Gleichzeitig sollte die Mehrzahl der Panzer nach Westen, nach El Arisch, jagen. Hauptziel war der dortige Flugplatz. Eine halbe Stunde nach dem ersten Schlag der IAF griff Tal an. Kaum hatte er die Grenze überschritten, wurde er von der Artillerie unter Feuer genommen.

»Das war es jedoch nicht, was die Pattons aufhielt. Die Hauptstraßen und Wege, die nicht durch Pakgeschütze und Truppen mit panzerbrechenden Waffen gesichert waren, wiesen starke Hindernisse auf. Panzergräben gähnten abwechselnd auf der rechten und auf der linken Seite bis zur Mitte der Straße, so daß die Fahrzeuge nur im niedrigen Gang fahren konnten und sich im Zickzack bewegen mußten. Schwere Fahrzeuge, wie eben die Panzer, mußten zurück- und vormanövrieren, um durchzukommen – dadurch boten sie gute Ziele ...
Ägyptische Panzer lauerten neben den baumbestandenen Alleen und hinter Kaktusbüschen. Die angreifenden Pattons suchten, um die stark verteidigten Straßen zu umgehen, alle möglichen Umwege, aber hier stießen sie auf weitere Schwierigkeiten. Die Pfade führten sie in die schmalen Straßen und Gassen von Dörfern ...
Wo die Täler blockiert waren, suchten die Pattons einen Weg über die bebauten Felder, aber auch diese waren nur schwer zu überqueren, weil die kleinen Anbau-Flächen von Steinmauern und hohen Erdwällen eingefaßt waren, auf denen Kaktusbüsche standen, die man als Schutz gegen Erosion und den Wind dort angepflanzt hatte. Diese Hindernisse erwiesen sich oft als schwieriger als die, die die ägyptische Armee errichtet hatte.«[9]

Trotzdem gelang es den Panzern, sich ihren Weg zu bahnen. Die Entschlossenheit der Panzerbesatzungen, die erkannten, daß das Gelingen des Durchbruchs den Verlauf des Feldzugs bestimmen würde, ließ sie weiter drängen, ohne auf Verluste zu achten oder darauf, was an ihren Flanken oder in ihrem Rücken geschah. Die Verteidiger, die dieser ›eisernen Faust‹ gegenüberstanden, verloren die Nerven, wenn sie in Gefahr gerieten, abgeschnitten zu werden, und versuchten, sich nach Westen zurückzuziehen. Bei Einbruch der Nacht jagten Tals Panzer auf El Arisch zu.
Auf der südlichen Route rückte Joffe durch die Sandwüste vor. Auch hier hatten sich die Ägypter auf die Unpassierbarkeit des Geländes verlassen. Die Israelis hatten aber schon 1956 eine Route mit Jeeps ausgespäht. Obwohl die führende Brigade sehr häufig durch Minenfelder aufgehalten wurde, langte sie um 18.00 Uhr in Lahfran, sechzehn Kilometer südöstlich von El Arisch an. In neun Stunden hatte sie 100 Kilometer zurückgelegt. Jetzt bezog sie eine Riegelstellung, um zu verhindern, daß Verstärkungen aus dem Süden El Arisch erreichten. Um Mitternacht kämpften Tals Panzer in El Arisch, während Joffe einen entschlossenen ägyptischen Gegenangriff abschlug. Tal bekam jedoch Schwierigkeiten mit den von ihm

übergangenen Stützpunkt Giradeh, etwa acht Kilometer vor El Arisch; heftige ägyptische Gegenangriffe verhinderten für eine Weile, daß mehr als ein Panzerbataillon El Arisch erreichte. Tal sah sich gezwungen, den größten Teil seiner Reservebrigade einzusetzen, die auf der südlichen Route gegen El Arisch vorrückte. Er mußte es der führenden Brigade überlassen, die ägyptische Verteidigung aufzurollen und diesen Stützpunkt zu nehmen, was zu nicht unerheblichen Verlusten führte. Trotz allem war El Arisch jedoch in der Morgendämmerung des zweiten Kriegstags in israelischer Hand. Die Israelis erklärten später, daß sie mehr durch die ägyptische Pak als durch die Panzer zu leiden hatten, weil die Stellungen der Pak gut getarnt waren. Tal sagte selbst:

»Die Geschütze waren unmöglich auszumachen, und unsere Panzer haben auch nur wenige durch Granatenbeschuß ausschalten können. Wir stießen mit unseren Panzern einfach in Richtung der Blitze vor und überrannten die Pak-Stellungen.«[10]

Zweifellos hatten der Angriffsschwung und der Wagemut der Israelis die Durchbruchsschlacht zu ihren Gunsten entschieden, unterstützt wurde das in beträchtlichem Ausmaß durch die Anwesenheit der IAF, die schon drei Stunden nach Eröffnung der Feindseligkeiten zur Erdunterstützung zur Verfügung stand.
Die Verteidigungsstellungen bei Abu Agheila boten ein viel schwierigeres Problem als die bei Rafa. Da sie alle Zugänge durch den zentralen Teil von Sinai deckten, konnten es sich die Israelis nicht leisten, sie zu umgehen. Zusätzlich waren sie von mehr als einer Brigade mit mehreren Panzern und starker Artillerie verteidigt. Sie waren so stark, daß für Sharon, der die IDF in diesem Abschnitt befehligte, ein Frontalangriff durch Panzer nicht in Betracht kam. Er mußte zu einem Nachtangriff der Infanterie in Verbindung mit einem Hubschrauberunternehmen Zuflucht nehmen. Die Panzer sollten eine Sperre im Rücken des Feindes errichten, bis die Verteidigung zerschlagen war. Es war eine weit kompliziertere Operation als alles, was die Israelis bisher gewöhnt waren, es erforderte einen vierundzwanzigstündigen harten Kampf, ehe die Schlacht gewonnen war. Erst jetzt konnte Sharon seine Panzer freigeben, damit sie sich mit einem Nebenangriff, den er weit im Süden angesetzt hatte, vereinigen konnten. In vierundzwanzig Stunden hatten die Israelis jedoch einige ausnehmend zähe Verteidigungsstellungen durchbrochen. Ihre Panzer standen jetzt

tief im Rücken der ägyptischen Streitkräfte auf dem Sinai und drängten weiter, um sie von den Pässen abzuschneiden, die den Rückweg zum Suezkanal schützten.

Bei der nächsten Phase war es ganz einfach die Frage, ob die Israelis vor den sich zurückziehenden ägyptischen Kolonnen zum Khatmia-, Gidi- und Mitlapaß kamen. Der wichtigste dieser Pässe war der Mitla, und es war Joffes Aufgabe, ihn zu nehmen. Am dritten Tag um 18.00 Uhr hatten ihn seine Truppen erreicht, obwohl auf dem letzten Teil des Marsches vielen seiner Panzer der Treibstoff ausging und sie in Stellung geschleppt werden mußten. Gleichzeitig sperrte Tal, der einen Teil seiner Streitkräfte direkt an den Kanal bei Kantara geschickt hatte, die Zugänge zu den beiden anderen Pässen, indem er eine Stellung um Bir Gifgafa bezog. Bis jetzt hatte aber die Hauptmasse der ägyptischen Panzer noch nicht in den Kampf eingegriffen. Es war Sharons Aufgabe, die »Manövriermasse« in die von Tal und Joffe vorbereitete Falle zu treiben.

Sharons Vormarsch von Abu Agheila nach Nakhl, wo er sich mit dem südlichen Stoßkeil treffen sollte, führte über schwierigstes Gelände. Er brauchte vierundzwanzig Stunden, ehe diese Verbindung hergestellt war. Dabei stieß er auf eine komplette HS-3-Brigade, deren Besatzungen ihre Panzer im Stich gelassen hatten – so groß war die Dislozierung, die die Israelis verursacht hatten.

Am vierten Tag waren die ägyptischen Panzer gezwungen, sich nach Westen zurückzuziehen; es kam zu wilden Kämpfen, als sie versuchten, sich den Weg über die Pässe zu erzwingen. Gleichzeitig steigerte die IAF die Verwirrung der Ägypter, indem sie diese auf dem Rückzug mit Bomben und Bordwaffen angriff. Die Ägypter kämpften verzweifelt, um durch die Pässe zu entkommen, ihr Druck auf die Israelis, die diese hielten, war fast zu groß.

In dieser Phase kam die taktische Stärke der IAF voll zur Geltung. Durch unaufhörliche Angriffe mit Napalm, Bomben und Raketen auf die ägyptischen Kolonnen, die sich ihren Weg durch den Mitlapaß erzwingen wollten, gelang es der IAF, dessen Westende abzuriegeln. Aber selbst jetzt mußte Joffe die Brigade ablösen, die den Paß hielt, weil ihr die Munition ausging und sie völlig erschöpft war.

Am Mittag des vierten Kriegstags hatten die Israelis das Gefühl, daß sie jetzt ihre Aufmerksamkeit auf den Suezkanal richten konnten. Am nächsten Tag um 2.00 Uhr hatten sie den Kanal erreicht. Sie hatten dabei Nachtangriffe auf die ägyptischen Stellungen durchgeführt, die ihnen den

Weg sperrten. Trotzdem erlitten sie Verluste, besonders durch geschickt angelegte Panzerfallen.
Um diese Zeit hatten die UN bereits wieder interveniert, und man vereinbarte einen Waffenstillstand. In einem Zeitraum von 96 Stunden hatte die IDF eine Armee geschlagen, die zahlenmäßig doppelt so stark wie sie selbst war. Sie hatte Stellungen durchbrochen, die mit denen der Russen bei Kursk im Jahre 1943 zu vergleichen waren, und die Ägypter aus der ganzen Sinaihalbinsel vertrieben. All das war ohne den Vorteil der strategischen Überraschung geschehen. Wieder hatten sich Panzer und Luftwaffe in ihrer Zusammenarbeit als eine furchtbare Kombination erwiesen.
Der Erfolg des Feldzugs ist mehreren Gründen zuzuschreiben. Obwohl die Israelis erkannt hatten, daß das Potential der strategischen Überraschung nicht existierte, hatten sie jede Gelegenheit, die taktische Überraschung zu gewinnen, bis ins letzte genutzt. Sie hatten erkannt, daß die Überraschung zur Dislozierung des Feindes führte, was wiederum den Sieg um einen geringen Preis einbrachte. Wir haben gesehen, wie das in der Luft erreicht wurde. Auf dem Land hatte die Tatsache, daß sie die Operationen mit einem Durchbruch durch starke Stellungen beginnen mußten, die Taktik ihrer Streitkräfte nicht abgestumpft. Indem sie sich die ägyptische Artillerie zum Hauptziel nahmen, brachen sie tief genug durch die feindliche Hauptverteidigungslinie ein, um eine maximale Verwirrung anzurichten. Der bezeichnendste Faktor war jedoch die Überzeugung der IDF, daß der Angriffsschwung beibehalten werden müsse. Als die Ägypter einmal in Verwirrung gebracht waren, war es wesentlich, sie nicht zur Ruhe kommen zu lassen. Das bedeutete wiederum, daß es sich die Israelis nicht leisten konnten, ihre Vorstöße zu verlangsamen oder anzuhalten. Sie mußten weiter angreifen.
Obwohl die Rote Armee den Nachtangriff schätzte, hatten die sowjetischen Berater den Ägyptern diese Taktik offenbar nicht zu vermitteln vermocht. Die Israelis aber betrachteten Nachtangriffe als einen Teil des Erbes von Wingate. Joffe, der 1962 an einem Symposium zu Ehren Wingates teilnahm, sagte:

Theoretisch behauptet jede Armee in der Welt, daß man die Nacht voll ausnützen müsse. Wingate ist der Mann, der uns dieses Gefühl, diese Vorstellung eingeimpft hat; so ist die Nacht für uns kein Feind, sondern ein Freund. Die Nacht ist nicht nur eine Beschützerin der Schwachen, die Nacht bedeutet nicht nur die Möglichkeit des Verbergens. Die Nacht er-

öffnet im Gegenteil außerordentliche Gelegenheiten zur Entwicklung von Kämpfen in jeder Form und ermöglicht es in vielen Situationen zu handeln und alle Arten von Schwierigkeiten billig, schnell und wirksam zu lösen.«[11]

Die Fähigkeit der Israelis, nachts zu kämpfen, ermöglichte es ihnen, Stellungen zu überwältigen, die sich bei Tage als zu stark erwiesen hatten. Zudem ersparten ihnen die nächtlichen Operationen viele Verluste an Menschenleben und führten dazu, daß der Angriffsschwung nicht erlahmte. Die Nachtangriffe, die von den Deutschen nur selten durchgeführt worden waren, stellten damit eine wesentliche Verbesserung der Blitzkriegkonzeption dar.

Wenn der Angriffsschwung beibehalten werden soll, ist ein Aspekt von entscheidender Bedeutung – ein gut funktionierendes logistisches System. Während des Zweiten Weltkriegs ging sowohl den Deutschen als auch den Alliierten immer wieder »der Dampf aus«, weil ihre Logistik mit dem Vormarschtempo nicht Schritt halten konnte. Die Israelis hatten dieses Problem dadurch zu lösen versucht, daß der Nachschub für die Kampftruppen auf den Weg gebracht wurde, sobald er zur Verfügung stand (statt ihn zurückzuhalten, bis die Kampftruppe ihn anforderte). So führte jeder Kampfverband Munition, Verpflegung und Treibstoff für drei Tage mit sich, ergänzt wurden diese Vorräte durch Abwürfe aus der Luft und die Verwendung erbeuteter ägyptischer Depots. Transportiert wurde der Nachschub im wesentlichen auf requirierten Zivilfahrzeugen, die dicht hinter den Panzerkolonnen herfuhren. Aber auch so blieben die Israelis, wie wir gesehen haben, von Zeit zu Zeit »auf dem Trockenen« sitzen, und zwar hauptsächlich deshalb, weil sie Nachschub durch Überfälle verloren, die von übergangenen ägyptischen Stellungen aus angesetzt wurden. Des weiteren war die Voraussicht (ein sehr wesentliches Element der logistischen Planung), den Flugplatz in El Arisch intakt zu lassen und zum wichtigsten Ziel des ersten Angriffs zu machen, eine Voraussetzung für den Erfolg. Es gelang, binnen 36 Stunden eine vorgeschobene Nachschubbasis auf der Sinaihalbinsel zu schaffen; die Zeiten für den rollenden Einsatz in der Nachschubversorgung wurden dadurch entscheidend verkürzt. Die logistischen Probleme waren ein weiterer Grund für die Israelis gewesen, einen kurzen Krieg anzustreben. Je länger die Kämpfe andauerten, desto größer wurde natürlich die Belastung des Nachschubsystems.

Erbitterte Kämpfe fanden sowohl an der Nord- wie der Ostfront statt. Obwohl die Israelis dort ebensoviel Listen- und Einfallsreichtum bewiesen wie auf Sinai, gaben das zerklüftete Land und die begrenzteren Ziele den israelischen Streitkräften keine Chance, den Blitzkrieg so wie auf Sinai zu entwickeln. Trotzdem wurde halb Jordanien überrannt und bei Beendigung der Kämpfe rückten die Israelis an den Jordan heran. Im Norden wurden den Syrern die beherrschenden Golanhöhen entrissen.

Als das Feuer eingestellt wurde, zollten die Israelis den Schöpfern der Taktik Tribut, die sie auf dem Sinai so erfolgreich angewandt hatten. Ein Kommentator schrieb:

»In Übereinstimmung mit der besten Tradition der Panzeroperationen, wie sie theoretisch von den Engländern Fuller und Liddell Hart entwickelt und von den Deutschen Guderian und Rommel praktiziert worden waren, brauste das Panzerkorps nach vorn, ohne besonders auf seine Flanken und seinen Rücken zu achten. Die Panzerführer wußten, daß das Schicksal ihrer Flanken und ihres Rückens früher oder später dadurch geklärt werden mußte, daß ihr tiefes Eindringen in die Dispositionen des Gegners zum Zusammenbruch der feindlichen Widerstandskraft führte.«[12]

Liddell Hart schrieb: ». . . der Plan war eine glänzende Anwendung der Strategie der indirekten Methode und ihrer Ergänzung, die Linie der geringsten Erwartung zu suchen, um den Gegner aus dem Gleichgewicht zu werfen.«[13] Man kann im Sinaikrieg wohl einen Höhepunkt der Blitzkriegtechnik erkennen. Hier wurden im wesentlichen alle bisher bekannten Elemente zum Einsatz gebracht, die zu einer erfolgreichen Durchführung notwendig sind.

9 Der Krieg der Zukunft

Die Doktrin des Blitzkriegs entstand aus der Entschlossenheit, den aussichtslosen, blutigen Grabenkrieg nicht mehr zu wiederholen. Es war ein erfolgreicher Versuch, die Beweglichkeit auf dem Schlachtfeld wiederherzustellen, als die Waffentechnologie die taktischen Lehren überholt hatte. Die Gelegenheit hatte sich durch die Einführung des Verbrennungsmotors auf und über dem Schlachtfeld ergeben, die das Bewegungspotential des Soldaten radikal erweitert hatte.

Von den westlichen Demokratien wurde die Doktrin zwischen den zwei Weltkriegen abgelehnt, weil man sie für eine aggressive Methode der Kriegführung hielt, die nicht im Einklang mit der damaligen Auffassung stand, der Weltkrieg sei der Krieg gewesen, der mit allen Kriegen ein für allemal Schluß machen würde. Nur im »Dritten Reich«, das es sich zum Ziel gesetzt hatte, Deutschland wieder seinen »richtigen Platz« in der Welt zu verschaffen, wurde sie eifrig aufgenommen und in die Tat umgesetzt. Auch in der Sowjetunion hatte man die Blitzkriegtechnik frühzeitig als ein Mittel erwogen, den Kommunismus mit Gewalt zu verbreiten – aber Stalin verwarf sie aus politischen, militärischen, vor allem aber persönlichen Gründen. Er hatte Angst vor den Offizieren, die diese Lehre vertraten.

Die Jahre 1939–42 zeigten, daß die Deutschen eine Waffe geschmiedet hatten, der die Nachbarn mit ihren am Fußsoldaten orientierten Plänen nicht zu begegnen vermochten. Hitler und viele Angehörige seines Stabs stumpften diese Waffe allerdings durch maßlose Selbstüberschätzung einerseits und Ängstlichkeit andererseits ab, als sie in die Sowjetunion einfielen. Die Alliierten, die aus ihren früheren Katastrophen gelernt hatten, nahmen die Waffe auf, konnten aber ihre Begrenzungen nicht voll erkennen. Die Israelis schließlich wandten die Technik des Blitzkriegs richtig an und bewiesen, wie verheerend er gegen erreichbare Ziele sein konnte.

Der Blitzkrieg ist keine Keule, sondern die schmale Klinge des Degens. Armeen, die an der Clausewitzschen Idee geschult waren, das Ziel des Krieges sei es, den Feind durch Zerstörung seiner Verteidigungsmittel – nämlich seiner Streitkräfte – zu vernichten, tendierten natürlich zur Keule. Um die Niederlage des Gegners sicherzustellen, schien es diesen Armeen notwendig, am »entscheidenden Punkt« überlegene Kräfte, also einen größeren Aufwand an Menschen und Material, zum Einsatz zu bringen. Douhet, Liddell Hart und andere erkannten demgegenüber, daß der Sieg auch auf eine andere, wirtschaftlicherere Art – nämlich durch die Zerstörung des feindlichen Kampfwillens – erreicht werden könne.
Ziel des Blitzkriegs ist die psychologische Dislozierung des Gegners. Man zielt auf das Gehirn- und Nervenzentrum des Gegners und versucht nicht etwa, seine Glieder außer Aktion zu setzen, indem man sie durch Anwendung brutaler Kraft einzeln zerstört.
Damit eine Blitzkriegoperation Erfolg hat, muß aber das Ziel erreichbar sein. Das bedeutet nicht nur, daß man anfangs genug Material hat, sondern auch, daß man in der Lage sein muß, die Operation logistisch zu unterstützen. Einer der Hauptgründe, warum der Blitzkrieg in Rußland scheiterte, ist darin zu sehen, daß Hitlers Ziel über die Kräfte der deutschen Wehrmacht, so wie sie 1941 ausgerüstet und strukturiert war, hinausging. Auch den Alliierten gelang 1944 kein Blitzsieg, weil sie nicht in der Lage waren, ihren Vormarsch logistisch zu unterstützen. Israel andererseits wählte sowohl 1956 wie 1967 erreichbare Ziele.
Wenn das Unternehmen einmal gestartet ist, muß sein Schwung um jeden Preis aufrechterhalten werden. Der Feind darf nie wieder ins Gleichgewicht kommen. Eine Pause durch Erschöpfung, Mangel an Vorräten oder unerwartete Entwicklungen darf es nicht geben. Mit anderen Worten, auf allen Kommandoebenen muß das Hauptziel rücksichtslos verfolgt werden. Obwohl feindliche Stützpunkte durch die führenden Truppen zu umgehen sind, damit der Angriffsschwung nicht gebremst wird, müssen solche Stützpunkte, welche die Operationen auf der Vormarschachse bedrohen, entweder schnell bereinigt oder abgesperrt werden. Wenn das nicht gelingt, entstehen kritische Situationen, wie sie von Manteuffel bei Bastogne und Tal vor Giradek in geringerem Ausmaß erlebte. Die Deutschen standen immer vor dem Dilemma, daß ihre mechanisierten Streitkräfte viel beweglicher waren als die nachfolgenden Truppen. Aus diesem Grund mußten sie oft vor größeren Verteidigungsstellungen anhalten, bis die Infanteriedivisionen nachgerückt waren und die gegnerischen Stellungen ge-

räumt hatten. Da die Israelis wie alle modernen Armeen vollständig mechanisiert oder motorisiert sind, gab es diese Schwierigkeit für sie nicht mehr. Sie konnten ihr Fließbandsystem anwenden, das die Beibehaltung des Schwungs gewährleistet.

Ein wesentliches Element des Blitzkriegs ist es, daß man die Luftüberlegenheit gleich zu Anfang gewinnt. Die Methode der Luftwaffe und der IAF, die gegnerische Streitmacht am Boden zu vernichten, ist dabei die offensichtlich ökonomischste. Das bedeutet zugleich, daß die Masse der Luftwaffe schon bald zur Unterstützung der Kämpfe am Boden zur Verfügung steht. Ihre Hauptaufgabe ist dabei die der Sperre. Durch Angriffe auf die feindlichen Nachschublinien, Befehls- und Kontrollzentren sowie seine Reserve wird die psychologische Dislozierung des Gegners verstärkt. Die enge Unterstützung in der Gestalt von Tieffliegerangriffen auf feindliche Stellungen im mittelbaren Kampfraum spielt nur eine sekundäre Rolle, sie kann aber sehr zur Beweglichkeit des Angreifers auf dem Schlachtfeld beitragen.

Diese Erkenntnisse aus dem Sechstagekrieg sind allerdings noch nicht der Endpunkt der Blitzkriegentwicklung. Am 6. Oktober 1973 begannen die Syrer und die Ägypter mit Angriffen über die Golanhöhen beziehungsweise den Suezkanal. Dieses eine Mal versagte der Nachrichtendienst der Israelis, und sie ließen sich überraschen. Tatsächlich hatte es bei den Kämpfen der ersten Tage den Anschein, als ob die Israelis eine katastrophale Niederlage erleiden würden, und obwohl sie sich von ihren anfänglichen Rückschlägen erholten und am Ende der zwanzigtägigen Kämpfe die Initiative zurückgewonnen hatten, haben doch einige Beobachter den Yom Kippur-Krieg zum Anlaß genommen, die Gültigkeit des Blitzkriegkonzepts in der modernen Kriegführung in Frage zu stellen.

Nach Ende des Kriegs von 1967 besaßen die Israelis zum ersten Mal in der kurzen Geschichte ihres Landes brauchbare natürliche Grenzen. Im Norden hielten sie die Golanhöhen, die eine natürliche Grenze gegenüber Syrien bilden, im Osten hatten sie das Westufer des Jordan besetzt und im Süden die ganze Halbinsel Sinai und das Ufer des Suezkanals als Grenzen gegen Ägypten gewonnen. Hinter diesen natürlichen Hindernissen gesichert, konnten es sich die Israelis leisten, eine etwas weniger aktive Verteidigungspolitik zu betreiben.

Ein Präventivangriff schien jetzt aus mehreren Gründen nicht mehr in Frage zu kommen. Erstens war ein derartiger Angriff jetzt politisch nicht mehr vertretbar. Er konnte nur noch gegen die Kerngebiete der arabischen

Nachbarstaaten geführt werden und wäre dementsprechend in der Weltmeinung als nackte Aggression aufgefaßt worden. Zweitens hatten es die Israelis jetzt nicht mehr nötig, zu erobern. Die besetzten Gebiete bildeten eine ausreichende Pufferzone, in der jeder arabische Angriff gestoppt werden konnte, ehe er das eigentliche Israel erreichte. Wenn sie durch künstliche Hindernisse verstärkt wurden, konnten die natürlichen Grenzen sicherstellen, daß eine arabische Invasion nahezu unmöglich wurde. Statt weiter in den Bahnen des »vorwegnehmenden Gegenangriffs« zu denken, fielen die Israelis jetzt in eine Art »Maginothaltung« zurück. Yigal Allon vertrat zum Beispiel 1970 die Ansicht:

»Je mehr sich die Beweglichkeit und Offensivfähigkeit des Feindes steigert, . . . desto notwendiger ist es, . . . das Verteidigungssystem zu stärken und es auch für eine mechanisierte Armee undurchdringlich zu machen.«[1]

Dementsprechend war das Israelische Verteidigungssystem am Suezkanal, die Bar-Lev-Linie, dazu bestimmt, als »Deckung« zu dienen. Es sollte einen ägyptischen Übergang über den Kanal zumindest so lange aufhalten, bis die Panzerreserven in Sinai aufmarschiert waren, um den Gegner zu schlagen.

Ende 1967 stand das israelische Panzerkorps auf der Höhe seines Ansehens. Die spektakulären Vorstöße Tals, Joffes und Sharons durch die Halbinsel Sinai hatten das Vertrauen Tals auf die »Allmacht der Panzer« scheinbar glänzend bestätigt. Von jetzt an nahmen Infanterie und Artillerie nur noch einen »Rücksitz« ein, während die Panzerbrigaden mit etwas motorisierter Infanterie- und Artillerieunterstützung konzentriert wurden. Die neue Haltung näherte sich gefährlich der »Nur-Panzer«-Doktrin, die in den dreißiger Jahren im britischen Royal Tank Corps geherrscht hatte. Die wenigen Kritiker der neuen Methode erklärten, Tal und die anderen wären vielleicht 1967 nicht so erfolgreich gewesen, wenn sie es mit einem entschlosseneren Gegner zu tun gehabt hätten; solche Kritik wurde jedoch beiseitegewischt – auf Kosten des Panzerkorps, wie sich bald zeigte.

Den Ägyptern gelang es am 6. Oktober 1973 aus drei Gründen über den Kanal zu kommen. Einmal brachten sie eine völlige Überraschung zuwege; sie hatten den Angriffstermin insofern gut gewählt, als es einer der höchsten Feiertage im jüdischen Kalender – der Versöhnungstag – war. De Angriff war seit Monaten sorgfältig geplant und geprobt worden. So war jeder Soldat mit seiner Rolle bestens vertraut. Zudem waren die Ägypter von einer neuen Entschlossenheit erfüllt, die ihnen bei den früheren Zusammenstößen mit den Israelis gefehlt hatte. Unterstützt wurden die Ägypter durch ein hochentwickeltes Luftabwehrsystem, das alles übertraf, was sie 1967 gehabt hatten. Die israelische Luftwaffe aber flog ihre Einsätze, ohne elektronische Tricks oder eine angemessene Taktik entwickelt zu haben, mit denen sie die neuen sowjetischen SAM-Raketen der Ägypter hätten ausschalten können. Bei ihren Versuchen, die ägyptischen Brücken über den Kanal zu zerstören, erlitt sie schwere Verluste – fast in dem gleichen Maß wie die Fairey Battles der RAF im Mai 1940 bei ihren Versuchen, die deutschen Brücken über die Maas zu zerstören.

Der IAF gelang es auch nicht, die ägyptische Luftwaffe am Boden zu treffen, weil die Ägypter, die aus den Erfahrungen von 1967 gelernt hatten, bombensichere Hangars gebaut hatten. Sie hielten die eigene Luftwaffe auch weitestgehend zurück und setzten darauf, daß ihre Luftabwehr der IAF die entsprechenden Verluste beibringen würde. Ihre bitterste Lektion erhielten die Israelis jedoch, als die Ägypter die Bar-Lev-Linie schon durchbrochen hatten. In den ersten zwei Tagen unternahm die IDF Gegenangriffe, indem sie Panzerkompanien ohne Infanterie oder Artillerie gegen den Feind warfen. Sie erlebten dabei eine herbe Überraschung.

»Wir rückten vor, und in der Ferne sah ich verstreute Flecke auf den Sanddünen. Ich konnte nicht ausmachen, was es war. Als wir näher kamen, glaubte ich, daß sie wie Baumstümpfe aussahen. Sie waren bewegungslos und über das Gelände vor uns verstreut. Über Sprechfunk fragte ich die Panzer vor mir, was sie davon hielten. Einer der Panzerkommandanten brüllte: ›Mein Gott, das sind keine Baumstümpfe, das sind Menschen!‹

Einen Augenblick lang verstand ich die Welt nicht mehr. Warum standen die Männer – völlig still – da draußen, wenn wir in unseren Panzern auf sie zufuhren? Plötzlich brach die Hölle los. Ein Hagel von Geschossen wurde auf uns abgefeuert, viele unserer Panzer wurden getroffen. Auf so etwas waren wir nie zuvor gestoßen . . .«[2]

Am 8. Oktober wurde eine Panzerreservedivision auf die Halbinsel geworfen, und eine ihrer Brigaden, die 190., wurde nach Westen geschickt,

um einige der ägyptischen Brücken über den Kanal zu blockieren. Die Brigade wurde in Stücke geschlagen.
Den Israelis wurde jetzt klar, daß Panzer allein gegen die neuen ferngelenkten Panzerabwehrraketen der Ägypter nichts ausrichten konnten. Es handelte sich um die sowjetischen Sagger-Raketen, die von einem Mann in einem kofferartigen Behälter getragen werden kann, und um ein tragbares Raketenabschußgerät, das RPG-7. Während die Israelis in der Vergangenheit die Panzerabwehr oft einfach überrollt hatten, weil die Bedienungen davonliefen, sahen sie sich jetzt einem neuen Typ eines entschlossenen ägyptischen Soldaten gegenüber.
Wiederum war die IAF nicht in der Lage, den Bodenstreitkräften die enge Luftunterstützung zu geben, an die sie aus der Vergangenheit gewöhnt waren. Die Ägypter brachten eine Menge Fliegerabwehrwaffen mit über den Kanal, darunter mehrläufige, radargesteuerte 23 mm-Schnellfeuerkanonen und tragbare SAM-7-Raketen, die von einem Mann bedient werden konnten. In dem ersten Teil des Kriegs hielten diese Waffen die IAF in respektvollem Abstand.
Allem Anschein nach hatte die israelische Kriegsmaschine einen mindestens gleichwertigen Gegner gefunden. Das war auch im Norden der Fall, wo die Israelis mit lediglich 130 eigenen Panzern etwa 1100 syrischen gegenüberstanden. Allerdings verzettelten sich die Syrer, teils weil die Natur des Landes dazu zwang, teils aber auch aus allzu großer Zuversicht, bei ihren Angriffen (ähnlich wie es die Israelis gegenüber den Ägyptern getan hatten). Das ermöglichte es den Israelis auszuhalten und die einzelnen syrischen Angriffe abzuschlagen, allerdings erst nachdem die Golanhöhen überrannt worden waren. Auch hier hatte die IAF durch das syrische Luftabwehrsystem, das die gleichen Waffen benützte und genauso organisiert war wie das ägyptische, schwere Verluste erlitten.
Die Israelis lernten aus ihren Fehlern. Sie kehrten in aller Eile zu den aus allen Waffengattungen zusammengesetzten Kampfgruppen zurück. Von den Amerikanern erhielten sie die neuen elektronischen Geräte, die ihnen halfen, mit den SAM-Raketen fertig zu werden, zudem entwickelten sie eine verbesserte Taktik. Zu ihrem Glück half ihnen dabei die ägyptische Strategie. Als die Ägypter den Kanal überschritten und sich auf dem Ostufer festgesetzt hatten, hielten sie an, statt ihren Erfolg auszunutzen. Sie waren nicht bereit, ihren Vormarsch fortzusetzen, ehe sie nicht auch ihre schweren SAM-Systeme am Ostufer des Kanals aufgebaut hatten. Augenscheinlich waren sie von ihren Erfolgen selbst überrascht, sie hatten

ihre Pläne über diese einleitende Phase hinaus nicht weiter entwickelt. Anders als die Israelis glaubten die Ägypter an eine methodische Planung und eine sorgfältige Vorbereitung. Das wirkte sich auf der Halbinsel Sinai gegen sie aus, denn es dauerte bis zum 14. Oktober, ehe sie wieder zuschlugen – aber inzwischen hatten die Israelis Zeit gehabt, ihre Taktik zu überdenken.

Statt sofortige Gegenangriffe anzusetzen, gingen sie jetzt zu einer passiven Verteidigung über. Sie hielten ihre Panzer in Deckung hinter Sanddünen. Wenn die Ägypter vorrückten, nahmen sie sie unter Beschuß und wechselten häufig die Stellung, um dem Gegner keine Zeit zu lassen, ihre Positionen zu erkennen. Das machte es besonders den Sagger-Mannschaften schwer, denn diese gelenkte Panzerabwehrrakete hat eine relativ lange Flugzeit und muß manuell ins Ziel gelenkt werden. Um mit den Sagger-Teams fertig zu werden, die die ägyptischen, aus allen Waffengattungen zusammengesetzten Kolonnen begleiteten, erhielt jede israelische Panzerbrigade eine Kompanie mechanisierter Infanterie zugeteilt. Wenn man eine Sagger-Rakete im Flug erkannte, beschoß die Infanterie die Abschußstelle und hinderte so den Raketenschützen am genauen Zielen.

Wenn eine ägyptische Kolonne hielt, setzten die Israelis zum Gegenangriff an. Jetzt verwendeten sie Artillerie und Luftnahunterstützung, und jeder Panzer wurde von einem Schützenpanzer begleitet. So wurden die ägyptischen Angriffe abgeblockt. Obwohl die Ägypter aber schwere Verluste an Menschen und Material erlitten, ließen sie sich nicht entmutigen.

Im Norden gingen die Israelis, nachdem sie in zweitägigen harten Kämpfen die Syrer gestoppt hatten, ebenfalls zum Gegenangriff über. Sie eroberten die Golanhöhen zurück und drangen bis über die Waffenstillstandslinie vor. Es gab jedoch keine Chance, einen Blitzkrieg zu beginnen. Die von irakischen und jordanischen Truppen unterstützten Syrer kämpften tapfer, sie wichen nur, wenn sie das unbedingt mußten und begannen sofort mit Gegenangriffen, die das israelische Vordringen aufhielten.

Am 15. Oktober hatten die Israelis dank ihres schnellen Umdenkens mit den Arabern wenigstens gleichgezogen. Trotzdem kämpften sie jetzt den Typ Krieg, den sie immer zu vermeiden gesucht hatten – eine Abnützungsschlacht. In diesem Augenblick erschien General Arik Sharon auf dem Schauplatz. Ursprünglich als Fallschirmjäger ausgebildet, hatte er 1967 einen der drei Panzervorstöße durch die Halbinsel Sinai geführt. Er hatte sich dabei wegen seines Wagemuts und seiner Initiative einen beträchtlichen Ruf erworben. Jetzt erhielt er die Gelegenheit, diese Eigenschaften anzuwenden. Mit den drei Panzer- und zwei Fallschirmjägerbrigaden unter seinem Befehl entdeckte er am 15. Oktober östlich des Großen Bittersees eine Lücke zwischen dem ägyptischen II. und dem III. Korps.Er entschloß sich sofort, diese ägyptische Schwäche auszunutzen.

Er setze eine seiner Brigaden in der Abenddämmerung zu einem Scheinangriff gegen die Ägypter des II. Korps vor Ismaila an, eine zweite Brigade führte er im Bogen nach Süden. Sie sollte eine Übergangsstelle über den Kanal suchen. Um Mitternacht war das gelungen. Unmittelbar nördlich des Großen Bittersees hatte die Vorausabteilung eine Übergangsstelle gesichert, und die Pionierabteilung mit dem Brückenbaugerät hatte sich mit ihr vereinigt. Eine Stunde später setzte Sharon mit 200 Mann und einigen Panzern mit einer Pontonfähre auf das andere Kanalufer über. Obwohl es bis zum Tagesanbruch nicht mehr gelang, eine Brücke zu schlagen oder die rückwärtige Verbindung zu der israelischen Hauptmacht zu sichern, schickte Sharon alles, was er an Menschen und Panzern auf das Westufer gebracht hatte, zu einer Reihe von Streifzügen aus, um ägyptische Einrichtungen und besonders die SAM-Abschußbasen zu zerstören.

Aus ägyptischer Sicht hatte Sharon den am wenigsten erwarteten Kurs eingeschlagen. Die Ägypter hatten erwartet, daß die Israelis versuchen würden, ihre Truppen wieder nach Westen zu treiben oder sie einzukreisen und zu vernichten. Daß die Israelis aber die ägyptischen Truppen auf dem Ostufer des Kanals einfach ignorieren würden, um selbst einen Brükkenkopf auf der ägyptischen Seite des Kanals zu erobern, war eine völlige Überraschung für sie. Mit anderen Worten: Sharon hatte die »indirekte Methode« gefunden. Ein Maßstab dafür, wie groß die ägyptische Überraschung war, ist darin zu sehen, daß sie vierundzwanzig Stunden brauchten, um einen Gegenangriff zu starten. Als er erfolgte, wurde er gleichzeitig vom II. und III. Korps gegen den »Flaschenhals« der israelischen Durchbruchstelle nordöstlich des Großen Bittersees angesetzt. In den als die »Schlacht bei der chinesischen Farm« bekanntgewordenen Kämpfen hatten die Israelis genug Truppen hinübergeworfen, um den »Flaschenhals« – wenn auch mit großer Mühe – offenzuhalten. Die Schlacht tobte während der ganzen Nacht vom 16./17. Oktober mit schweren Verlusten auf beiden Seiten. Erst um die Mitte des 17. Oktober gelang es den Israelis, ihre Brücke fertigzustellen. Jetzt kamen weitere Panzer auf die Westseite des Kanals.

Damit war der Zeitpunkt gekommen, an dem die Supermächte eingriffen. Am Abend des 22. Oktober trat ein erster Waffenstillstand in Kraft. Die Israelis waren jedoch der Ansicht, daß ihr Brückenkopf als Faustpfand noch nicht groß genug sei. Deshalb brachen sie den Waffenstillstand und dehnten ihren Brückenkopf in vierundzwanzig Stunden nach Süden bis zum Ende des Golfs von Suez aus, gleichzeitig schnitten sie das ägyptische III. Korps von seinen Verbindungslinien am Westufer ab. Erst jetzt waren sie bereit, den Waffenstillstand anzuerkennen.

Einige Kritiker von Sharons Unternehmen waren der Meinung, daß er Glück gehabt habe und ein nicht zu rechtfertigendes Risiko habe eingehen müssen. Sharon hatte Vabanque gespielt, trotzdem hat er gezeigt, daß er seinen Gegner richtig eingeschätzt hatte, indem er die »indirekte Methode« herausfand. Wenn nicht etwas dieser Art unternommen worden wäre, hätte sich Israel, das bereits unerträgliche Verluste an Menschen erlitten hatte, wahrscheinlich der ägyptischen Position beugen müssen, was allein als Sieg für die Ägypter angesehen worden wäre. Wie die Dinge jetzt lagen, konnten beide Parteien mit einer gewissen Berechtigung den Sieg beanspruchen.

Obwohl Sharon bewiesen hatte, daß die Israelis trotz der Rückschläge in den ersten Kriegstagen noch zu blitzartigen Vorstößen fähig waren, haben viele Kommentatoren diese Phase des Kriegs ignoriert. Sie verweilten mehr bei den Lektionen der ersten Tage, besonders bei dem Versagen der israelischen Taktik gegenüber den neuen panzerbrechenden Waffen. Die Trugschlüsse der dreißiger Jahre, als schon einmal von der Überlegenheit der Pak über den Panzer geredet worden war, feierten fröhliche Urständ. Wieder wurde die These vertreten, daß die Tage des Panzers angesichts der neuen gelenkten Panzerabwehrraketen gezählt seien.

Das gipfelte in der Feststellung, daß die Verteidigung wieder die stärkere Form der Kriegführung sei. So schrieb zum Beispiel A. J. Barker:

»Wenn die Handlungsfreiheit von Luftwaffe und Panzern (bei den letzteren durch die neuen Panzerabwehrraketen) beschränkt wird, muß man annehmen, daß der nächste Krieg wahrscheinlich kein Bewegungskrieg sein wird, falls nicht neue Mittel zur Wiederherstellung der Beweglichkeit auftauchen. Das taktische Pendel schlägt wieder zugunsten der Verteidigung aus, die – wie Clausewitz vor über hundert Jahren aufgezeigt hat – von Natur aus ›die stärkere Form der Kriegführung‹ ist.«[3]

Allgemeinen Beifall dürfte diese Ansicht aber wohl kaum finden, am allerwenigsten bei den Israelis. In ihren Augen beruht ein Verteidigungskrieg auf Abnützung – und das ist die Art von Krieg, die sie sich nicht leisten können. Jack Weller, der kurz nach dem Krieg von 1973 einen Besuch im Nahen Osten machte, kam mit dem Eindruck zurück, daß es in der israelischen Taktik keine grundlegende Veränderung gibt.
Er zitiert Tal, der als Leiter der Operationen im Jahre 1973 erklärte:

»In unserem Raum zum mindesten haben wir das Gefühl, daß die Panzerwaffe immer noch die Königin des Schlachtfeldes ist. Ein Offizierskomitee überprüft gegenwärtig unsere Erfahrungen im Yom Kippur-Krieg, um Änderungen in unserer Kampfdoktrin vorzunehmen, wir werden aber wahrscheinlich auf der Erde weiterhin vorwiegend mit unseren Panzern kämpfen.«[4]

Ein Hinweis auf die Schlüsse, zu denen das Komitee gekommen ist, wurde von einem jungen israelischen Panzerkommandeur in einem Gespräch mit Weller gegeben:

»Unser anfänglicher Hauptfehler war, daß wir zu kleine Panzereinheiten zu früh und ohne die richtige Koordination in die Schlacht warfen. Wir hätten abwarten, unsere Panzer in einem starken Verband zusammenfassen und dann mit voller Unterstützung anderer Waffen hart zuschlagen sollen.«[5]

Wenn man ihn vor dem Hintergrund der Geschichte des Blitzkriegs betrachtet, hat der Yom Kippur-Krieg die Grundlagen der Kriegskunst in unserem Jahrhundert keineswegs dramatisch verändert. Die »Nur-Panzer-Idee« ist schon in den dreißiger Jahren geprüft und als falsch erkannt worden (die Deutschen haben während des Zweiten Weltkriegs nie versucht, Panzer allein kämpfen zu lassen). Die Idee entstand überhaupt nur, weil einige britische Befürworter der mechanisierten Kriegführung darüber verbittert waren, daß sie die älteren Waffen »mitschleppen« mußten. Aber schon das Gefecht am Flesquièreskamm am 20. November 1917 hatte gezeigt, daß Infanterie und Panzer angesichts der Panzerabwehr- und der gegen Infanterie eingesetzten Maschinenwaffen eng zusammenarbeiten müssen. In ihrem verzweifelten Bemühen, dem militärischen Denken in Großbritannien neuen Schwung zu verleihen, hatten die radikalen Reformer diese Lehren nur zeitweise verdrängt. Die Israelis wiederum glaubten irrigerweise, die Verwendung des Panzers habe die Araber 1956 und 1967 so demoralisiert, daß sie sich davon nie erholen würden. Die Erfolge des Sechstagekriegs hatten die Israelis übertrieben siegessicher gemacht – aber die erste Woche des Yom Kippur-Kriegs ernüchterte sie rasch und sie erkannten ihre Fehler.

Natürlich haben die Raketen die Panzerabwehr stärker gemacht, aber das wurde in den wenigen ersten Oktobertagen 1973 übertrieben, weil die Israelis eine elementare Lektion im Einsatz der Panzer vergessen hatten. Eine völlige Umwälzung der Kriegstechnik hat nicht stattgefunden.

Hinsichtlich des Einsatzes der Luftwaffe hat der Yom Kippur-Krieg bewiesen, daß es bei der Verwendung moderner Waffen jetzt schwieriger geworden ist, die Luftüberlegenheit dadurch zu erreichen, daß man die gegnerische Luftwaffe am Boden zerstört. Die modernsten Luftwaffen halten ihre Maschinen jetzt in bombensicheren Hangars, die neuen Luftabwehrsysteme sind äußerst wirkungsvoll und machen immer kompliziertere elektronische Mittel nötig, wenn man sie ausschalten will. Man kann die Rollbahnen zerstören, ein entschlossener Gegner wird aber dadurch nur zeitweilig behindert werden; der Preis, sie für dauernd auszuschalten, könnte für den Angreifer zu hoch werden.

Die Luftherrschaft muß also in der Luft errungen werden und das kann länger dauern. Wenn die feindlichen Luftwaffen gleich stark sind, ist die Luftherrschaft vielleicht nie zu erreichen; alles, was man in diesem Fall erhoffen kann, wäre eine zeitweilige Neutralisierung des Gegners über wichtigen Teilen des Operationsgebietes. Für die florettartigen Operationen des Blitzkriegs mag das aber sehr wohl genügen.

Der Yom Kippur-Krieg mag in seinen ersten Tagen das israelische Selbstvertrauen erschüttert haben. Sharon bewies aber, daß die »indirekte Methode« noch möglich war, und wenn die Israelis auch den zweiten Waffenstillstand gebrochen hätten, wäre es auf dem Westufer des Kanals wohl zu einem weiteren Blitzkrieg gekommen. Die moderne Technologie hat die Blitzkriegtechnik keineswegs erledigt, genausowenig wie die englischen Bogenschützen bei Crecy* das Konzept der Schockaktion erledigen konnten, das in den gepanzerten Ritterheeren auftrat. Der Ritter paßte sich lediglich den sich wandelnden Bedingungen an, genauso wie die Israelis ihre Taktik in der Luft und auf der Erde schnell änderten, um sich der Drohung der Lenkwaffen besser stellen zu können.

* 1347, Sieg der Engländer über die Franzosen im Hundertjährigen Krieg. A. d. Ü.

Das vorliegende Buch hat versucht, die Entwicklung eines Konzepts vom Kriege zu zeichnen, das auch noch heute Geltung besitzt. Der Blitzkrieg brachte Bewegung in die Kriegführung, die im Ersten Weltkrieg in Grabenkämpfen und Materialschlachten erstickt war. Es zeigte sich, daß die Kunst der militärischen Führung wieder kriegsentscheidend sein konnte und der Sieg nicht unbedingt den »großen Bataillonen« gehört. Solange der Krieg nicht auf die selbstmörderische Zerstörung reduziert wird, die zum Douhetismus des strategischen Atomkriegs gehört, gibt es auch in Zukunft begrenzte Konflikte und schnelle und billige Siege. Die Waffen mögen sich ändern, aber der Blitzkrieg wird seine Anziehungskraft behalten und sein Kernpunkt, *die psychologische Dislozierung des Gegners durch die Anwendung von Schockaktionen zu Lande und in der Luft auf der Linie der geringsten Erwartung,* werden ihre Anziehungskraft für das militärische Denken behalten.

Bibliographie

HMSO – Her Majesty's Stationery Office
OCMH – Office of the Chief of Military History, Oxford University Press

Addington, Larry H.: *The Blitzkrieg Era and the German Staff 1865–1941,* Rutgers University Press 1971
Air Ministry Pamphlet Nr. 248. *The Rise and Fall of the German Air Force (1933–1945),* Air Ministry ACAS (13) 1948
Allehaut, General: *Etre Prêt,* Paris 1935
Allen, W. Cdr H. R.: *The Legacy of Lord Trenchard,* Cassell 1972
Allon, Y.: *Curtain of Sand,* Kibbutz Hammenchad 1960; *The Making of Israel's Army,* Valentine, Mitchell 1970
Ambrose, Stephen E.: *The Supreme Commander. The War Years of General Dwight Eisenhower,* New York: Doubleday 1970
Bankwitz, Philip C. F.: *Maxime Weygand and Civil Military Relations in Modern France,* Harvard 1967
Barres, Phillipe: *Charles de Gaulle,* Garden City NY: Doubleday, Doran & Co 1941
Beaufre, General André: *1940: The Fall of France,* Cassell 1967
Becker, Cajus: *The Luftwaffe War Diaries,* Corgi Edition 1972
Bender, R. J.: *Air Organisations of the Third Reich Vol. 1,* R. James Bender Publishing Cal USA 1967
Berchin, Michael & Ben-Horin, Ellaher: *The Red Army,* New York: Norton 1942
Bidwell, Shelford: *Gunners at War,* Arms & Armour Press 1970
Binding, Rudolf: *Gesammeltes Werk,* Bd. I u. II, Hamburg 1954
Bishop, Geoffrey S. C.: *The Battle. A Tank Officer Remembers* (Privatdruck)
Blumenson, Martin: *Breakout and Pursuit: US Army in World War II* (OCMH Washington DC 1961)
Blumenson, Martin: *The Patton Papers 1885–1940,* Boston: Houghton Mifflin 1972
Bond, Brian: *Chief of Staff. The Diaries of Lieutenant-General Sir Henry Pownall. Bd. I 1933–1940,* Leo Cooper 1972
Bryant, Arthur: *The Turn of the Tide,* Collins 1957
Bullock, Alan: *Hitler. Eine Studie über Tyrannei,* Düsseldorf: Droste 1969
Carell, Paul: *Unternehmen Barbarossa,* Frankfurt: Ullstein 1975 (Ullstein TB 3186); *Verbrannte Erde,* Frankfurt: Ullstein 1975 (Ullstein TB 3194)
Carr, E. H.: *German-Soviet Relations Between the two World Wars 1919–1939,* Baltimore: John Hopkins 1951
Carsten, Francis L.: *Reichswehr und Politik. 1918–1933,* Köln: Kiepenheuer & Witsch 1964
Cattell, David T.: *Communism and the Spanish Civil War,* Univ. of California Press 1955
Challener, Richard D.: *The French Theory of the Nation in Arms 1866–1939,* New York: Columbia Univ. Press 1955
Chapman, Guy: *Why France Collapsed,* Cassell 1968
Chauvineau, General: *Une Invasion est-elle encore possible?,* Paris 1939

Chruschtschow erinnert sich, hg. von Strobe Talbott und kommentiert von Edward Crankshaw, Hamburg: Rowohlt 1971
Churchill, Randolph S. und Winston S.: *... und siegten am siebenten Tag*, Bern/München/Wien: Scherz 1967
Churchill, W. S.: *While England Slept*, New York: Putnam 1938
Cole, Christopher Hsg.: *Royal Air Force 1918*, Kimber 1968
Collier, Basil: *A History of Air Power*, Military Book Society Edition 1974
Collins, R. J.: *Lord Wavell*, Hodder & Stoughton 1947
Colville, J. R.: *Man of Valour. Field-Marshal Lord Gort VC*, Collins 1972
Conquest, Robert: *The Great Terror. Stalin's Purge of the Thirties*, Macmillan 1968
Crawley, Aidan: *De Gaulle*, Collins 1969
Dayan, Moshe: *Diary of the Sinai Campaign*, Weidenfeld & Nicholson 1966; *Die Geschichte meines Lebens*, Wien: Molden 1976
De Gaulle, Charles: *The Army of the Future*, New York: Lippincott 1941; *War Memoirs: The Call to Honour 1940–42*, New York: Viking Press 1955
De La Gorce, Paul-Marie: *The French Army: A Military-Political Study*, New York: Braziller 1963
Dennis, Peter: *Decision by Default: Peacetime Conscription and British Defence 1919–1939*, Routledge & Kegan Paul 1972
Divine, David: *The Blunted Sword*, Hutchinson 1964; *The Broken Wing*, Hutchinson 1966
Douhet, Giulio: *Luftherrschaft*, Berlin: Drei Masken 1935
Earle, E. M. Hsg.: *Makers of Modern Strategy*, Princeton Univ. Press 1944
Eliot, George Fielding: *The Ramparts we Watch*, New York: Reynal & Hitchcock 1935
Ellis, Maj. J. F.: *The War in France and Flanders 1939–40* (HMSO 1953)
Emme, Eugene M.: *The Impact of Air Power*, Princeton NJ: Van Nostrand 1959
Erickson, John: *The Soviet High Command*, St. Martin's Press 1962
Essame, H.: *Patton The Commander*, Batsford 1974
Eyck, Erich: *Geschichte der Weimarer Republik*, Stuttgart/Zürich: Rentsch 1954
Flower, Desmond & Reeves, James, Hsg.: *The War 1939–1945*, Cassell 1960
Foertsch, Oberst Hermann: *Kriegskunst heute und morgen*, Berlin: Zeitgeschichte-Verlag 1930
Forester, Cecil Scott: *Ein General*, Hamburg: Krüger 1946
Frankland, Noble: *Bomber Offensive: The Devastation of Europe*, Macdonald 1970
Frye, William: *Marshall: Citizen Soldier*, New York: Bobbs-Merill 1947
Fuller, J. F. C.: *Armoured Warfare (Lectures on FSR III)*, Military Service Publishing Company Penn. 1943; *The Reformation of War*, New York: Dutton Co. 1923; *On Future Warfare*, Sifton Praed 1928; *Erinnerungen eines freimütigen Soldaten*, Berlin: Rowohlt 1937; *Tanks in the Great War 1914–1918*, Murray 1920; *The Conduct of War 1789–1961*, Eyre & Spottiswoode 1961; *A Military History of the Western World Bd. 3*, Minerva Press NY Paperback Edition 1967
Galland, Adolf: *Die Ersten und die Letzten*, Darmstadt: Schneekluth 1953
Ganoe, William A.: *The History of the United States Army*, New York: D. Appleton-Century 1942
Garder, Michael: *A History of the Soviet Army*, New York: Praeger 1966
Gartoff, Raymond L.: *Soviet Military Doctrine*, Glencoe Illinois: The Force Press 1953
Gatzke, Hans: *Streseman and the Rearmament of Germany*, Baltimore: John Hopkins 1954
Germains, V. W.: *The Mechanisation of War*, Sifton Praed 1927
Gillie, Mildred Hanson: *Forging the Thunderbolt*, Military Service Publishing Penn. 1947.
Görlitz, Walter: *Kleine Geschichte des deutschen Generalstabes*, Berlin: Haude und Spehner 1967
Golovine, Lt. Gen. A. A.: *Air Strategy*, Gale & Polden 1936
Gordon, Harold J. J.: *Die Reichswehr und die Weimarer Republik. 1919–1926*, Frankfurt/M.: Bernard & Graefe 1959
Gould Lee, Arthur: *No Parachute*, Jarrolds 1968
Green, Constance, Thomson Harry & Roots Peter: *US Army in World War II: The Technical Services The Ordnance Department Planning Munitions for War* (OCMH Washington DC 1955)

Greenfield K. R. Hrsg.: *Command Decisions*, Methuen 1960
Greenfield K. R., Palmer R. R. und Wiley, B. I.: *The Organisation of Ground Combat Troops: United States Army in World War II: The Army Ground Forces*, Washington: Government Printing Office 1947
Gritzbach, Erich: *Hermann Göring – Mensch und Werk*, München Eher-Verlag 1940
Guderian, Heinz: *Erinnerungen eines Soldaten*, Heidelberg: Vowinckel 1951
Guillaume, Gui Augustin: *Soviet Arms and Soviet Power*, Washington: Infantry Journal Press 1949
Guingand, Generalmaj. Sir Francis: *Operation Victory*, Hodder und Stoughton 1947
Halder, Franz: *Kriegstagebuch*, Stuttgart: Kohlhammer 1961f.
Hammond, Paul Y.: *Organising for Defence: The American Military Establishment in the Twenthieth Century*, Princeton Univ. Press NY 1961
Harmon, Generalmajor E. N.: *Combat Commander*, Prentice-Hall NJ 1970
Higham, Robert: *Air Power. A Concise History*, Military Book Society Edition 1972; *Armed Forces in Peacetime*, Archon Books, Conn. USA 1962; *The Military Intellectuals in Britain 1918–1939*, Rutgers University Press NJ 1966
Hitler, Adolf: *Mein Kampf*, [6]München 1933
Hitlers Weisungen für die Kriegführung, Hrsg. v. Walther Hubatsch, Frankfurt/M.: Bernard und Graefe 1962
Hoffman, Edward: *The Hilt of Sword: The Career of Peyton C. March*, Univ. Wisconsin Press 1966
Holley, I. B. J.: *Ideas and Weapons*, Yale University Press 1953
Horne, Alistair: *Über die Maas, über Schelde und Rhein*, Wien: Molden 1969
Howard, Michael: *The Continental Commitment*, Temple Smith 1972
Howard Michael Hrsg.: *The Theory and Practice of War*, Cassell 1965; *Soldiers and Governments*, Eyre & Spottiswoode 1957
Irving, David: *Die Tragödie der Deutschen Luftwaffe*, Frankfurt/M.: Ullstein 1970
Ismay, General Lord: *Memoirs*, Viking Press NY 1960
Jackson, Robert: *The Red Falcons: The Soviet Air Force in Action 1919–1969*, Clifton Books 1970
Johnson, Franklyn Arthur: *Defence by Committee: The British Committee of Imperial Defence 1885–1959*, OUP 1960
Jones, Ralph E., Rarey H., Icks, Robert J.: *The Fighting Tanks Since 1916*, National Service Publishing Company Washington DC 1933
Jukes, Geoffrey: *The Defence of Moscow*, MacDonald 1970
Jünger, Ernst: *In Stahlgewittern*, Berlin: Müller & Sohn 1934
Keegan, John: *Barbarossa: Invasion of Russia 1941*, MacDonald 1970
Kemp, Peter: *Mine Were of Trouble*, Cassell 1957
Kennedy, Generalmajor Sir John: *The Business of War*, Hutchinson 1957
Kennedy, John F.: *Why England Slept*, Funk NY 1940
Kesselring, Albert: *Soldat bis zum letzten Tag*, Bonn 1953
Killen, John: *The Luftwaffe. A History*, Muller 1967
Killigrew, John W.: *The Impact of the Great Depression on the Army 1929–36* (unveröffentlichte Arbeit, vorgelegt bei der Graduate School Faculty Indiana University 1960)
Kilmarx, Robert A.: *A History of Soviet Air Power*, Praeger NY 1962
Klotz, Helmuth: *Leçons Militaires de la Guerre d'Espagne*, Paris 1938
Kournakoff, Sergei N.: *Russia's Fighting Forces*, Duell, Sloan und Pearce NY 1942
Leach, Barry A.: *German Strategy Against Russia 1939–41*, Oxford: Clarendon 1973
Lee, Asher: *Göring Air Leader*, Duckworth 1946; *The Soviet Air Force*, Harper Bros NY 1950; *The German Air Force*, Duckworth 1946
Leeb, Feldmarschall General Ritter von: *Die Abwehr*, Müller & Sohn 1938
Lehmann-Russbueldt, D. H. O.: *Germany's Air Force*, George Allen & Unwin 1935
Liddell Hart, B. H.: *The British Way in Warfare*, Macmillan NY 1933; *Foch. Der Feldherr der Entente*, Berlin: Vorhut o. J.; *Jetzt dürfen sie reden. Hitlers Generale berichten*, Stuttgart: Stuttgarter Verlag 1951; *Lebenserinnerungen*, Düsseldorf; Econ 1966; *Memoirs*, London: Cassell 1965; *The Remaking of Modern Armies*, Boston: Little, Brown & Co., 1928; *Die Rote Armee*, Bonn: WEU 1956; *The Tanks: The History of the Royal Tank Regiment*

1914–1945 Cassell 1959; *Dynamic Defense*, Faber & Faber 1940; *The Future of Infantry*, Military Science Publishing Co. Harrisberg, Penn. 1936; *The Rommel Papers*, Collins 1953; *Geschichte des Zweiten Weltkrieges*, Düsseldorf/Wien: Econ 1972; *Strategy*, New York: Praeger 1967
Lucas, James und Cooper, Mathew: *Hitler's Elite Leibstandarte SS*, Macdonald & Janes 1975
Ludendorff, Erich von: *Der totale Krieg*, Ludendorff-Verlag 1935
Luttwark, Edward und Horowitz, Dan: *The Israeli Army*, Allen Lane 1975
Luvaas, Jay: *The Education of an Army. British Military Thought 1815–1940*, University of Chicago 1964
Mackintosh, Malcolm: *Juggernaut: A History of the Soviet Armed Forces*, Secker & Warburg 1967
Macksey, Kenneth: *Panzer Division: The Mailed Fist*, Ballantine 1968; *Armoured Crusader: Major General Sir Percy Hobart*, Hutchinson 1967; *To The Green Fields Beyond*, Privatdruck Reg. Hauptquartier Royal Tank Regiment 1965; *Tank Warfare: A History of Tanks in Battle*, Stein & Day NY 1972; *Tank Force Allied Armor in World War II*, Ballantine NY 1970
Macksey, Kenneth & Batchelor, John H.: *Tank: A History of the Armoured Fighting Vehicle*, Macdonald 1970
Mac Leod, Col. R. und Kelly, Denis Hrsg.: *The Ironside Diaries 1937–1940*, Constable 1962
Manchester, William: *The Arms of Krupp 1587–1968*, Michael Joseph 1964
Manstein, Feldmarschall Erich von: *Verlorene Siege*, Bonn: Athenäum 1955
Martel, Generalleutn. Sir Giffard: *An Outspoken Soldier: His Views and Memoirs*, Sifton Praed 1949; *In The Wake of the Tank*, Sifton Praeg 1931
Mason, David: *Breakout: Drive to the Seine*, MacDonald 1969
Maurois, Andre: *Tragedy in France*, Harper Bros. NY 1940
Mellenthin, Generalmajor, F. W. von: *Panzerschlachten*, Neckargemünd: Scharnhorst Buchkameradschaft 1963
Messenger, Charles: *Trench Fighting 1914–1918*, Ballantine NY 1972
Metzsch, General von: *Wie würde ein neuer Krieg aussehen?*, Zürich: Interparlamentische Mission 1932
Miksche, F. O.: *Blitzkrieg*, [4]London: Faber and Faber 1942; *Is Bombing Decisive?*, Allen & Unwin 1943
Millis, Walter: *Amerikanische Militärgeschichte*, Köln: Markus Verlag 1958; *American Military Thought*, New York: Bobbs-Merrill 1966
Minney, R. J.: *The Private Papers of Hore-Belisha*, Doubleday NY 1961
Mitchell, William: *Winged Defense. The Development and Possibilities of Modern Airpower – Economic and Military*, Putnam NY 1925; *Skyways – A Book on Modern Aeronautics*, Lippincott NY 1930
Montgomery, Feldmarschall Viscount: *A Consise History of Warfare*, Collins 1972; *Memoirs*, Collins 1958
Müller, Albert: *Hitlers motorisierte Stoßarmee*, Paris: Ed. du Carrefour 1936
Nachin, Lucien: *Charles de Gaulle: General de France*, Paris 1944
Nickerson, Hoffman: *The Armed Horde 1793–1939. A Study in the Rise, Survival and Decline of the Mass Army*, Putnam NY 1940; *Arms and Policy 1939–1944*, Putnam NY 1945
Nielsen, Generlleutnant Andreas: *USAF Historical Studies Nr. 173: The German Air Force General Staff*, Arco Press NY 1968
Nebecourt, Jacques: *Hitler's Last Gamble. The Battle of the Bulge*, Schorken NY Paperback edition 1967
O'Ballance, Edgar: *The Red Army*, Praeger NY 1964
Ogorkiewicz, R. M.: *Armoured Forces*, Arco Publishing Co. NY 1960
O'Neill, Robert J.: *The German Army and the Nazi Party. 1933–39*, Cassell 1966
Orgill, Douglas. *The Tank: Studies in the Development and Use of a Weapon*, Heineman 1970; *T 34: Russian Armour*, Ballantine NY 1971
Parkinson, Roger: *Peace for Our Time*, McKay NY 1972
Payne, Stanley G.: *Politics and the Military in Modern Spain*, Stanford Univ. USA 1967
Pile, General Sir Frederick: *Ack-Ack*, Harrap 1949

Pogue, Forrest C.: *George C. Marshall: Education of a General 1880–1939*, Viking NY 1963
Poston, M. M.. Hay. D. und Scott, J. D.: *History of the Second World War Design and Development of Weapons* (HMSO 1964)
Raborg, Maj. Paul C.: *Mechanised Might*, McGraw-Hill NY 1942
Reinhardt, George C. und Krimer, William R.: *The Haphazard Years*, Doubleday NY 1960
Renn, Ludwig: *Warfare: The Relation of War to Society*, OUP 1939
Reynaud, Paul: *Venu de ma Montagne*, Paris 1960
Richards, Dennis: *The Royal Air Force 1939–1945 Bd. I: The Fight at Odds* (HMSO 1953)
Robertson, E. M.: *Hitler's Pre-War Policy and Military Plans 1933–39*, Longmans 1963
Ropp, Theodor: *War in the Modern World*, Duke University Press Durham NC 1959
Rosinski, Herbert: *Die Deutsche Armee*, Düsseldorf: Econ 1970
Roskill, Stephen: *Hankey: Man of Secrets Bd. II 1919–1931*, Collins 1972
Rowe, Vivian: *The Great Wall of France: The Triumph of the Maginot Line*, Putnam NY 1961
Ryan, Stephen: *Pétain the Soldier*, Thomas Yoscloff 1969
Saundby, Luftmarschall Sir Robert: *Air Bombardment. The Story of its Development*, Harper NY 1961
Schliephake, Hanfried: *Wie die Luftwaffe wirklich entstand*, Stuttgart: Motorbuch-Verlag 1972
Schukow, Georgi K.: *Erinnerungen und Gedanken*, Stuttgart: DVA 1969
Scott, J. D.: *Vickers: A History*, Weidenfeld und Nicholson 1962
Seaton, Albert: *Der russisch-deutsche Krieg 1941–1945*, Frankfurt/M.: Bernard und Graefe 1973
Seeckt, General von: *Gedanken eines Soldaten*, Berlin: Verlag für Kulturpolitik 1929
Sheppard Major E. W.: *Tanks in the Next War*, Geoffrey Bles 1938
Shirer, William L.: *Der Zusammenbruch Frankreichs*, München/Zürich: Droemer Knaur 1970: *Aufstieg und Fall des Dritten Reiches*, Köln/Berlin: Kiepenheuer & Witsch 1961
Slessor, Sir John: *The Central Blue*, Praeger NY 1957
Slessor, W. Cdr. J. C.: *Air Power and Armies*, OUP 1936
Smith, Dale O.: *US Military Doctrine: A Study and Appraisal*, Duell, Sloane & Pearce NY 1955
Smith, Peter C.: *Stuka at War*, Ian Allan 1971
Sokolowski, Marschall W. D., Hrsg.: *Militär-Strategie*, Köln: Markus 1965
Spaight, J. M.: *Air Power and War Rights*, Longman, Green & Co. 1933
Spaulding, Oliver Lyman: *The United States Army in War and Peace*, Putnam NY 1937
Sternberg, Fritz: *Germany and a Lightning War*, Faber & Faber 1938
Strawson, John: *The Battle of the Ardennes*, Batsford 1972; *Hitler as Military Commander*, Batsford 1971
Strong, Generalmajor Sir Kenneth: *Men of Intelligence*, Cassell 1970
Stubbs und Connor: *Armor Lineage Series. Armor Cavalry Part* (OCMH 1969)
Sunday Times Insight Team: *Insight on the Middle East War*, Andre Deutsch 1974
Swinton, E. D.: *Eyewitness*, Hodder & Stoughton 1932
Taylor, John W. R.: *A History of Aerial Warfare*, Hamlyn 1974
Taylor, Telford: *The March of Conquest*, Simon & Schuster NY 1958; *Sword and Swastika*, Simon & Schuster NY 1952
Teveth, Shabtai: *The Tanks of Tammuz*, Weidenfeld und Nicholson 1968
Thomas, Hugh: *The Spanish Civil War*, Harper & Row NY 1961
Trevor-Roper, H. R.: *Hitler's War Directives 1939–1945*, Sidgwick und Jackson 1964
Tournoux, J.-R.: *Pétain and de Gaulle*, Heinemann 1966
Vanderveen, Bart H.: *The Observer's Fighting Vehicles Directory World War II*, Frederick Warne 1969
Van Haute, Andre: *Pictorial History of the French Air Force, Bd. I, 1909–1940*, Ian Allan 1974
Waldrop, Frank Hrsg.: *MacArthur on War*, Duell, Sloan & Pearce NY 1942
Watson, Mark Skinner: *US Army in World War II. The War Department Chief of Staff Pre-War Plans and Preparations*, Historical Division Dept of Army Washington DC 1950
Webster, Sir Charles & Frankland, Noble: *The Strategic Air Offensive Against Germany 1939–1945 Bd. I: Preparation* (HMSO 1961)

Weigley, Russell: *The American Way of War. A History of United States Military Strategy and Policy*, Macmillan NY 1963; *History of the United States Army*, Macmillan NY 1967
Werner, Max: *The Military Strength of the Powers*, Gollancz 1939
Werth, Alexander: *Russia at War 1941–1945*, Dutton NY 1964
Westphal, Generalleutnant Siegfried (Hrsg. Freidin u. Richardson): *Fatal Decisions*, Michael Joseph 1956
Wheeler-Bennet, John W.: *Die Nemesis der Macht*, Düsseldorf: Droste 1954
Wheldon, John: *Machine Age Armies*, Abelard-Schumann 1968
White, B. T.: *German Tanks & Armoured Vehicles 1914–1945*, Arco NY 1968
White, D. Fedoroff: *The Growth of the Red Army*, Princeton NJ 1944
Whitehouse, Arch.: *Tank*, Doubleday NY 1960
Williams, John: *France Summer 1940*, Mac Donald 1969
Willoughby, Charles Andrew: *Manoeuvre in Modern War*, Military Science Publishing Co Penn 1935
Wollenburg, Erich: *The Red Army*, Secker & Warburg 1938
Woroschilow, K. u. a.: *The Red Army Today: Speeches Delivered at the Eighteenth Congress of the CPSU (B), 10–21. März 1939*, Moskau: Foreign Languages Publishing House 1939
Wright, Robert: *Dowding and the Battle of Britain*, Military Book Society 1969
Yale, Col. W., White, Gen. I. D. und Manteuffel, General Hasso E. von: *Alternative to Armageddon*, Rutgers University Press 1970

Britische Zeitschriften

Army Quarterly, Journal of the Royal United Service Institute (JRUSI), *British Army Review, Royal Artillery Journal, Royal Tank Corps Journal, Encounter, RAC Tank Museum Guides*

USA Zeitschriften

Military Affairs, Armor, Infantry Journal, Cavalry Journal, Field Artillery Journal

Französische Zeitschriften

Revue Militaire Géneral, La Revue d'Infanterie, Revue des Deux Mondes, Crapouillot, Revue de Paris, Revue Militaire Francaise

Deutsche Zeitschriften

Militär. Wochenblatt, Militärwissenschaftliche Rundschau

Anmerkungen

1. Kapitel: Schützengräben und Sturmtruppen

1. Forester, *Ein General*, S. 166 f.
2. Swinton, *Eyewitnesses*, S. 198–214
3. Fuller, *Erinnerungen eines freimütigen Soldaten*, S. 76
4. Liddell Hart, *The Tanks*, Bd. I, S. 93
5. Macksey, *To the Green Fields Beyond*, S. 13
6. Gould Lee, *No Parachute*, S. 162–3
7. Blumenson, *The Patton Papers*, S. 445
8. Jünger, *In Stahlgewittern*, S. 243
9. Binding, *Gesammeltes Werk*, Bd. II, S. 224
10. Liddell Hart, *Foch*, S. 239
11. Fuller, *Erinnerungen*, S. 288 ff.

2. Kapitel: Das Jahrzehnt der Theoretiker

1. Douhet, *Luftherrschaft*, S. 26
2. *Ebda.*, S. 56 und 69
3. Cole, *Royal Air Force*, 1918, S. 9
4. Divine, *The Broken Wing*, S. 162
5. Webster & Frankland, *The Strategic Bombing Offensive against Germany 1939–45*, Bd. I, S. 55
6. Holley, *Ideas and Weapons*, S. 149
7. Air Service Information Nr. 8 – Schlußbericht an den Chef des Air Service, AEF, S. 49
8. General Staff, Statistic Branch Report Nr. 110 (Statistische Analyse der Bombardierung aus der Luft), S. 23
9. Mitchell, *Winged Defense*, S. 126
10. *Ebda.*, S. 199
11. Mitchell, *Skyways*, S. 255–6
12. *Ebda.*, S. 262
13. Minutes of War Cabinet Meeting, 15. August 1919 (Public Record Office)
14. Liddell Hart, *The Tanks*, Bd. I, S. 194
15. Generalmajor Sir Louis Jackson in seiner Rede vor RUSI, Nov. 1919, S. 201
16. Haig in: *Journal of the Royal United Service Institute* (JRUSI), Februar 1921
17. JRUSI, Mai 1920
18. Fuller, *Tanks in the Great War*, S. 302–315
19. Liddell Hart, *The Tanks*, Bd. I, S. 219
20. Parliamentary Debates Commons 5th Series Vol. 139, 12. März 1921, Col. 1288 (HMSO)
21. Liddell Hart, *Lebenserinnerungen*, S. 71
22. Liddell Hart, *The Tanks*, Bd. I, S. 251–2

23. *Ebda.*, S. 255
24. Collins, *Lord Wavell*, S. 130
25. Divine, *The Blunted Sword*, S. 158
26. *Ebda.*, S. 159
27. Liddell Hart, *The Remaking of Modern Armies*, S. 59
28. *Ebda.*, S. 93
29. *Ebda.*, S. 15
30. Germains, *The Mechanisation of War*, S. 109–10
31. *Ebda.*, S. 160–1
32. *Ebda.*, S. 180–7
33. Liddell Hart, *Lebenserinnerungen*, S. 108
34. Macksey, *Tank Warfare*, S. 85
35. Liddell Hart, *The Tanks*, Bd. I, S. 273
36. Brief Rockenbach an Oberstleutnant Joseph W. Viner (Army Service Schools, Fort Leavenworth), 5. September 1919, Viner Paper, Patton Museum Fort Know, Kentucky, USA
37. Blumenson, *Patton Papers*, S. 720
38. *Ebda.*, S. 736
39. Millis, *American Military Thought*, S. 355
40. Green, R. Thomsom u. Roots, *US Army in World War II, The Technical Services*, S. 190
41. *Infantry Journal*, Mai 1922
42. Yale White und Manteuffel, *Alternative to Armageddon*, S. 76
43. *Infantry Journal*, Januar 1930
44. *Infantry Journal*, Januar 1928
45. *Cavalry Journal*, Januar 1926
46. *Armor*, September/Oktober 1973
47. *Cavalry Journal*, Oktober 1921
48. *Cavalry Journal*, Januar 1922
49. *Cavalry Journal*, Juli 1922
50. *Ebda.*
51. Blumenson, *Patton Papers*, S. 946
52. *Cavalry Journal*, Januar 1928
53. *Cavalry Journal*, Juli 1928
54. *Cavalry Journal*, Januar 1930
55. Stubbs & Connor, *Armor Lineage Series*, S. 55
56. *Infantry Journal*, November 1930
57. *Royal Tank Corps Journal*, Dezember 1927
58. von Seeckt, *Gedanken eines Soldaten*, S. 95
59. Guderian, *Erinnerungen eines Soldaten*, S. 18
60. O'Neill, »Doctrine and Training of the German Army 1919–1939«, in: Michael Howard, *The Theory and Praxis of War*, S. 146
61. Der beste Bericht über diese Verhandlungen findet sich in Carstens, *Reichswehr und Politik*, S. 141 ff.
62. Manchester, *The Arms of Krupp*, S. 397
63. Gartoff, *Soviet Military Doctrine*, S. 66
64. Kournakoff, *Russian Fighting Forces*, S. 66
65. Erickson, *The Soviet High Command*, S. 267

3. Kapitel: Eine Waffe wird geschmiedet

1. JRUSI Mai 1930
2. Bidwell, *Gunners at War*, S. 59
3. Martel, *In the Wake of Tanks*, S. 228
4. *Ebda.*, S. 386–7
5. Luvaas, *The Education of the Army*, S. 352

6. *Ebda.*, S. 245–6
7. Fuller, *Armoured Warfare*, S. 16
8. *Ebda.*, S. 27
9. Dennis, *Decision by Default*, S. 35
10. Howard, *The Continental Commitment*, S. 94
11. *Ebda.*, S. 104
12. Dennis, S. 45
13. *Ebda.*, S. 61
14. Liddell Hart, *The Tanks*, Bd. I, S. 306
15. Macksey, *Armoured Crusader*, S. 82
16. *Ebda.*, S. 83
17. Liddell Hart, *The Tanks*, Bd. I, S. 307
18. *Ebda.*, S. 333
19. *Ebda.*, S. 333–4
20. Hitler, *Mein Kampf*, S. 748
21. Bullock, *Hitler*, S. 170
22. *Nationalsozialistische Monatshefte*, Nr. 3, 1930, S. 101
23. Strawson, *Hitler as Military Commander*, S. 36
24. *Ebda.*, S. 39
25. Guderian, S. 19
26. Metzsch, *Wie würde ein neuer Krieg aussehen?*, S. 34
27. Liddell Hart, *The British Way in Warfare*, S. 126
28. Guderian, S. 24
29. Ludendorff, *Der totale Krieg*, S. 97
30. *Militärisches Wochenblatt*, 4. Juni 1936
31. Müller, *Hitlers motorisierte Stoßarmee*, S. 31f.
32. *Militärwissenschaftliche Rundschau*, Jan. 1936
33. Guderian, S. 31
34. Irving, *The Rise and Fall of the Luftwaffe*, S. 54f.
35. *Military Affairs*, Frühling 1960
36. Irving, S. 93f.
37. Kournakoff, S. 68
38. Garder, *A History of the Soviet Army*, S. 84
39. Werner, *Military Strength of Powers*, S. 98
40. Garder, S. 41
41. Gartoff, S. 316
42. Erickson, S. 381
43. De la Gorce, *The French Army*, S. 258
44. Martel, *An Outspoken Soldier*, S. 144
45. Liddell Hart, *Lebenserinnerungen*, S. 280
46. Martel, S. 144
47. Shirer, *Der Zusammenbruch Frankreichs*, S. 182
48. *Ebda.*, S. 181
49. De Gaulle, *The Army of the Future*, S. 91
50. *Ebda.*, S. 100
51. *Ebda.*, S. 101
52. Reynaud, *Venu de ma Montagne*, S. 434
53. De la Gorce, S. 254
54. Allehaut, *Être Prêt*, S. 218
55. Tournoux, *Pétain und de Gaulle*, S. 80
56. *Vu*, 14. Nov. 36
57. Bankwitz, *Weygand*, S. 136
58. *Cavalry Journal*, Juli/August 1931
59. Whitehouse, *Tank*, S. 129
60. Waldrop, *MacArthur on War*, S. 51
61. *Ebda.*, S. 127
62. *Ebda.*, S. 129

63. Blumenson, *Patton Papers*, S. 906
64. *Ebda.*, S. 909

4. Kapitel: Generalproben

1. Thomas, *The Spanish Civil War*, S. 316
2. Miksche, *Blitzkrieg*, S. 37
3. Galland, *Die Ersten und die Letzten*, S. 47f.
4. Miksche, S. 78
5. Kemp, *Mine were of Trouble*, S. 159–60
6. *Ebda.*, S. 167
7. Klotz, *Leçons Militaires de la Guerre d'Espagne*, S. 83
8. *Royal Tank Corps Journal*, Sept. 1937
9. Miksche, S. 107
10. JRUSI, Febr. 1939
11. Golovine, *Air Strategy*, S. 4
12. *Ebda.*, S. 167
13. Slessor, *Air Power and Armies*, S. VII
14. *Ebda.*, S. 3
15. *Ebda.*, S. 80
16. *Ebda.*, S. 90
17. *Ebda.*, S. 99
18. Scott Vickers, *A History*, S. 212–3
19. W. A. Churchill, *While England slept*, S. 328
20. Dennis, S. 94
21. Liddell Hart, *Memoirs*, Bd. II, S. 5; *Lebenserinnerungen*, S. 290
22. Minney, *The Private Papers of Hore-Belisha*, S. 59
23. Liddell Hart, *The Tanks*, Bd. I, S. 397
24. Macksey, *Armoured Crusader*, S. 157
25. De la Gorce, S. 276
26. Tournaux, S. 276
27. Nachin, *Charles de Gaulle*, S. 88
28. Chauvineau, *Une Invasion – est-elle encore possible?*
29. *Ebda.*,
30. Bankwitz, S. 166
31. Werner, S. 149
32. Shirer, *Aufstieg und Fall*, S. 293
33. Leeb, *Abwehr*, S. 107
34. *Ebda.*, S. 112
35. Foertsch, *Kriegskunst*, S. 250
36. *Ebda.*, S. 234
37. Woroschilow, *The Red Army today*, S. 70
38. Kournakoff, S. 115
39. Gartoff, S. 301
40. Millis, S. 428
41. Pogue George, *C. Marshall*, S. 292
42. *Armor*, Sept./Okt. 1973
43. Harmon, *Combat Commander*, S. 57
44. Frye, *Marshall-Citizen Soldier*, S. 260

5. Kapitel: Die neuen Waffen im Einsatz

1. Shirer, *Aufstieg und Fall*, S. 435
2. *Ebda.*, S. 462
3. Kesselring, *Soldat bis zum letzten Tag*, S. 54

4. *Hitlers Weisungen für die Kriegführung*, S. 20
5. Bekker, *The Luftwaffe War Diaries*, S. 49–50
6. Guderian, S. 63
7. Mellenthin, *Panzerschlachten*, S. 12f.
8. Guderian, S. 60
9. Minutes of a War Cabinet Meeting, 11. September 1939, (Public Record Office)
10. Liddell Hart, *Lebenserinnerungen*, S. 470
11. Ellis, *The War in France and Flanders 1939–40*, S. 4
12. *Hitlers Weisungen für die Kriegführung*, S. 32
13. Shirer, *Aufstieg und Fall*, S. 590
14. *Hitlers Weisungen für die Kriegführung*, S. 37
15. *Ebda.*, S. 48
16. Bryant, *Turn of the Tide*, S. 71
17. Liddell Hart, *The Rommel Papers*, S. 6
18. *Ebda.*, S. 7
19. *Ebda.*, S. 31ff.
20. Liddell Hart, *The Tanks*, Bd. II, S. 14–5
21. *Hitlers Weisungen für die Kriegführung*, S. 54
22. Irving, S. 150f.
23. De Gaulle, *War Memoirs*, Bd. I, S. 52–3
24. Beaufre, *The Fall of France*, S. 204
25. Ergänzung zur *London Gazette*, 10. Oktober 1941 (HMSO)
26. Blumenson, *The Patton Papers*, S. 956
27. Shirer, *Aufstieg und Fall*, S. 694
28. *Hitlers Weisungen für die Kriegführung*, S. 65

6. Kapitel: Unternehmen »Barbarossa«

1. Shirer, *Aufstieg und Fall*, S. 725
2. *Hitlers Weisungen für die Kriegführung*, S. 85ff.
3. Mellenthin, S. 47
4. *Ebda.*, S. 56 und 263
5. Schukow, S. 228
6. Gartoff, S. 437
7. Westphal, *Fatal Decisions*, S. 47
8. Guderian, S. 132
9. Orgill, *T 34 – The Russian Armour*, S. 41
10. Guderian, S. 153
11. *Ebda.*, S. 213
12. Carell, *Unternehmen Barbarossa*, S. 140f.
13. Guderian, S. 223
14. Carell, *Unternehmen Barbarossa*, S. 161
15. *Hitlers Weisungen für die Kriegführung*, S. 171
16. Carell, *Unternehmen Barbarossa*, S. 281
17. *Hitlers Weisungen für die Kriegführung*, S. 185ff.
18. *Chruschtschow*, S. 194
19. Halder, Band III, S. 489
20. von Mellenthin, S. 111
21. Seaton, S. 267
22. von Mellenthin, S. 138
23. Guderian, S. 280
24. Carell, *Verbrannte Erde*, S. 69
25. Liddell Hart, *Geschichte des Zweiten Weltkrieges*, S. 601

7. Kapitel: Briten und Amerikaner proben den Blitzkrieg

1. Bishop, *The Battle*, S. 45–7
2. Liddell Hart, *Geschichte des Zweiten Weltkrieges*, S. 691
3. Westphal, S. 196
4. Essame, *Patton the Commander*, S. 167
5. Blumenson, *Breakout and Pursuit*, S. 558
6. Essame, S. 173
7. Liddell Hart, *The Tanks*, Bd. 2, S. 404
8. Nobecourt, *Hitler's Last Gamble*, S. 52
9. Liddell Hart, *Jetzt dürfen sie reden*, S. 556
10. Westphal, S. 243

8. Kapitel: Durch die Wüste und über den Suezkanal

1. Liddell Hart, *Strategy*, S. 397
2. *Ebda.*, S. 406
3. Allon, *Curtain of Sand*, S. 61–2
4. Dayan, *Diary of the Sinai Campaign*, S. 212. In der dt. Übersetzung (Dayan: *Die Geschichte meines Lebens*, S. 185) ist dieser Punkt wenig deutlich.
5. *Ebda.*, S. 34
6. Allon, *The Making of Israel's Army*, S. 64–5
7. *Ebda.*, S. 83
8. Churchill, Randolph und Winston S.: . . . *und siegten am siebenten Tag*, S. 117
9. Teveth, *The Tanks of Tammuz*, S. 134
10. Churchill, Randolph und Winston S., S. 128
11. JRUSI, Mai 1968
12. Wallach Oberst Dr. J. K., *Voice of Israel*, 15. Juli 1967
13. *Encounter*, Febr. 1968

9. Kapitel: Der Krieg der Zukunft?

1. Allon, *The Making of Israel's Army*, S. 99–100
2. Sunday Times, *Insight on the Middle East War*, S. 39–40
3. JRUSI, Juni 1974
4. *British Army Review*, Dezember 1974
5. JRUSI, Dezember 1974

Register